(Par Gabriel Peignot .)

C.

18299

AMUSEMENS
PHILOLOGIQUES.

A PARIS,

CHEZ ANT.-AUG. RENOUARD, LIBRAIRE,

RUE DE TOURNON, Nº. 6.

DIJON, FRANTIN, IMPRIMEUR DU ROI.

AMUSEMENS
PHILOLOGIQUES,

OU

VARIÉTÉS EN TOUS GENRES;

SECONDE ÉDITION
REVUE, CORRIGÉE ET AUGMENTÉE.

PAR G. P. PHILOMNESTE, A. B. A. V.

Hic piscis est omnium.

A DIJON,
CHEZ VICTOR LAGIER, LIBRAIRE,
RUE RAMEAU, Nᵒˢ 1 ET 4.

M. DCCC. XXIV.

APOLOGUE

OU

PRÉFACE ALLÉGORIQUE.

~~~~~~~~~~

Seigneur d'un petit bourg, peu distant de Mousseaux,
Un riche Gastronome, en visitant sa terre,
Voulut un certain jour régaler ses vassaux,
  J'entends les principaux,
   Et leur faire,
  Comme l'on dit, grand'chère.

Rien ne fut épargné : gélinottes, faisans,
Mauviettes, perdrix, bécasses, ortolans,
  Cailles, pâtés de foie
    D'oie,
 Chevreuils, marcassins et levrauts,
 Saumons frais, turbots, maquereaux,
 Et cent autres friands morceaux.
 Quant au bœuf, veau, mouton, volaille...
 Fi donc! c'est bon pour la canaille.

Quatre chefs de cuisine apprêtent le dîner
  Comme auroit fait Balaine (1);
  C'est bien vous le donner
Pour le plus fin repas que gourmandise humaine
  Pût jamais ordonner.

_____

(1) Célèbre cuisinier.

APOLOGUE.

La table étant servie, arrivent à la file
 Les conviés : quelques messieurs de ville,
  Trois nobles villageois,
  Puis des petits bourgeois,
  Le digne Pasteur du village,
Suivi du Magister, fort grave personnage,
Redouté des marmots, moins pourtant qu'autrefois.
Le marguillier lui-même aussi fut de la fête,
  Avec Guillot son cousin,
  Et son oncle Mathurin,
  Au lutrin fort bonne tête.

A peine est-on placé, que l'hôte, très courtois,
  Généreux, populaire,
 Presse chacun du geste et de la voix,
  Comme c'est l'ordinaire.
  On dévore les mets ;
  On les trouve parfaits.
 Les vins de Bordeaux, de Bourgogne,
 Enluminent plus d'une trogne.
 Puis au dessert, le *Lacryma-Christi*,
 En petit verre à chacun réparti,
  Dispense l'esprit à la ronde,
  Et fait caqueter tout le monde.
Enfin le doux moka, les plus fines liqueurs,
De leur parfum divin enivrent tous les cœurs :
Tous les cœurs...... je me trompe ; en un coin de la table
  Guillot, son oncle Mathurin,
  Et le marguillier, leur voisin,
 Ne trouvoient point ce repas délectable.
De ces mets recherchés qu'ils ne connoissoient pas,
Leurs palais affamés ne faisoient aucun cas ;
  Et d'une pitoyable mine
  Payant cette belle cuisine,
  Hélas ! ces pauvres bonnes gens
  Ne desserrèrent pas les dents.
  Aussi, cher lecteur, on rapporte
  Que, s'esquivant fort mécontens,

Ils dirent, en prenant la porte :
« Quoi ! Dans ce beau dîner, pas un morceau de bœuf,
« Pas un morceau de lard, pas un chou, pas un œuf !
« Au diable tel repas ! A gens de haut parage
  « Il convient seulement,
  « Mais à nous . . . nullement.
 « Ce bon Seigneur auroit été plus sage,
 « S'il eût songé (cela dit entre nous),
 « A satisfaire un peu mieux tous les goûts. »

 L'avis est bon, et j'en ai fait usage,
  En m'occupant de cet ouvrage ;
J'ai, par les cent fragmens qu'on y trouve assortis,
Tâché de contenter les divers appétits.

INTRODUCTION.

Les ouvrages intitulés *Recueils, Mélanges, etc.*, sont ordinairement recherchés, parce qu'ils ont un certain avantage sur ceux qui ne traitent que d'une seule matière : la variété des pièces détachées fait que chaque lecteur peut y trouver quelque chose à son gré; l'esprit se récrée en passant d'un objet à un autre; l'attention est moins soutenue, la mémoire n'est point fatiguée; elle s'enrichit plus facilement. Mais il en est autrement des traités suivis; dans quelque genre que ce soit, ils exigent des connoissances particulières, un goût de préférence et plus ou moins de patience. Un ouvrage monologique, quelque bon qu'on le suppose, s'il est volumineux et qu'on veuille le lire de suite, refroidit à la longue l'imagination, et oblige souvent à une suspension d'étude. On n'a point ce désagrément à craindre avec un livre coupé par des articles de différens genres; on le prend, on le quitte à volonté, et les passages qu'on en lit n'exigent ni contention d'esprit, ni application suivie; c'est un amusement plutôt qu'une étude.

On peut diviser les ouvrages à *Variétés* en

deux espèces : les uns relatifs aux matières sé-
rieuses, demandent dans l'auteur, du goût et
de l'érudition; les autres, qui ne renferment
que des objets d'agrément ou de curiosité,
exigent plus de discernement que d'érudition;
cependant l'un et l'autre peuvent s'y rencon-
trer. Ce dernier genre est le plus piquant et généralement le plus agréable; mais il est peut-
être aussi le plus difficile, sous le rapport du
choix des matières. Telle chose sera curieuse et
amusante pour l'un, qui paroîtra insipide et
triviale à l'autre. Satisfaire à la fois l'homme
de goût, le savant et l'ignorant, est le véritable
omne tulit punctum, auquel il est excessivement rare de parvenir. Nous avons senti cette
difficulté en rassemblant les matériaux qui
composent le volume que nous offrons au public, et nous sommes bien éloigné de croire
que nous l'avons surmontée. Mais au moins
nous n'aurons pas manqué tout-à-fait notre but,
si quelques articles paroissent amusans et peuvent piquer la curiosité du lecteur. Notre épigraphe et notre apologue annoncent suffisamment que nous avons cherché à satisfaire les
différens goûts par la variété des matières; mais
en même temps nous avons eu la scrupuleuse
attention d'éliminer tout ce qui pouvoit avoir
le moindre rapport à la licence. Le respect pour

la Religion, pour les mœurs et pour l'État, est
la première loi que doit s'imposer tout écrivain, quelque sujet qu'il traite.

C'est en 1808 que nous tracions, en tête de la
première édition des *Amusemens philologiques*,
les lignes que l'on vient de lire ; nous avons
cru devoir les répéter ici. Depuis long-temps
cette première édition étoit épuisée (1) ; des travaux beaucoup plus sérieux ne nous permet-
toient pas de songer à en donner une nouvelle,
d'autant plus que nous n'avons jamais attaché
à ce recueil de bagatelles amusantes, plus d'importance qu'il ne mérite, puisqu'il n'a été pour
nous qu'un simple délassement. Cependant, sur
les demandes réitérées qui nous ont été faites
d'une seconde édition, nous avons profité d'un
moment de loisir pour revoir la première, qui,
ayant été imprimée loin de nous, étoit très fau-
tive. Après l'avoir examinée attentivement, nous
avons reconnu qu'elle renfermoit, outre de nombreuses fautes typographiques, plusieurs articles

(1) Il y a près de douze ans qu'il n'en existoit plus d'exemplaires dans le commerce, quand, en 1820, le hasard en fit re-
trouver quelques-uns au fond du magasin de notre libraire à V.....;
nous les avions entièrement oubliés, ayant quitté cette ville depuis 1812. On nous les renvoya à D.... Là promptitude avec laquelle ils furent placés, fit accélérer le projet qu'avoit M. L.....
d'en donner une seconde édition, dont nous lui ayons cédé la
propriété.

d'un médiocre intérêt et qu'il étoit à propos de retrancher ; en cela nous nous sommes conformé aux avis de plusieurs hommes de goût qui nous honorent souvent de leurs conseils et de leur bienveillance ; et en même temps nous avons remplacé ces articles par un grand nombre de morceaux plus intéressans et plus piquans. De sorte que ce recueil, entièrement refondu, est maintenant tellement renouvelé, tellement augmenté, l'ordre en est si différent, et l'exécution typographique (très difficile à cause de la singularité de certaines pièces) si soignée, que l'on peut regarder les deux éditions comme deux ouvrages à-peu-près distincts et qui peuvent faire suite l'un à l'autre. Aussi aurions-nous pu donner à la seconde édition le titre de *Nouveaux Amusemens philologiques, etc.*, sans compromettre notre conscience littéraire.

Il n'est peut-être pas hors de propos de prouver ce que nous avançons, en exposant brièvement ce en quoi diffèrent les deux éditions.

La première, comme nous venons de le dire, a éprouvé beaucoup de changemens et des suppressions dictées par le goût, d'abord dans la *Petite Poétique curieuse*, qui occupe à-peu-près le tiers du volume. Les *Emblêmes tirés des cartes à jouer* ont été supprimés comme étant trop futiles sous le rapport de la pratique superstitieuse

de tirer les cartes. On a également fait dispa-
roître le *Vocabulaire étymologique des différens
genres de divination*, objet qui n'est pas moins
futile que le précédent, quoique certains détails
tiennent à l'érudition. Il en a été de même de
la *Nomenclature du chant, ou Cri des principaux
oiseaux*, qu'il n'étoit guères possible de rendre
d'une manière satisfaisante ; car il est certains
sons et certains modes d'articulation dont l'i-
mage ne peut être rendue par les caractères qui
peignent la parole. Le *De Philomelâ*, pièce de
vers qu'on attribue à Ovide, mais qui lui est postérieure, étoit joint à l'article précédent ; il a
été aussi supprimé. Nous n'avons pas non plus
conservé le chapitre de la *Prédilection de quelques grands-hommes pour certains ouvrages*,
parce qu'il étoit très incomplet, et qu'on le retrouve avec les plus grands détails dans le *Manuel du Bibliophile, ou Traité du Choix des Livres*,
Dijon, Lagier, 1823, 2 vol. in-8°. La *Petite
Chronologie des Auteurs les plus célèbres*, entièrement refaite, a été mieux classée ; enfin la
Notice des principales Découvertes a également
éprouvé, d'un côté des réductions utiles, et de
l'autre des augmentations intéressantes.

Tels sont les principaux articles de la première édition qui n'ont point été conservés dans
la seconde, ou qui ont été améliorés. Mais voici

ce qui nous paroît devoir assurer à celle-ci une grande supériorité sur la première.

Tout ce qui regarde la *Petite Poétique curieuse* a été revu avec le plus grand soin ; on y a ajouté un grand nombre de petites pièces de vers assez singulières.

Les *Emblêmes* en tous genres, qui suivent la *Poétique*, sont classés dans un meilleur ordre, avec des augmentations considérables. Les détails qui appartiennent aux accessoires des emblêmes, tels que la *durée de la vie des animaux*, la *longévité*, la liste des lieux d'où proviennent originairement nos principaux fruits et nos végétaux (1), etc., etc., sont beaucoup plus développés et plus exacts.

Parmi les VARIÉTÉS qui occupent les deux tiers du volume, on remarquera surtout les *idées bizarres* avancées par quelques savans ; — une petite digression sur l'*énumération des langues* (3,094), où le mot PÈRE se trouve traduit en 170 langues ; — une notice du prix auquel ont été achetés par des libraires quelques *manuscrits* d'ouvrages d'auteurs modernes ; — un grand nombre de curiosités sur des *nombres singuliers et amusans*, tenant à l'histoire, à l'astronomie, aux finances, à la littérature, à l'é-

_____

(1) Cette liste se trouve pag. 184 du volume, mais il y a un supplément aux pag. 369-370.

conomie politique et domestique, etc., etc.; —
un tableau du rang que peuvent tenir les cinq
principaux peuples de l'Europe, dans les sciences et les lettres ; — des *rapprochemens historiques et chronologiques* assez piquans ; — des *détails statistiques* très curieux sur la population
du globe et de l'Europe, mais particulièrement
sur la *division, la population, la richesse agricole et industrielle* de la France, et sur la population et les consommations de Paris, avant et depuis la Révolution ; — une notice des *diamans*
les plus précieux du Monde, avec leur description, leur poids et leur évaluation ; — une nomenclature alphabétique raisonnée de tous les
instrumens dont la dénomination finit en *mètre,*
depuis l'*acétimètre* jusqu'au *zimosimètre ;* — un
tableau des *monnoies* de tous les principaux
peuples de l'Europe, de l'Asie et de l'Amérique,
rapportées au franc ; — une liste des *montagnes*
des cinq parties du Monde, dont la hauteur
excède 10,000 pieds ; — des détails sur tous les
genres de peinture ; — un article assez curieux
sur les résultats de la *transpiration ;* — une notice sur les principaux *voyages,* soit de long
cours, soit autour du Monde, avec la date des
principales découvertes sur différens points du
globe ; — une chronologie des écrivains les plus
célèbres, classés par ordre de matières, et

rangés sous chaque matière par ordre chronologique, etc., etc., etc.

Nous ne citons ici qu'une vingtaine d'articles
sur près de quinze cents que renferme l'ouvrage;
et pour le surplus, nous renvoyons à la table
qui le termine, et dans laquelle on trouvera
quelques observations, additions et corrections.
On se convaincra en la parcourant, qu'il étoit
difficile de renfermer plus de choses dans un
seul volume, et sur-tout d'y réunir plus de pièces
singulières, bizarres, curieuses, parfois sérieuses, presque toujours intéressantes, et quelquefois utiles. Enfin, si ce n'est pas un livre qui ait
droit à être placé sur les rayons les plus apparens d'une bibliothèque, il pourra au moins
figurer sur ceux où l'on range les bluettes qui
piquent la curiosité et qui amusent sans fatiguer l'esprit.

PETITE

POÉTIQUE CURIEUSE

ET AMUSANTE,

Renfermant des Notices sur les vers singuliers, bizarres, et d'une exécution difficile dans les langues latine et française.

PRÉLIMINAIRE.

Sɪ la poésie est, comme on le dit, le langage des Dieux, il faut avouer qu'il leur est arrivé quelquefois de s'exprimer de la manière la plus bizarre, par l'intermédiaire de certains poëtes. Pour s'en convaincre, il suffit de parcourir les différentes espèces de vers qui font l'objet de cette Poétique. On seroit tenté de croire que la plupart de ces vers ont été inspirés plutôt par Vulcain que par le Dieu du Pinde, tant ils sont baroques, peu harmonieux et souvent ridicules! Mais leur singularité, les entraves que le poëte s'est imposées pour les composer, et la variété de ces entraves, présentent quelque chose de curieux. C'est ce qui nous a engagé à réunir en peu de pages des notices sur la nature de ces bagatelles, et à joindre des exemples à chaque article. On a lieu

d'être surpris que des gens de lettres aient passé, à
tirer de leur cerveau de pareilles vétilles, un temps
qu'ils auroient pu mieux employer. On attribuoit,
dit un ancien professeur (M. Colon), ces vers au
Démon ; à coup sûr ce n'étoit pas au Démon de la
vraie poésie, mais bien à celui de la folie ; et quel
est le lutin qui pourroit déchiffrer le sens de la plupart de ces pénibles futilités ? Cependant on est bien
aise de les connoître, parce que la curiosité nous
entraîne toujours plus volontiers vers les objets qui
sortent des routes ordinaires, quelque défectueux
qu'ils soient.

Nous allons donner, par ordre alphabétique, les
différentes espèces de vers qui doivent composer
cette petite Poétique.

DES ACROSTICHES.

L'ACROSTICHE est une petite pièce de poésie, dont chaque vers commence par une lettre qui fait partie d'un nom écrit verticalement à la marge. Ce mot vient du grec *akros, summus,* extrême ou qui est à l'extrémité, et *stichos* qui signifie *ordo, versus,* ordre, vers; *akrostichon, initium versus,* commencement du vers; *akrostichis,* acrostiche. Les acrostiches remontent à la plus haute antiquité. On trouve dans la Bible quelques parties qui sont acrostiches, c'est-à-dire, dont les versets commencent par les lettres de l'alphabet en hébreu. Tels sont le psaume 33, le psaume 118, la femme forte de Salomon, les Lamentations de Jérémie. Peut-être avoit-on ainsi agi pour aider la mémoire. Les Grecs ont aussi connu les acrostiches. En effet, on trouve quelque chose qui tient de l'acrostiche, dans l'*Anthologie.* Quelques auteurs appellent ainsi les deux épigrammes du premier livre de l'*Anthologie,* c. 38, faites, la première en l'honneur de Bacchus, et l'autre en l'honneur d'Apollon; elles sont composées de vingt-cinq vers, dont le premier est la proposition ou le dessein de l'épigramme; les vingt-quatre suivans sont composés chacun de quatre épithètes, commençant toutes quatre par la même lettre, et disposées aussi selon l'ordre alphabétique des vingt-quatre lettres des Grecs; ensorte que le premier de ces vingt-quatre vers, qui suit celui de la proposition, comprend quatre épithètes qui commencent par A. Le second, quatre épithètes qui commencent par B. Le troisième, *etc.*; ainsi de suite jusqu'à l'oméga. Ce qui fait quatre-vingt-seize épithètes pour chaque Dieu. Mais ce n'est pas là ce que l'on doit proprement appeler acrostiche, surtout d'après la définition que nous en avons donnée plus haut; ce seroit plutôt des *vers lettrisés.* (Voyez ce mot.)

Quant aux Latins, Cicéron nous apprend qu'Ennius avoit fait des acrostiches : *Acrostichis dicitur, cum deinceps ex primis versuüm litteris aliquid connectitur ut in quibusdam Ennenianis.* (CICÉRO, de Divinatione, *lib.* ii, n° iii, *aliter* 54). Dans la plupart des éditions de Plaute, on trouve en tête de chacune des vingt comédies qu'il nous a laissées, un ARGUMENT qui donne le sujet de la pièce et qui est composé d'autant de vers qu'il y a de lettres dans le mot qui forme le titre de la pièce, et chaque lettre de ce mot est au commencement de chaque vers. Mme. Dacier pense que ces acrostiches sont de Plaute lui-même ; mais on les croit postérieurs à son temps, et on les attribue à Priscien, grammairien, qui vivoit au commencement du vi^e siècle. Nous aurions désiré placer ici les vingt acrostiches des pièces de Plaute ; mais comme cela exigeroit au moins douze pages d'impression, et que d'ailleurs cela ne donneroit qu'une idée très imparfaite du théâtre de Plaute, nous nous contenterons de citer l'argument de la première pièce, l'AMPHITRYON :

> A more captus Alcumenæ Jupiter,
> M utavit sese in ejus formam conjugis,
> P ro patria Amphitruo dum cernit cum hostibus.
> H abitu Mercurius ei subservit Sosiæ.
> I s advenienteis servum ac dominum frustrà habet.
> T urbas uxori ciet Amphitruo : atque invicem
> R aptant pro mœchis. Blepharo captus arbiter,
> U ter sit, non quit, Amphitruo, decernere.
> O mnem rem noscunt : geminos Alcmena enititur.

« Jupiter épris d'Alcmène, se métamorphose en
« Amphitryon, époux de cette princesse, tandis
« que ce roi fait la guerre. Mercure prend la figure
« de Sosie, valet d'Amphitryon, et les trompe l'un
« et l'autre lorsqu'ils arrivent. Amphitryon cherche
« querelle à son épouse. Jupiter et lui se traitent
« mutuellement d'adultères; Blepharon, pris pour
« juge, ne peut décider quel est le véritable Am-
« phitryon. Enfin tout se découvre, et Alcmène
« accouche de deux jumeaux. »

Ces deux jumeaux sont Hercule et Iphicle qui,
selon l'expression du judicieux et élégant Gueude-
ville, « firent leur entrée au monde 1289 ans avant
la rédemption de l'espèce humaine. »

Saint Augustin, *De civitate Dei*, lib. XVII, cap.
23, parle d'un acrostiche de la sibylle Erythrée,
dont les lettres initiales formoient ce sens : IESOUS
CHRISTOS THEOU YIOS SÔTER, « Jésus-Christ fils de
Dieu Sauveur. »

Passons aux acrostiches dans notre propre langue. Lorsque l'on commença à cultiver ce genre de
poésie en France, on le fit avec une espèce de fu-

reur, et on tenta tous les moyens imaginables d'en multiplier les difficultés : on vit des acrostiches dont les vers non-seulement commençoient, mais finissoient par la lettre donnée ; d'autres où cette lettre se trouvoit au commencement du vers et à l'hémistiche ; quelquefois les acrostiches commencent à rebours, c'est-à-dire, par la lettre du dernier vers, en remontant de-là jusqu'au premier. Tel est celui que Guillaume de Saint-André a fait de son nom aux vingt-deux derniers vers de son poëme sur Jean IV duc de Bretagne. Ce poëme se trouve dans le second tome de la nouvelle *Histoire de Bretagne*, p. 691. On a vu aussi des sonnets pentacrostiches, c'est-à-dire, où le même acrostiche répété jusqu'à cinq fois, formoit comme cinq différentes colonnes. Nous ne citerons qu'un petit nombre d'acrostiches, parce que ce sont de ces difficultés puériles que le bon goût réprouve, et qui n'occupent ordinairement que de petits esprits.

Le suivant est propre à faire sentir combien ces sortes de pièces gênent le poëte, parce qu'outre l'acrostiche du nom du Roi au commencement des vers, il y a encore des échos à la fin ; mais on s'est dispensé de la contrainte des rimes et parfois de la raison. Cette pièce a été faite après la victoire remportée à Marsaille, en 1693, par M. de Catinat.

Le bruit de ta grandeur, dont n'approche personne	*sonne.*
On sait le triste état où sont tes ennemis	*mis.*
Coudroient-ils s'élever, bien qu'ils soient terrassés	*assez?*
Ils connoitront toujours la victoire immortelle	*telle.*
Superbes alliés, vous suivrez les exemples	*amples*

D'Alger et des Génois implorant d'un pardon   *don.*
E n vain toute l'Europe oppose ses efforts   *forts :*

B ataillons sont forcés et villes entreprises   *prises.*
O h! que par tant d'exploits vous serez embellis   *lys !*
U otre gloire en tous lieux du combat de Marsaille   *aille,*
R endant la ligue entière après mille combats   *bas !*
B elge, tu marcheras pareille à la Savoie   *voie :*
O n te voit tout tremblant sous un tel Souverain ,   *Rhin :*
N ous te verrons aussi sous un Roi si célèbre,   *Ebre.*

Autre acrostiche adressé à un nommé *Bonnefin,* et dont le nom travesti en grec est Aristote.

A ssez de poëtes frivoles
I imant sans l'aveu d'Apollon ,
H ront te fatiguer de leurs vaines paroles ,
S ans que j'aille grossir l'ennuyeux escadron ;
T u verras mon respect t'honorer du silence
O ù l'on se tient devant les rois.
T on mérite en dit plus que toute l'éloquence,
E t ton nom seul plus que ma voix.

Les deux acrostiches suivans sont fort simples.

R adix   M utatio mirabilis.
O mniun   O mnimoda oblivio.
M alorum   R epentina ruina.
A varitia.   S eparatio sempiterna.

On pressoit un jeune homme de nommer la personne qu'il aimoit. Il s'en défendit , et récita l'acrostiche suivant, où se trouve le nom de cette personne.

J e ne saurois nommer celle qui sait me plaire ;
U n fat peut se vanter, un amant doit se taire.
L a pudeur qu'alarmoit l'impétueux désir,
I nventa sagement le voile du mystère,
E t l'amour étonné connut le vrai plaisir.

Voici un ancien acrostiche double , c'est-à-dire,

que le même nom se trouve au commencement et
à la fin des vers.

> A mour parfait dans mon cœur imprim A
> N om très heureux d'une que j'aime bie N
> N on, non, jamais cet amoureux lie N
> A utre que mort défaire ne pourra A

Un écolier faisant un présent à son professeur
Pierre MANEI, l'accompagna de ces cinq vers :

> P ierides Musæ divino numine vate . . . . M
> E xiguum hunc afflate, precor, quò munera grat A
> T anto ferre viro possim concedite, nunc . . . N
> N aptum est de cœlis aliud, venerabile cert . . E
> O he igitur vatis vires augete minut I

Nous avons dit que les alphabets ne pouvoient
être considérés comme de véritables acrostiches ;
cependant comme ils y ont quelque rapport, nous
allons en citer deux ou trois, qui ne messiéront
point dans notre recueil.

Les deux suivans ont été composés au commencement du XVIIe. siècle ; ils prouvent à quel degré
de corruption et de perversité on étoit parvenu dans
ce temps. La politique dont il est ici question,
n'est autre chose que ce caractère de dissimulation et
d'abnégation intérieure de tous principes, qui pour
parvenir à ses fins, sacrifie la religion, la justice et
l'humanité. Le titre du premier alphabet est :

ALPHABETUM POLITICO-DIABOLICUM.

> A micus sis omnibus, nemini fidus esto : æquitatem fugito.
> B landiaris omnibus, in nullius, nisi proprium commodum.
> C alumniare audacter.
> D efendere se cupientem non audito, stet pro ratione voluntas.
> E xercitia politica colito.

amam non curato.

Gratias agito multis, nulli referas.

Habueris superos aut inferos amicos, perindè sit tibi.

Juvenem, si bona proferre audieris, senem tantùm decere dicito.

Lites ubicumque moveto.

Majores natu non honorato.

Non omnibus copiam tui facito; absentem te esse simulato.

Omne bonum impedito.

Pacta violato, promissa non servato.

Quærito regionem prætendendo religionem.

Religionem colito, sed nullam servato.

Simula, dissimula cuncta.

Tutum ubivis terrarum te esse putato.

Veritatem numquàm dicito, aut parcè.

On avouera que tout monstre qui professeroit de pareilles maximes, mériteroit d'être étouffé.

Passons au second qui est intitulé :

ALPHABETUM AULICO-POLITICUM.

Aulæ eadem est omninò fides quæ mobilis auræ.

Blanditur sed post mordet ut scorpius aula.

Consiliis rarò melioribus utitur aula.

Dissimulet, regnare diu qui poscit in aulâ.

Exulat integritas, probitas et candor ab aulâ.

Ferre moras, iram frænare, docemur in aulâ.

Grande decus videre bonos censetur in aulâ.

Horrent vera loqui, cupiunt qui crescere in aulâ.

Invidiam qui ferre nequit, discedat ab aulâ.

Kyrie qui sonuêre canunt eleison in aulâ.

Luaugent virtutes, regnat scelus omne per aulam.

Muneribus mentes hominum capiuntur in aulâ.

Nugas aula leves et fumos vendit inanes.

Otia quisquis honesta cupit, discedat ab aulâ.

Porta Erebi in terris aula et tua Tantale scena est.

Quæstus adulari et mentiri primus in aulâ.

Rara avis in toto vere pius aulicus orbe.

ꞩ inceris animo non est locus ullus in aulâ.

ꓧ urpe senex et inops quandò incolit aulicus aulam.

ꓦ itæ difficilis methodus benè dicitur aulâ.

ꓝ authe retroibis, erit quandò constantia in aulâ.

ꓤ dra aula est capitum multorum horrenda venenis.

ꓠ œnones fatui sunt atque Thrasones in aulâ.   •

On ne peut disconvenir que cet alphabet renferme de grandes vérités.

Dédommageons-nous des deux alphabets précédens, en citant ce troisième :

ALPHABETUM CHRISTIANO-POLITICUM.

ꓑ mico ne maledixeris.

ꓐ eneficii accepti memento.

ꓛ itius ad infortunatos, quàm fortunatos amicos proficiscere.

ꓷ epositum reddito. Dominare uxori.

ꓱ lige ea quorum non possis pœnitere.

ꓞ ieri quæ non possunt, cave concupiscas.

ꓜ loriam sectare.

ꓧ æresin fuge.

⌣ ustè judicato.

ꓩ egibus pareto.

ꓟ oribus probatus esto.

ꓠ osce te ipsum.

O deris calumnias.

ꓒ rincipem honora.

ꙩ uod oderis alteri ne feceris.

ꓤ es amici dilige ac perindè serva ut tuas.

ꙅ apientiâ utere.

ꓕ emperantiam exerce.

ꓦ irtutem laudato, et sustineto.

Les trois alphabets latins précédens sont tirés de l'*Antidotum melancholiæ, vel schola curiositatis, omnibus hypocondriacis et atra bili laborantibus, sive fratribus spleneticis et melancholicis, aperta à*

domino Gaudioso. Francofurti, J. Bencard, 1667-
70, 2 *parties in-*12. Ce petit ouvrage, écrit entièrement en latin, offre quelques bonnes plaisanteries ;
mais on y trouve aussi beaucoup de trivialités et
une infinité de choses inutiles. Il en est à-peu-près
de même du *Nugæ venales,* du *Facetiæ facetia-*
rum, et autres livres du même genre.

Charles II, roi d'Angleterre, avoit un conseil que
l'on nommoit la *Cabale,* parce que les lettres initiales des noms des cinq personnes qui le compo-
soient, formoient le mot *Cabal.*

      C liffort.
      A shley.
      B uckingam.
      A rlington.
      L auderdale.

Nous citerons aussi un acrostiche latin d'une structure singulière et bizarre, qui est à la tête du tome
troisième du *Dictionnaire portugais* du P. Bluteau,
clerc régulier. Le poëme est à la louange de l'auteur; et c'est son nom qui sert de type à l'ouvrage
qui est de neuf vers. La lettre initiale B est au milieu du cinquième vers, centre du poëme. Si l'on
part de cette lettre en remontant ou en descendant,
ou bien en allant horizontalement par la droite ou
par la gauche, et que l'on se porte ensuite à l'un ou
à l'autre des deux angles dont on s'est approché en
s'écartant du centre : on rencontre toujours BLU-
TEAU en lettres majuscules. Les détours qui doivent
se continuer constamment vers le même angle, peuvent se faire en deux lignes droites, ou se rompre

en zigzag, soit de ligne en ligne, soit de deux lignes
en deux lignes ; de sorte qu'on peut lire le nom de
BLUTEAU, de trente manières différentes à-peu-
près. Aussi a-t-on appelé cette pièce de vers, *laby-
rinthus poëticus, circùm circà nomen auctoris con-
cludens, quod majusculum B demonstrat.*

Vidisti	Auctores	latE	quos	famA	volatU
AltitonansquE	canensque	Tubâ super	Extulit	astrA.
Ecce	Tibi, cunctos	Vincit qui	Tullius	orE;
Titan	Vivus adest, qui	Lumina phœbi	Vin-	ciT.
Ubertim	Laudes tribuat	Bona	Lysia	plausU
Tergeminas; Vivant	Laudes, semperq. Vi	rescanT.
Ergo	Titus noster	Volitando	Triumphetinorb E;
Assi	duE recinat	Tali modulaminE	musA,
Vivat ut	Auctor ovans	Etiam per sæculA	cantU.

Il faut convenir, dit Beauzée, que pour ménager
cette progression donnée des lettres dans tous les
sens qu'on juge à propos, et conserver cependant
la quantité et la mesure des vers, il faut surmonter
beaucoup de difficultés très grandes ; mais aussi
quels sacrifices il faut faire! Si l'on dépouille cette
pièce de l'appareil technique dont il s'agit, et que
l'on n'y examine que le sens, on n'y trouvera qu'une
louange assez vague, hyperbolique et dégoûtante
par la platitude. Le savant auteur du *Dictionnaire
portugais* étoit digne d'un meilleur éloge. Le *Dictionnaire* de Raphaël Bluteau est en 8 *vol. in-fol.*,
et a été imprimé à Coïmbre en 1712-1721. Le supplément imprimé à Lisbonne en 1727-1728 est en 2

vol. in-fol. Il est difficile de trouver des exemplaires complets de ce bon ouvrage. L'auteur, anglais de naissance, et Français d'origine (son père et sa mère étoient Français), né à Londres en 1658, est mort à Lisbonne en 1734.

Voici un acrostiche double sur Mlle. Catherine Bienfait.

C ATHERINE BIENFAIT ʒ elle et plus douce encore,
A u printemps de ses jours I nspire le désir :
T out cède à ses appas, E lle seule l'ignore.
H eureuse de n'avoir N i peine ni plaisir,
E lle veut fuir l'amour; F uir l'amour à son âge!
R arement cet enfant A bandonne ses traits.
I l embellit tes jours, I l en attend l'hommage;
N 'est-il pas dans tes yeux? T on cœur est son partage;
E st-on belle pour rien ? jouis de ses bienfaits.

L'acrostiche suivant, que l'on peut regarder comme un chef-d'œuvre de mauvais goût et de difficulté vaincue, a été composé par un nommé Chabrol, en l'honneur du Maréchal de Bassompierre son protecteur; on peut l'appeler *acrostiche multiplié*. Il se trouve en tête d'une mauvaise pièce de théâtre, intitulée : l'*Oriselle, ou les extrêmes mouvemens d'amour, tragicomédie en cinq actes, en vers, dédiée à Monseigneur le Maréchal de Bassompierre, par Chabrol.* Paris, Mathieu Colombel, 1633, *in*-8°. Nous prenons cet acrostiche, qui ne vaut pas mieux que la pièce, dans la *Bibliothèque du Théâtre français,* (du Duc de la Vallière), *tom.* II, *p.* 432. Nous demandons pardon au lecteur de lui présenter une pièce qui n'a pour elle qu'une forme singulière, et qui est dépourvue de sens :

ACROSTICHE SUR FRANÇOIS DE BASSOMPIERRE.

Fonder sur ses exploits un respect Favorable,

Rend Re à tous les mortels sa faveuRado rtable,

Ass Aillir les destins et les vAincre à la fois

Nonobstant tous les traits de l'iNfortu Ne même,

Considérer Combien son prinCe en se Cret l'aime,

Objecte à vOs haineux les sOins d'un b On françois.

Je me croiroIs vraiment atteInt d'ingrat Itude,

Si je ne vouS offrois ceSfruits de mon e Stude,

Dont le naïf Dessein Demande votre a Dvœu;

Et si vous agréEz cEs termes de la gu Erre,

Burinant sur le Bronze une fois Bassompierre,

Au lieu de mArs, Après on vous en croir A Dieu.

Sans doute leSassautsSur les troupe S angloises

Sont digneS d'empe Scher les étrangère S noises,

Où leurs cOups red Oublés subirent v Otre effort:

Mais sans Mettre en oubli coMme à l'heure Mars blême

Pour n'aPprocher vos Pas avec Ne Ptune même

I fuyoIt, d'où l'Anglois vInt recevo Ir la mort

EncorE; mais le temps pour l'hEure m E dispense

Rest Raignant mes escrits aux Rigueu Rs du silence;

Ra Rement peut-on voir sans guerRedésa Rroy.

En cela vous avez prévu vostr E anagramme,

Qui disposant mes vers par le fil de sa trame,

Vous dit: FAIS DES AMIS AUPRÈS DE CE BON ROY.

Voici un Acrostiche tetragone de trente-cinq vers composés chacun de trente-cinq lettres, et dont une croix est le sujet et la forme.

O CRUX EXCELLENS TOT ⊙ DOMINARIS   OLYMP O

C œlestes plebes et C laras accipis   illi C

R egna regenda poli c R ucifixi mutus et ardo R

U ndique te almificat r U beas cum sanguinis un U

X risti qua propter e X rege vocabere tu du X

D um inhumana tibi ex O uiris divinaque tact V

U nius altithroni de U oto in laudis honor E

X risticolas   socias A c sacro famine viva X

M ultiplices   laudes A n das à culmine cœl I

I n terris cantus quo S offert orbis et exu L

S anctificat mundus C entus te pontus et hic so L

E xaltat jubilans cum M ontibus : arida caut U

R ura canunt stellis M otu tu carmina dona S

O rtus et occasus aqu I lo sic auster et aur A

L ætitiam regni ten E as quod lumine lume N

A lta poli pandas con S ignes numem et isti C

T anta dei dona dispe N sans qui omnia feci T

⊙ CRUX QUÆ XPI. ES CAR ⊙ BENEDICTA TRIUMPH ⊙

Q uanta tibi dederat T antorum factor amor E

U iuificantis enim d O no Deus ipse paravi T

E t bene te extulerat D ire ne dicere puppu P

R ancidus is valeat d E ceptor dux et iniqu I

E xemptam risit præ D am qui lucis ab æthr A

U etrusamque diu volu I t punire necando hi C

E n pia crux domini de C antans quis pio Mus U

M agnificare valet t A ntam te, et dicere fat T

P ulchra nites cultu H e visu gloria cingi H

T ayus dira fugit cal A mus sed pinus honor I

I nclinam humiles e H cedros myrra melir O

O lfactum pavitant na R dus et mira cupressu S

M astixtus gutta amm O mum balsama bidell A

U ictæ majestate su P er sua vota ferunt t E

N omine tu asperior m A jor virtute piis ho C

D onas, cum mercede me E nt Xpi. ante Tribuna L

O CRUX QUÆ COGIS RUPT ⊙ PLEBEM IRE AB AVERN O

On remarque dans cet acrostiche qu'il y a autant
de lettres dans chaque vers qu'il y a de vers en longueur, de sorte que si ces lettres étoient en même
caractère, et également espacées, cette pièce formeroit un carré parfait de trente-cinq lettres; cependant l'auteur s'est donné quelques licences; mais
il a surmonté une grande difficulté en disposant les
mots de façon que la lettre O se trouve aux quatre
angles, au milieu et aux quatre extrémités de la
croix. Les quatre vers qui forment l'encadrement
de la pièce, sont :

O crux excellens toto dominaris Olympo.
O crux vexillum saucto et pia cautio sæclo.
O crux quæ cogis rupto plebem ire ab averno.
O crux dux misero latoque redemptio mundo.

Les deux vers qui forment la croix sont :

O crux quæ summi es noto dedicata tropæo.
O crux quæ Xpri (1) es caro benedicta triumpho.

On conviendra que cet acrostiche très difficile,
est plus curieux que poétique et même qu'intelligi-
ble; Tabourot l'appelle laborieux et admirable; il
est de Rabanus, dont il prouve la patience plus que
le goût, quoi qu'en dise le Seigneur des Accords.

Ce dernier auteur met au rang des acrostiches
des vers dont la première lettre de chaque mot
forme un nom, comme ceux-ci adressés à Ricaldo
Abher.

Res Inamœna Caret Affectu. Læta Decorem
Omnimodo Aspirat. Bellula Habe Ergo Rata.

(1) Xpri est une abréviation tirée du grec, qui signifie Christi.

Et ceux-ci sur un nommé Maclou Popon, conseiller de Dijon.

Mens Astuta, Capax Legum, Orando Valuisset
Præclare Omnigenis Populis Obtendere Nubem.

Le père Fatou a donné l'acrostiche suivant dans son *Paradis terrestre du Saint Rosaire de l'auguste Vierge mère de Dieu, divisé en douze jardins à huit parterres, autrement en douze octaves à huit discours, excepté l'onzième qui en a douze,* etc. Saint-Omer, 1592, *in-8°.*

P eccatoribus. . .	P ræstat	P œnitentiam ,
S itientibus. . . .	S tillat	S atietatem ,
A lligatis	A dducit	A bsolutionem ,
L ugentibus . . .	L argitur	L ætitiam ,
T entatis	T radit	T ranquillitatem ,
E genorum	E xpellit	E gestatem ,
R eligiosis	R eddit	R eformationem ,
I gnorantibus . .	I nducit	I ntelligentiam ,
V ivis	V incit	V astitatem ,
M ortuis	M ittit	M isericordiam.

On voit que c'est le Rosaire qui produit tous ces heureux effets.

Par le P, il procure la pénitence aux pécheurs;

Par l'S, il soulage la soif de ceux qui sont altérés;

Par l'A, il absout ceux qui sont dans les chaînes du péché;

Par l'L, il livre à la joie ceux qui sont tristes;

Par le T, il tranquillise ceux qui sont tentés;

Par l'E, il éloigne la pauvreté de ceux qui sont dans la misère;

Par l'R, il rend la réforme aux religieux relâchés;

2

Par l'I , il verse de l'intelligence dans l'esprit des ignorans ;

Par l'U, il surmonte les ruines des vivans ;

Par l'M , il obtient miséricorde aux morts.

L'auteur a donc trouvé toutes les utilités du Rosaire dans le mot *psalterium*, composé de dix lettres , qui peuvent, dit-il, se rapporter aux dix cordes du psaltérion , à la différence de la harpe.

Terminons ce chapitre par cette bagatelle sur le mot *papa*.

ꝑ etri		ꝑ oculum
ꝓ postoli		ꝓ ureum
ꝑ otestatem	et	ꝑ Petri
ꝓ cccpit ,		ꝓ postoli.

DES VERS ANACYCLIQUES.

LES vers anacycliques ou retournés sont ceux qui roulent sur eux-mêmes , et que l'on peut prendre indifféremment par la tête ou par la queue. On en connoît en grec et en latin. Dans l'*Anthologie* de Planude, chap. IV du livre 6 , on trouve sept distiques de ce genre. Il y a aussi dans le même ouvrage un distique sur Hippocrate, qui est dans le même genre ; il veut dire en français : « Hippocrate fut le sauveur des hommes ; des peuples entiers lui durent la vie, et tant qu'il vécut il y eut disette de morts dans les enfers. » Florent Chrétien a ainsi rendu ce distique grec en latin :

Hippocrates hominum est columen, decus, aura salutis.
  Aula patet raris jam nigra funeribus.

On peut le retourner ainsi :

Funeribus nigra jam raris patet aula. Salutis
  Aura, decus, columen est hominum Hippocrates.

H. Grotius a aussi essayé de rendre en latin le distique grec, mais il n'a pas si bien réussi. Voici sa
version.

Hippocrates Deus est populis et Lucifer orbi
  Maximus, et paucos en rapit interitus.

Il y a des vers anacycliques qui présentent une
grande difficulté, en ce que lus à la manière accoutumée, ils offrent un sens tout-à-fait différent de
celui qu'on trouve en les lisant à rebours, c'est-à-dire,
en recommençant par le dernier mot de la pièce de
vers, et continuant ainsi jusqu'au premier. En voici
deux exemples, en vers hexamètres et pentamètres (1).

Pauperibus dat sua gratis, nec munera curat
  Curia papalis, quod modo perspicimus.
Laus tua, non tua sors, virtus, non copia, verum
  Scandere te fecit culmen ad eximium.
Conditio tua sit stabilis, nec tempore parvo
  Vivere te faciat hic Deus omnipotens.

Lus à rebours, ces six vers présentent le sens
suivant :

Omnipotens Deus hic faciat te vivere parvo

_____

(1) Un poëte à qui l'on proposa de former un vers hexamètre
et un pentamètre en quatre mots pour les deux, les remplit ainsi,
d'une manière plus curieuse que poétique :

Perturbabantur Constantinopolitani
  Innumerabilibus sollicitudinibus.

Tempore, nec stabilis sit tua conditio.
Eximium ad culmen fecit te scandere, verum
Copia, non virtus, sors tua, non tua laus.
Perspicimus modò quod papalis curia curat
Munera, nec gratis dat sua pauperibus.

L'autre exemple est tiré d'un tableau, où l'on voyoit un ange tenir, par un des angles supérieurs, un grand rouleau, sur lequel étoient écrits les huit vers suivans. Ces paroles sortoient de sa bouche : *Lis à l'endroit, sauvé seras.*

Delicias fuge, ne frangaris crimine, verum
Cœlica tu quæras, ne malè dispereas.
Respicias tua, non cujusvis quærito gesta
Carpere, sed laudes, nec preme veridicos.
Judicio fore te præsentem conspice toto
Tempore : nec Christum, te rogo, despicias,
Salvificum pete, nec secteris dæmona, Christum
Dilige, nequaquam tu mala concupito.

Le démon tenoit l'angle opposé inférieur du rouleau, et ces paroles sortoient de sa bouche : *Lis à l'envers, damné seras.*

Concupito mala, tu nequaquam dilige Christum,
Dæmona secteris, nec pete salvificum,
Despicias, rogo te, Christum : nec tempore toto
Conspice præsentem te fore judicio.
Veridicos preme, nec laudes, sed carpere gesta
Quærito cujusvis, non tua respicias.
Dispereas malè, ne quæras tu cœlica, verum
Crimine frangaris, ne fuge delicias.

On ne doit pas exiger d'élégance dans des vers où il y a tant de contrainte.

Voici encore quelques exemples de vers retournés. Abel dit :

Sacrum pingue dabo, non macrum sacrificabo.

Caïn, retournant le vers, s'explique ainsi :

Sacrificabo macrum, non dabo pingue sacrum.

Un catholique avoit dit :

Patrum dicta probo, nec sacris belligerabo.

Un hérétique répondit :

Belligerabo sacris, nec probo dicta patrum.

On a fait des pièces de vers entières, dans ce goût. On en trouve une dans la *Nouvelle science de la nature, et présages des comètes.* Lyon, 1665, *pag.* 413.

A l'article *vers léonins rétrogrades,* nous en citons, dont non-seulement les mots, mais les lettres des mots sont retournés.

Sous Charles VIII et Louis XII, les poëtes avoient mis en vogue les rimes retournées ou rétrogrades. On les appeloit rétrogrades, parce qu'en les lisant à rebours, on y trouvoit encore la mesure et la rime ; mais ces vers sont si pitoyables que nous n'avons pas le courage d'en rapporter des exemples. Si la langue latine, avec sa concision, ses inversions et tous les avantages qu'elle retire de son génie, ne peut parvenir qu'à produire en ce genre des vers à-peu-près insignifians; que sera-ce de la langue française avec sa construction forcée, sa marche compassée, ses nombreux articles, etc. ? Laissons donc dans la poussière de nos vieilles bibliothèques les exemples ridicules de ces sortes de vers qui n'offrent que des difficultés vaincues aux dépens du sens commun.

DES ANAGRAMMES.

LE mot anagramme, qui est la transposition des lettres d'un nom, vient de la préposition grecque *ana*, qui dans la composition des mots, répond souvent à *retrò*, *rè*, et de *gramma* lettre, c'est-à-dire, lettres dont l'ordre est changé. L'anagramme se fait donc, lorsqu'en déplaçant les lettres d'un mot, on en forme un autre mot qui a une signification différente; ou quelquefois lorsqu'un seul mot composé de plusieurs syllabes qui présente un seul sens, peut se diviser en plusieurs mots qui présentent chacun un sens très différent du premier. Cela produit deux sortes d'anagrammes dont nous parlerons dans la suite.

L'anagramme est très ancienne. Lycophron, poëte qui existoit 280 ans avant Jésus-Christ, en a fait deux assez heureuses : l'une, sur l'un des Ptolémées, *Ptolemaios* dont il a formé *apo*, de, *melitos*, miel, pour exprimer la bonté et la douceur de ce prince. L'autre, sur la reine *Arsinoé*, mot dont il a fait *ion* et *eras*, violette de Junon. La troisième partie de la cabale chez les Juifs, le themura (changement) dont j'ai parlé ailleurs, n'est autre chose que l'art de faire des anagrammes.

On ignore si les Latins les ont connues. Le premier qui en ait fait en France est le poëte Dorat, ou Daurat qui vivoit sous Charles IX ; c'est de *Lycophron* qu'il en a pris l'idée. Dès-lors chacun s'en est mêlé; on a même vu un abbé Catelan enchérir sur les anagrammatistes ordinaires; il inventa en 1680 une sorte d'anagramme mathématique, par le moyen de laquelle il trouva que les huit lettres du nom du roi Louis XIV, font *vrai héros*. Cependant la fureur des anagrammes passa; on leur déclara la guerre dans le cours du 17.e siècle. Ménage écrivit que le *turpe est difficiles habere nugas, et stultus labor est ineptiarum* (Martial 2, ép. 86), convient parfaitement aux faiseurs d'anagrammes, qui se tourmentent cruellement pour trouver des mots dans des mots. Adrien Valois fit l'épigramme suivante sur le même sujet :

> Quicumque nervis ingeni parùm fisus,
> Doctumque carmen facere posse desperans,
> Evisceratis verba quærit in verbis,
> Anagramma versu claudat ut salebroso,
> Laboriosis occupatus in nugis ;
> Non hic meretur usquequaque damnari ;
> Nam se ipse noscit, et vetus probat verbum :
> Citharœdus esse qui nequit, sit aulædus;
> Anagrammatista, qui poëta non sperat.

Le poëte Colletet a aussi exprimé son mépris pour les anagrammatistes, dans cette petite pièce adressée à Ménage :

> J'aime mieux sans comparaison,
> Ménage, tirer à la rame,
> Que d'aller chercher la raison
> Dans les replis d'une anagramme.
> Cet exercice monacal
> Ne trouve son point vertical
> Que dans une tête blessée :

Et sur Parnasse nous tenons,
Que tous ces renverseurs de noms
Ont la cervelle renversée.

Malgré ce que nous venons de rapporter contre les anagrammes, nous allons en citer quelques-unes. Mais avant, nous répéterons qu'on en distingue de deux sortes :

1.° Celles qui consistent à diviser un mot en plusieurs, comme dans *terminus, ter, minus,* ou dans ce vers :

Furfur edit pannum, panem quoque sustineamus.

On voit que *sustineamus* est composé des trois mots *sus, tinea* et *mus.*

2.° Celles dans lesquelles on renverse l'ordre des lettres et on les dispose autrement, comme dans *Roma* qui produit *amor, mora, Maro; corpus* qui produit *porcus, procus, spurco; Julius* où l'on trouve *Livius; Galenus, angelus; logica, caligo; Loraine, alérion; Calvin, Alcuin;* ou *le vain Caïn* en ajoutant le prénom Jean, etc., etc. Passons à d'autres exemples.

Quand Pilate demanda à Jésus : *Quid est veritas?* Jésus répondit par les mêmes lettres : *Est vir qui adest.* Ce jeu de mots ne pouvoit avoir lieu dans la langue syriaque que parloit Jésus-Christ.

Autre anagramme :

Sancta Maria Magdalena.
Es alta, magna ac miranda.

Ou en mettant *Magdalene* au lieu de *Magdalena. Magna et clara Dei amans.*

Autre :

>Marguerite de Valois.
>*Salve Virgo mater Dei.*

Autre :

>Nicolas Vignier.
>Nul gain i reçois.

Ce Nicolas Vignier étoit fils de Nicolas Vignier qui a composé la *Bibliothèque historiale,* et qui est mort dès 1596. On trouve cette anagramme dans l'un des deux quatrains qui sont au revers du titre d'un petit livre imprimé sans date à Leyde, in-8°, chez Jean Marie, sous ce titre : *La Légende dorée des Frères mendians de l'ordre de Saint Dominique et de Saint François.* Voici ce quatrain :

>Pourquoi prends-tu tant d'exercice
>Contre Dominique et François ?
>Ne sais-tu pas qu'en cet office
>Travaillant nul gain i reçois ?

Ce petit livre est de Nicolas Vignier fils.

Autre anagramme :

Le jeune Stanislas, depuis Roi de Pologne, étant revenu de ses voyages, toute l'illustre maison de Leczinski se rassembla à Lissa pour le complimenter sur son retour. Le célèbre Jablonski, alors recteur du collège de Lissa, fit à cette occasion un discours oratoire qui fut suivi de divers ballets exécutés par treize danseurs qui représentoient autant de jeunes héros. Chaque danseur tenoit à la main un bouclier sur lequel étoit gravée en caractères d'or l'une des treize lettres des deux mots : DOMUS LESCINIA ; et à la fin de chaque ballet, les danseurs se trou-

voient arrangés de manière que leurs boucliers formoient autant d'anagrammes différentes. On voyoit :

Au premier ballet	DOMUS LESCINIA.
Au second.	ADES INCOLUMIS.
Au troisième.	OMNIS ES LUCIDA.
Au quatrième.	MANE SIDUS LOCI.
Au cinquième.	SIS COLUMNA DEI.
Au sixième.	I, SCANDE SOLIUM.

Cette dernière anagramme est d'autant plus remarquable qu'elle fut une espèce de prophétie (1).

Autre anagramme :

     Marie Touchet.
     Je charme tout.

Cette Marie Touchet étoit maîtresse de Charles
IX, dont elle eut un fils nommé Charles, qui fut
d'abord Grand-Prieur de France, puis comte d'Auvergne et de Lauraguez, ensuite duc d'Angoulême.
Elle épousa ensuite François de Balzac, seigneur
d'Entragues, dont elle eut deux filles, dont l'une
fut la célèbre Henriette de Balzac, maîtresse de
Henri IV, marquise de Verneuil.

Le moine *frère Jacques Clément,* assassin de
Henri III, offre lettre pour lettre : *C'est l'enfer qui
m'a créé.*

Autre :

     Pilatre du Rosier.
     Tu es Pr Roi de l'air.

On sait que cet infortuné, étant parti en ballon,

---

(1) Ce passage, ainsi que plusieurs autres de cet article, est
tiré du *Dictionnaire de Trevoux,* de la *Philosophie des images,*
de Menestrier, etc.

de Boulogne, le 15 juin 1785, à sept heures et demie du matin, est tombé d'une hauteur prodigieuse une demi-heure après; il a été entièrement fracassé. Le feu qui prit dans son ballon a été cause de sa chute.

Ménage raconte que M. Berruyer, ayant trouvé dans l'anagramme de M. de Bourges, à deux LL près, qu'il seroit Cardinal, mit au bas, *restent deux* LL *pour le courrier afin qu'il aille plus vite.*

J. B. Rousseau, honteux d'avoir un cordonnier pour père, avoit d'abord changé son nom en celui de *Verniettes.* Saurin trouva dans ce mot : *Tu te renies.*

On trouve dans *Paulus apostolus, tu salvas populum.*

Dans François Rabelais, *Alcofribas Nasier.*

Dans Noël Dufail, *Léon Ladulfi.*

Dans Ancillon, *Ollincan.*

Dans Crébillon (fils), *Krinelbol.*

Dans Le philosophe de la nature (de Lisle de Sales), *Henri Ophellot de la Pause.*

Dans Voltaire, *o alte vir.*

Dans Pierre de Ronsard, *rose de Pindare.*

Dans l'abbé Miollan, *ballon abîmé.*

Dans Claude Ménétrier, *miracle de nature.* Ce Jésuite répondit à cette anagramme galante :

> Je ne prends pas pour un oracle
> Ce que mon nom vous a fait prononcer ;
> Puisque pour en faire un miracle
> Il a fallu le renverser.

André Pujom rêve que l'anagramme de son nom est *pendu à Riom*. Il passe par cette ville, y prend querelle, tue son homme, et y est effectivement pendu. Cela n'est pas très avéré.

Alexandre étoit prêt à lever le siège de Tyr; il voit en songe un satyre bondir autour de lui et parvient à l'attraper. Il consulte ses devins qui trouvent dans le mot *sa turos*, Tyr est à toi. Effectivement le lendemain la prédiction est accomplie.

Constantin, fils d'Héraclius, prêt à livrer bataille, songea qu'il prenoit le chemin de Thessalonique en Macédoine. Il raconte ce rêve à un de ses courtisans, qui répète syllabe par syllabe *thès allo niken* : laisse à un autre la victoire. Il ne tint aucun compte de cet avertissement, donna bataille et fut battu.

Le Père de S. Louis, religieux Carme, auteur du ridicule *poëme de la Magdeleine*, étoit l'un des plus grands faiseurs d'anagrammes. Il avoit anagrammatisé les noms de tous les Papes, des Empereurs, des Rois de France, des Généraux de son ordre, et de presque tous les Saints. Il croyoit bonnement que la destinée des hommes étoit marquée dans leurs noms. Il n'est pas le seul; voyez le *Tristram Shandy* où Sterne plaisante dans son style original sur l'influence des noms. (OEuvres de Sterne, chapitre XXI intitulé : *Prenez-y garde! le cas est intéressant*, tome 1.er, édition de 1818, 5 *vol. in-*18.)

DES VERS BATELÉS.

Ce sont des vers qui se rapprochent des léonins , puisque la rime du premier vers doit aller avec celle du repos du vers suivant. Marot nous en fournit un exemple :

> Quand Neptunus, puissant dieu de la *mer* ,
> Cessa d'ar*mer* caraques et galées ,
> Les Galliçans bien le durent ai*mer*
> Et récla*mer* ses grandes eaux salées.

DES BOUTS-RIMÉS.

Les bouts-rimés sont des mots donnés au hasard , et souvent très bizarres, qui riment ensemble. L'auteur obligé de les remplir, doit faire en sorte que chaque vers bien fait et présentant un sens suivi , soit terminé par l'un des mots donnés. On fait remonter l'origine des bouts-rimés à 1642 ou 49 , et on en attribue l'invention à l'abbé Dulot (1). Nous allons en citer quelques-uns.

Les premiers qui nous tombent sous la main, sont un éloge assez foible, de Louis XIV, par le P. Commire.

---

(1) Il faut voir sur l'abbé Dulot et sur l'origine des bouts-rimés , le roman de Mayer , intitulé : Aventures et plaisante éducation du courtois chevalier Charles Le Bon , sire d'Armagnac , par de Mayer. Amsterdam et Paris , 1786, 2 *vol. in-18.* Préface , page 39.

Tout est grand dans le Roi, l'aspect seul de son *buste*
Rend nos fiers ennemis plus froids que des *glaçons ;*
Et Guillaume n'attend que le temps des *moissons,*
Pour se voir succomber sous un bras si *robuste.*

Qu'on ne nous vante plus les miracles *d'Auguste ;*
Louis de bien régner lui feroit des *leçons.*
Horace en vain l'égale aux Dieux dans ses *chansons ;*
Moins que n'est mon héros, il étoit sage et *juste.*

Modeste sans foiblesse et ferme sans *orgueil,*
Tandis qu'aux gens de bien il fait un doux *accueil,*
Contre l'impiété ses lois servent de *digue.*

Et seul de tout l'état conduisant les *ressorts,*
Par le charme secret des grâces qu'il *prodigue,*
Du prince et des sujets il forme les *accords.*

Voici un autre sonnet en bouts-rimés, fait sur
M. de Rancé, abbé de la Trappe.

Quittant d'un riche hôtel le superbe *architrave,*
Bouthillier dans un trou se loge en *escargot.*
Là pour ranger son corps dans une sûre *entrave,*
Il le bat d'une verge ou d'un bâton *ragot.*

Ennemi des plaisirs, dont le goût nous *déprave,*
Il fait son lit d'un ais, son chevet d'un *fagot ;*
Un sac est son habit ; son repas une *rave ;*
Tous ses meubles n'ont rien que de brut et de *goth.*

Loin du monde et du bruit, exempt *d'éclaboussure,*
Nulle profane ardeur n'échauffe sa *fressure ;*
Son zèle n'est rien moins qu'un zèle *tabarin.*

L'eau pure, où tout au plus, une prunelle *aigrette,*
Composant la boisson qui sort de sa *burette,*
Lui tient lieu des liqueurs de Beaune et de *Turin.*

Le sonnet suivant offre encore plus de difficultés
que les précédens : tous les bouts-rimés sont des
noms de villes ou de provinces ; le sujet du sonnet
est la mort d'un chat.

Iris, aimable Iris, honneur de la *Bourgogne*,
Vous pleurez votre chat, plus que nous *Philisbourg* ;
Et fussiez-vous, je pense, au fond de la *Gascogne*,
On entendroit de-là vos cris jusqu'à *Fribourg*.

Sa peau fut à vos yeux fourrure de *Pologne* ;
On eût chassé pour lui Titi de *Luxembourg.*
Il seroit l'ornement d'un couvent de *Cologne*.
Mais, quoi! l'on vous l'a pris? on a bien pris *Strasbourg !*

D'aller pour une perte, Iris, comme la *Sienne*,
Se percer sottement la gorge d'une *Vienne* (1),
Il faudroit que l'on eût la cervelle a l' *Anvers*.

Chez moi le plus beau chat, je vous le dis, ma *Bonne*,
Vaut moins que ne vaudroit une orange à *Narbonne,*
Et qu'un verre commun ne se vend à *Nevers*.

Voici un sonnet en bouts-rimés qui mérite d'autant plus de figurer ici, que les mots donnés, lus
du haut en bas, forment un sens différent du sujet
qui a rapport aux lois du sonnet.

Veux-tu savoir les lois du sonnet? Les *voilà :*
Il célèbre un héros ou bien une *Isabelle.*
Deux quatrains, deux tercets; qu'on se repose *là ;*
Que le sujet soit un, que la rime soit *belle.*

Il faut dès ce début qu'il attache *déjà,*
Et que jusqu'à la fin le génie *étincelle ;*
Que tout y soit raison ; jadis on s'en pas *sa ;*
Mais Phébus le chérit, ainsi que sa *prunelle.*

Par-tout dans un beau choix que la nature s' *offre ;*
Que jamais un mot bas, tel que cuisine ou *coffre,*
N'avilisse le vers majestueux et *plein.*

Le lecteur chaste y veut une muse *pucelle,*
Afin qu'aux derniers vers brille un éclat *soudain,*
Sans ce vain jeu de mots où le bon sens *chancelle.*

(1) *Vienne,* sorte de lame d'épée qui se fabriquoit à Vienne en
Dauphiné.

Les bouts-rimés avoient été en grande faveur sous le règne de Louis XIV; mais dès-lors on les avoit abandonnés; cependant on a cherché à les reproduire vers 1782, et pendant un certain temps ils ont repris à la Cour. En voici qui ont été donnés par Louis XVI au marquis de Montesquiou; ils sont assez heureusement remplis.

Je rencontrai dimanche un mort dans son	*cercueil,*
Voyageant tristement sur le chemin	*d'Arcueil;*
Au fond d'un corbillard, comme en un bon	*fauteuil,*
Deux prêtres se carroient et le couvoient de	*l'œil.*
Tout-à-coup l'essieu rompt; la bierre fut	*l'écueil*
Qui joignit mes vilains à feu monsieur	*d'Auteuil;*
C'étoit le nom du mort : il fallut dans un	*fiacre*
Emballer le défunt, les prêtres et le	*diacre.*
Du sort qui nous attend voilà le	*simulacre,*
Me dis-je; le Mogol sur son trône de	*nacre,*
Le vaincu massacré, le vainqueur qui	*massacre,*
Tôt ou tard de Caron remplissent la	*polacre.*

Voici des bouts-rimés que l'on attribue à Marmontel; l'auteur de la Dunciade y est aussi maltraité que Marmontel l'a été dans ce poëme.

Le poëte franc	*Gaulois,*
Gentilhomme	*vendomois,*
La gloire de sa	*bourgade,*
Ronsard sur son vieux	*hautbois,*
Entonna la	*Franciade.*
Sur sa trompette de	*bois,*
Un moderne auteur	*maussade,*
Pour lui faire	*paroli,*
Fredonna la	*Dunciade.*
Cet homme avoit nom	*Pali :*
On dit d'abord Palis	*fade,*
Puis Palis fou, Palis	*plat,*
Palis froid et Palis	*fat;*

Pour couronner la	tirade,
En fin de	turlupinade,
On rencontra le vrai	mot ;
On le nomma Palis	sot.

Envoi.

M'abaissant jusqu'à toi, je joue avec le mot ;
Réfléchis, si tu peux, mais n'écris pas.... lis, sot.

Le sonnet suivant, qui renferme des vérités, est de madame Deshoulières.

Ce métal précieux, cette fatale	pluie
Qui vainquit Danaé, peut vaincre	l'univers ;
Par lui les grands secrets sont souvent	découverts,
Et l'on ne répand pas de larmes qu'il n'	essuie.
Il semble que sans lui tout le bonheur vous	fuie ;
Les plus grandes cités deviennent des	déserts,
Les lieux les plus charmans sont pour nous des	enfers.
Enfin tout nous déplaît, nous choque et nous	ennuie.
Il faut pour en avoir ramper comme un	lézard.
Pour les plus grands défauts c'est un excellent	fard.
Il peut en un moment illustrer la	canaille.
Il donne de l'esprit au plus lourd	animal ;
Il peut forcer un mur, gagner une	bataille ;
Mais il ne fait jamais tant de bien que de	mal.

La même madame Deshoulières a fait encore plusieurs autres bouts-rimés, parmi lesquels j'ai distingué ceux-ci, qui paroissent fort difficiles à remplir. Ils ont été adressés au duc de St. Aignan, en 1684.

Favori des neuf Sœurs, tu sais plaire	omnibus.
Doux à qui t'est soumis, fatal à qui te	fâche,
Tu sers LOUIS LE GRAND, sans espoir, sans	relâche,
Et de quatre tu sais donner la mort	tribus.
Tu pourrois inspirer la valeur au plus	lâche :
Grand Duc, on voit revivre en toi Gaston	Phœbus ;

3

Tu sais l'art d'employer noblement ton	*quibus* ;
A tes propres dépens plus d'un bel esprit	*mâche.*
Le sort pour toi constant t'aime, te rit	*item,*
Te destine un trésor, c'est là le	*tu autem*
Qu'un favori cacha durant une grande	*ire.*
Tu peux encore aimer et faire dire	*amo.*
Que ton histoire un jour fera plaisir à	*lire,*
Si jamais on l'écrit *fideli*	*calamo.*

Le quatrain suivant, adressé à une dame par M. de Boufflers, peut encore être cité.

Quand je n'aurois ni bras ni	*jambe,*
J'affronterois pour vous la balle et le	*boulet.*
Ranimé par vos yeux, je me croirois	*ingambe,*
Et je pourrois encor mériter un	*soufflet.*

Il en est de même du sonnet suivant, qui a été fait vers 1798, par un homme qui prend son parti sur la perte de sa fortune.

D'un ancien flacon de	*scubac*
Que je flûtois jadis, je flaire encor la	*lie;*
Faute d'argent, en couverts de	*tombac,*
Ma table frugale est ser	*vie.*
Soir et matin dans mon triste havre-	*sac,*
Soigneusement j'enferme croûte et	*mie;*
Je fais mon dessert d'une	*oublie.*
De mes chevaux aimés je n'entends plus le	*trac.*
Dans ma ceinture, ô temps, tu ne fais plus tic	*tac;*
Mais aussi de l'intrigue ignorant le mic	*mac,*
Jamais au Luxembourg mon front ne s'	*humilie.*
De mon fouet à Paphos je fais encor clic	*clac,*
Et ne m'informe point dans ma douce	*manie,*
Pour qui l'on chante ici *Domine, salvum*	*fac.*

Je ne terminerai point cette notice sans citer des bouts-rimés plus qu'originaux, qui ont été proposés en 1806 par M. Warcy-Paillet. Il fit insérer dans les journaux la pièce de vers suivante, et proposa deux prix destinés aux deux poëtes qui feroient le mieux une pièce de vers, soit en chanson, conte, fable, historiette, énigme, etc., sur les mêmes rimes que les siennes, mais sans employer les mêmes mots, et avec défense d'en forger. Voici le problême proposé par M. Warcy-Paillet :

A commencer du jour où l'on fête Saint	*Jacques* (1),
Je te donne, lecteur, jusqu'au saint jour de	*Pâques* (2) :
Je te promets en outre un palais tout en	*zinc*,
Qui vaudra de ducats cent milliards de fois	*cinq* ;
De rendre de Brunet (3) le ton triste et	*lugubre* ;
D'un cachot empesté de rendre l'air	*salubre* ;
De rappeler au jour Nostradamus	*défunt* ;
De trouver pour Chignac de cent millions l'	*emprunt* ;
A plumage tout blanc de te donner un	*merle* ;
D'aller au fond des mers te chercher une	*perle* ;
Sans connoître l'hébreu, d'expliquer le	*talmud* ;
De faire pour toujours cesser le vent du	*sud* ;
Tout en te couronnant de lauriers et de	*myrte*,
De te proclamer Roi de la célèbre	*Cirthe* (4) ;
De faire un plaidoyer sans *mais*, ni *si*, ni	*donc*,
Mieux qu'aucun avocat au palais n'a fait	*onc* ;

(1) Saint Jacques l'Intercis est le 27 novembre, selon la vie des Saints. Ce martyr a été surnommé l'Intercis, c'est-à-dire, coupé par morceaux.

(2) Pâques. Cette fête tomboit le 6 avril 1806.

(3) Acteur très plaisant du théâtre Montansier.

(4) Cirthe, aujourd'hui Constantine, à l'orient d'Alger, ville forte, capitale de la province du Levant. Elle est dans une situation avantageuse, à trente lieues de la mer. De très beaux ouvrages des Romains font voir quelle a été sa splendeur et sa magnificence. (Géogr. de Lacroix.)

Uniquement pour toi de tenir la mer	calme ;
Parmi cent concurrens de t'adjuger la	palme ;
De faire une cornue aussi droite qu'un	busc ;
Sur les monts Apennins d'aller chasser le	musc ;
De trouver un Anglais qui, sans espoir de	lucre ,
Veuille bien te céder mille quintaux de	sucre ;
Du grand-prêtre Aaron de retrouver l'	éphod ;
De t'éclaircir enfin l'histoire de	Nemrod ;
Si prenant, cher lecteur, ces vers pour	paradigme ,
Tu me rimes chanson, charade, ou bien	énigme.
(Mais à suivre cet ordre il faut que tu sois	strict ,
Car songe que ces mots ne sont de ton	district).
De ta peine voici quel sera le	salaire :
Le théâtre vanté du sublime	*Voltaire* ;
Des deux Corneille encor les chefs-d'œuvre	*connus....*
Rimeurs, accourez tous, vous serez bien-	venus.

Voici comment le problême a été résolu, d'abord par M. Geoffroy neveu, qui a remporté le premier prix, puis par M. E. D.***t, qui a remporté le second.

Pièce de M. Geoffroy neveu.

Les plus sages rimeurs deviendroient	maniaques,
S'il leur falloit, Warcy, repousser tes	attaques.
Tu possèdes, je crois, la malice du	scink (1),
Quand tu veux, en rimant, que j'emploie	Edelink (2).
Hélas! pour réussir, vainement je	lucubre (3),
Et rien qu'en y songeant mon esprit se	lugubre (4).
Que ne faut-il aller de Paris à	Stralsund,
De Stralsund à Pékin, de Pékin à	Budrunt (5),

---

(1) Petit crocodile. Voyez Dictionnaire de Gattel.

(2) Fameux graveur.

(3) Travailler de nuit. Dictionnaire de néologie, de Mercier.

(4) Lugubrer, empreindre de tristesse. *Ibid.*

(5) Nom donné à la ville d'Otrante, par les Turcs. Bibliothèque orientale.

Puis sur la Loire, enfin, pour tuer un seul *herle* (1)!
Que ne faut-il encor déraciner la *berle* (2)!
Mais tu ris, maudit Sphinx; puisses-tu près d' *Igud* (3),
Attendre un sort pareil à celui de *Jéhud* (4);
Ou même être haché comme le fut *Absyrthe* (5);
Gueuser de porte en porte, ainsi qu'un *Métragyrte* (6);
Devenir plus chétif, plus mince que le *jonc;*
A force de jeûner être creux comme un *tronc;*
Au lieu du vin exquis que l'on recueille à *Palme* (7),
Boire s'en t'arrêter quatre litres d' *oxalme* (8);
Ne respirer qu'un air empesté par le *musc;*
N'avoir pour te nourrir qu'un pain couleur de *musc,*
Et quelques alimens affadis par le *mucre* (9)!
Mes termes, tu le vois, ne sont point à *mi-sucre* (10);
Mais je reçus le jour près de *Cholmogorod* (11);
Ton baroque défi me parvint à *Nislod* (12).
Il faut te l'avouer, j'en eus le *borborygme* (13);
J'en fus malade au point d'employer le *phénigme* (14);
En cet instant, hélas! j'en suis encor *confict* (15).
Mais puisque le délai doit expirer *ennuict* (16),

---

(1) Oiseau qu'on trouve sur la Loire.
(2) Plante à fleurs ombellifères.
(3) Ville dans le désert de Barbarie.
(4) Fils de Saturne qui fut sacrifié par son père. Dict. de la fable.
(5) Dictionnaire de la fable.
(6) *Ibid.*
(7) Une des îles Canaries. Géogr. de Lacroix.
(8) Remède composé de sel et de vinaigre. Dioscor., liv. 5, ch. 19.
(9) Corruption par l'humidité. Diction. du vieux langage, par Lacombe.
(10) Voyez le Dictionnaire comique de Leroux.
(11) Ville de la Grande Russie. Géogr. de Lacroix.
(12) Autre ville de la Grande Russie. *Ibid.*
(13) Voyez Dictionnaire de l'Académie.
(14) *Ibid.*
(15) Absorbé. Dictionnaire du vieux langage.
(16) Aujourd'hui. *Ibid.*

J'accepte ton défi, peut-être	*téméraire ;*
Écoute maintenant le vœu que je vais	*faire :*
Puisse du noir Satan les ministres	*cornus*
Te rendre tous les maux qui me sont	*survenus !*

Pièce de M. E. D***t, renfermant un logogriphe.

Redoute-moi, lecteur, plus que mille	*Cosaques ;*
Car je prendrois aux gens jusques à leurs	*casaques.*
Cherche dans mes neuf pieds, ce qu'inspire le	*scink* (1);
Ce que l'on peut trouver chez le banquier	*Devinck* (2);
Un rhume que parfois cause un air	*insalubre ;*
Le temps où maint auteur le plus souvent	*lucubre* (3);
Ce que cent fois vint faire un pirate à	*Budrunt* (4);
Un potage qu'on sert à Paris, à	*Stralsund ;*
Un légume sucré, plus connu que la	*berle* (5),
Et qu'on mange à Lyon, de même qu'à	*Montmerle ;*
Un faux dieu, détesté dans la ville de	*Jud* (6),
Que n'encensa jamais le pieux	*Abiud ;*
Ce qui porta Médée à massacrer	*Absyrthe* (7);
Une ville, à présent plus célèbre que	*Mirte* (8);
Ce que tout bon chrétien met souvent dans un	*tronc ;*
Un ruisselet limpide, où l'on trouve le	*jonc ;*
Ce que l'on veut toujours que soit le vin de	*Palme* (9);

---

(1) Espèce de crocodile. Dict. de Gattel. L'Acad. écrit scinque.

(2) Demeurant à Paris. Almanach du commerce de l'an 13.

(3) Lucubrer, passer la nuit à travailler. Dict. de néologie, de Mercier.

(4) Nom que les Turcs donnent à la ville d'Otrante. Bibliothèque Orientale, par d'Herbelot.

(5) Plante à fleurs ombellifères. Dictionnaire de l'Académie.

(6) Ville de la Palestine, dans la tribu de Dan. Dict. de Moréri.

(7) Dictionnaire de la fable.

(8) Ville de l'Indostan. Voyez la table de Zend-Avesta, ouvrage de Zoroastre, par Anquetil-Duperron.

(9) L'une des îles Canaries. Géographie de Lacroix.

Ce que, dans un navire, avec soin l'on   *espalme* (1);
Un sol où l'on ne voit jamais croître le   *brusc* (2);
L'essence d'une fleur que l'on préfère au   *musc;*
Un végétal commun, où s'engendre le   *mucre* (3);
Un grain des pays chauds, et que le friand   *sucre;*
Certain taureau qui naît près de   *Wernigerod* (4);
Un animal velu qu'on peut voir à   *Nislod* (5);
Un insecte, une humeur qu'attire le   *phénigme* (6);
La qualité d'un mets causant le   *borborygme* (7);
Ce qu'on prise à Pékin, à Londres, à   *Maëstricht,*
Et qui fut dédaigné par l'humble   *Bénédict* (8);
De plus une machine aux maçons   *nécessaire;*
Deux notes en musique, un monstre   *imaginaire;*
Ce que portent toujours les végétaux   *grenus;*
En politique, enfin, deux titres   *reconnus.*

(1) Terme de marine. Dictionnaire de l'Académie.

(2) Espèce de houx-frelon. Dictionnaire de Trévoux.

(3) Corruption par l'humidité. Dictionnaire du vieux langage.

(4) Ville de la Basse-Saxe, et non loin de la Prusse. Géographie de Lacroix.

(5) Ville de la Grande Russie. *Ibid.*

(6) Dictionnaire de l'Académie.

(7) *Ibid.*

(8) Médecin allemand. Voyez Moréri.

Le mot du Logogriphe est Grippe-sou, dans lequel on trouve : *peur, or, grippe, soir, prise, soupe, pois, Og, ruse, Pise, sou, ru, pur, poupe, pré, rose, orge, ris, ure* (taureau sauvage), *ours, pou, pus, sur* (aigre), *ré, si, ogre, épi, roi, sire.*

DES VERS BRISÉS.

Les vers brisés sont ceux qui, coupés immédiatement après le premier hémistiche ou le repos, peuvent se lire de suite, et présenter un sens complet et différent de celui que présentoient les vers lus en entier. En voici un pauvre exemple tiré d'Octavien de Saint-Gelais :

De cœur parfait chassez toute douleur;
Soyez soigneux, n'usez de nulle feinte;
Sans vilain fait entretenez douceur;
Vaillant et preux abandonnez la crainte;
Par bon effet montrez votre valeur;
Soyez joyeux et bannissez la plainte.

Ces vers peuvent se lire ainsi :

De cœur parfait
Soyez soigneux;
Sans vilain fait
Vaillant et preux,
Par bon effet
Soyez joyeux;
Chassez toute douleur;
N'usez de nulle feinte;
Entretenez douceur;
Abandonnez la crainte;
Montrez votre valeur,
Et bannissez la plainte.

On trouve dans *les Bigarrures* de Tabourot, plusieurs exemples de vers brisés. Il en cite entre autres une pièce assez singulière, sur les Protestans;

mais il a soin de la faire précéder de cet avertissement :

« J'en ai vu (des vers brisés) plusieurs scandaleux
« et séditieux; de tous lesquels j'ai choisi ce suivant, pour exemple, duquel je prie tous les lecteurs de ne se point scandaliser ; car on peut voir
« que c'est l'esbat de quelque timide castor amphibie qui voudroit bien revirer sa robe. »

Je ne veux plus	La messe fréquenter
Pour mon repos	C'est chose bien louable
Des huguenots	Les presches escouter
Suiure l'abus	C'est chose misérable
Ores je voy	Combien est détestable
Ceste finesse	En ce siècle mondain
Par quoi je doy	Voyant la saincte Table
Tenir la messe	En horreur et desdain.

Qu'on réunisse ces deux pièces, en disant :

Je ne veux plus la messe fréquenter,
Pour mon repos c'est chose bien louable etc.

et l'on aura un sens tout-à-fait opposé à celui qu'expriment les vers séparés.

Autre exemple du même auteur :

Qui vous dit belle	Il ne dit vérité
Il dit bien vray	Qui laide vous appelle
Vous estes telle	En fait de loyauté
Comme bien sçay	Estes la nompareille
Tousiours auray	A vous hayne mortelle
A vous fiance	N'auray jour de ma vie
Et aimeray	Qui votre mal réuèle
Votre accointance	Dieu confonde et maudie.

Le ZADIG de Voltaire nous fournit encore un exemple de vers brisés, dont la moitié présente un

sens opposé à celui qu'exprime le quatrain lu en
entier. Le voici :

> Par les plus grands forfaits
> Sur le trône affermi,
> Dans la publique paix
> C'est le seul ennemi.

Cette moitié du quatrain est injurieuse au Roi ;
qu'on y réunisse l'autre moitié, l'injure disparoît.

> Par les plus grands forfaits j'ai vu troubler la terre ;
> Sur le trône affermi le roi sait tout dompter.
> Dans la publique paix l'amour seul fait la guerre :
> C'est le seul ennemi qui soit à redouter.

Voici des vers brisés d'une singulière espèce :

Qu	an	di	tri	mul		pa	
os	guis	rus	sti		cedine	vit,	
H	san	mi	Chri	dul		la	

On voit que les syllabes du milieu sont communes
à celles du haut et du bas, en s'y joignant toujours
à gauche ; ainsi *os* est commun à *Qu*, *quos* et à *H*,
hos ; *guis* est commun à *an*, *anguis* et à *san*, *san-*
guis ; etc. Ce qui donne ces deux vers :

> Quos anguis dirus tristi mulcedine pavit,
> Hos sanguis mirus Christi dulcedine lavit.

Il en est de même de l'exemple suivant :

Et canis		venatur		servat.
	in sylvis		et omnia	
Et lupus		nutritur		vastat.

On peut encore citer celui-ci :

	pit	rem	em	pit		rem.
Qui ca	uxo		lit	ca	atque dolo	
	ret	re	e	ret		re.

On connoît aussi une manière d'écrire en prose,
qu'on pourroit appeler *prose brisée*. Ce sont des

morceaux dont la disposition des lignes présente un double sens. Nous allons en donner un exemple, dans les deux lettres suivantes (1), qui offrent chacune deux sens diamétralement opposés.

MADEMOISELLE,

Je m'empresse de vous écrire pour vous déclarer que vous vous trompez beaucoup si vous croyez que vous êtes celle pour qui je soupire. Il est bien vrai que pour vous éprouver, je vous ai fait mille aveux. Après quoi vous êtes devenue l'objet de ma raillerie. Ainsi ne doutez plus de ce que vous dit ici celui qui n'a eu que de l'aversion pour vous, et qui aimeroit mieux mourir que de se voir obligé de vous épouser, et de changer le dessein qu'il a formé de vous haïr toute sa vie, bien loin de vous aimer, comme il vous l'a déclaré. Soyez donc désabusée, croyez-moi; et si vous êtes encore constante et persuadée que vous êtes aimée, vous serez encore plus exposée à la risée de tout le monde et particulièrement de celui qui n'a jamais été et ne sera jamais

Votre serviteur,

A......

---

(1) Ces lettres présentent d'abord un sens, étant lues à la manière accoutumée; mais si ensuite on ne lit que la première, la troisième, la cinquième ligne, etc., c'est-à-dire, toutes les lignes impaires, on y trouvera un sens opposé à celui qu'a présenté la première lecture.

Réponse.

Monsieur,

Soyez assuré que je vous reconnois bien pour une personne qui n'est rien moins que sincère, et que je vous ai regardé comme un homme haïssable et tout-à-fait indigne de mon estime. C'est donc inutilement que vous m'écrivez aussi incivilement, et que vous m'exhortez si fortement à être désabusée. — Comment pourrois-je être constante, puisque vous êtes vraiment le seul homme que j'ai en aversion, bien loin d'être l'objet de ma pensée comme vous l'avez faussement cru ? Vous auriez au contraire pu découvrir par toutes mes actions et par ma haine, que j'étois loin d'avoir pour vous des sentimens émanés d'un cœur sincère, si vous aviez eu seulement le sens commun. Je finis en protestant de n'oublier jamais un affront si sensible ; et si à l'avenir une personne aussi franche et aussi aimable m'approchoit pour me dire autant de faussetés que vous, qui m'avez dans toute occasion trahie, quoiqu'au dehors vous m'ayez toujours témoigné l'amour le plus pur et le plus tendre, je le traiterai, monsieur, comme je vous traite, vous qui êtes et qui avez toujours été un scélérat, de tous les hommes le plus infidèle, et duquel je suis tout-à-fait au désespoir d'avoir jamais pu me dire

La servante, B.......

On cite le tour de force suivant d'un Turc nommé Mohammed Kothrob, de Bassora, mort l'an
821; c'est un poëme arabe dans lequel chaque vers
a un mot qui offre trois sens en y changeant autant
de fois une voyelle. Il faut remarquer que les
voyelles ne s'écrivant point en arabe dans la majeure
partie des livres, ces mots qui peuvent se lire à volonté de plusieurs manières, selon les voyelles qu'on
y adapte, sont la source d'une infinité de jeux de
mots et de pointes qui tiennent lieu d'esprit, de
goût, et même quelquefois de sens commun, mais
qui ont toujours du charme pour les Orientaux.

On raconte qu'un ami de l'évêque Theogonius,
n'osant lui écrire ouvertement, de peur que sa lettre
ne tombât en d'autres mains, pour le reprendre de
son injustice et des mœurs peu épiscopales qu'il dé-
guisoit sous le masque de la piété, lui écrivit une
longue lettre qui faisoit son panégyrique; mais qui,
étant lue à rebours, rendoit un sens contraire et
plus convenable au personnage à qui elle étoit adressée. Cette lettre est rapportée dans *Comiers,* pag. 265
de son *Traité de la parole, des langues et écritures,
et l'art de parler et d'écrire occultement.* Liège,
1691, *in*-12.

Nous aurions pu rapporter un plus grand nombre
d'exemples de vers brisés et de prose du même
genre; mais ce que nous en avons cité prouve suffisamment que de toutes ces espèces de frivolités poétiques, c'est la plus difficile, et presque toujours la
plus insignifiante.

DES VERS BURLESQUES.

CES vers tiennent à un genre de poésie qui travestit les choses les plus nobles et les plus sérieuses, en plaisanteries bouffonnes. Il paroît que le burlesque n'a point été connu des anciens. On ne trouve rien qui en approche dans Aristophane, Menandre, Plaute, Térence, Lucien, Apulée et Pétrone, tous auteurs très gais et qui sont à peu près les seuls qui auroient pu travailler dans le genre burlesque s'ils l'eussent connu. Cependant quelques-uns disent que du temps de Ptolémée, fils de Lagus, un certain poëte avoit traité en ridicule des sujets sérieux de tragédie. C'est sous le règne de Louis XIII et au commencement de celui de Louis XIV que le style burlesque étoit le plus en vogue. Il nous est venu des Italiens; Bernia, Lalli, Caporali sont les premiers qui se sont exercés dans ce genre. Sarasin se vantoit d'être le premier Français qui s'en fût servi. Charles Coypeau d'Assouci entreprit de mettre en vers burlesques le *Ravissement de Proserpine*, grand et pompeux poëme de Claudien; il publia aussi *Ovide en belle humeur*, ce sont les *Métamorphoses*; ces deux mauvaises productions ont attiré à leur auteur, ce bon vers de Boileau :

Et jusqu'à d'Assouci tout trouva des lecteurs.

Un misérable poëte (H. Picou), a traduit en vers

burlesques 38 *odes d'Horace* qui ont été imprimées
à Leyde chez Sambix en 1653, *in*-12. Le même a
dédié au prince de Conti l'*Odyssée d'Homère* dans
le même genre, imprimée chez ce Sambix, aussi en
1653. On voit en tête de ce livre une épître burlesque de Pénélope à Ulysse, faite sur le modèle de
celle d'Ovide.

Jacques Moireau a composé en grands vers latins
un poëme intitulé : *La Pygméide*, ou *Combat des
grues et des pygmées*, divisé en 8 chants. *Vendôme,
Sébastien Hyp.* 1676. Cet ouvrage est rare ; il a été
peu lu ; cependant il y a de bonnes plaisanteries.
Dans le premier chant, l'auteur invoque ainsi
Apollon :

. . . . Mentite tuis ò semper alumnis,
Pharmacopola tenax, aut dentis ut erutor ægri;
Da graciles, ò Phœbe, viros et inania castra,
Fabellasque rudes, simulataque Pergama veris
Fingere, etc.

On trouve dans le second livre une description
comique du coucher du soleil :

Jam Tartessiacas rhedam flectebat in undas
Declivis cœlo Titan, sitiensque labore
Pervigili lambebat aquam, fessosque diurno
Tramite quadrupedes ægrè fumantia torquet
Ad stabula, hi roseis ignita repagula pulsant
Calcibus, et pingues paleas, ac semen avenæ
Jejuni, strigilesque vocant ; dolet alvus inania
Jam desiderio seri macrescere pastûs.

Dans le cinquième chant, une mère implore Mars
et lui dit :

Ac tua divitibus mactabo altaria donis;
Nam festis tibi vestis erit, tibi barba diebus

Aurea, jejunum te taurea pulpa cibabit;
Bleseusisque satur dolio potabere vini.

En général le style de la *Pygméide* est peu élégant, peu latin ; les descriptions et les épisodes n'ont pas toujours le tour assez naïf, assez plaisant. La *Gigantomachie* de Scarron , qui a été faite peu après la *Pygméide*, lui est préférable; elle commence ainsi :

> Je chante, quoique d'un gosier
> Qui ne *mâche* point de laurier,
> Non Hector , non le brave Énée,
> Non Amphiare ou Capanée ,
> Non le vaillant fils de Thétis;
> Tous ces gens-là sont trop petits,
> Et ne vont pas à la ceinture
> De ceux dont j'écris l'aventure.
> Etc.

Scarron passera toujours pour le prince des poëtes burlesques; il est vrai que c'est une pauvre principauté ; mais cependant il avoit du génie. On lui trouve un sel, une finesse dont sont privés ceux qui l'ont imité. Sa *Gigantomachie*, sa *Baronéide*, mais sur-tout son *Virgile travesti*, lui ont fait une grande réputation dans ce genre.

« L'*Énéide* travestie, dit un auteur de goût, n'est autre chose qu'une mascarade , comme Scarron l'avoue ; mais cette mascarade n'est pas aussi grotesque qu'on le pense communément. Ce sont des dieux et des héros déguisés en bourgeois de Paris , mais tous avec leur propre caractère , dont Scarron a saisi le côté ridicule avec beaucoup de justesse et d'esprit. C'est ainsi que de Jupiter il a fait un bon homme ; de Junon une commère acariâtre; de Vé-

nus une mère complaisante et facile ; d'Énée un dévot larmoyant, un peu timide et un peu niais ; de
Didon une veuve ennuyée de l'être ; d'Anchise un
vieux bavard ; de Calchas un vieux fourbe ; de la
Sibylle une devineresse, une diseuse de logogryphes ;
et de l'oracle d'Apollon un faiseur de rébus. Quant
au personnage qu'il a pris lui-même, c'est celui d'un
conteur naïf et ignorant qui confond les temps et les
mœurs, et qui fait parler tout son monde comme on
parle dans son quartier. » Tel est ce genre comique.
En voici quelques exemples. Scarron raconte les
plaintes de Vénus à Jupiter, et comment Jupiter lui
répond :

> Ce dieu donc, des dieux le plus sage,
> Se radoucissant le visage,
> Et la prenant sous le menton,
> Lui dit : Bon dieu ! que diroit-on
> Si l'on vous voyoit ainsi faire ?
> N'avez-vous point honte de braire
> Ainsi que la mère d'un veau ?
> Ah ! vraiment cela n'est pas beau.
> Ne pleurez plus, la Cythérée,
> Et tenez pour chose assurée
> Tout ce qu'a prédit le destin
> D'Enée et du pays latin.

Le dialogue de Vénus avec son fils Énée est très
plaisant. On sait que Vénus ne paroît pas dans tout
l'éclat de sa divinité, et qu'elle s'est déguisée aux
yeux de son fils, qui cependant lui dit :

> Vous sentez la dame divine ;
> J'en jurerois sur votre mine.

Alors Vénus fait l'Agnès.

> Je ne suis pas, en vérité,

4

D'une si haute qualité,
Dit Vénus, mais votre servante.
Ah! vous êtes trop obligeante,
Ce dit-il, et j'en suis confus.
Et moi, si jamais je la fus,
Ce dit-elle. Et lui de sourire,
Disant : Cela vous plaît à dire ;
Puis sa tête il désafubla.
Ses deux jarrets elle doubla
Pour lui faire la révérence.
Il fit une circonférence
Du pied gauche à l'entour du droit,
Et cela d'un air tant adroit,
Ce pauvre fugitif de Troie,
Que sa mère en pleura de joie.

La première entrevue d'Énée avec Didon est encore très plaisante.

La reine donc fut étonnée
De l'apparition d'Énée,
Et lui dit, parlant un peu gras,
L'ayant pris par le bout du bras,
(C'est par la main que je veux dire) :
Comment vous portez-vous, beau sire?
Moi, lui dit-il, je n'en sais rien :
Si vous êtes bien, je suis bien ;
Et j'ai pour le moins la migraine,
S'il faut que vous soyez mal-saine.
Vous vous portez bien, Dieu merci ;
Je me porte donc bien aussi.

Voici le portrait qu'il fait de Didon :

C'étoit une grosse dondon,
Grasse, vigoureuse, bien saine,
Un peu camuse à l'africaine,
Mais agréable au dernier point.

Parmi les effets qu'Énée avoit sauvés du sac de Troie, il y avoit, dit Scarron :

La béquille de Priamus,

Le livre de ses oremus,
Un almanach fait par Cassandre,
Où l'on ne pouvoit rien comprendre.

Il décrit ainsi le Tartare :

Phlégéthon, un fleuve de soufre,
Court à l'entour, creux comme un gouffre,
Et roule à grand bruit du brasier
Au lieu de sable ou de gravier.
Une tour qui flanque la porte,
Si haute, ou le diable m'emporte,
Qu'elle atteint au plancher d'enfer,
Est toute d'airain et de fer.
Tisiphone en est la portière,
Carogne aussi superbe et fière
Que le portier d'un favori;
La vilaine n'a jamais ri.....
Ænéas eut l'ame étonnée
Du bruit de la troupe damnée....
Le grand et petit Châtelet
N'ont rien de funeste et de laid
Auprès de ce château terrible,
Aux gens de bien inaccessible.
Rhadamante effroyable à voir,
En soutane de bougran noir,
Sur un siége de fer préside.
Onc ne fut juge plus rigide.
Les commissaires d'aujourd'hui
Sont des moutons auprès de lui,
Quoiqu'en matières criminelles
Nous ayons de doctes cervelles......
Ce juge criminel d'enfer,
Vrai cœur de bronze, ou bien de fer,
En veut surtout aux chattemites,
Aux faux béats, aux hypocrites;
Quand il en attrape quelqu'un,
De leur chair il fait du pétun; (*tabac à fumer.*)
Et ce pétun le déconstipe,
N'en auroit-il pris qu'une pipe.

Nous ne pousserons pas plus loin nos citations sur
ce poëme burlesque que Scarron n'a pas terminé ;
il n'en a travesti que huit chants ; Moreau de Brasey
a fait les quatre derniers. Scarron n'est pas le seul
qui ait travesti l'Énéide. Cotton, poëte anglais, en
a fait de même dans sa langue ; et Blumauer l'a aussi
travestie en allemand, mais il ne l'a pas finie ; elle
l'a été par un autre poëte.

Nous croyons pouvoir ajouter à la citation du *Vir-*
gile de Scarron, un passage du *Virgille Virai en*
borguignon, qui est bien autant, pour ne pas dire
plus plaisant que celui de Scarron. Les deux premiers livres et partie du troisième de cette traduction burlesque ayant été imprimés , nous allons donner un fragment du quatrième livre qui n'a point
encore été mis sous presse : ce sont les imprécations
de Didon, lorsqu'Enée lui déclare qu'il doit, par
l'ordre des dieux, quitter Carthage pour se rendre
en Italie. A cette nouvelle, le bon homme bourgui-
gnon nous peint ainsi la reine au désespoir :

> Didon en padi contenance,
> Et pendan qu'Aigniai debridôo,
> Lai daime vo le regadòo
> Depu lé pié jusqu'ai lai téte.
> Quei Juda, fit-elle, quei tréte!
> Et ton grand peire, ç'àa Dardan?
> Et Jupitar aa ton pairan ?
> Vénu veut que de lei tu sote?
> Çàa le gran diale qui t'empote.
> 'Ton peire étòo queique coucou,
> Vou bé prauture ein loup-garou ;
> Et tai boue béte de meire
> Te faisi dessu lé parçire;

Jaimoi fanne ne te sevri,
Çàa le borea qui t'ai nôri.
Ma regadé ce Jan dés Veigne;
Diroo-t-on ei sei froide meigne
Qu'ai sçaivisse ran de celai?
J'ai padei beàa me desolai,
Tiré mé poi, pissé des euïlle,
Mou gros laidre àa lai qui me beuïlle
Sans me dire le moindre mô.
Et pu fié vo ès cagô!
Eiu jor j'en serai revongée.
Ne seu-je pà ben obligée
De l'honneu que me fait Jenon?
Eh bé! ai qui se fieré-t-ou?
Eiu coquin chaissé de l'Aisie,
S'en sauve dedans lai Lybie,
Ei menne cent gueu d'aivo lu,
De tô cotai montran le cu.
Vai Cateige sés gen s'éréte,
Ne saive où baillé de lai téte;
Je lés reçoi pò chairitai,
Je lò baille ai boire ai deignai.
Je recou tôte lô gueuille
Sau qu'ai l'en coûte croi ne pile.
Que dirai-je? j'ai bé fai pei;
J'ai baillé mai taule et mon loi
Ai ce Juda qui m'ai vendue;
Cela me fait cori lés rùe.
Ç'àa Aipollon...., ç'àa Jùpitar....
Ç'àa ein marcu qui vole en l'ar...
Ç'àa le gran diale qui l'envie
Charché foteugne en Italie.
Croyé celai, beuvé de l'eàa.
Ces gens-lai ont dan le cerveàa
Bé d'autre aiffaire que les tienne.
Pense-tu que je te retienne?
Nennin; des aujôdheu tu peu
Soti d'ici, si tu le veu.

Vai t'en cori, vai, qui t'érète ?
Vai luttai contre lai tempéte ;
Vai remontai su tés batteàa ;
Qu'ai pussein s'aibimai dan l'eàa,
Et lai mar te faire tan boire
Qu'ai te revenne ai lai mémoire
Du vin , laidre, qu'ai ton gogo
Tô les jor tu beuvòo chez no !
Quan tai flôtte serai gaugée,
Que je lai voirai bé mouillée;
Je t'envierai po lai soiché
Le prévot d'aivo ses arché,
Te breler san misericode.
Tu brailleré, je serai sode,
Et je me moquerai de toi
Còme tu te moque de moi.
Que si je meurs de mor subite,
Ne pense pa d'en être quitte,
Tu n'en seré ni pei ni meù;
Je revarai tôte lés neu,
Je renvarserai ton maneige,
Te dévorerai le visaige.
Tu me voire soir et matin
Te faire tôte peute fin.
Pranture qu'on me veinré dire
Teu tés maux qui me feront rire
Quand on m'airôo mi por haizai
Dan le pù fin fou de l'enfar.
   Aigniai contre eine tei furie
Préparòo sei philosophie,
Quan Didon pleine de depei
Tô ei cô tone le darei.
Dedan sai chambre elle s'enfue;
Ai pone y fut-elle venue,
Qu'on cueudi qu'elle allòo meuri ,
Et sé chambleire de cori.
Jusqu'elle fusse revenue,
On lai jeutte tôte étandue
Dessù son beàa lei de velor......

Passons à d'autres auteurs burlesques. Le pompeux et ampoulé Brébeuf, gagné sans doute par le
mauvais goût du temps, a bien osé entreprendre
de faire le *Lucain travesti*; il l'intitula : *La Pharsale de Lucain, en vers enjoués*. Paris, 1655. Il
débute ainsi :

> Je veux, pendant que je suis
> Franc de chagrins et d'ennuis,
> Pendant que fureur divine
> S'allume dans ma poitrine,
> Et qu'enflé comme un ballon,
> Je suis tout plein d'Apollon,
> Vous chanter à la françoise
> La guerre plus que bourgeoise,
> Qui se fit aux champs grégeois,
> Entre deux riches bourgeois,
> Etc.

Brébeuf auroit dû s'en tenir à sa première traduction. Dans cette parodie, il a employé cent soixante-
deux vers pour exprimer les sept premiers de la
Pharsale. Voici comment il peint la guerre civile :

> Guerre folle et téméraire
> Où le gendre et le beau-père
> Tâchèrent en furieux
> A s'entr'arracher les yeux,
> Se battirent, s'étrillèrent,
> Rudement s'entre-cognèrent,
> Comme il falloit haut et bas,
> Ou comme il ne falloit pas.
> Guerre sans ordre et sans règle,
> Où l'aigle bourroit un aigle,
> Et sans remords ni respect
> Le plumoit à coups de bec;
> Où l'enfant voloit le père,
> Le frère frottoit le frère,

Cousin bouchonnoit cousin,
Voisin testonnoit voisin, etc.

Quelle différence de ce style à celui de Scarron!

Il existe deux poëmes sur la Magdeleine, qu'on peut mettre au rang des poésies burlesques, mais d'un genre particulier et d'autant plus amusant que les auteurs n'ont point prétendu composer dans le genre burlesque.

L'un, composé par un nommé Barthelemi, carme, connu sous le nom de Pierre de Saint-Louis, a pour titre : *La Magdeleine au désert de la Sainte-Baume, en Provence, poëme spirituel et chrétien, en douze chants.* Lyon, Deville, 1694, *in-12.* Rien n'est plus ridicule que cette production extravagante. L'auteur y appelle les rossignols et les pinçons, des luths animés, des orgues vivans, des syrènes volantes. Les arbres sont de vieux barbons, de grands enfans d'une plus grande mère, d'énormes géans; il leur reproche l'orgueil avec lequel ils s'élèvent jusqu'au ciel, sans avoir jamais devant lui la tête nue. Il rend cependant justice à la droiture de leurs intentions; il convient qu'en regardant de si près le ciel, ils n'ont dessein ni de l'outrager, ni de l'escalader; ils sont seulement d'aimables rodomonts et de beaux orgueilleux. Voici comment il apostrophe les arbres de la forêt de Sainte-Baume :

Majestueux Titans, vénérables vieillards,
Supports silencieux de tant de babillards,
J'entends des oisillons les familles nombreuses,
De tant de rossignols les troupes amoureuses,
Qui par cent gazouillis, à l'envi des pinçons,
Sur vos bras verdoyans dégoisent leurs chansons.

Le dévot auteur, après s'être fâché contre les
irrévérences que les dames commettent à l'église,
leur dit :

> Vous faites à l'église avecque votre tête
> Ce que sur le clocher faisoit la girouette.
>
> . . . .
>
> Si vous avez tenu le livre des prières,
> Vous n'en avez jamais lu les pages entières,
> Sans faire parenthèse avec quelque douillet,
> Tournant en même temps la tête et le feuillet.
> Cependant l'oraison, pour n'avoir fait que rire,
> Ne s'achève pas là; cela s'en va sans dire.
>
> . . . .

Ensuite il s'escrime contre les joueuses, dans les
vers suivans :

> Voilà quant à l'église : allons à la maison,
> Pour voir après cela si ma rime a raison.
> Les livres que j'y vois de diverse peinture,
> Sont les livres des rois non pas de l'Écriture;
> J'y remarque au dedans différentes couleurs,
> Rouge aux carreaux, aux cœurs; noir aux piques, aux fleurs(1);
> Avecque ces beaux rois je vois encor des dames,
> De ces pauvres maris les ridicules femmes.
> Battez, battez-les bien, battez, battez-les tous;
> N'épargnez pas les rois, les dames, ni les fous (2).
> Je ne sais pas pourtant si vous les ferez sages,
> Ou si vous le serez en feuilletant ces pages.
>
> . . . .
>
> Renoncez à carreaux, à cœurs, à fleurs, à piques,

(1) Jadis les trèfles se nommoient fleurs.

(2) On appeloit ainsi les quatre valets. On sait que jadis il y
avoit un fou en titre à la cour de nos rois; c'étoit un valet qui,
doué d'un esprit assez délié, avoit le droit de tout dire, et souvent
faisoit des plaisanteries fort piquantes contre les courtisans. Sous
le prétexte de folie, on lui passoit tout.

Suivant de point en point ces deux suivans distiques :
Piquez-vous seulement de jouer au piquet,
A celui que j'entends, qui se fait sans caquet ;
J'entends que vous preniez parfois la discipline,
Et qu'avec ce beau jeu vous fassiez bonne mine.

Magdeleine, selon notre poëte,
Pour le grand roi des cœurs couchoit sur le carreau.

Il dit des yeux de cette Sainte :
Qu'ils sont des bénitiers d'où coule l'eau bénite,
Qui chasse le démon jusqu'au fond de son gîte.

Magdeleine parle ainsi de son sein que ses larmes
inondent :
Sein dont mon œil enflé fit un vallon de larmes,
Quand ces monts désenflés perdirent tous leurs charmes.

En voilà suffisamment pour prouver que Pierre
de Saint-Louis avoit de l'imagination, mais que sa
muse, quoique sérieuse, est d'un ridicule assez plaisant.

L'autre poëme sur la Magdeleine a pour titre :
*La Magdeleine, poëme en vingt-quatre chants,
par frère Remi de Beauvais, capucin.* Tournay,
Ch. Martin, 1617, *in*-12. On trouve dans cette
production du délire, plus d'extravagance encore
que dans la précédente.

Pierre de Saint-Louis et Remi de Beauvais ne
sont pas les seuls auteurs burlesques qui se sont
exercés sur des sujets sacrés. Un docteur de Sorbonne publia en 1649 un livre avec ce titre : *La
Passion de Notre-Seigneur, en vers burlesques.* Il
représente Jésus-Christ au jardin des Olives, tenant
en main le calice et buvant à la santé du genre humain. L'anglais Brown est auteur d'une bible en vers

burlesques. Il avoit de la littérature, dit Franklin son ami, mais il étoit mécréant; il présenta dans sa Bible travestie beaucoup de faits sous un jour très ridicule, ce qui auroit pu nuire aux esprits foibles si son ouvrage eût été publié; mais je crois qu'il ne l'a pas été.

En parlant du genre burlesque, nous ne pouvons passer sous silence *la Henriade travestie*, (par Fougeret de Monbron) *Berlin*, (*Paris*) 1745, *in-12*. Il y a de la facilité dans ce poëme; l'auteur y a suivi pas à pas Voltaire, il le travestit presque vers par vers. On en peut juger par l'exemple suivant, relatif au massacre de l'amiral de Coligny, et qui commence par ce vers, dans la Henriade :

Coligny languissoit dans les bras du repos, etc.

Voici comme Monbron a rendu ce passage, en vers burlesques; c'est Henri IV qui parle :

Cette nuit fatale arrivée,
Dont ma secte s'est mal trouvée,
L'amiral (1) au lit étendu
Reposoit son individu,
Et ronfloit comme la pédale
De l'orgue d'une cathédrale.
Soudain un horrible sabbat
Le fait sortir de son grabat.
Il met la tête à la fenêtre
Et voit des gibiers de Bicêtre,
Qui, sans rime ni sans raison,
Mettent le feu dans sa maison,
Et d'une façon peu chrétienne
A ses gens percent la bedaine.
Puis du nom fameux de Gaspart (2)

(1 2) Coligny.

L'air retentit de toute part.
Le jeune Teligny, son gendre,
Sous son balcon vient l'ame rendre.
Qué diable faire à tout ceci,
Dit tout bas le preux Coligny?
Je vois qu'à la fin de l'histoire,
Il me faut passer l'onde noire......
Soit, *libera nos, Domine :*
M'y voilà tout déterminé.
Déjà l'assassine cohorte,
Heurte rudement à sa porte.
Il ouvre avec cet air bénin,
Ou plutôt cet air patelin
Qu'on emprunte afin de séduire
Les gens qui cherchent à nous nuire.
Messieurs, dit-il, que voulez-vous?
A ces mots les voilà tretous
Plus muets que poisson d'eau douce.
Chacun pourtant son voisin pousse,
Et l'excite à faire le coup;
Mais au diable qui s'y résoud.
Celui-ci lui baise la patte,
Celui-là le lèche et le gratte;
L'autre tombant à ses genoux,
Lui dit : Papa, pardonnez-nous.
Va, répond-il, la paix est faite,
Pourvu que vous fassiez retraite;
Car de reposer un petit,
Je me sens encore appetit :
Il faut que j'en prenne ma dose,
Ou demain je serai tout chose.
Adieu, Messieurs, jusqu'au revoir,
Je vous souhaite le bon soir.

Il alloit refermer sa porte,
Quand Besme, que le diable emporte,
Montant les degrés trois à trois,
Quatre à quatre même je crois,
Leur crie : Où courez-vous, canailles?

Poltrons, plus poltrons que des cailles,
Marauts qui trahissez le Roi,
Venez prendre exemple de moi.
Aussitôt il tire sa dague,
Et sur Coligny zague, zague,
Il frappe, le larron qu'il est,
Les yeux clos sans voir ce qu'il fait,
Craignant que son auguste face
Salir ses chausses ne lui fasse.

   Bref, le vénérable barbon
Fut accroché par le jambon
Sur un roc voisin de Montmartre,
Plus haut que les clochers de Chartre,
Et son chef au Louvre porté
Pour récréer Sa Majesté.

On a fait plusieurs éditions de la Henriade travestie. Celle de la collection de Cazin est bonne. Qui
croiroit, en lisant ce poëme, que son auteur étoit
sombre, taciturne et atrabilaire?

Le père Vavasseur, jésuite, a composé un traité
sur le genre burlesque. Il a pour titre : *De ludicrâ
dictione liber in quo tota jocandi ratio ex veterum
scriptis estimatur.* Lutetiæ Parisiorum, apud Seb.
Cramoissium, 1658, *in-4°*. Ce savant traité a été
composé à la prière de Balzac, qui étoit affligé des
progrès que faisoit le style burlesque. Vavasseur at-
taque ce genre, et prouve que les anciens, ceux
même qui étoient le plus satiriques, ne s'en étoient
jamais servis.

Naudé a parlé du burlesque dans son *Mascurat,*
pag. 210 et suivantes. On y trouve des choses singulières tant sur le style burlesque des Français, que
sur celui des Italiens. A la pag. 220 et suivantes, il

examine si la poésie burlesque étoit en vogue chez
les Latins. Il distingue quatre espèces de poésies latines burlesques, tant anciennes que modernes.
Cependant on est assez d'avis que ce genre de poésie n'a point été connu des anciens.

DES CENTONS.

On appelle centon un morceau de poésie composé
d'hémistiches de vers, de vers entiers ou de passages
empruntés d'un ou de plusieurs auteurs. Le mot centon vient du grec, *kentron,* (en latin *cento*), qui
signifie habit fait de divers morceaux. Ce mot est
formé de *kentéó,* piquer, parce qu'il falloit beaucoup de points d'aiguille pour coudre ces sortes
d'habits rapetassés (1), *vestis è variis pannis con-
sarcinata.* Ausone a prescrit des règles pour composer des centons. Il faut prendre, dit-il, des morceaux détachés du même poëte ou de plusieurs; on
peut partager un vers, et en lier la moitié à une autre moitié prise ailleurs, ou employer le vers tout
entier; mais il n'est pas permis d'insérer deux vers
suivis et pris dans le même endroit (2). Le même

___

(1) Les soldats romains se servoient de *centons* ou vieilles étoffes
ramassées, pour s'en faire des plastrons qui les garantissoient des
traits des ennemis.

(2) Variis de locis, sensibusque diversis, quædam carminis
structura solidatur, in unum versum ut coeant aut cæsi duo, aut
unus et sequens cùm medio : nam duos junctìm locare ineptum est;

Ausone a composé un centon obscène, intitulé *Cento nuptialis,* qui est puisé entièrement dans le chaste Virgile, et qui commence par ces vers :

5. E. 304. Accipite hæc animis, lætasque advertite mentes ,
11. E. 291. Ambo animis, ambo insignes præstantibus armis, etc.

Il finit par ceux-ci :

3. E. 493. Vivite felices, * dixerunt, currite, fusis, 4. B. 46.
Concordes stabili fatorum numine Parcæ.

On prétend qu'Ausone a témoigné du regret d'avoir fait ce centon, et qu'il ne l'avoit composé que par ordre de l'empereur Valentinien, qui, selon lui, s'étoit aussi amusé à cette sorte de jeu.

Je préviens que les centons que je citerai dans ce court article, sont tirés de Virgile. L'E signifie Enéide, le G, Géorgiques, et le B, Bucoliques.

Proba Falconia, femme d'Anicius Probus, au quatrième siècle (1), a composé un centon, qui a été imprimé sous ce titre : *Probæ Falconiæ vatis clarissimæ, à divo Hieronymo comprobatæ, centones, de fidei nostræ mysteriis, è Maronis carmini-*

---

et tres, unâ serie, meræ nugæ...... sensus diversi ut congruant; adoptiva quæ sunt, ut cognata videantur; aliena ne interlúceant; hiulca ne pateant. AUSONIUS, *Paulo epistola quæ prælegitur antè* IDYLL. XIII.

(1) Voici ce qui est dit de cette savante et pieuse dame, dans l'*Index auctorum* BIBLIOTH. PATR. tom. I.

PROBA FALCONIA, uxor non Adelphi proconsulis, ut scribit Isidorus, sed Anicii præfecti prætorio, postea consulis, mater Probini, Olibrii, et Probi, similiter consulum, de quâ multa Hieronymus epistola VIII, et Baronius, tom. IV et V *Annalium*, scripsit Virgilio-centones qui extant, fol. 1218. Floruit non sub Theodosio juniore, ut vult Sixtus senensis, sed sub Gratiano.

bus excerptum opusculum. Lugduni, 1516, in-8°.
Parisiis, apud Ægidium Gorbinum, 1576, in-8.°
de 27 feuillets, et *Parisiis, apud Franciscum Ste-
phanum,* 1543.

Voici quelques vers de ce centon; il s'agit de la
défense que Dieu fit à Adam et à Eve de manger du
fruit défendu. Proba Falconia fait parler le Seigneur
en ces termes, au chapitre XVI :

2. E. 712. Vos, famuli, quæ dicam animis advertite vestris :
2.   21. Est in conspectu * ramis felicibus arbos, 2. G. 81.
7.   692. Quam neque fas igni cuiquam nec sternere ferro,
7.   608. Relligione sacrâ * nunquam concessa moveri. 3. E. 700.
11.   591. Hâc quicumque sacros * decerpserit arbore fœtus, 6. 141.
11.   849. Morte luet meritâ, * nec me sententia vertit ; 1. 241.
2. G. 315. Nec tibi tam prudens quisquam persuadeat auctor
8. B.   48. Commaculare manus. * Liceat te voce moneri 3. 461.
3. G. 216. Fœmina, nullius te blanda suasio vincat,
1.   168. Si te digna manet divini gloria ruris.

Lelio Capilupi, né à Mantoue comme Virgile, a
surpassé Ausone et Proba dans l'art de décomposer
et de recoudre les vers de son compatriote. On lui
doit un *Cento Virgilianus de vita monachorum quos
vulgò fratres appellant.* Romæ, 1575, *in*-8°, ou
Venise, 1550, même format. On regarde cette pièce
comme inimitable. Il a encore fait un centon contre
les femmes, qui a paru également à Venise, en
1550, *in*-8° (1). Deux de ses frères, Hippolyte et Jules,

_____

(1) On dit que ces centons furent rassemblés par Antoine Pos-
sevin (depuis jésuite), qui étant alors fort jeune, en donna à
Rome, sous le pontificat de Jules III, une belle édition *in*-4°, dont
par politique, autant que par bienséance, il ne marque ni le lieu
ni la date.

Le centon contre les moines a été inséré dans un recueil impri-

ont, comme lui, excellé dans l'art de faire des centons; on a recueilli leurs poésies sous ce titre : *Ca-
piluporum carmina*, Romæ, 1590, *in-4°*. Ce volume est rare, selon Clément. Les poésies d'Hippolyte Capilupi ont paru à Anvers, chez Plantin, en
1574, *in-4°*.

Etienne de Pleurre, chanoine régulier de Saint-
Victor de Paris, a travaillé dans le même genre que
Proba Falconia; c'est-à-dire qu'il a écrit la vie de
Jésus-Christ en centons. Son ouvrage a été publié
sous le titre suivant : *Stephani Pleurrei Æneis sacra
continens acta Domini N. J. C. et primorum mar-
tyrum, Virgilio-centonibus conscripta.* Parisiis, apud
Adrianum Taupinart, 1618, *in-4°*. Les deux docteurs de Sorbonne, qui ont approuvé ce livre, ont
eu soin de dire que cet auteur a fait des couronnes
à J. C. et aux saints martyrs, avec l'or de l'idole de
Moloch. Voici quelques vers de ce centon; ils sont
relatifs à l'adoration des mages :

6. E. 255. Ecce autem, primi sub lumina solis et ortus,
2. E. 694. Stella facem ducens multa cum luce cucurrit,
5. E. 526. Signavitque viam * cœli in regione serena. 8. E. 528.
8. E. 330. Tum reges * (credo quia sit divinitùs illis 1. G. 415.
1. G. 416. Ingenium, aut rerum fato prudentia major)
7. E. 98. Externi veniunt, * quæ cuique est copia, læti, 5. E. 100.
11. E. 333. Munera portantes : * molles sua tura Sabæi, 1. G. 57.
3. E. 464. Dona dehinc auro gravia, * myrrhaque madentes, 12. E. 100.
9. E. 659. Agnovere Deum * regem regumque parentem. 6. E. 765.

---

mé à Bâle, en 1556, *in-8°*, sous le titre *Varia doctorum piorum-
que virorum de corrupto ecclesiæ statu poemata*, etc. On le trouve
encore dans le tome II des *Mémoires de littérature de Sallengre*,
Roterdam, 1718, *in-12*.

5

1. G. 418. Mutavere vias, * perfectis ordine votis. 3. E. 548.
6. E. 16. Insuetum per iter, *spatia in sua quisque recessit. 12. E. 129.

Nous ne prolongerons pas plus loin la citation;
elle suffit avec les vers rapportés plus haut, pour
donner une idée de ce genre de poésie. Quant aux
centons français, on n'y réussiroit pas aussi bien que
dans les centons latins. J'en ai vu un échantillon qui
me porte à croire que le latin est bien préférable.
On dit quelquefois un centon d'Homère, un centon
de Virgile, pour dire, un centon composé des vers
de ces poëtes; comme on dit aussi le centon d'Ausone, pour dire celui dont nous avons parlé, et dont
Ausone est auteur.

Souvent on étend la dénomination de centon aux
ouvrages en prose, composés de morceaux dérobés.
C'est ainsi que les *Politiques* de Juste Lipse ne sont
que des centons auxquels il n'a ajouté que des con-
jonctions et des particules.

On peut également regarder comme centons quelques ouvrages ingénieux qui ont paru en prose pendant le cours de la Révolution, tels que *Essais sur
l'histoire de la Révolution française, par une société d'auteurs latins* (M. Héron de Villefosse,
ingénieur en chef des mines), *nouvelle édition, pré-
cédée de quelques réflexions sur les principes de la
philosophie moderne, extraites du Discours préli-
minaire des trois Siècles de la littérature française,
et augmentée de citations extraites des ouvrages de
plusieurs écrivains français et autres.* Romæ, propè
Cæsaris hortos, (Paris) 1803, in-8° de *xxiv-112*

pages. Ce volume curieux est composé de morceaux tirés de Cicéron, Salluste, Tite-Live, V. Paterculus, Tacite, Pline, Suétone, C. Nepos, etc., qui, choisis et réunis, forment une véritable histoire de la Révolution. Le texte est en regard du français. On a encore le *Plaidoyer de Lysias, contre les membres des anciens comités de salut public et de sûreté générale,* (par M. Dupont de Nemours). Paris, an III de la République, in-8° *de 34 pages;* ainsi que *C. C. Tacite, historien du Roi, de Madame, de Buonaparte, de la Charte, des Fédérés, des Pairs,* etc. Paris, 1815, in-8° de 31 *pages.* Mais l'ouvrage le plus piquant qui ait paru dans ce genre, est l'*Oraison funèbre de Buonaparte, par une société de gens de lettres* (M. Beuchot); *prononcée au Luxembourg, au Palais-Bourbon, au Palais-Royal et aux Tuileries. Quatrième édition, aux dépens des auteurs.* Paris, 1814; in-8° de 39 *pages.* Tels sont les différens centons en prose qui ont paru dans ces derniers temps et dont nous avons recueilli les titres; peut-être en existe-t-il davantage.

Nous n'avons pas besoin de dire que la poésie française se refuse entièrement à fournir, comme la poésie latine, des lambeaux de vers dont on puisse former des centons. Le génie de notre langue s'y oppose; et rien ne seroit plus pitoyable qu'une semblable macédoine qui annonceroit dans son auteur aussi peu de goût que d'imagination. Aussi les plus intrépides partisans de ces *nugæ difficiles* qui font l'objet de la présente poétique, n'ont pensé à composer un centon en vers français.

DES CHRONOGRAMMES.

Le chronogramme, ou chronographe, est une suite
de plusieurs mots qui présentent un sens, et qui
sont tellement choisis, que toutes les lettres numérales qui s'y trouvent forment la date que l'on désire. Chronogramme vient du grec *chronos* temps,
et *gramma* lettre, c'est-à-dire, caractère qui marque
le temps. Les chiffres romains, ou lettres numérales, sont composés des caractères suivans : I ou un,
V ou cinq, X ou dix, L ou cinquante, C ou cent,
D ou cinq cents, et M ou mille.

Ainsi ce vers phaleuque,

stVLtVM est DIffICILes habere nVgas,

publié en 1718, est un chronogramme qui porte sa
date avec lui. On y trouve V L V M D I I C I L V,
qui mis par ordre des nombres les plus forts, donnent M. DCLL. VVVIII, c'est-à-dire, M mille,
D cinq cents, C cent, deux LL qui font chacune
cinquante, ou cent pour les deux; trois V qui font
chacun cinq, ou quinze; et trois I qui font trois.
Toutes ces sommes additionnées donnent 1718, qui
est l'année de la publication du vers

Stultum est difficiles habere nugas.

L'origine des chronogrammes remonte très haut.
Dans l'église de Saint-Pierre à Aire, on lisoit sur
une vître :

bIs septeM præbendas, VbaLdVIne, dedIstI.

ce qui dénote l'année M. LVV. IIII ou M. LX. IIII,

1064. L'auteur qui me fournit cette note n'a point compris les deux II de *dedisti* au nombre des lettres numérales, de sorte que la date est 1062. Il n'y est pas question du D, parce que cette lettre n'étoit pas alors reconnue numérale ; elle ne l'étoit pas encore en 1465, au temps de la bataille de Montlhéri, comme le prouve ce chronogramme français : *à CheVaL, à CheVaL, gendarMes, à CheVaL*; ni même en 1485, ainsi qu'on le voit dans un autre chronogramme français. Ce n'est que depuis 1574, que l'on a appelé chronogramme cette manière de dater; et les premiers vers qui ont porté ce nom ont été faits pour l'élection d'Étienne, roi de Pologne. Avant ce temps, on les appeloit *vers numéraux*, ou *numéraires*.

Tabourot, dont nous avons déjà parlé, a fait quelques recherches sur les chronogrammes. On les a employés, dit-il, de deux manières : la première consistoit à se servir simplement des lettres numérales, pour marquer l'année d'un événement, après quoi chacun donnoit à ces lettres le sens qu'il vouloit, comme dans ce milliaire M. CCCC. LX, posé par Léon X, sur une pierre d'attente, pour marquer l'année de son avénement au pontificat. Des malins interprètent ainsi ces lettres numérales :

Multi Cardinales Cæci Crearunt Cæcum Leonem Decimum (1).

La seconde espèce de chronogramme est celle qui

(1) Nous rapportons cet exemple tel que nous l'avons trouvé dans Tabourot, qui s'est trompé; car Jean de Médicis est monté sur le trône pontifical sous le nom de Léon X, le 5 mars 1513.

est renfermée dans une sentence, dont les lettres numérales marquent une année. Des Accords ne fait remonter les chronogrammes qu'aux derniers ducs de Bourgogne; mais nous avons prouvé par celui de 1062 ou 64, rapporté ci-dessus, qu'ils remontent beaucoup plus haut. On a publié à Bruxelles, en 1718, une *Dissertation analytique sur les chronographes*. Passons à quelques exemples différens de ceux que nous avons déjà cités. Voici un chronogramme qui a été fait par Claude Godart, sur la naissance de Louis XIV, arrivée le 5 septembre (1638), jour où se fait la conjonction de l'aigle et du cœur du lion :

eXorIens DeLpbIn, aqVILæ CorDIsqVe LeonIs
CongressV , gaLLos spe LætItIaqVe refeCIt.

Le Dauphin naissant, l'aigle et le cœur du lion étant en conjonction, a ranimé l'espérance et la joie des Français.

On trouve dans ce chronogramme :

huit I.	8
quatre V.	20
un X.	10
six L.	300
trois C.	300
deux D.	1000

Le total de tous ces nombres donne l'année 1638

Nous avons lu ailleurs cette anecdote racontée différemment. On demandoit à Speroni ce que signifioient ces lettres numérales MCCCLX, gravées sur la porte du palais du pape; il répondit : *Multi Cardinales Cæci Crearunt Leonem Decimum*, parce que Léon X étoit encore jeune lorsqu'on l'éleva au Saint-Siége.

Il existe une manière secrète d'écrire, qui se rapproche un peu du chronogramme, quoiqu'il n'y soit pas question de date ; elle consiste à prendre, dans une ou plusieurs phrases, une lettre de chaque mot ; la réunion de toutes ces lettres forme un sens différent de celui que présente la phrase entière ; par exemple : *Visita Interiora Terræ, Reperies Intus Occultum Lapidem, Veram Medicinam.* Toutes ces lettres majuscules donnent le mot VITRIOLUM, qui est caché dans cet avis, rédigé par les anciens chimistes, qui affectoient du mystère dans toutes leurs opérations. On sait que le vitriol étoit regardé par eux, comme le principe essentiel de leurs découvertes.

On a caché cet avis-ci : *Hac nocte post XII veniam ad te circà januam quæ ducit ad hortum, ubi me expectabis ; age ut omnia sint parata,* dans l'exhortation suivante, où tous les mots à lettres secrètes sont entremêlés avec d'autres qui n'en ont pas : *Humanæ salutis Amator qui Creavit omnia Nobis indixit Obedientiam mandatorum Cui omnes Tenemur obedire Et obsequi ; Præmium sanctæ Obedientiæ erit Sempiterna felicitas Timentibus deum, etc.* Il seroit trop long de rapporter cette exhortation en entier.

Roger Bacon, dans son livre des sept chapitres, cacha le mot JUPITER dans les lettres initiales suivantes : *In Verbis Præsentibus Invenies Terminum Exquisitæ Rei.*

CONTREPETTERIE.

La contrepetterie (terme dont s'est servi un vieil auteur) consiste à transposer la première lettre de deux mots, ce qui arrive fréquemment à ceux qui parlent avec trop de volubilité ; mais pour qu'elle soit exacte, il faut que la phrase ait toujours un sens, quelque ridicule qu'il soit. Ainsi l'on dira :

Le *Caire* se *Mouche* pour le *Maire* se *Couche*. *Sot Pale* pour *Pot Sale*. *Tout Gueux* pour *Goutteux*. *Fort de Main* pour *Mort de Faim*. On disoit à un ivrogne qui s'étoit ruiné par son ivrognerie : Vous avez *Vendu votre Terre* pour avoir trop *Tendu votre Verre*.

Je me serois bien gardé de parler de ce genre ridicule et détestable, qu'on appelle aussi ANTI-STROPHE, si quelquefois on ne l'avoit appliqué à la poésie. Mais dans ce cas-ci, ce ne sont pas les premières lettres des mots que l'on change de place, mais les mots eux-mêmes. Ces sortes de contrepets consistent ordinairement dans une petite pièce de six ou de huit vers, parmi lesquels il s'en trouve un répété trois ou quatre fois, mais dont les trois ou quatre mots qui le composent sont à chaque fois dans un ordre différent. En voici quelques exemples : Le premier nous est fourni par les protestans, qui s'exprimèrent ainsi sur la mort inopinée de leurs

persécuteurs Henri II, François II, rois de France,
et Antoine, roi de Navarre :

> Par l'oreille, l'œil et l'épaule
> Dieu fit mourir trois rois en Gaule.
> Par l'épaule, l'oreille et l'œil
> Dieu a mis trois rois au cercueil.
> Par l'épaule, l'œil et l'oreille
> Dieu nous fit voir mainte merveille.

Le second est contre les protestans.

> Luther, Viret, Bèze et Calvin
> Ont renversé l'esprit divin.
> Bèze, Calvin, Luther, Viret
> Sont moins au Christ qu'à Mahomet.
> Calvin, Luther, Viret et Bèze
> Ont mis le monde mal à l'aise.
> Viret, Bèze, Calvin, Luther
> Et les leurs iront en enfer.

Le troisième exemple est dirigé contre quatre
Papes qui n'ont pas été amis de la France :

> Paule, Léon, Jules, Clément
> Ont mis notre France en tourment.
> Jules, Clément, Léon et Paule
> Ont pertroublé toute la Gaule.
> Paule, Clément, Léon et Jules
> Ont beaucoup gagné par leurs bulles.
> Jules, Clément, Paule, Léon
> Ont fait de maux un million.

On voit par ces différens exemples combien cette
sorte de poésie est mauvaise, d'autant plus qu'elle
tient presque toujours à la satire, genre détestable
qu'il seroit à désirer que l'on bannît de la littérature.

DES VERS COURONNÉS.

Dans ces vers il y a une ressemblance pour la rime, du dernier mot du vers avec une partie de celui
qui le précède immédiatement dans le même vers.
Marot a fait dans ce genre une pièce où l'on trouve
les vers suivans :

> La blanche Colombelle belle,
> Souvent je voys priant, criant :
> Mais dessous la cordelle d'elle
> Me jette un œil friant, riant,
> Et me consommant, et sommant
> A douleur qui ma face efface :
> Dont suis le reclamant amant,
> Qui pour l'outrepasse trespasse.

DES VERS DÉCLINÉS.

Ce sont des vers latins assez ridicules et fort rares,
dans lesquels un nom se trouve décliné dans tous
ses cas. On en voit un exemple dans un distique qui
nous a été conservé par un certain Cottunio. Ce
distique a rapport à la mort de Jésus-Christ. Le
premier vers est décliné.

> Mors mortis morti mortem nisi morte dedisset,
> Cœlorum nobis janua clausa foret.

DES VERS EN ÉCHO.

ON appelle écho une pièce de poésie dans laquelle le dernier mot ou la dernière syllabe de chaque vers se répète, et forme un sens avec le vers entier. Ménage prétend que les anciens ne connoissoient point ce petit genre de poésie ; cependant il y a apparence que les Grecs et les Latins en ont fait. Martial, dans son épigramme 86 du livre 2, donne à entendre par ces mots : *Nusquam græcula quod recantat echo,* qu'il y avoit des poëtes latins, de son temps, qui faisoient des échos, et que cette invention venoit des Grecs. Il se moque, dans cette épigramme, de ces sortes de jeux, et dit qu'on ne trouvera rien de tel dans ses poésies. Planude, liv. 4, C. 10 de l'*Anthologie,* rapporte un écho de Gauradas, poëte peu connu, mais ancien, comme le croit Politien dans ses *Mélanges.* Le mot équivoque *coeamus,* auquel Ovide, liv. 3 des *Métamorphoses,* fait répondre Echo si volontiers à Narcisse, a été plaisamment et malicieusement imité par le poëte Richer, dans son *Ovide bouffon.* Voyez aussi l'épigramme de Léonidas, liv. 3 de l'*Anthologie,* C. 6, et le Père Sirmond, sur l'*Epître* II du livre 8, de Sidonius Apollinaris. On trouve plus de cent vers, en écho, à la fin du second livre du burlesque *poëme de la Magdeleine,* par le Père Pierre de Saint-Louis, carme. Pélisson a fait un écho sur la prise de Valenciennes; comme il n'est ni aussi long, ni aussi ridicule que la tirade du révérend père carme, nous allons le citer ici :

Toujours au milieu du salpêtre	*être*,
Percer par-tout comme un éclair	*l'air*,
Ne se plaire qu'où la trompette	*pette*,
De bon œil les soldats qui font bien leur devoir	*voir*,
Rencontrer toujours la fortune	*une*,
Porter un faix de soins dont on verroit Atlas	*las*,
Et trouver les vertus même dans les rebelles	*belles*,
C'est ternir les héros passés	*assez*,
Et servir aux futurs d'exemple	*ample*.
Que par ce conquérant vous serez embellis,	*lys !*
Son nom quoiqu'éclatant, bien moins que sa personne	*sonne ;*
Chacun prendra de lui, charmé de ses exploits,	*lois ;*
Quiconque à les louer employer vers ou prose	*ose*,
Ignore qu'on y voit les plus brillans esprits	*pris*.

Nous rapportons un sonnet sur le même sujet à l'article *acrostiche*.

On cite, comme pièce d'une naïveté charmante, le dialogue composé par Joachim Dubellay, entre un amant qui interroge l'écho, et celui-ci qui lui répond. Voici les meilleurs vers de cette pièce :

Qui est l'auteur de ces maulx avenus ?	*Venus.*
Qu'estoy-je avant qu'entrer en ce passage ?	*Sage.*
Qu'est-ce qu'aymer et s'en plaindre souvent ?	*Vent.*
Dy moy quelle est celle pour qui j'endure ?	*Dure.*
Sent-elle bien la douleur qui me poingt ?	*Point.*

Voici encore quatre vers en écho, que je puis citer comme exemple, et qui valent ceux que nous venons de rapporter :

Nos yeux par ton éclat sont si fort éblouis,	*Louis*,
Que lorsque ton canon qui tout le monde étonne,	*tonne*,

D'un si profond respect nous nous sentons épris,   *pris,*
Que ton seul nom par-tout, ton bras et ta personne   *sonne.*

On voit que ces puérilités annoncent aussi peu de goût, qu'elles sont difficiles à composer. Elles étoient fort en vogue sous François Ier et sous Henri II. Ronsard et ses successeurs s'y sont distingués; mais depuis le siècle de Louis XIV, le bon goût a fait justice de ces bagatelles laborieuses. Il faut cependant avouer que le gentil Panard a tiré fort bon parti de ce jeu de mots dans l'un de ses vaudevilles, dont je vais rapporter quelques couplets, comme étant ce qu'il y a de plus supportable dans ce génre :

> Quand de ses feux un jeune cœur,
>   D'un ton flatteur,
>   Vous assure,
> Croyez-moi, répondez toujours
>   A ses discours,
>   Turelure.
>   Mettez-vous bien cela
>   Là,
>   Jeunes fillettes :
> Songez que tout amant
>   Ment
>   Dans ses fleurettes.

> Mon cœur, sensible et délicat,
>   Veut un contrat
>   Pour se rendre :
> C'est un trompeur que Cupidon,
>   Et la raison
>   sut m'apprendre
> Qu'on n'a de ce vaurien
>   Rien,
>   Quand la bergère

Donne à quelque garçon
Son
Cœur sans notaire.

Le financier est libéral;
Mais il dit mal
Ce qu'il pense.
Le robin parle joliment;
Mais rarement
Il pense.
Pour mieux plaire, un plumet
Met
Tout en usage;
Mais on trouve souvent
Vent
Dans son langage.

Paris est un séjour charmant,
Où promptement
L'on s'avance.
Là, par un manège secret,
Le gain qu'on fait
Est immense;
On y voit des commis
Mis
Comme des princes,
Après être venus
Nus
De leurs provinces.

On peut regarder la rime emperière comme un
double écho, ainsi qu'on le voit par cet exemple
tout-à-fait insignifiant :

| Prenez en gré mes imparfaits, | *faits, faits,* |
| Bénins lecteurs très diligens, | *gens, gens.* |

Cet exemple est tiré de la *Controverse du sexe
masculin et féminin.* Il prouve, ainsi que le suivant :

Qu'es-tu? qu'un immonde, monde, onde.

combien ce genre de vers est ridicule.

DES VERS ENCHAINÉS.

On appelle ainsi les vers qui ont une espéce de gra-
dation de mots et de sens d'un vers au suivant,
comme dans ce quatrain de Marot :

> Dieu des amans, de mort me garde :
> Me gardant, donne moy bon heur :
> En le me donnant, prens ta darde:
> En la prenant, navre son cueur :
> En le navrant, me tiendras seur :
> En seurté suivray l'accointance :
> En l'accointant, ton serviteur
> En servant aura jouissance.

DES VERS ENJAMBÉS.

Il est difficile d'imaginer quelque chose de plus
ridicule que ces lignes, car on ne peut pas donner
le nom de vers à des mots réunis et estropiés pour y
trouver une espèce de rime. Nous ne les citons que
pour faire voir qu'il n'y a pas de folies et d'extrava-
gances qui n'aient passé par la tête de quelques écri-
vailleurs.

> Le dieu charmant qui règne à Cy-
> thère voudroit que son offi-
> ce fût tendrement fait aujour-
> d'hui, par l'élite de ses cour-
> tisans, qui pour de bonnes rai-
> sons s'assemblent dans votre mai-

son, à l'effet de se diver-
tir et de fredonner un air.
Les assistans feront grand ca-
rillon pour célébrer la pa-
tronne, dont la sublime vertu sert tous les jours à vous perfectionner, tant pour vos a-
mis, que pour votre excellent mari qui vous donnera pour bouquet un agréable bijou.

DES VERS ÉQUIVOQUES.

Ce genre de poésie est tel, que les dernières syllabes de deux vers, quoiqu'ayant le même son, ont
cependant une autre signification. C'est encore Marot qui va nous en fournir un exemple :

En m'esbatant je fay rondeaux en rime,
Et en rimant bien souvent je m'enrime.
Brief, c'est pitié d'entre nous rimailleurs,
Car vous trouvez assez de rime ailleurs,
Et quand vous plaist, mieux que moy rimassez,
Des biens avez et de la rime assez.

DES VERS FRATERNISÉS.

Ce sont ceux où le dernier mot du vers doit être
répété tout entier ou en partie au commencement
du vers suivant, soit dans un sens équivoque, soit
d'une autre manière; par exemple :

Mets voile au vent, single vers nous, Caron,

Car on t'attend ; puis quand seras en tente,
Tant et plus boy *bonum vinum chárum*
Qu'aurons pour vray ; donques sans longue attente
Tente tes piedz à si decente sente,
Sans te facher ; mais en sois content, tant
Qu'en ce faisant nous le soyons autant.

On voit par cet exemple de poésie surannée, combien est pitoyable, et combien a peu duré ce genre ridicule, puisqu'on n'en pourroit pas trouver d'exemple dans nos poëtes modernes. La rime annexée est à peu près la même que la fraternisée ; il suffit pour cette rime que la dernière syllabe soit répétée comme dans ces vers de Marot :

Dieu gard ma maistresse et regente
Gente de corps et de façon ;
Son cueur tient le mien en sa tente
Tant et plus d'un ardent frisson.....

Autre exemple :

Pour dire vray, au temps qui court,
Cour est un périlleux passage ;
Pas sage n'est qui va en cour :
Cour est son bien et advantage ;
Avant aage y faut le courage ;
Rage est sa paix, pleurs ses soulas ;
Las ! c'est un très piteux mesnage ;
Nage autre part pour tes esbats.

Les anciens appeloient cette espèce de vers *ana-diplosis* ; on en trouve un assez bel exemple dans Ausone :

Res hominum fragiles alit, et regit, et perimit fors ;
Fors dubia, æternumque labens, quam blanda fovet spes ;
Spes nullo finita ævo, cui terminus est mors ;
Mors avida, inferna mergit caligine quam nox ;
Nox obitura vicem remeaverit aurea cùm lux ;

6

Lux dono concessa Deûm, cui prævius est Sol ;
Sol, cui nec furto Veneris latet armipotens Mars;
Mars nullo de patre satus, quem Tressia colit gens;
Gens infrena virûm, quibus in scelus omne ruit fas;
Fas hominem mactare sacris ferus iste loci mos;
Mos ferus audacis populi quem nulla tenet lex ;
Lex naturali quam condidit imperio jus;
Jus genitum pietate hominum, jus certa Dei mens;
Mens quæ cœlesti sensu rigat emeritum cor;
Cor vegetum mundi instar habens, animæ vigor ac vis;
Vis tamen hìc nulla est, verum est locus et nihili res.

DES VERS LÉONINS.

Les léonins sont des vers latins (1) que l'on fait
rimer tant à l'hémistiche qu'à la fin du vers, comme
dans :

Omnibus est no*tum* quod summè diligo po*tum*;
Si possem, vel*lem* pro potu ponere pel*lem*.

On trouve beaucoup de vers léonins dans les poésies anciennes, dans les proses et dans les hymnes ;
mais ils sont de mauvais goût, et depuis long-temps
on les a bannis de la poésie latine. Il en est échappé
quelques-uns à Virgile et à Horace.

On ne connoît pas l'étymologie du mot *léonin* :
les uns le font venir du pape Léon; les autres le
font ridiculement dériver du lion, parce qu'il s'applique à des vers plus élevés que les autres; enfin,
Pasquier croit que ce mot vient de *Léoninus* ou

---

(1) Je ne parle pas des léonins français, qui sont des vers défectueux, et qui par conséquent sont proscrits.

Léonius, religieux de St Victor, qui florissoit en 1145, sous Louis VII, et qui fit plusieurs de ces vers latins rimés, et même un monorime qu'il dédia au pape Alexandre III (1). Campanella prétend que les vers léonins viennent des Sarasins ; mais je préfère l'opinion de Pasquier. Au reste, je renvoie à la *Rhythmologia leonina ex Godefridi Hagenoensis codice MS. biblioth. univers. Argent. locupletior,* de M. Oberlin. On trouvera dans cette savante dissertation ce que l'on peut désirer sur la poésie léonine, sur ses différens genres, et surtout un grand nombre de vers léonins tirés du manuscrit de ce Godefroi de Haguenau, qui a célébré les six fêtes de la Vierge en quatre mille vers : il étoit du 13.e siècle.

La poésie française connoît aussi quelques vers léonins, c'est-à-dire, des hémistiches qui riment ensemble, ou un dernier hémistiche qui rime avec le premier d'un vers suivant. C'est un grand défaut, dont nos meilleurs poëtes ne sont pas toujours exempts. (Voyez l'*Homme des champs* de Delille.)

Venons aux vers léonins latins : on en connoît de différentes espèces. Les uns riment seulement à la fin du vers, comme dans la poésie française, et ne sont

---

(1) Eberhardus Bethuniensis a dit dans son labyrinthe :

Sunt inventoris de nomine dicta Leonis
　　Carmina, quæ tali sunt modulanda modo :
« Permutant mores homines, cum dantur honores :
　　Corde stat inflato pauper honore dato. »

pas proprement ce qu'on appelle léonins. En voici un exemple tiré de l'Enéïde, liv. I, vers 629.

> Ipse hostis Teucros insigni laude fere*bat*,
> Seque ortum antiqua Teucrorum ab stirpe vole*bat*.

Dans le livre II, v. 576.

> Ulcisci patriam, et sceleratas sumere pœ*nas*.
> Scilicet hæc Spartam incolumis patriasque Myce*nas*.....

On en trouve plusieurs de cette espèce, non seulement dans Virgile, mais dans Lucrèce, Lucain, Juvénal, Claudien, etc.

Les vers léonins les plus simples sont ceux dont les deux hémistiches d'un seul vers riment ensemble, comme dans ceux-ci, qui n'ont pas été faits par un buveur d'eau, et qui sont plutôt inspirés par Bacchus que par Apollon :

> Ad primum morsum si non potavero, mort sum ;
> Gaudia sunt nobis maxima dum bibo bis;
> Ad trinum potum lætus sum, dum bibo totum ;
> Lætificat quartus cor, caput atque latus;
> In quinto potu vasto potamus hiatu ;
> Dulcis et ipse cibus, dum bibo sex vicibus;
> Potu septeno lætus sum corpore pleno;
> O nos felices octo bibendi vices !
> Nona cherubinum pingit potatio nasum ;
> Si decies bibero, cornua fronte gero ;
> Undenaque vice tibi præbibo, dulcis amice;
> Et bis post decies est mihi tota quies ;
> Postea dico satis, sed cùm potavero gratis
> Tantillum digitum, lætus eo cubitum.

Le vers suivant est encore un léonin ordinaire.

> Continet hæc fossa Bedæ venerabilis ossa.

On peut y ajouter ce distique qui étoit dans un cimetière d'Orléans :

Omnia transibunt, nos ibimus, ibitis, ibunt,
  Ignari, gnari, conditione pari.

Et celui-ci :

Vulpes amat fraudem, lupus agnum, fœmina laudem,
  Vulnus amat medicus, presbyter interitus.

On connoît aussi le *Floretus* qui est un recueil de
dits moraux en vers léonins, mal à propos attribué
à St. Bernard, parce que les fleurs dont il est composé, semblent tirées des œuvres de ce saint. Il commence ainsi :

Nomine Flore*tus* incipit liber ad bona cœp*tus* :
Semper erit lu*tus* hujus monumenta secu*tus*.

Il y en a une édition de Lyon, 1494, sur laquelle
on a fait celles de Cologne, 1501 et 1520.

On appelle vers léonins consonnans et concordans
ceux où les hémistiches riment non-seulement entre eux dans chaque vers, mais dans deux ou plusieurs vers de suite, comme dans le poëme de ce
Godefroi d'Haguenau (dont parle M. Oberlin, qui
en a cité une longue tirade), sur la guerre de
Guillaume duc de Normandie, contre Harald ; elle
commence ainsi :

Pluribus est an*nis* Gwilhelmus nomine, ban*nis* (1)
Dux in Normau*nis*, cui non fuit ulla tyran*nis*.
Hic vir pacifi*cus* erat et virtutis ami*cus*,
Fama non modi*cus*, justus, pius atque pudi*cus*. Etc.

Il y a des léonins qu'on peut appeler multipliés,
parce que presque tous les mots du vers riment entre eux. En voici un cité par M. Oberlin (2).

_____

(1) *Partibus vel terris.*
(2) M. Oberlin dit en note : *Huic versui intelligendo auctor*

Non nego, nec tego, quod ego, qui rego, cum lego, dego.

On peut mettre encore au nombre des léonins multipliés les suivans, dont certaines mesures riment dans le corps de chaque vers et non avec la fin du vers, mais dont les extrémités de chaque vers riment ensemble :

Æs ego fusi*le*, vas quoque ficti*le*, mando juva*men*
Ex ope virgi*nis* et fugo grandi*nis* omne grava*men.*

Voici d'autres vers du même genre, tirés d'un ouvrage ayant pour titre : *Bernardi Morlanensis, monachi ordinis Cluniacensis, ad Petrum Cluniacensem abbatem qui claruit anno* 1140, *de contemptu mundi, libri* III, *ex veteribus membranis recens descripti.* Bremæ, 1595. C'est un poëme composé de deux mille neuf cent cinquante-six vers de six pieds, dont le dernier seul est un spondée ; les cinq autres sont autant de dactyles. Le second pied rime avec le quatrième, et le dernier mot d'un vers rime avec le dernier mot du vers qui suit, comme dans les précédens. Voici le commencement de ce long poëme :

Hora novissi*ma*, tempora pessi*ma* sunt, vigile*mus.*
Ecce minaci*ter* imminet arbi*ter* ille supre*mus.*
Imminet, immi*net* ut mala termi*net*, æqua coro*net,*
Recta remune*ret*, anxia libe*ret*, æthera do*net ;*
Auferat aspe*ra*, duraque ponde*ra* mentis onus*tæ,*

---

subjicit ista : « *Nota quod dictator hujus versus quondam rexit scholas apud summum in Basileâ, à quibus paucos habuit reditus, quia non dabatur sibi quod promissum erat ei ab episcopo ; unde scripsit istum versum in superliminari scholarum et rediit ad studium unde venit.* »

Sobria muni*at*, improba puni*at*, utraque jus*tè*;
Ille piissi*mus*, ille gravissi*mus* ecce venit *rex*.
Surgat homo re*us*, instat homo D*eus*, à Patre ju*dex*.

Un ennemi des moines mendians a fait le distique suivant, qu'il eût été bien injuste de généraliser :

O mon*achi*, vestri stom*achi* suut amphora Bac*chi;*
Vos es*tis*, Deus est tes*tis*, teterrima pes*tis.*

Les vers suivans sont encore plus dans le genre des léonins multipliés :

Tor*te* vir*um* lege, for*te* sui grege, stet truce lege.
Or*te* pir*um* tege, sor*te* tui rege, sed duce rege (1).

Ainsi que ceux-ci :

Sor*te* superno*rum* factor libri poti*atur,*
Mor*te* superbo*rum* fractor cri*bri* mori*atur.*

Autres du même genre :

Pauper amab*ilis* et venerab*ilis* est benedic*tus,*
Dives inuti*lis* insatiab*ilis* est maledic*tus.*

Autres.

Et canis in sil*vis* vena*tur* et om*nia* lus*trat,*
Et lupus in sil*vis* nutri*tur* ot om*nia* vas*tat.*

Autres :

Quos angu*is* dir*us* tristi mulc*edine* pa*vit,*
Hos sangu*is* mir*us* Christi dulc*edine* la*vit.*

Nous avons cité, mais d'une manière différente, les quatre vers précédens : voyez-les à la fin de l'article VERS BRISÉS.

Les vers léonins en croix sont ceux dont le premier

_____

(1) Voici comment ces vers sont interprétés : Tor*te, id est, tyranne* lege *cape* for*te rusticum* cum suo grege, *ut* stet *apud te, id est, ut tu eum teneas* dura lege, *id est, duriter.* Horte tege pi-rum *arborem* et rege *eam* sorte tua, *id est, fortuna tua,* sed du*ce nimirum Deo eam* rege.

Ou ceux-ci :

Quisquis amat *** *, damnatus ******* ******;
Quisquis **** ****, ****** ***** ***

L'épitaphe de l'amiral Ruitter **** ****** un
exemple de vers léonins croisés.

Terruit Hispanos Ruitter, qui terruit Anglos,
At ruit in Gallos, perterritus ipse ruit ****

Les léonins rétrogrades sont de **** ****** **
dont les mots lus à rebours en commençant par le
dernier, sont les mêmes que les premiers, et ne
changent point le vers; par exemple :

Signa te signa temere me tangis et angis.
Roma tibi subito motibus ibit amor (1).

Les léonins suivans sont à rime ******** et ne
valent guère mieux que ceux qui précèdent.

In re terrena
{ Nihil aliud est nisi poena
{ Labor eminet atque pœna
{ Nec lex nec juris habe

Tout ce que nous venons d'exposer prouve que
ce genre de vers est de mauvais goût, et qu'on a
bien fait de le proscrire de la poésie latine.

---

(1) Ces vers sont plutôt des jeux de **** que des vers léonins ;
on peut mettre ceux-ci à côté, ils sont ******* aux obscénités
qu'il faut fuir :

Quid facies, facies Veneris cum ****** **** *** **** :
Ne sedeas, sed eas, ne pereas per eas...

On connoît l'*Homoïoteleuton*, qu'on peut considérer comme de la prose léonine. C'est une figure
de rhétorique, par laquelle les différens membres
qui composent une période se terminent de la même
manière ; comme : *Ut vivis invidiosè, delinquis in-
sidiosè, loqueris odiosè.* Elle n'avoit lieu que dans
la prose chez les anciens, et elle y formoit un agrément. Les modernes l'ont bannie de la leur comme
un défaut, et au contraire ils l'ont introduite dans
leur poésie. Quelques critiques pensent trouver des
traces de la rime dans l'*Homoïoteleuton* des Grecs
et des Latins ; mais ce n'étoit autre chose qu'une
consonnance de phrase. *Homoïoteleuton* est formé
du grec *homos*, pareil, et du verbe *teleó*, *definio*,
je termine, terminaison pareille.

On peut mettre au nombre des vers léonins, ceux
qui sont entremêlés de français et de latin. Nous
en pourrions citer un grand nombre d'exemples ;
mais comme il seroit aussi fastidieux pour les autres
de les lire, que pour nous de les rapporter, nous
nous contenterons de rappeler à la mémoire du lecteur la chanson de Panard qui commence ainsi :

> Bacchus, cher Grégoire,
> *Nobis imperat ;*
> Chantons tous sa gloire,
> *Et quisque bibat !*
> Hâtons-nous de faire
> *Quod desiderat ;*
> Il aime en bon frère
> *Qui sæpè bibat.*

Ce couplet suffit pour donner une idée de ce
genre baroque.

Ce qui a été fait par quelque [illisible]

Autre sur le même sujet, par M. Girard, avocat de Jacques Girard, conseiller au [illisible] à Dijon.

Nous terminerons ici ces [illisible] qui ne seroient plus que ridicules si nous les [illisible]

***

DES VERS LETTRISÉS
OU TAUTOGRAMMES (1)

ON nomme vers lettrisés ou tautogrammes ceux dont tous les mots commencent par la même lettre. On n'en connoît guère qu'en latin, ils sont très-difficiles, et ne valent ordinairement rien : il faut les mettre au rang de ces *difficiles nugæ*, indignes d'occuper un écrivain sensé : aussi en rencontre-t-on très peu. Cependant la bizarrerie et la difficulté des petits poëmes de ce genre les rend curieux ; et c'est

***

(1) Tautogramme vient du grec [illisible] *tauto*, même, et *gramma*, lettre, même lettre ; c'est-à-dire, que la même lettre se trouve au commencement de chaque mot. Les Latins appeloient cette sorte de vers *paromœa*, ou *paromia*, en [illisible] *aggiditoné* [illisible]

ce qui nous engage à en présenter quelques exemples.

Leo Placentius a publié, sous le nom de Publius Porcius, un poëme tautogramme de neuf à dix pages, intitulé : PUGNA PORCORUM, dont tous les mots commencent par la lettre P. Ce poëme, dont le style est digne des héros qu'on y célèbre, a été imprimé, pour la première fois, non pas à Louvain en 1546, *in*-8º, comme je l'ai lu quelque part ; mais il y en a deux éditions de 1530, l'une et l'autre *pet. in*-8º de huit feuillets, dont l'une en caractère italique, est sans lieu d'impression, et l'autre en caractère romain, est d'Anvers. Une autre édition a vu le jour à Anvers en 1533, *in*-8º. On retrouve ce poëme dans un recueil intitulé, *Acrostichia*, Basileæ, 1552, *in*-8º de vingt-quatre feuillets. Il en existe encore plusieurs autres éditions ; enfin il a été réimprimé dans le *Nugæ venales* de 1644, *in*-12, et dans celui de 1720, également *in*-12. Voici le titre de cet ouvrage : *Pugna porcorum per P. (Publium) Porcium (Leonem Placentium), poetam. Paraclesis pro Potore.* (Avec cette épigraphe) :

> Perlege porcorum pulcherrima prælia, Potor,
> Potando poteris placidam proferre poesin.

Niverstadii, apud Gasparum Myrrheum, Melchiorem Thureum, et Balthasarum Aureum, 1720. Ce titre est tiré de l'édition du *Nugæ venales* de 1720. L'auteur commence par une petite dédicace en prose, en dix lignes. En voici le titre et le début :

Potentissimo patrono Porcianorum P. Porcius Poeta prosperitatem precatur plurimam. Postquam

publicè porci putamur, præstantissime patrone ;
placuit porcorum pugnam poemate pangere, potis-
sime proponendo pericula pinguium, etc. Un petit
préambule en vers précède le poëme; il commence
ainsi :

> Præcelsis proavis pulchre prognata patrone,
> Pectore prudenti pietateque prædite priscâ,
> Præter progeniem, præter præclara parentum
> Prælia pro patriâ, etc.

Après ce préambule, qui a dix-huit vers, commence le poëme; nous en citerons seulement quelques vers :

> Plaudite porcelli, porcorum pigra propago
> Progreditur, plures porci pinguedine pleni
> Pugnantes pergunt, pecudum pars prodigiosa,
> Perturbat pede petrosas plerumque plateas,
> Pars portentosa populorum prata profanat.
> Pars pungit populando potens, pars plurima plagis,
> Prætendit punire pares, prosternere parvos.
> Primo porcorum præfecti pectore plano.
> Pistorum porci prostant pinguedine pulchri.
> Pugnantes prohibent porcellos, ponere pœnas
> Præsumunt pravis : porro plebs pessima pergit
> Protervire prius, post profligare potentes.
> Etc., etc.

Voici les sept derniers vers de ce poëme burlesque :

> Postquam parturiunt præclara penaria prædas
> Perficiunt pacem patitur populusque.
> Posteaquam patuit prærepta pecunia plebi.
> Plangunt privatim procerum præcordia pacem.
> Plectunt perjuro perjuria plura patrantes.
> Proptereà porci, porcelli plebs populusque.
> Posthac principibus prohibent producere pugnam.

> Personavit Placentius post pocula.

On trouve, à la suite du poëme, une pièce de vers ainsi intitulée :

Potentissimo , pientissimo prudentissimoque Principi. Patri purpurato, præsenti Pontifici, (le prince Evêque de Liège), *Placentius plurimum precatur prosperitatis.*

Elle commence ainsi :

Perge, pater patriæ, patriarum perfice pacem.
Promereare palam palmam placidissime princeps.
Possessæ pacis primam perhibe pietatem
Priscorum patrum per prudentissima pacta.
Etc.

Elle finit par ces vers :

Prudens pontificis pectus, per plura probetur
Plectra poetarum, plerique poemata promant
Præcipuam plerique parentelæ probitatem
Pertractent prosa, præstante poemate prorsus
Præcellat princeps pacis , princeps pietatis.
Pensa pauperiem, princeps præclare, poetæ.

Ce singulier ouvrage est terminé par une seconde pièce de vers intitulée *Præcatiuncula P. Porcii poetæ,* dont voici le début :

Parce precor pingui pagellæ , parce prudente
    Pugnantium parœmiæ
Parce parum pulchræ picturatæque poesi,
    Præsente pictæ poculo.
Phœbo postposito placuit profundere plura ,
    Præceps poemaque promere.
Etc. , etc.
. . . .
Porcorum populus, porcellorumque precatur
    Promiscue plebecula,
Perfectam pugnam perfecto ponere prælo
    Propediem Placentium.

Charus centurio corruit aequore chartas
Censorem, curæ commisit chalcographorum.

Enfin ce morceau est suivi du *Testamentum lu-
dicrum Grunnii Porcelli, cujus D. Hieronymus
ad Eustochium meminit.* C'est une mauvaise farce
en prose latine. Le *Pugna Porcorum*, comme nous
l'avons dit, ne vaut rien, et n'a que le mérite de la
difficulté vaincue; comment pourroit-on faire quelque chose de bon avec de pareilles entraves?

Un nommé Henri Harder a composé un petit
poëme de quatre-vingt-treize vers, sous le titre de
*Canum cum Cattis certamen carmine compositum
currente calamo C. Catulli Caninii (Henrici
Harderi),* à la fin du *Nugæ venales* de 1720. Il débute ainsi :

> Cattorum canimus certamina clara canumque,
> Calliope concede chelyn; clariæque Camœnæ
> Condite cum cytharis celso condigna cothurno
> Carmina : certantes canibus committite cattos,
> Commemorate canum casus casusque catorum,
> Cumprimis causas certamina cuncta creantes.
> Currentem cupide cruda cum carne catellum
> Conspexere cati, captique cupidine cœnæ
> Comprendunt catulum, capiunt coguntque carere
> Carne, canis clamor complebat compita, cuncti
> Confluxere canes; conamina cruda catorum
> Conqueritur catulus, captas carnesque cibosque
> Commemorat; etc.

Voici les six derniers vers du poëme :

> Colle cavo comitum congesta cadavera condunt
> Cattorumque canumque cohors curantque cruentos
> Complexi catulos catti cattosque catelli
> Civili certant caudà, cubitisque cobærent :
> Cantatur, crudam claudunt convivia cædem,
> Cunctaque composito cessat certamine clades.

Hugbaldus ou Hubaldus, bénédictin de Saint-Amand, qui vivoit du temps de Charles-le-Chauve, et qui est mort en 930, a fait un poëme tautogramme en l'honneur des chauves, qu'il a dédié à cet empereur. Tous les mots commencent par un C. L'une des plus anciennes éditions de ce poëme a pour titre : *Hugbaldi monachi carmen mirabile ad Carolum imperatorem calvum.* On lit à la fin : *Explicit carmen Hugbaldi monachi ad Carolum de laude calvorum.* In-4° goth. de quatre feuillets. Il a été imprimé à Mayence avant 1500. Il sort des presses de Pierre Fridberg de Mayence. Panzer en parle tom. II, pag. 144 ; et il cite encore deux éditions différentes de Bâle, 1516 et 1519, in-4°. Il en existe encore plusieurs autres. Ce poëme a cent trente-six vers. Voy. à ce sujet Freytag, *Adparatus litterarius,* tom. II, pag. 933-39. Gaspard Barthius a découvert en Bohême un manuscrit qui renfermoit quinze vers de plus, et ces vers, en l'honneur de l'empereur Charles-le-Chauve, sont dans Freytag, p. 934-35.

Voici le début du poëme :

CALVORUM ENCOMIUM.

Carmina clarisonæ calvis cantate Camœnæ,
Comere condigno conabor carmine calvos,
Contra cirrosi crines confundere colli.
Cantica concelebrent callentes claré Camœnæ,
Collaudent calvos, collatrent crimine claros
Carpere conantes calvos crispante cachinno.
Conscendat cœli calvorum causa cacumen.
Conticeant cuncti concreto crine comati
Cerrito calvos calventes carmine cunctos.
Consona conjunctim cantentur carmina calvis.
Etc., etc., etc.

[...] éditio : *Mp[...]W[...]foldt*, 1607, in-4°. Tous les mots [...] mencent par C, ainsi que [...] dédicatoire de toute [...]

Un allemand, nommé Ch[...] aussi un poème de plus de dou[...] sus-Christ) dont tous les mots comm[...] ment par un C. [...]

Le titre de cet ouvrage est *Ca[...] tum, catastrophicamque, crudeles [...] rum credentium conservatoris, a[...] que cruentam contumeliosamque [...] cofurti, ap. hæred. Christiani Eg[...] in-8°.* En voici un petit échantillon : [...]

> Currite Castalides Christo comitante Camoenæ
> Concelebraturæ cunctorum carmine certum
> Confugium collapsorum, concurrite, cantus
> Concinnaturæ celebres celebresque cothurnis.
> Etc., etc.

On a encore du même auteur un poème [...] neur de Maximilien, intitulé : [...] *major Maximiliano multipotenti ma[...] dulatore Christiano Pieria Tu[...]* Tous les mots de ce poème comme[...] lettre M.

On ne s'est pas contenté [...] on connoît aussi de la pr[...] du même genre[...]

nommé Guillaume Héris, Liégeois, de l'ordre des Carmes, a publié un volume de 400 pages, composé de panégyriques des Saints de son ordre, loués, dit-il, *cum extraordinariâ methodo* (1); et cette méthode qui effectivement n'est pas fort usitée, consiste à commencer tous les mots d'un panégyrique, par la lettre initiale du nom du Saint qui en est l'objet. Voici comment l'auteur débute dans son éloge de Saint Louis : *Ludovicus Lutetianorum legislator laudatissimus, Lutetiam liberali lumine Lugdunumque locupletavit, lepore laudabilis, litteraturâ laudabilior, liberalitate laudabilissimus.* Il parle ainsi de la prise de Saint Louis par les Sarasins : *Lacrymalem luctum lugete; ligatur Ludovicus; lumbi, latera, lacerti, laqueis ligaminibusque ligantur; luxurantia lacerantur lilia; lacessuntur legiones; languent ludovisiani lauri; latinaque labara labefactantur.* Ce G. Héris, né en 1657, est mort vers la fin du 17.e siècle, après avoir publié plusieurs pièces de vers en l'honneur de S. Joseph, patron de la ville de Liège, 1691, *in*-4°. Chacune de ces pièces est de dix vers.

Le Pape Adrien, mort en 795, présenta à Charlemagne une épître en forme de poëme, dont chaque vers commence par une lettre du nom du monarque. C'est lorsqu'il donna à ce prince le recueil des canons, des épîtres des Papes et des décrétales.

---

(1) Le titre de son ouvrage est : *Carmelus triumphans, seu sacræ panegyres sanctorum Carmelitarum, ordine alphabetico compositæ; ab Hermano à Sanctâ Barbâ (Guillelmo Heris).* Lovanii, 1688, *in*-8°.

Dom Liron, dans ses *Singularités historiques*, tome Ier, page 383, parle d'un certain Chrestien Adam, poëte, né à Dreux, et mort pieusement en 1675, qui a composé une vie de Sainte Cécile, dont tous les mots, à la réserve d'un petit nombre, commencent par la lettre C. Le même Adam est encore auteur d'une harangue sur la mort d'un professeur de Dreux, nommé Arnicourt, dont tous les mots commencent par la lettre A. En voici le début : *Abiit atque abscessit, ac ad alios usque advolavit admirabilis Anicurtius, auditores amplissimi*, etc.

La poésie française connoît aussi des espèces de vers lettrisés ; c'est ce qu'on appelle la *rime année*. Tous les vers ou tous les mots de chaque vers y commencent par une même lettre, comme dans

Miroir mondain, madame magnifique,
Ardent amour, adorable Angélique, etc.

Notre langue ne se prête pas aussi volontiers que la latine à ce genre de bagatelles. Nos articles et nos pronoms y seront toujours un obstacle. En voici la preuve dans des vers plus que médiocres, faits par Tabourot en acrostiche, sur François II, Roi de France :

François faisant florir France,
Royalement régnera,
Amour amiable aura,
Ny n'aura nulle nuysance ;
Conseil constant conduira,
Ordonnant obéissance ;
Justice il illustrera
Pour ses sujets sans souffrance.

L'acrostiche lettrisé suivant fait par un écolier en l'honneur de Charles IX, l'année de son sacre, 1561, confirme encore notre opinion sur ces sortes de vers.

    Carole, Cui Clarius, Cui Culte Cuncta Camœnæ
    Aspirant, Altis Altior Æthereis,
    Relligio Regni Recta Ratione Regatur,
    Omnibus Objicias Obsequiosus Opem,
    Lauria Lex Laudes Lucentes Lata Loquatur,
    Vexillum Vafrum Vis Violenta Vehat.
    Suspice Sicelidum Solemnia Sacra Superstes,
    Florescat Fœlix Francia Fac Faveas.

La lettre F surabondante signifie *Francicus.*

On pourroit encore regarder comme lettrisé ce vers tiré d'Ennius :

    O Tite tute Tati tibi tanta tyranne tulisti.
                 Voyez Prisc. *in pronomen* TE.

et cet autre du même auteur :

    At tuba terribili sonitu taratantara dixit,

ainsi imité par Virgile,

    At tuba terribilem sonitum procul ære canoro
    Increpuit......

Le français se rapproche un peu de ce genre dans les plaisanteries suivantes :

    Didon dîna, dit-on,
    Du dos d'un dodu dindon.

Ou

    Il m'eût plus plu qu'il plût plutôt.

Ou

    Ton thé t'a-t-il ôté ta toux ?

En voilà beaucoup trop sur ces bagatelles insignifiantes.

DES VERS LIPOGRAMMATIQUES.

La lipogrammatie est l'art d'écrire en prose ou en vers, en s'imposant la loi de retrancher de l'alphabet une ou plusieurs lettres, ou toutes les lettres successivement. Ce mot vient du grec *léipô* manquer, et *gramma* lettre ; c'est-à-dire, que *lipogrammatique* désigne un ouvrage dans lequel il manque une ou plusieurs lettres de l'alphabet. Nestor de Laranda, qui vivoit du temps de l'empereur Sévère, a fait une *Iliade* lipogrammatique ; le premier chant étoit sans A, le second sans B, le troisième sans G, etc. Tryphiodore a fait son Odyssée dans le même genre. Lasus d'Hermione, très ancien poëte, avoit fait une ode et une hymne sans S. Pindare avoit également une ode sans S.

Fabius Claudius Gordianus Fulgentius a composé un petit ouvrage en prose latine, divisé ou plutôt annoncé suivant l'ordre des vingt-trois lettres, en vingt-trois chapitres, dont le premier est sans A, le second sans B, etc. Il n'en reste que treize entiers et une bonne partie du 14ᵉ ; c'est-à-dire jusqu'à O inclusivement. Ces treize chapitres ont été publiés par Jacques Hommey Augustin, sous ce titre : *Liber absque litteris historia. De ætatibus mundi et hominis, absque A, absque Z. Opus mirificum. Auctore Fabio Cl. Gord. Fulgentio V. Cl. Eruit à manuscriptis codicibus P. Jacobus Hommey, Augustinianus, et*

notis illustravit. Pictavii. Prostat Parisiis, apud vi-
duam Caroli Coignard, 1699, *in*-8° de cinquante-
huit pages, et de plus huit au commencement et
douze à la fin. Cet ouvrage en prose n'a guère de remarquable que la singularité de son exécution lipogrammatique. Le 14.ᵉ chapitre (sans O), non terminé, a pour titre *Cæsarum mores et victoriæ.* Il
est question dans les préliminaires de ce livre d'un
poëme attribué à Pierre de Riga, qui pouvoit avoir
quatre cents vers, toujours sur l'histoire des hommes, mais dans les rapports de cette histoire avec la
venue de Jésus-Christ. On n'a cité que trois strophes,
la première en dix vers sans A, la seconde en douze
vers sans B, et la troisième en dix vers sans C.

L'abbé de Court a donné dans ses *Variétés ingé-
nieuses,* cinq lettres, dans lesquelles il n'a employé
que quatre voyelles; l'A manquoit dans la première; l'E dans la seconde; l'I dans la troisième, etc.
On voit dans le même recueil une lettre écrite en
monosyllabes, pareille à celle que Boufflers a adressée au duc de......

Lope de Vega a publié cinq Nouvelles en prose,
la première sans A, la seconde sans E, etc. Je présume que ces cinq Nouvelles sont dans le recueil
dont voici le titre : *Varios efectos de amor en onze
novelas exemplares, nuevas, nunca vistas, ni im-
pressas. Las cinco escritas sin una de las cinco le-
tras vocales, y las otras de gusto, y apacible en-
tretenimiento; compuestas por diferentes autores
los mejores ingenios de Espana; recogidas por Isi-*

dro de Rosier natural de la ... ... de Madrid, etc. En Madrid, 1666, ...

Comme nous l'avons dit, la première Nouvelle est sans A, la seconde sans E, la troisième sans I, la quatrième sans O, et la cinquième sans U. Ces Nouvelles lipogrammatiques occupent les cent soixante-deux premières pages du volume.

Léti a présenté à l'académie des humoristes de Rome un discours sous le titre de *De R bandita*. Il ne s'y trouvoit point d'R. En général on peut dire que tous les ouvrages de ce genre tiennent à ce qu'on appelle *nugæ difficiles*, et qu'ils ne sont propres qu'à amuser un instant. Aussi un auteur seroit bien condamnable s'il y employoit tout son temps ; il donneroit une mauvaise idée de son goût et de son talent. Mais on peut quelquefois se distraire d'occupations sérieuses, par une de ces bagatelles. C'est dans ce motif qu'ont été faits les vers suivans, qui sont vraiment lipogrammatiques. Ce sont des quatrains moraux sur différens sujets ; ils n'ont d'autre mérite que celui de la difficulté attachée à ces sortes de vers. On en a fait autant qu'il y a de lettres dans l'alphabet.

SANS A.

Ton désir, ô mon Prince, est de nous rendre heureux,
De tes peuples divers écoute donc les vœux ;
Sur ton trône chéri, sois long-temps le modèle
Des rois dignes un jour d'une gloire immortelle.

SANS B.

Sois juste, mais sois fort ; sois humain, généreux ;
Des princes adorés sois le plus vertueux.

Songe qu'à chaque pas ton peuple te contemple ;
Chaque pas que tu fais doit lui servir d'exemple.

SANS C.

Des querelles des grands pâtissent les petits.
Les peuples sont-ils faits pour vivre en ennemis ?
Dans vos tristes débats, tremblez, rois de la terre !
On égorge en vos noms, quand vous voulez la guerre.

SANS D.

A soulager son peuple, à prévenir ses maux,
Un prince vertueux consacre ses travaux ;
Il n'écoute jamais un funeste caprice,
Il fuit les passions, il abhorre le vice.

SANS E.

Toi qu'on connoît par-tout, ô divin artisan !
Tu nous as tous soumis à la loi d'un tyran,
Tyran craint d'un chacun, qu'on baptisa LA MORT.
Oui, mourir tôt ou tard, humain, voilà ton sort (1).

SANS F.

Mais cette horrible mort a pourtant quelques charmes,
Quand jusqu'au désespoir on se voit tourmenté ;
Souvent on la désire au milieu des alarmes,
Pour s'ouvrir une route à l'immortalité.

SANS G.

L'homme de bien la voit sans la fuir, ni la craindre ;
Jamais de son destin il ne pense à se plaindre.
Le suprême moment est pour lui le vrai port
Qui le met à l'abri des tempêtes du sort.

SANS H.

L'enfant rit de la mort, le vieillard la redoute ;
La camarde aux reins secs n'en suit pas moins sa route,
Avec elle entraînant époux, femmes, enfans,
Empereurs, papes, rois, prêtres, nobles, manans.

---

(1) La suppression de l'E a forcé de mettre quatre rimes masculines de suite.

SANS I.

Le méchant est tremblant, quand l'horloge banale,
Auprès de son grabat, sonne l'heure fatale;
Et son cœur ulcéré par les remords rongeurs
Sent à chaque moment redoubler ses douleurs.

SANS J.

Dieu, quand vous enverrez la dame au teint d'ivoire,
M'inviter sans délais à passer l'onde noire,
Ah! faites que mon cœur soumis à votre loi,
Sur le triste rivage arrive sans effroi.

SANS K.

Vivre heureux, me dit-on, est la chose impossible :
Cependant un pen d'or, une femme sensible,
Des livres, un ami, la santé par-dessus ;
Tout cela doit suffire. Eh! que faut-il de plus?

SANS L.

Je crains un cœur ardent qui sans cesse désire,
Pour assouvir sa soif, d'étendre son empire.
Ce qui nous rend heureux ne suffit à ses goûts ;
Mettons sans différer cet homme au rang des fous.

SANS M.

Borné dans ses désirs, le sage se contente
De ce que lui fournit la fortune inconstante.
Dans ses goûts réfléchi, tranquille il vit de peu,
Déteste les grandeurs, la débauche et le jeu.

SANS N.

Je hais le sot flatteur; car sa bouche dorée
A voiler mes défauts est toujours préparée;
Il a beau se farder, il découvre à mes yeux
Le zèle exagéré d'un fourbe officieux.

SANS O.

Le ciel, en sa fureur, a semé sur la terre
Les peines, les chagrins, la fièvre, la misère;
Chacun en a sa part, et chacun ici bas
Ne peut en espérer le terme qu'au trépas.

SANS P.

A soulager les maux de la nature humaine,
Galien fait servir sa science incertaine.
Quant aux soucis du cœur, aux ennuis, aux chagrins,
L'amour et l'amitié sont les seuls médecins.

SANS Q.

Amitié, doux trésor! tu soulages mes peines;
Je suis fier de porter tes agréables chaînes;
Il n'est point avec toi de maux à redouter;
Tu sais les partager et les faire oublier.

SANS R.

Oh! combien j'ai béni ta divine influence,
Quand un destin fâcheux lassoit ma patience.
Mille soucis cuisáns m'accabloient sans pitié;
C'est toi qui me sauvas, bienfaisante amitié!

SANS S.

On plaint la jeune tête où l'amour fait ravage;
Et la tendre amitié rend heureux à tout âge.
L'un, d'un trait acéré me déchire le cœur;
Et l'autre me protège et veille à mon bonheur.

SANS T.

Voulez-vous vivre en paix? D'abord en homme sage,
Renoncez à l'amour ainsi qu'au mariage.
Ne vous laissez jamais guider par les plaisirs;
Fuyez même avec soin l'amorce des désirs.

SANS U.

De la Religion respectez les mystères;
Et dans vos ennemis ne voyez que des frères.
Donnez à l'indigent, protégez l'orphelin;
De vos bienfaits cachés ne soyez jamais vain.

SANS V.

Heureux l'homme de goût qui peut en solitude,
Consacrer ses momens aux charmes de l'étude!
Goûtant des plaisirs purs, tout en méprisant l'or,
Il amasse en secret un solide trésor.

SANS X.

Parmi tous les objets qu'embrasse la science,
Jeune homme, vous devez choisir avec prudence;
Par un éclat trompeur ne soyez pas séduit,
A la fleur la plus belle on préfère le fruit.

SANS Y.

Des livres dangereux craignez l'attrait perfide;
Prenez, dans vos écrits, la vérité pour guide;
L'auteur sage est aimé; l'auteur licencieux
Rougit et se dérobe aux regards curieux.

SANS Z.

Fortune, explique-moi tes singuliers caprices;
Opprimant les vertus et couronnant les vices,
Tu fuis qui te recherche, et tu vas caresser
L'homme qu'on présumoit ne pouvoir te fixer.

Nous croyons pouvoir parler ici de quelques vers
alphabétiques.

Un poëte a renfermé toutes les lettres de l'alphabet dans le vers suivant :

Qui flamboyant guidoit Zéphire sur ces eaux.

On trouve dans les *Nugæ venales*, édition de
Londres, 1741, *in*-12, page 256, l'*Historia de gallo
gallinaceo*, pièce en douze vers latins élégiaques.
Les deux premiers vers renferment toutes les lettres
de l'alphabet; les deux suivans de même, etc.

On a remarqué que les vingt-deux lettres hébraï-
ques sont contenues dans le verset 22 du chapitre v
d'Isaïe; et l'alphabet grec se trouve tout entier dans
les versets 19 et 20 du III.ᵉ chapitre de la première
épître de Saint Pierre.

Toutes les lettres latines sont dans ce vers :

Gaza frequens Lybicos duxit Karthago triumphos.

et dans celui-ci fait par Scaliger :

Vix Phlegeton Zephiri, quæres modo flabra Mycillo.

Un des versets des sept psaumes n'a point d'A : *Nolite fieri sicut equus et mulus, quibus non est intellectus.* Cette remarque n'a pu être faite que par un désœuvré, qui l'étoit peut-être moins que cet Américain qui a employé trois ans à compter exactement le nombre de versets, de mots et de lettres qui composent la Bible (1). Si on l'en croit, la Bible contient :

> 73 livres, dont 46 pour l'anc. Test.
> et 27 pour le nouv. Test.
> 1,334 chapitres dont 1074 pour l'anc. Test.
> et 260 pour le nouv. Test.
> 31,175 versets.
> 773,692 mots.
> 3,566,480 lettres.
> 6,855 fois le mot JEHOVA répété.
> 45,227 fois la particule ET.

Le cxvii^e. psaume composé de 29 versets, forme le juste milieu de la Bible.

---

(1) Les Mahométans sont très scrupuleux sur le nombre de mots et de lettres qui composent le Koran. Les mots y sont au nombre de 77,639, et les lettres au nombre de 323,015. La première édition faite à Médine, contient 6000 vers ou lignes, et les autres en ont 200 ou 236 de plus. Il y a sept éditions principales du Koran : deux à Médine, une à la Mecque, une à Kufa, une à Bassora, une en Syrie, et l'édition commune.

La langue française ne possède qu'environ 32,000 mots différens ; et son alphabet n'a que 24 caractères, qui par leur transposition offrent un certain nombre de combinaisons, que le mathématicien Tacquet ne porte qu'à 620,448,401,733,239,439,360,000.

Jean Leusden a donné des éditions du Nouveau Testament, qui sont très communes en Hollande. Il y a marqué d'un signe les mots qui ne se rencontrent qu'une seule fois dans le Nouveau Testament; ils sont au nombre de 1686. Une autre marque indique ceux qui se trouvent plus d'une fois dans le texte; il y en a 3270. Ces 4956 mots se trouvent dans 1900 versets, quoique le nombre total des versets se monte à 7959.

Une personne du même genre que l'Américain cité plus haut, a remarqué que le nom de Jésus a deux syllabes qui signifient deux natures en Jésus-Christ, trois voyelles qui signifient la Trinité, et deux consonnes qui dénotent les deux substances, le corps et l'ame.

Je crois qu'aucun ouvrage n'a été réimprimé aussi souvent que la Bible; pour en donner la preuve, il suffit de dire que le baron de Canstein a établi à Halle, vers le commencement du XVIII.e siècle, une imprimerie des orphelins, pour l'impression de l'Écriture Sainte, et que depuis 1710 jusqu'en 1810, c'est-à-dire, pendant un siècle, il en est sorti environ deux millions de Bibles complètes, et plus d'un million de Nouveaux Testamens imprimés à part avec les Psaumes. Si l'on ajoute à ce nombre celui de toutes les Bibles qui ont été imprimées isolément dans toute la chrétienté, et surtout le résultat des travaux des sociétés bibliques modernes de France, d'Angleterre, de Russie, de l'Inde, etc. l'imagination sera effrayée de la quantité inouie d'exemplaires de l'Écriture Sainte, répandus dans les différentes parties du Monde; on peut très bien sans exagération en porter le nombre à quarante millions. Pour le prouver, nous ajouterons que le duc de Wurtemberg possédoit, avant la Révolution, dans sa bibliothèque de Stuttgard, plus de neuf mille exemplaires d'éditions différentes de la Bible; et on prétend qu'il lui en manquoit trois à quatre mille. Supposons qu'il existât alors douze mille éditions de l'Écriture Sainte, et que chacune eût été tirée à trois mille (terme moyen, car beaucoup l'ont été à plus de cinq mille), cela donneroit trente-six millions d'exemplaires. Nous savons de plus que la société biblique britannique a, de 1804 à 1820, distribué à ses frais deux millions six cent dix-sept mille deux cent soixante-huit Bibles ou Nouveaux Testamens; la société biblique russe en avoit déjà en 1817 fait imprimer, en seize langues différentes, cent quatre-vingt-seize mille exemplaires. Nous ne parlons pas des autres sociétés non moins fécondes. Trouvera-t-on d'après cela qu'il y a exagération en portant à quarante millions le nombre de Bibles qui existent?

Revenons aux lipogrammes. Nous avons parlé en tête de cet article, des cinq lettres écrites par l'abbé de Court, où chacune des cinq voyelles manque à chaque épître; nous en trouvons de pareilles dans l'*Encyclopédie méthodique*; elles sont attribuées à M. Marchand. Nous allons citer quelques lignes de chacune de ces cinq lettres; leur longueur nous empêche de les rapporter en entier.

LETTRE SANS A.

Voici une nouvelle invention, mon cœur, pour exciter votre curiosité : nous voulons juger de l'inutilité de quelques-unes des cinq voyelles. L'écriture seroit très bonne, si l'on pouvoit se réduire et n'en conserver que deux ou trois ; le tout fondé sur le principe, que c'est une folie que de multiplier les êtres lorsqu'on n'y voit point de nécessité. Peut-être réussirons-nous. Eh bien ! nous serons glorieux de l'entreprise. Tout homme qui invente mérite que le peuple lui décerne le triomphe.

Le prix que j'espère recevoir de mes longues recherches doit être votre cœur. Jugez si vous pouvez douter de l'excès de mon zèle. Vous devinerez cette voyelle, que j'exclus ici. C'est celle que j'emploie si souvent pour vous exprimer les tendres sentimens que vous m'inspirez. Puisqu'elle me sert si utilement, pourquoi l'exterminer ? Je devrois plutôt lui dédier un temple.

. . . .

Mon invention est une misère qui donne bien des peines, pour dire des bêtises ou ne rien dire. Ne vous en servez point, si vous m'en croyez ; pourvu que je sois sûr de recevoir de vos lettres, il n'importe comment.

Mille complimens, et puis c'est tout, puisqu'il m'est impossible de rien dire de plus, si ce n'est que je suis votre très humble serviteur.

B......z.

LETTRE SANS E.

J'avois conçu, mon charmant papa, l'opinion d'avoir pour mon logis un trou obscur à Saint-Victor, au bas du pays latin. Mon goût m'y portoit ; mais l'abord du canton m'a paru alarmant. Chacun a sa raison, ou son motif, bon ou mauvais, pour agir. Plus ou moins d'or à Paris contraint l'inclination ; un pouvoir sonnant fait la loi qu'on doit subir pour choisir du blanc, du noir ou du gris. Un climat trop haut ou trop bas produit, m'a-t-on dit, tantôt un air lourd, froid, mal-sain ; tantôt un air trop vif. Il faut pourvoir à tout, avant d'avoir pris mon parti pour oui ou pour non. J'approfondirai mon local. J'irai pour savoir si l'on m'a fait un rapport vrai du canton Victorin. J'ai cru qu'un faubourg lointain iroit à ma situation ; l'on y vit sans façon, à l'abri d'un tas d'oisifs, à coup sûr importuns. Sauvons-nous d'un poison si fatal. D'abord ma maison paroîtra trop loin aux gros richards; d'accord; mais j'y vivrai sans bruit, sans fracas, affranchi d'un chaos assommant.

. . . .

J'aspirois à vous voir, mais j'ignorois où nous pourrions discourir. Il fait grand froid; quand on pourra sortir sans manchon, nous choisirons un jour pour nous unir aux Capucins, au Cours ou au Vauxhall. Bon soir, mon voisin; tout à vous.

F....z.

LETTRE SANS I.

Comment vous portez-vous, ma chère sœur? Mon humeur veut vous gronder un peu, et tout en douceur. C'est le rôle d'un frère auquel on pardonne de murmurer par un excès d'attachement. Vous me mandez des nouvelles étrangères à mon cœur; et vous gardez le *tacet* sur les événemens que vous savez m'être les plus chers. Vos enfans, votre grossesse, vos nerfs, vos langueurs, votre chute et le rhume, n'ont pas trouvé place dans le compte que vous me rendez de votre état et de vos passe-temps. Vous me supposez, sans doute, un prophète, dont les vues s'étendent à tout, même à la santé d'une malade absente. Pour vous donner une leçon, apprenez que mon être fâcheux est débarrassé des entraves de l'art d'Esculape et de ses suppôts. L'école de Salerne a perdu son procès contre ma frêle substance. Un repos favorable, sans le concours de la manne et du séné, m'a rendu mes forces, mon courage et mon goût pour toutes les choses bonnes et agréables.

. . . .

Mandez-nous souvent comment vous passez le temps. Les nouvelles du monde et de la cour m'affectent peu. Mon attachement sans mesure demande du personnel; mon zèle n'est affamé que d'apprendre l'état de votre santé. C'en est assez, recevez les embrassemens de votre bon frère

K....z.

LETTRE SANS O.

Dès demain, cher ami, je vais chercher une retraite aux Capucins. J'ai malheureusement perdu au jeu l'argent que ma mère m'a remis afin d'acquitter des dettes criardes. Elle en est furieuse, et je m'en désespère jusqu'à m'arracher les cheveux. J'ai déjà parlé au père gardien du Marais, qui m'a dit de revenir à la huitaine. Tu riras quand tu me verras une belle barbe, et les épaules chargées d'une besace. Je sais que je figurerai mal avec un habit de bure, des sandales, et les jambes nues; mais je suis dans la nécessité malheureuse d'expier mes fredaines. Il faudra vivre sans argent, sans chemise, jeûner, prier, se discipliner. Cette vie est dure. Je sens que l'état auquel je me livre a ses désagrémens; mais je ne suis pas maître d'agir d'une autre manière. Ma pénitence ne sera qu'une suite nécessaire de l'état affreux qui m'accable.

. . . .

Je ne me fais déjà plus raser; et n'ayant ni gîte, ni espèces, je me prépare d'avance à la face pâle d'un pénitent. Au reste le métier que je vais embrasser est assez avantageux dans la vie présente et la vie future. Un frère quêteur de la rue Saint-Jacques m'a assuré qu'il n'y avait jamais eu de Capucins dans l'enfer : c'est apparemment qu'à leur arrivée le feu leur brûle la barbe, et qu'ils deviennent Picpus. Passe un peu sur cette facétie. Adieu, cher ami, je t'embrasse.

P....z.

LETTRE SANS Ü.

J'allai hier, mon cher confrère, dans le Marais, chez le moins gras des financiers de Paris. Le repas étoit excellent. Cinq personnes le partageoient; mon ami, sa femme, sa nièce, son abbé et moi. La table étoit proprement garnie. Et, dès les entrées, le maître de la maison songea à satisfaire les besoins de l'appétit. Il entreprit de manger des petits pâtés, des cardons, et de tâter à différens mets; sa femme s'y opposa fortement, prétextant des craintes fondées, comme le mal d'estomach, la migraine, etc. Le mari désirant n'être point en reste, prit les mêmes attentions à l'égard de sa femme. Et par cette complaisance recherchée et tendre, s'ils se garantirent d'accidens, ils s'abstinrent de l'innocent plaisir d'essayer des mets délicats permis à des malades. Le rôti, la salade, l'entremets, le dessert enfin, ont été l'objet de semblables soins. Moi, je mangeai en affamé; le frère m'imita; et la nièce, en grignotant, s'attacha à empiffrer son chat angora.

. . . .

J'entends sans cesse dans ce pays-ci parler de liberté, et jamais on n'en profita moins. L'esprit badin rencontre des obstacles, et malgré sa circonspection, il est exposé à des recherches incommodes. Il est bon de prendre son parti et de se consoler en attendant le temps désiré par le sage. Bon soir, mon ami.

X....z

DES VERS MACARONIQUES.

La poésie macaronique est composée de mots de différentes langues, mélangés avec des mots du langage vulgaire latinisés, c'est-à-dire, auxquels on donne une terminaison latine. C'est une véritable poésie burlesque. Naudé dit que la poésie macaronique est la troisième espèce du burlesque latin. Elle tire son origine de l'Italie, et son étymologie du mot italien *macarone* ou macaron. *Macarone* signifie, dit Cœlius Rhodiginus, un homme grossier, un lourdaud, qui emploie toutes sortes de mots ridicules, barbares, inusités ; et macaron signifie de petits gâteaux, ou une pâte composée de différentes choses, de farine non blutée, d'œufs, de fromage, etc. De même la poésie macaronique est composée de latin, d'italien, de français, d'espagnol, etc. Telles sont donc les deux étymologies que l'on peut donner au genre de poésie dont nous parlons.

Naudé regarde Théophile Folengi, moine bénédictin de Mantoue, sinon comme l'inventeur de la poésie macaronique, du moins, comme le premier qui l'a cultivée avec succès. Il parle d'une *Maca-*

8

ronea Ariminensis, de fort vieille lettre, dit-il, qui commence par ce vers :

Est auctor Tiphys Leonicus, atque Paransus.

Elle est d'Odaxius ou plutôt de Tifi degli Odassi, et a pour titre : *Typhis Odaxii Patavini carmen macaronicum de Patavinis quibusdam arte magica delusis* (Arimini, circa 1490) *in-4.°* de 10 feuillets. Mais il ne regarde pas cette macaronée comme antérieure à celle de Folengi; si elle ne l'est pas pour la composition, elle l'est certainement pour l'impression. Ensuite Naudé attribue cette pièce à Guarino Capella de Sarsine. Ce Capella seroit-il le même qu'Odaxius, ou Naudé s'est-il trompé? Quoi qu'il en soit, Capella fit imprimer à Rimini, six livres de poésies macaroniques, sous le titre de *Macharonea in Cabrinum Gagamagogæ regem composita, multum delectabilis ad legendum*, 1526, petit *in-8°*. La première édition de l'*Opus Merlini Cocaii* (Theoph. Folengi), *poetæ Mantuani, Macaronicorum, etc.*, est de Venise, 1517, petit-*in-8°*; et la plus recherchée et la plus complète, est celle de 1521, *in-16*, exécutée en caractères singuliers, avec des figures en bois. On fait cependant encore cas de l'édition de Naples, sous le nom d'Amsterdam, 1692, pet. *in-8.°* fig. Ce poëme est riche d'invention, et on y admire les épisodes qui se rencontrent dans l'histoire de Balbus, qui est le sujet de ce poëme. C'est une raillerie très amusante. Le cardinal Mazarin l'aimoit au point, qu'il en récitoit quelquefois jusqu'à 3 à 400 vers de suite. Cette macaronée a été traduite

en français, Paris 1606, ou 1734, 2 vol. pet. *in*-12.
Rabelais a tiré de l'ouvrage de Folengi les plus beaux
morceaux de son Pantagruel. Folengi a ensuite donné
Il Chaos del tri per uno, qui ne réussit pas ; cet ouvrage est, en partie seulement, macaronique. Folengi est mort en 1544.

Après les macaronées de Folengi et de Guarino
Capella, parut une petite pièce de poésie macaronique, sous le titre : *Macaronica de syndicatu et
condemnatione doctoris Samsonis Lembi,* qui est
froide et languissante.

Le jésuite Bernardino Stefonio (ou plutôt Sthe-
tonio), composa un poëme macaronique, qu'il appeloit *Macaronis forza,* et qui fut très bien reçu du
public, en 1610.

André Baïani en fit imprimer un en 1620, auquel
il donna le titre de *Carnavale fabula macaronea,*
bien inférieur au précédent.

César Ursinius a publié à Venise, en 1636, *Ca-
pricia macaronica magistri Stopini poetæ Pouza-
nensis,* ouvrage assez estimé.

Gioan Giacomo Ricci a donné quelques composi-
tions macaroniques, dans ses *Poetæ rivali,* et ses
Diporti di Parnasso, imprimés l'un et l'autre à
Rome, en 1632 et 1635.

Bartolom. Bolla a fait aussi *Nova novorum no-
vissima, sive poemata macaronica, quæ faciunt cre-
pare lectores ob nimium risum et saltare capras,*
etc. *Stamp. in stampaturâ stampatorum, anno*
1670, *in*-12.

Parmi les Français, *Antonius de Arena proven-çalis de bragardissima villa de Soleriis* (Antoine de la Sable), est le premier qui a obtenu quelques succès dans le genre macaronique. Il nous a laissé diffé-rens ouvrages assez recherchés, entre autres, le sui-vant, dont l'édition de 1537, que nous citons, est fort chère : *Meygra entrepriza Catoliqui Imperatoris, quando de anno Domini 1536 veniebat per Proven-sam bene corrossatus, in postam prendere Fransam cum villis de Provensa, propter grossas et menutas gentes rejohire, per Antonium Arenam bastifau-sata.* Avenione, 1537, *in*-8.º La réimpression de Lyon, 1760, est moins estimée. On prétend que cet ouvrage a paru sous le titre suivant : *Poema maca-ronicum; id est, historia bravissima Caroli Quinti Imperatoris, à provincialibus paysanis triumphan-ter desbifati, macaronico carmine recitans, per Joannem Germanum*, 1536. Le même Antonius de Arena a fait une élégie macaronique, à la louange du président d'Oppède, que l'on trouve au commen-cement des arrêts et appointemens faits l'an 1542, par le parlement de Provence. Mais les vers maca-roniques ne conviennent point à des matières sé-rieuses.

On connoît encore les deux ouvrages suivans : *A. de Arena, de bragardissima villâ de Soleriis, ad' suos compagnones studiantes, qui sunt de persona friantes, bassas dansas et branlos practicantes, etc. Stamp. in stampaturâ stampatorum*, anno 1670, *in*-12. Réimprimé en 1758, *in*-12, jolie édition.—*Ant. de Arena Provençalis utilissimum opus guerrarum et dansarum. Impressatum in bragardissima villa de Parys*, 1574, *in*-8°. Nous nous contenterons de citer ici un fragment du poëme de la danse qui commence l'article intitulé *De choreando bene ;* cela suffira pour donner une idée du genre de l'auteur ; il paroît qu'il est ici question du grave menuet, qui a disparu depuis la Révolution.

Incipiendo dansam fit reverentia semper,
    In facie dominam respiciendo tuam ;
Largando gambam, ipsam fauchare memento,
    Sed teneat justos fœmina ritè pedes.
De gamba semper reverentia fitque sinistra ;
    Ad libitum plures quamvis id esse velint.
Bragardi certant, et adhuc sub judice lis est,
    De quali gamba sit facienda salus,
Atque omnes dansas tibi gamba sinistra commencet,
    Byrettum moveat atque sinistra manus.
Et manibus nudis teneas dansando puellam,
    Si teneas gantos tu benè solus eris.
Quando salutabis, digitis tribus accipe byrrum ;
    Non oculis noceat, quando levabis eum.
Arresta modicam, etc, etc.

Remi de Belleau mêla, parmi ses poésies françaises, un *Dictamem metrificum de bello hugonotico et rusticorum pigliamine ad sodales*, qui est estimé.

On ne connoît pas l'auteur de la *Cagasanga Reistro-Suisso-Lansquenetorum per M. J. B. Lichiardum recatolichatum, Spaliporcinum poetam. Parisiis*, 1588., *in*-12 ; à laquelle Etienne Tabourot, ou Des Accords, a répondu sur le même ton.

Jean-Edouard du Monin a laissé, *inter teretismata suâ*, une macaronée intitulée : *Carmen Arenaicum*

de quorumdam nugigerulorum piaffa insupporta-
bili.

Frey nous a donné une très bonne pièce macaronique, intitulée : *Recitus veritabilis super terribili*
esmeuta paysanorum de Ruellio. C'est une description du tumulte arrivé entre les vignerons du village de Ruel, et les archers de Paris.

Les Anglais n'ont presque rien dans le genre macaronique : on ne leur connoît que quelques feuilles
volantes, qui ont été recueillies par Cambden.

Après avoir parlé de la poésie macaronique, et
des principaux auteurs qui se sont distingués dans ce
genre, il est bon d'en citer quelques exemples tirés
de leurs ouvrages.

Un soldat fanfaron dit :

Enfilavi omnes scadrones et regimandos.

Autre exemple :

Cavalierus eques galopando subibat in urbem.

Autre, digne de ce genre bizarre :

Jupiter altifoirans totum embrenavit olympum.

Autre exemple tiré de l'émeute de Ruel par
Frey :

Archeros pistoliferos, furiamque manantum,
Et grandem esmeutam, quæ inopinum facta Ruellæ est,
Toxinumque alto troublantem corda clochero
Totius populi, quodque est miserabile dictu,
Troublantem parvos incinctæ in ventre parentis,
At prestres omnes, hardito carmine dicam.
Musæ nudipedes, seu vos ad littora Chatou
Gardetis vaccas, seu desjeunetis in agris,
Seu potius vos nocturno brandone lenæi
Bouchonare juvet vites, grappasque volare,
Dicite cur animis tantæ vigneronibus iræ.

Autre exemple :

> Extemplo esmeutæ signum toxinus ab altâ
> Turre strepens, rauco quassatæ murmure clochæ
> Tin, tan, tin iterans, don, don, don, donque sonabat.
> Effroyati animi, quivis maisone relictâ
> Iudomiti accurrunt, magno simul omne tumultu
> Troublatur querulo vulgus, jeunessaque sævit
> Effera, grisonïque senes, pleurosaque femma,
> Et trepidæ matres embrassavere puellos, etc.

Autre exemple tiré de la guerre des huguenots, non de celle d'Hamconius, dont nous avons parlé ; mais du *Poëma macaronicum de bello huguenotico,* par Antoine de la Sable (*de Arena*). L'auteur commence son poëme par célébrer la paix qui régnoit avant cette funeste guerre ; voici son début :

> Tempus erat quo Mars rubicundam sanguine spadam
> Fucarat crocco, permutaratque botilla,
> Ronflabatque super lardum, vacuando barillos,
> Gaudebatque suum ad solem distendere ventrem.....

Ensuite il peint le bonheur dont on jouissoit :

> Omnia ridebant securum ; namque canailla
> Frantopinorum spoliata, domumque reversa,
> Agricolam aculeo tauros piccare sinebat,
> Et cum musetta festis dansare diebus
> In rondum umbroso patulæ sub tegmine fagi.
> Denique pastillos parvos, tartasque coquebat ;
> Pax cœlo delapsa...........

Mais bientôt les querelles de religion se renoüvellent, et les huguenots excitent la bile du poëte par leurs fureurs :

> Nunquàm visa fuit canailla brigandior illâ ;
> Egorjant hòmines, spoliant, forçantque puellas.
> . . . . Massacrant, inque rivieras
> Nudos dejiciunt mortos, pascuntque grenouillas.
> . . . .

Auriculas sacras pretris monachisque revellunt,
Deque illis faciunt andouillas atque bodinos,
Aut cervellassos pratico de more Milani.....

Terminons ces différens exemples par le petit
poëme intitulé : *Micheli Morini funestissimus tre-*
passus.

Est juxtà nostram grandissimus ormus eglisam,
Plebs paysana suos ubi plaidatura processus
Convenit, ut cunctas demêlet mairus afairas.
Illìc, æstivis terram brûlante diebus
Sole, ramassati juvenes queis primula mento
Barba frisat mollis, relevatâ veste, reponunt
Herbibus in viridis fessas, largâque sub ormo
In vastum tournant rondum ; charmantia vina
Incertis ludunt cartis ; gagnataque læti
Ebibunt à tarlarigo petulantis Iacchi
Munera : violono hilares sonante gavottas,
Gaillardi trepignant omnes, sabotantque frequenti
Saltu tremblantem lourdo sub pondere terram.

   Ormi in extremo nidum pia garrula bouto
Perchârat. Dominum sæpè hæc diablessa prechantem
Troublabat parochum, vilenisque erat osa jugeantis
Ora mairi, et totos etronis operire clientes :
Sæpè avidos etiam trompavit, fœda, bibrones,
Dum chiat, et calidis remplissat pocula merdis.
Tandem derniero numerosa cohua dimancho
Se assemblat, perchisque tâchat si fortè per auras
Avolare piam faciat, nidumque denichet.
Arduum opus ! Soli Michelo fata Morino
Triste reservabant decus. Hurlamenta criantûm
Audiit, et totis, ut cervus, currit iambis :
Pan, pata pan, resonat sabotoso sub pede tellus.
« Ah ! criat, ô socii ! Quæ vos furiosa prenavit
« Stultitia, ut nostrum fracassetis perchibus ormum !
« Omnis homo cherchandus erat, cui grandia tanta
« Antreprenare licet, maisonnas abattare volucrum.

« Ecquis, cum terriblo Burgundica vina Morino,
« Vestrûm audet pariare, quòd hanc montatus in arbram,
« Babiliardarum ruinabit tecta piarum? »
Dixerat; atque statim chopinam charmantis Iacchi
Grandilion pariat. Tunc vaillantissimus heros,
Sub pileum retroussans crines, sabotosque dechaussans,
Vestem deshabillat, grandi signat cruce frontem,
In manibus crachat, elato pede, grimpat in ormum.
Interea hùc parochus magnâ cum voce cucurrit :
« Omnis homo! Quò jam tua te vaillantia portat?
« Quid statuis? Certam cur quæris in arbore mortem?
« Ergo voce tuâ non plus resonabit eglisæ
« Voûta; nec ad nostrum cantabis sol, fa, pupîtrum!
« Quis post hæc agreabilibus dis, dis, li, di, den, don,
« Clocharum sonibus, nostras charmabit oreillas?
« Siste, rogo, atque meis te redde, Morine, prieris! »
Proh Deus! Ah! quò non mortalia pectora poussat
Vini sacra sitis! Parochi parolæque precesque
Arrêtare ipsum nequeunt; verùm ociùs, ormi
De branchâ in brancham pergit grimpare, cacumen
Attrapat, et toti victor supereminet arbræ.
Tunc solita entieras subvertere dextra foretas,
Arripiens nidum, dechirat, prolesque piarum
Envoyat ad diablum. Statuunt sed fata quod illas
Suivabit. Michelus ramo tunc fortè sedebat
Artisonis rongeato intùs, sub cortice pulchro ;
Cumque peraugusto gloriantes pondere branchæ
Portassent heroem, super has sederetque Morinus,
De branchâ in brancham degringolat, et faciens *pouf*,
Ex ormo cadit, et clunes obvertit olympo.
Hurlat *ho! ho!* paysana cohors, junctisque priantes
In cœlum recriant manibus; sed frustrà! Morinus
Non est in vivis numerandus! Tombat, et hujus
Tota rabotoso fracassantur membra payeto.

On ne s'est pas contenté de faire de la poésie macaronique; quelques auteurs se sont mêlés de faire
de la prose du même genre; entre autres, Théodore

de Bèze, qui a cherché à tourner en ridicule le président Lizet, dans une lettre écrite en prose macaronique. Il dit de Calvin : *Neque magnus neque parvus; sed inter duos ! non dares liardum de ejus mina.*

En voilà suffisamment sur ce genre de poésie qui, comme on vient de le voir, tient très bien sa place parmi les bagatelles ridicules et quelquefois amusantes.

DES VERS MÉTRIQUES FRANÇAIS.

Quelques auteurs ont cherché à donner aux vers français la mesure des vers grecs et latins; Jean Mousset, poëte français du XVIe. siècle, sous Henri II, est l'auteur de ces sortes de vers, qui n'ont point eu de succès. On a eu tort d'en attribuer l'invention à Jodelle et à Baïf. Nicolas de Noncel, qui est mort en 1610, a fait un ouvrage sur ce sujet : cette production singulière, dans laquelle il veut assujettir la poésie française aux règles de la poésie grecque et latine, a pour titre : *Stichologia græca latinaque informanda et reformanda,* in-8.º Ce livre ne fait point honneur à son auteur.

Dans le principe, on ne faisoit point rimer les vers métriques; ce fut Butel qui, le premier, les assujettit à la rime.

Plusieurs poëtes se sont exercés dans ce genre, qui n'a pas été long-temps en vogue. Voici un exem-

ple d'un vers latin et d'un vers français, coupés sur
la même mesure :

Cæsare-ventu-ro , — phosphore , - redde di-em.
César-va reve-nir ; — aube , ra-mène le-jour.

On a trouvé les vers métriques de Baïf, défectueux,
parce qu'il en termine beaucoup par une rime fémi-
nine ; celui-ci n'est pas du nombre de ces derniers :

Aube, re-baille le-jour; pour-quoi notre-aise re-tieus-tu?

Pasquier a laissé quelques épigrammes et quelques
élégies en vers hexamètres et pentamètres français.
Vigenère a traduit les psaumes de David , en vers
métriques. Durfé a composé un poëme dramatique
du même genre. Nicolas Rapin a laissé plusieurs livres de ces vers mesurés ; en voici un exemple en
hexamètres et pentamètres , tiré de l'un de ses
livres :

Vénus grosse, voyant approcher son terme, demanda
    Aux trois Parques de quoi elle devoit accoucher ;
D'un tigre, dit Lachesis; d'un roc, Cloton; Atropos, d'un feu.
    Et pour confirmer leur dire, naquit Amour.

Il faut avouer que voilà de la singulière poésie.
Ce Rapin avoit cependant une grande idée de ces
sortes de vers , puisqu'il dit dans son premier livre
des vers mesurés :

Sainte-Marthe, enfin je me suis avancé
Sur le train des vieux, et premier commencé
Par nouveau sentier m'approchant de bien près,
        Au mode des Grecs.
Maintenant les vers que façonne à leur point,
Et d'un air hardi que la Cour ne craint point,
Au pays des rois je commence à chanter
        Sans m'épouvanter.

Nous pourrions encore citer plusieurs exemples.

tirés des poésies de Rapin ; ils prouveroient qu'il a un peu mieux réussi dans ce genre de poésie, que Butel, Desportes, Passerat, Callier, etc. Ainsi qu'on juge des vers de ces messieurs et d'autres, qui ont voulu s'en mêler ! Pasquier, qui lui-même avoit travaillé dans ce genre, le condamna ensuite comme un genre barbare et misérable, qui mourut aussitôt qu'il vit le jour. Scevole de Sainte-Marthe fut de l'avis de Pasquier, et il eut raison.

Cependant Turgot, après avoir quitté le ministère, s'amusa à traduire le ivᵉ. livre de l'Énéide et quelques églogues de Virgile, en vers hexamètres français. M. François de Neufchâteau dit que ces morceaux de Turgot sont des essais uniques dans la langue française. Ce que nous venons d'exposer ci-dessus, prouve que ce genre étoit déjà connu, et que notre prosodie ne peut pas lutter avantageusement avec la prosodie latine. La traduction de Turgot en offre une nouvelle preuve. Voici le titre de cet ouvrage, qui n'a été tiré qu'à 12 exemplaires :

Didon, poëme en vers métriques hexamètres, divisé en trois chants; traduit du quatrième livre de l'Énéide de Virgile; avec le commencement de l'Énéide, et les seconde, huitième et dixième églogues du même auteur; le tout accompagné du texte latin; par Turgot, (avec cette épigraphe) :

Eloquium et Gallis, Gallis dedit ore rotundo
Musa loqui.

Mais toutes ces poésies ont été réimprimées dans un ouvrage intitulé : *le Conservateur ou Recueil de*

morceaux inédits d'histoire, de politique, de litté-
rature et de philosophie, tirés des portefeuilles de
M. N. François (de Neufchâteau), de l'Institut na-
tional. Paris, de l'imprimerie de Crapelet, an VIII,
2 *vol. in-*8.º Les poésies de Turgot occupent les
pages 1 — 97 du 1.er volume.

Nous ne citerons rien du poëme de Didon, parce
que les bornes de ce recueil ne nous permettent pas
de le donner en entier. Nous nous contenterons de
donner tout ce que Turgot a traduit du début de
l'Énéide :

Jadis sur la fougère une musette accompagna mes chants.
J'osai depuis, sortant des bois, disciple de Cérès,
Forcer la terre à répondre aux vœux de l'avare agriculteur.
Mars aujourd'hui m'appelle. O Muse ! embouche la trompette,
Dis les combats, Muse ! et ce guerrier que l'ordre du destin,
Loin des murs d'Ilion en cendre et du tombeau de ses pères,
Aux champs ausoniens fit aborder après mille dangers.
Errant chez cent peuples divers, il combattit long-temps
L'onde, la terre et le ciel réunis pour lasser sa constance.
L'inflexible Junon avoit aux dieux inspiré ses haines.
Sous les murs naissans de Lavinium, il souffrit encore
Les innombrables maux qu'entraîne la guerre ; et cependant
Transportant ses lois, sa patrie, et le culte de ses dieux
Sur les rives du Tibre, il fondoit à force de victoires
Un trône immortel, qui depuis fut le berceau d'où sortirent
Ces antiques Latins tant vantés, Albe et sa splendeur,
Ses valeureux enfans les pères de Rome, et Rome enfin.
Quel motif armoit Junon ? Quelle offense avoit ulcéré son cœur ?
Pourquoi du haut des cieux, leur reine avoit-elle rassemblé
Tant de périls, de travaux, pour accabler la vertu la plus pure ?
Ils sont donc comme nous, ces dieux ! La colère habite aussi
Dans leur Olympe ! et la haine peut naître au sein du bonheur même !

Voltaire reçut un exemplaire de l'ouvrage de Turgot ; il ne jugea pas bien de l'introduction du mètre

prosodique dans notre poésie ; il ne vit dans les vers métriques de son illustre ami, qu'une très belle prose. Dolivet est également d'avis, que la composition des vers mesurés en français ne convient nullement à notre langue. C'est M. François de Neufchâteau, qui nous fournit ces détails sur la traduction de Turgot.

DES VERS MONORIMES.

La dénomination de ces vers vient du Grec *monos* seul, et *rhuthmos* rhythme, justesse, cadence, d'où le mot *rime* est peut-être dérivé. Une pièce de poésie monorime est celle dont tous les vers sont sur la même rime ; on prétend qu'on doit l'invention des monorimes latins au poëte Léonin, qui en adressa au pape Alexandre III, dans le douzième siècle. On en fit aussi alors des français, qui ne furent en usage que dans les vers de douze syllabes. Le monorime n'est bon en français que dans les sujets de plaisanterie, parce que l'oreille est fatiguée par le retour continuel des mêmes rimes ; et l'on ne se sert plus des vers alexandrins pour ce jeu poétique, parce qu'ils sont trop majestueux. Les monorimes sont bannis depuis long-temps de la poésie latine.

Il me semble qu'on peut distinguer deux sortes de monorimes, les parfaits et les imparfaits ; les parfaits ou vrais monorimes sont ceux qui composent une pièce de vers ayant tous la même rime, et les imparfaits appartiennent à une pièce de poésie où les vers féminins seuls, ou masculins seuls, sont sur la même rime.

Voici un exemple d'un monorime parfait, que je puise dans le *Voyage de Languedoc et de Provence,* par M. Lefranc ; le sujet est le château d'If, où jadis l'on enfermoit, par lettre de cachet, les jeunes gens libertins :

> Nous fûmes donc au château d'If :
> C'est un lieu peu récréatif,
> Défendu par le fer oisif
> De plus d'un soldat maladif,
> Qui, de guerrier jadis actif,
> Est devenu garde passif.
> Sur ce roc taillé dans le vif,
> Par bon ordre on retient captif,
> Dans l'enceinte d'un mur massif,
> Esprit libertin, cœur rétif
> Au salutaire correctif
> D'un parent peu persuasif.
> Le pauvre prisonnier pensif,
> A la triste lueur du suif,
> Jouit pour seul soporatif
> Du murmure non lénitif,
> Dont l'élément rébarbatif
> Frappe son organe attentif.
> Or, pour être mémoratif
> De ce domicile afflictif,
> Je jurai d'un ton expressif
> De vous le peindre en rime en if.
> Ce fait, du roc désolatif
> Nous sortîmes d'un pas hâtif,
> Et rentrâmes dans notre esquif,
> En répétant d'un ton plaintif :
> Dieu nous garde du château d'If.

Le morceau suivant pourroit aussi être considéré comme monorime parfait; il n'est fait que pour l'oreille. C'est Panard qui nous le fournit; j'y fais quelques petits changemens :

> Médecin mal instruit,
> Qui voudrois aujourd'hui
> De mon corps faire un puits,
> Va-t-en vite et t'enfuis;
> Ton breuvage m'a toujours nui.
> Si j'avois eu recours à lui
> Je serois aujourd'hui
> Cloué dans un étui.
> Vive, vive celui
> Qui sort du muid;
> Dans mon réduit
> C'est mon plus ferme appui :
> C'est par lui
> Que je suis jour et nuit
> Sans ennui.

Quant aux monorimes imparfaits, Mme. Deshoulières en offre des exemples trop longs pour les rapporter ici ; mais comme ses œuvres sont entre les mains de tout le monde, on peut en consulter le 1er. volume, édition de 1754; on y trouvera, pages 197 — 206, six pièces de vers dont les rimes féminines sont toutes pour la première pièce en *ailles,* pour la seconde en *eilles,* pour la troisième en *ille,* et les trois dernières sont en *ouille.*

On peut mettre encore au rang des monorimes imparfaits, l'épitaphe de Pierre de Marca, nommé archevêque de Paris, et mort le jour de son installation :

> Ci gît l'illustre de Marca,

Que le plus grand des rois marqua
Pour le prélat de son église ;
Mais la mort qui le remarqua,
Et qui se plaît à la surprise,
Tout aussitôt le démarqua.

Il existe aussi des espèces de monorimes, où un nom propre est exprimé par les dernières syllabes de deux vers en deux vers. Nous en trouvons un exemple dans Voiture, qui a composé les stances suivantes sur M. d'Avaux ; on y voit que les dernières syllabes des vers, réunies deux à deux, expriment *d'Avaux,* ou *d'Avots,* etc.

L'autre jour Jupiter man*da*
Par Mercure et par ses pré*vots,*
Tous les dieux, et leur comman*da*
Qu'on fît honneur au grand d'A*vaux.*

En deux parts le Ciel se ban*da,*
Avec noises et grands tra*vaux ;*
Et maint dieu jaloux clabau*da*
Contre l'honneur du grand d'A*vaux.*

Entre autres, un grand halbre*da,*
Nommé Mars, Mavors ou Ma*vos,*
Les dents grinça, jura, gron*da,*
Et dit rage contre d'A*vaux.*

Un jour, dit-il, il débri*da*
Sur mon char mes quatre che*vaux ;*
Et la Pologne accommo*da*
Avec Suède, ce d'A*vaux.*
Etc., etc.

Nous ne citerons pas cette pièce en entier ; ce que nous en disons suffit pour faire connoître ce genre plus difficile qu'agréable.

9

DES VERS MONOSYLLABIQUES.

ON sait combien les vers de deux et trois syllabes sont pénibles à l'oreille lorsqu'ils sont en grand nombre : ils sautillent trop et tourmentent l'oreille par le retour trop fréquent des mêmes consonnances. Que dirons-nous donc de ceux qui ne sont composés que d'une syllabe? La Harpe en rapporte sur la résurrection du Sauveur; mais il ne les cite pas exactement comme ils ont été faits et comme je les rapporte ici. Cette singularité a eu lieu dans un dîner chez le président Hénault, où l'on parloit de l'impossibilité de faire des vers monosyllabiques. L'abbé de G... fit sur-le-champ les douze suivans qui forment un vers alexandrin :

De
Ce
Lieu
Dieu
Sort
Mort;
Sort
Fort
Dur !
Mais
Très
Sûr.
Etc.

Il existe des *Noëls nouveaux sur les chants anciens,* par *P. Bonjean prêtre, Paris,* 1733, *in-*8.º A la fin de ce volume il y a une pièce de vers sur la naissance de J. C. dont tous les mots n'ont qu'une syllabe. N'ayant pas l'ouvrage sous les yeux, j'ignore si ces vers ont quelque rapport avec ceux que je viens de citer.

Les Anglais ont au contraire des vers de quatorze syllabes, et on prétend que Swift, dans ses facéties poétiques, s'est amusé à faire des vers de vingt, trente et jusqu'à soixante syllabes.

Les vers composés de monosyllabes sont désagréables et même défectueux dans la poésie française, à moins que la richesse de la pensée ne dédommage ; comme dans ce vers de *Phèdre* :

Le jour n'est pas plus pur que le fond de mon cœur.

Mais ceux-ci paroissent foibles :

Non, ce n'est pas pour moi que sont faits les beaux jours....
O roi ! de tous les rois le plus grand, le plus sage....
Qui plaît est roi, qui ne plaît plus n'est rien....

Tabourot a une pièce de quarante-cinq vers, toute en monosyllabes ; c'est peu de chose. Voyez ses *Bigarrures*, Paris, 1586, *pet. in-12*, pag. 193.

〜〜〜〜〜〜〜〜〜〜〜〜〜〜〜〜

DES VERS PARODIÉS.

Le mot parodie qui vient du grec *parôdia*, canticum ; rac. *para* juxta et *ôdé* cantus, carmen, signifie à la lettre un chant composé à l'imitation d'un autre ; et par extension, on donne le nom de parodie à un ouvrage en vers, dans lequel on détourne dans un sens railleur des vers qu'un autre a faits dans une vue différente. On a la liberté d'ajouter ou de retrancher ce qui est nécessaire au dessein qu'on se propose ; mais on doit conserver autant de mots qu'il est nécessaire pour rappeler le souvenir de l'original dont on emprunte les paroles ; l'idée de cet original et l'application qu'on en fait à un sujet d'un ordre moins sérieux, forment dans l'imagination un contraste qui la surprend, et c'est en cela que consiste la plaisanterie de la parodie.

Corneille a dit dans le style grave, parlant du père de Chimène :

Ses rides sur son front ont gravé ses exploits.

Racine a parodié ce vers en parlant d'un sergent, dans les Plaideurs.

Il gagnoit en un jour plus qu'un autre en six mois ;
Ses rides sur son front gravoient tous ses exploits.

Les vers les plus connus sont ceux qui sont le plus exposés à la parodie.

Boileau nous a donné une parodie ingénieuse de quelques scènes du Cid.

Madame Deshoulières a également une parodie d'une scène de la même tragédie.

Le poëme du *Vice puni* est rempli d'applications heureuses de vers de nos poëtes.

Dans la Gastronomie, dans un poëme sur la danse autre que celui de Berchoux, dans l'Art poétique de Le Duc, dans la vie de Beaumarchais, etc. etc., il y a des parodies heureuses.

Nous nous contenterons de citer celle qui a été faite sur la détention momentanée de Beaumarchais à S.t-Lazare, vers 1785, à l'occasion de quelques articles de journaux où il réfutoit avec des sarcasmes très piquans une critique qu'un ANONYME qu'il méconnoissoit, avoit faite de la pièce de Figaro. Cette parodie est celle du récit de Théramène dans *Phèdre :*

A peine Beaumarchais, débarrassant la scène,
Avoit de Figaro terminé la centaine,
Qu'il voloit à Tarare; et pourtant ce vainqueur,
Dans l'orgueil du triomphe étoit morne et rêveur.
Je ne sais quel chagrin, le couvrant de son ombre,
Lui donnoit, sur son char, un maintien bas et sombre.
Ses *vertueux amis* (1), sottement affligés,
Copioient son allure, autour de lui rangés.
Sa main sur *Sabathier* (2) laissoit flotter les rênes ;
Il filoit un discours (3) tout rempli de ses peines ;
Les *Sepher*, les *Gudin* (4), qu'on voyoit autrefois,
Fanatiques ardens, obéir à sa voix,
L'œil louche maintenant, et l'oreille baissée,
Sembloient se conformer à sa triste pensée.
Un effroyable cri, sorti du sein des *eaux* (5),
Des *Perrier* tout-à-coup a troublé le repos ;
Et du fond du Marais une voix formidable
Se mêle éloquemment à l'écrit redoutable (6).
Jusqu'au fond de nos cœurs notre sang s'est glacé ;

(1) Expression qu'on trouve communément dans les écrits de Beaumarchais, et qui lui attira une épigramme sanglante. Un plaisant s'écria, en lisant cette apostrophe continuelle à ses vertueux amis : *Cela a dû faire un grand mouvement à Bicêtre.*

(2) Beaumarchais s'appuyant sur l'abbé Sabathier à la répétition de TARARE.

(3) Expression qu'on trouve dans le mémoire contre Kornmann : *Filer des phrases et tricoter des mots.*

(4) Gudin a consigné un éloge de Beaumarchais dans le Journal de Paris.

(5) Premier écrit sur les eaux de Paris.

(6) Réplique du comte de Mirabeau.

Des badauds attentifs le crin s'est hérissé.
Cependant sur le dos d'un avocat terrible (1),
S'élève avec fracas un mémoire invincible :
Le volume s'approche, et vomit à nos yeux,
Parmi de noirs flots d'encre, un monstre furieux (2) :
Son front large est couvert de cornes flétrissantes ;
Tout son corps est armé de phrases menaçantes :
Indomptable allemand, banquier impétueux,
Son style se recourbe en replis tortueux ;
Ses longs raisonnemens font trembler le complice ;
Sa main, avec horreur, va démasquer le vice.
Le Châtelet s'émeut ; Paris est infecté,
Et tout le Parlement recule épouvanté.
On fuit, et, sans s'armer d'un courage inutile,
Dans les cafés voisins chacun cherche un asile.
Pierre Augustin, lui seul, protecteur de Nassau (3),
Harangue la cabale, et saisit ses pinceaux ;
Pousse au monstre un pamphlet *vibré* d'une main sûre (4),
Et que, dans quatre nuits, trama son imposture (5).
De dégoût et d'horreur le monstre pâlissant,
Autour de Beaumarchais se roule en mugissant :
Il bâille, et lui présente une gueule enflammée,
Qui le couvre à la fois de boue et de fumée.
La peur nous saisit tous ; pour la première fois,
On vit pleurer *Cubière*, et rougir *S.....* (6) :

---

(1) Bergasse.

(2) K. ....

(3) Beaumarchais, dans un de ses écrits, sembloit offrir son amitié au prince de Nassau.

(4) Dans la préface de Figaro, l'auteur dit qu'au seul nom de Conti on sent vibrer le vieux mot patrie. Un mauvais plaisant répondit, dans le temps, qu'au nom de Beaumarchais on entendoit vibrer les fouets de Saint-Lazare.

(5) Beaumarchais avoua qu'il n'avoit employé que quatre nuits à faire ce mémoire.

(6) On prétend que le premier rioit toujours, et que le second n'a jamais rougi.

En calembourgs forcés leur maître se consume;
Ils n'attendent plus rien de sa pesante plume.
On dit qu'on a vu même, en ce désordre affreux,
Lenoir (1), qui d'espions garnissoit tous les lieux.
Soudain vers l'Opéra l'effroi nous précipite :
On nous suit; nous entrons: mon maître, mis en fuite,
Voit voler en lambeaux *Tarare* fracassé (2);
Dans les rênes lui-même il tombe embarrassé.
Excusez ma longueur : cette scène cruelle
Sera pour moi d'ennuis une source éternelle.
J'ai vu, messieurs, j'ai vu ce maître si chéri,
Traîné par un exempt que sa main a nourri (3).
Il veut le conjurer, mais l'exempt est de glace :
Ils montent dans un char qui s'offre sur la place.
De nos cris glapissans le quartier retentit;
Le fiacre impétueux enfin se ralentit :
Il s'arrête non loin de cet hôtel antique
Où de Vincent de Paule est la froide relique (4).
J'y cours en soupirant, et la garde me suit;
D'un peuple d'étourneaux la file me conduit :
Le faubourg en est plein; cent bouches dégoûtantes
Content de Beaumarchais les détresses sanglantes.
J'arrive, je l'appelle; et, me tendant la main,
Il ouvre le guichet, qu'il referme soudain :
« Le Roi, dit-il alors, me jette à Saint-Lazare;
« Prenez soin, entre vous, du malheureux *Tarare :*
« Cher ami, si le prince, un jour plus indulgent,
« Veut bien, de cet affront me payer en argent,
D'avance il peut compter sur ma reconnoissance;

(1) Lieutenant de police.

(2) A la dernière répétition de TARARE, Beaumarchais, troublé
par un concert de sifflets, dit que le cinquième acte de son opéra
n'étoit pas fait. Il lisoit, depuis trois ou quatre ans, de maison en
maison, cet opéra, pour lequel on fit 200,000 livres de dépenses.

(3) L'exempt qui l'arrêta dînoit tous les jours chez lui. Exemple
sublime de dévouement et de reconnoissance!

(4) Saint-Lazare.

« Pour me faire oublier quelques jours d'abstinence,
« Qu'il me rende.... » A ces mots, le héros contristé,
Sans couleur et sans voix, dans sa cage est resté;
Triste objet où des rois triomphe la justice,
Mais qu'on n'auroit pas dû traiter comme un novice.

Les malins, ou plutôt les méchans, auteurs de cette parodie, firent encore une autre pièce beaucoup plus mordante contre Beaumarchais, et toujours au sujet de cette détention à Saint-Lazare. C'est une confession générale, où le vers d'Hippolyte

Le jour n'est pas plus pur, etc.

est ainsi parodié :

L'enfer n'est pas plus noir que le fond de mon cœur.

Cette confession entièrement écrite dans ce genre, prouve quelle étoit l'animosité des ennemis de Beaumarchais contre sa personne.

DES VERS PROTÉES.

Ce sont des vers qui, par la transposition des mots, peuvent se tourner de mille manières différentes, sans changer le sens, surtout si l'on peut y introduire des mots composés de peu de syllabes.

Tout le monde connoît le vers :

Tot tibi sunt dotes, Virgo, quot sidera cœlo.

On prétend qu'il peut se tourner de 300 manières différentes, par exemple :

Quot tibi sunt dotes, cœlo tot sidera, Virgo.
Sidera tot cœlo, Virgo, sunt, quot tibi dotes.

Sunt dotes tibi, Virgo, tot quot sidera cœlo.
Tot cœlo sunt sidera, quot dotes tibi, Virgo.
Virgo, tot dotes tibi sunt, quot sidera cœlo.
Etc., etc., etc., etc.

Mais si le vers n'est presque composé que de monosyllabes, alors les différentes manières de le tourner deviennent innombrables ; nous citerons pour
exemple le vers suivant qu'on peut appliquer à dix
personnes différentes ; les neuf premiers pourront
se tourner, dit-on, de sept cent vingt-cinq mille
sept cent soixante manières et le dixième en trente-
neuf millions neuf cent seize mille huit cents façons.

1º. Ad Stultum.

Cor, vox, dens, frons, ren, splen, pes, lux sunt tibi, deest mens.

2º. Ad Cæcum.

Mens, cor, vox, dens, frons, ren, splen, pes sunt tibi, deest lux.

3º. Ad Claudum.

Lux, mens, cor, vox, dens, frons, ren, splen sunt tibi, deest pes.

4º. Ad Tristem.

Pes, lux, mens, cor, vox, dens, frons, ren sunt tibi, deest splen.

5º. Ad Infacundum.

Splen, pes, lux, mens, cor, vox, dens, frons sunt tibi, deest ren.

6º. Ad Inverecundum.

Ren, splen, pes, lux, mens, cor, vox, dens sunt tibi, deest frons.

7º. Ad Mitem.

Frons, ren, splen, pes, lux, mens, cor, vox sunt tibi, deest dens.

8º. Ad Mutum seu Taciturnum.

Dens, frons, ren, splen, pes, lux, mens, cor sunt tibi, deest vox.

9º. Ad Timidum.

Vox, dens, frons, ren, splen, pes, lux, mens sunt tibi, deest cor.

10º. De Perfecto.

Cor, vox, dens, frons, ren, splen, lux, mens, pes, vola, crus huic.

DES VERS RAPPORTÉS.

On appelle vers rapportés, ceux qui, mis en distiques, sont tellement arrangés, que les mots du premier vers se rapportent pour la pensée, et dans l'ordre où ils se trouvent, aux mots du second vers ;
par exemple :

Hircus, cum pueris puer unus, sponsa, maritus,
    Cultello, lymphâ, fune, dolore cadunt.

Le distique suivant peut encore être cité ; c'est
une espèce d'épitaphe de Virgile, faite par un auteur inconnu, et dans laquelle sont énoncés les trois
genres de poésie du cygne de Mantoue :

Pastor, arator, eques, pavi, colui, superavi,
    Capras, rus, hostes, fronde, ligone, manu.

Tabourot a essayé des vers rapportés, en français,
qui sont bien foibles :

Ta beauté, ta vertu, ton esprit, ton maintien,
Esblouit et deffait, assoupit et r'enflame
Par ses rais, par penser, par crainte, pour un rien,
Mes deux yeux, mon amour, mes desseins et mon ame.

Citons un dernier exemple que nous fournit un
Vésulien, nommé Pierre Durand, qui existoit en
1592 :

Bellator, sapiens, justus : porto, lego, condo,
Arma, libros, leges : Cæsar, Apollo, Numa.

DES VERS RHOPALIQUES.

Ce sont des vers dont la dénomination provient du grec *rhopalon*, massue. Ils ont été ainsi nommés, parce que les mots allant en augmentant de syllabes, (le premier est un monosyllabe, le second est composé de deux syllabes, le troisième de trois, etc.), ont quelque rapport avec une massue, dont l'une des extrémités est très petite, et l'autre est beaucoup plus grosse. Voici un exemple de ce genre de poésie ; on a eu tort de l'attribuer à Ausone.

> Spes Deus, æternæ stationis conciliator,
> Si castis precibus veniales invigilamus,
> His pater oratis placabilis adstipulare.

Ces vers s'appellent encore vers croissans ; on en connoît aussi des décroissans, tels que celui-ci :

> Vectigalibus armamenta referre jubet rex.

On trouvera plusieurs exemples de vers croissans, dans les *Bigarrures* de Tabourot.

Lamonnoye parle des vers rhopaliques dans le *Menagiana* ; il s'en exprime ainsi : « Jules Scaliger, c. 28 du L. II de sa Poétique, dit que ces sortes de vers ont été nommés euryaliques par quelques-uns, désignant par là, Servius, à la fin de son *Centimetrum*, où apparemment il avoit lu *Euryalicus versus*. Vinet a lu dans son exemplaire *Eurypalicus*; Putschius a fait imprimer *Rhopalicus*, et cette leçon seroit préférable à toute autre, si elle étoit fondée sur un manuscrit ; au défaut de quoi celle de Despautère, qui porte *Euryphallicus*, peut fort bien

être retenue ; l'idée que donne le mot *Euryphallicus*,
composé d'*Eurus* et de *Phallos* (que nous ne tra-
duirons pas), ne revenant pas mal à celle de *Rhopalicus*. Il est surprenant que Turnèbe et Vinet
aient cru que les vers rhopaliques, attribués à Ausone, soient de lui. Joseph Scaliger a eu raison de
les rejeter. »

Ne pourroit-on pas aussi regarder, comme des espèces de vers rhopaliques, mais d'un autre genre ,
ceux qu'on nomme vers pyramidaux ? Ce sont des
vers disposés de manière que le premier est un monosyllabe, le second a deux syllabes, le troisième
trois, etc. ; de sorte que dans cette poésie-ci, les
vers suivent chacun le même accroissement que les
mots employés dans les vrais rhopaliques dont nous
parlons en tête de cet article. Veut-on un exemple
des vers pyramidaux croissans et décroissans? On le
trouve dans les *Losanges* de Panard ; ils sont assez
curieux, et je vais les rapporter ici.

Tes
Attraits,
Pour jamais,
Belle Elmire,
M'ont su réduire
Sous ton doux empire :
Content quand je te voi,
Mon ardeur pour toi
Est   extrême.
De   même
Aime
Moi.

Les
Sonnets
Les mieux faits
Sont chimère :
Que font-ils faire ?
De l'eau toute claire.
Que sont tant de nigauds
Dans leurs madrigaux
Pour Céphise ,
Bélise ,
Lise ?
Sots.

Tous
Jaloux
Sont des fous
Que je blâme :
Fi d'une flamme
Qui nous ronge l'ame !
Fais , mon cher , comme moi.
Pour braver la loi
D'une amante
Changeante ,
Chante ,
Boi.

Tôt
Cataut
Il me faut
Du Tonnerre ;
Vîte , ma chère ,
Remplis-en mon verre :
Fais-moi du bois tortu
Goûter la vertu ;
Ce commerce
Me berce :
Verse
Dru.

Ajoutons à ces *Losanges*, la *Bouteille* figurée du même Panard ; on sait que la réalité de cet instrument bachique étoit l'objet particulier du culte de cet enfant de la joie.

BOUTEILLE DE PANARD.

Que mon

Flacon

Me semble bon !

Sans lui

L'ennui

Me nuit,

Me suit ;

Je sens

Mes sens

Mourans,

Pesans.

Quand je le tiens,

Dieux ! Que je suis bien !

Que son aspect est agréable !

Que je fais cas de ses divins présens !

C'est de son sein fécond, c'est de ses heureux flancs

Que coule ce nectar si doux , si délectable,

Qui rend tous les esprits, tous les cœurs satisfaits.

Cher objet de mes vœux , tu fais toute ma gloire ;

Tant que mon cœur vivra, de tes charmans bienfaits

Il saura conserver la fidelle mémoire.

Ma muse, à te louer se consacre à jamais.

Tantôt dans un caveau , tantôt sous une treille,

Ma lyre, de ma voix accompagnant le son,

Répétera cent fois cette aimable chanson :

Règne sans fin , ma charmante bouteille ;

Règne sans cesse, mon cher flacon.

Après la *Bouteille*, devoit nécessairement venir le *Verre*; aussi la muse de Panard s'est-elle empressée d'en fabriquer un qui fût le digne accompagnement de la pièce précédente.

VERRE DE PANARD.

Nous ne pouvons rien trouver sur la terre
Qui soit si bon, ni si beau que le verre.
Du tendre amour berceau charmant,
C'est toi, champêtre fougère,
C'est toi qui sers à faire
L'heureux instrument
Où souvent pétille,
Mousse et brille
Le jus qui rend
Gai, riant,
Content.
Quelle douceur
Il porte au cœur !
Tôt,
Tôt,
Tôt;
Qu'on m'en donne,
Qu'on l'entonne;
Tôt,
Tôt,
Tôt,
Qu'on m'en donne,
Vîte et comme il faut :
L'on y voit sur ses flots chéris
Nager l'alégresse et les ris.

On trouve dans le *Caveau moderne,* ou *le Rocher de Cancale, chansonnier de table,* 1806, *in-*18, deux chansons de M. Capelle, calquées sur celles de Panard, que nous venons de citer.

Ces espèces de vers s'appellent *vers figurés.* Ils étoient connus des anciens ; les Grecs et les Latins se sont occupés de ces frivolités. On connoît les *Ailes,* l'*OEuf* et la *Hache* de Simmias de Rhodes, les deux *Autels* de Dosiadas, la *Syrinx* de Théocrite, l'*Autel,* la *Syrinx* et l'*Orgue* de Porphyrius. On trouve dans le *Journal de l'Empire* de 1806, une dissertation sur les vers figurés ; la voici :

« Les *Ailes* sont composées chacune de six plumes, ou de six vers choriambiques, qui diminuent graduellement de mesure, et par conséquent de longueur, selon leur position dans l'aîle, jusqu'au dernier qui n'a que trois syllabes. Simmias a voulu que le sujet de son poëme eût quelque rapport avec sa forme ; il y fait parler le dieu *qui porte des aîles,* l'Amour ; non pas la vulgaire divinité qui naquit de Vénus, mais cet antique Amour que chantent les vieilles cosmogonies, principe créateur et *contemporain du destin.*

« Il doit y avoir plus de mérite dans l'*OEuf;* car il y a plus de difficulté. Chaque bout est formé de très petits vers, qui s'alongent progressivement jusqu'au milieu. Ces vers sont de différens mètres ; et l'auteur qui n'y épargnoit pas sa peine, a choisi les plus embarrassans et les moins ordinaires. Mais ce n'est pas tout : le poëme lu de suite est absurde, inintelligible ;

c'est une énigme sans mot. Il faut, pour trouver une espèce de sens, aller du premier au dernier, du second au pénultième, du troisième à l'anté-pénultième, et ainsi de suite jusqu'aux deux vers du milieu. Un ancien scoliaste, découvert par Saumaise, et publié par M. Brunck, nous a fort heureusement dévoilé ce merveilleux artifice. La figure des vers en a décidé le sujet. C'est un œuf de rossignol dorien, que le poëte offre aux lecteurs. Mercure l'a pris sous les ailes de la mère pour le donner aux hommes. Cette ingénieuse et claire allusion remplit les vingt-deux vers de cette bizarre composition.

« La *Hache* est à deux côtés. Les vers, par leur diminution graduelle, en expriment la figure : comme ceux de l'œuf, il faut les renverser pour les comprendre. C'est le fabricateur du cheval de Troie, Epéus, qui parle. Simmias le suppose traçant une inscription sur sa hache, qu'il consacre à Minerve. Malgré la gêne rigoureuse que le poëte s'étoit imposée, ses vers ne sont pas trop obscurs, et ne manquent même pas d'un certain éclat.

« Les *Autels* de Dosiadas, si pourtant il n'y a pas d'erreur en ce nom, sont construits de vers inégaux ; rien n'y manque, ni le foyer, ni les moulures, ni les bases élargies avec grâce. Les proportions en sont élégantes ; le dessin est excellent, meilleur surtout que la poésie. Les mètres choisis par le poëte architecte, sont difficiles et rares, les expressions énigmatiques et obscures ; et pour surcroît de difficulté, le premier autel, comme l'a remarqué M. de

la Croze, est fait en acrostiche. Ce sont les autels
même qui parlent. Le premier déclare qu'il est un
autel poétique; il n'est jamais rougi par le sang des
victimes; la fumée des parfums ne le noircit jamais;
il n'est formé ni d'or, ni d'argent, ni de corne,
comme celui que Diane construisit autrefois; il est
l'ouvrage des Muses et des Grâces; les poëtes y peuvent venir sacrifier, sans craindre la morsure de ce
serpent affreux que cache un autre autel dressé par
Jason. Il ne faut pas croire que l'original soit en
termes si clairs : je n'ai pas traduit, mais expliqué.

« Cet autel de Jason est figuré par l'autre poëme,
et il ne parle pas avec moins d'éloquence que le
premier. Saumaise, qui apparemment n'entendoit
pas la langue des autels, avoit donné de fort mauvaises explications; mais depuis on a trouvé d'excel-
lentes notes par un certain Manuel Holobolus, grammairien du temps de Michel Paléologue : toutes ces
énigmes y sont nettement éclaircies. Cet Holobolus
n'a fait sans doute que copier de très anciennes
scolies; car le moyen de croire qu'un moine de la
fin de l'Empire eût, sans secours, compris des difficultés que n'avoient pu résoudre Saumaise et Scaliger, les plus savans hommes du siècle le plus savant!

« Quelques personnes font à Théocrite l'honneur
de douter qu'il soit le véritable auteur de la *Syrinx,*
ou flûte de Pan, qu'on trouve parmi ses œuvres :
elles ont peine à croire que ce poëte, d'un goût si
sage et d'un esprit si élégant, ait pu abaisser son ta-

lent à ces jeux puérils. Un tel argument me paroît sans force contre l'autorité des grammairiens et celle des manuscrits. Théocrite d'ailleurs vivoit dans un temps où ces bagatelles étoient fort à la mode ; et il a pu, sans trop compromettre sa muse, sacrifier une fois au goût de son siècle. Dix tuyaux, de deux vers chacun, forment la *Syrinx* ; ils décroissent graduellement, et imitent avec assez d'exactitude la forme de cet antique instrument. Tibulle, sans perdre son temps à en faire le bizarre dessin, l'a peint comme les poëtes doivent peindre :

> Fistula cui semper decrescit arundinis ordo ;
> Nam calamus cerâ jungitur usque minor.

« Le sujet est Théocrite consacrant au dieu Pan sa flûte pastorale. Les expressions les plus rares, les constructions les plus embarrassées, les plus obscures allusions, la mythologie la plus cachée, répandent sur ce poëme d'épaisses ténèbres. Je n'en citerai qu'un exemple. Pour désigner Pénélope, Théocrite l'appelle *la femme de Personne, la mère de Macroptolème.* On sait que dans l'antre du Cyclope, Ulysse se cache avec plus de prudence que d'esprit sous le nom de *Personne* ; et *Macroptolème* est la traduction de *Télémaque.* C'est à peu près ainsi que l'ingénieux auteur du *Richardet,* le prélat Fortiguerra se déguisa sous le nom de *Carteromaco.* Théocrite est, dans ce petit ouvrage, le digne émule de Lycophron, son contemporain.

« Les auteurs de ces sottises vivoient à une époque où la littérature grecque étoit encore très florissante; mais les Romains, dont le caractère et l'esprit eurent toujours plus de grandeur et de dignité, négligèrent long-temps ce mauvais genre; et ce n'est qu'à l'époque de leur entière décadence, que l'on trouve chez eux un poëte occupé de ces misères.

« Publius Optatianus Porphyrius, qui vivoit sous Constantin, a composé un petit volume de poésies bizarrement figurées. Un autel, une syrinx et un orgue s'y font particulièrement remarquer. Ce Porphyrius, que beaucoup de mes lecteurs n'avoient peut-être jamais entendu nommer, mérite bien toute l'obscurité dans laquelle il est aujourd'hui caché. Ce ne fut pas pourtant un personnage tout-à-fait sans importance. Constantin l'appelle *très cher frère*: *fratrem carissimum*; et il occupa deux fois la charge considérable de préfet de la ville. Exilé sur une fausse accusation, il adressa à l'empereur, sous le titre de panégyrique, un recueil de vers tourmentés dans tous les sens, contournés de toutes les manières. Son rappel en fut le prix; et ce n'étoit sûrement pas trop payer la peine inconcevable qu'il avoit dû se donner. Porphyrius, au reste, a de l'esprit, même quelque talent; et je crois qu'il lui en eût beaucoup moins coûté pour être un bon poëte, que pour être si ridicule. Voici quelques vers à sa Muse, qui ne sont ni sans grâce ni sans facilité :

> Suppliciter tamen ire potes Dominumque precari,
>   Squallor et hæ sordes conveniunt miseris.
> Cùm dederit clemens veniam, natumque laremque
>   Reddiderit, comtis ibis et ipsa comis.

« L'*Autel* de Porphyrius est, pour le sens, une

imitation du premier autel de Dosiadas; mais le style en est un peu moins difficile, un peu moins entortillé. Vingt-quatre ïambiques le composent : ils sont tous de six pieds ; et c'est par le nombre des lettres, diminué ou augmenté à propos, que le poëte produit, avec cette égalité dans la mesure des vers, les longueurs inégales dont son architecture a besoin.

« Pour sa *Syrinx*, Porphyrius a choisi par-tout le vers hexamètre; et c'est également par la diminution successive du nombre des lettres, qu'il a obtenu la dégradation des tuyaux. Chaque vers a toujours une lettre de plus que celui qu'il précède : le sens, la propriété des termes, la régularité des constructions, s'accordent mal avec des lois aussi sévères, et cette flûte n'a pas des sons beaucoup plus clairs que celle de Théocrite : mais Théocrite cherchoit l'obscurité; Porphyrius vouloit et n'a pu l'éviter.

« L'*Orgue* est le meilleur poëme de Porphyrius. Sa forme n'est pas tout-à-fait pour nous sans intérêt, puisqu'elle représente l'exacte figure de l'ancien orgue hydraulique; la composition même a de la facilité, malgré la gêne extrême où l'auteur avoit voulu se mettre. Ce poëme, ou plutôt cet orgue, est composé de trois parties, placées les unes sur les autres. L'inférieure a vingt-six vers ïambiques dimètres, tous de dix-huit lettres; elle représente le clavier. La seconde est formée d'un seul hexamètre, écrit transversalement en lettres majuscules : ce vers est censé servir de support aux vingt-six vers ou tuyaux de la troisième partie. Ces tuyaux sont en hexamètres, qui croissent successivement de hauteur, par l'addition d'une lettre à chaque vers : le premier a vingt-cinq lettres :

O si diviso metiri limite Clio.

Le dernier en a cinquante :

Jamque metro et rhythmis præstringere quidquid ubique est.

« Mais ce n'étoit sûrement là qu'un petit orgue, qu'un orgue d'appartement. Les anciens en avoient, où le nombre des tuyaux étoit infiniment plus considérable. Claudien décrivant en vers pompeux et gigantesques un orgue hydraulique, parle *des voix innombrables d'une moisson d'airain,*

Et qui magna levi detrudens murmura tactu,
Innumeras voces segetis moderatus ahenæ,
Intonat erranti digito, penitùsque trabali
Vecte laborantes in carmina concitat undas.

« Dans le moyen âge, Rabanus Maurus, et Abbon, abbé de Fleury, ont imité le genre de Porphyrius. (*Extrait du Journal de l'Empire, novembre* 1806.)

Il existe un petit volume intitulé : *Sylvæ quas vario carminum genere primani scholastici collegii Dolani S. J., in publicâ totius civitatis gratulatione lætitiáque, ex tempore obtulerunt. Dolæ,* 1592, *pet. in-*4.° On y trouve des vers figurés, en grec et en latin, de toutes les espèces ; les uns représentent des aîles, des autels, des œufs, des lunettes; les autres, des cercles, des angles, des triangles, etc. Les acrostiches, les anagrammes y abondent. Ce petit volume a été composé par des Francs-Comtois,

élèves au collége de Dôle; toutes les pièces de vers
sont en l'honneur de M. de Vergy, comte de Cham-
plitte et gouverneur de Franche-Comté. Nous en citerons par la suite quelques-unes que la disposition
des mots rend assez singulières.

DES VERS EN TARANTARA.

Ce sont des vers français de dix syllabes, dont le
repos est après la cinquième. Le fameux Desperriers
a composé une pièce de vers, intitulée : Carême-
prenant, *en tarantara*. Voyez le *Recueil de ses œuvres*, 1544, *in-8°*. Christophe de Barrousso a donné
son *Jardin amoureux*, à Lyon, 1501, *in-8.°*, en
vers de cette mesure. Regnier Desmarêts a composé
une *Épître morale* en tarantara; elle n'est pas fort
harmonieuse, et il étoit impossible qu'elle le fût,
avec une pareille mesure. Cet écrivain se croyoit
l'auteur de cette sorte de vers, sur laquelle voici
notre opinion, prouvée par cette mesure même que
nous employons;

> Disons que ces vers sans nulle cadence,
> Aux gens de bon goût ne plairont jamais;
> Apollon prescrit que les vers en France,
> Très bien cadencés, autrement soient faits.

En voici un second exemple, qui confirme encore
ce que nous venons de dire :

> L'Amour est un Dieu que la terre adore;
> Il fait nos tourmens, il sait les guérir.

Dans un doux repos, heureux qui l'ignore!
Plus heureux cent fois qui peut le servir!

Nous terminons ici notre petite poétique curieuse, et nous souhaitons que tout en amusant un instant par sa bizarrerie les amateurs de ces singularités, elle prouve aux jeunes poëtes combien il est ridicule de s'adonner à un genre futile, de mauvais goût, et qui n'a pour tout mérite que la difficulté vaincue.

CHOIX

DE QUELQUES PIÈCES DE VERS

ASSEZ SINGULIÈRES.

Nous croyons devoir ajouter au recueil précédent quelques vers singuliers ou remarquables, soit par le sujet, soit par la manière dont il est traité.

SUR LES DOUZE CÉSARS
DONT SUÉTONE A ÉCRIT LA VIE.

Cæsareos proceres, in quorum regna, secundis
Consulibus, dudum romana potentia cessit,
Accipe bis senos, sua quemque monosticha signant,
Quorum per plenam seriem Suetonius olim
Nomina, res gestas, vitamque obitumque peregit.

Primus regalem patefecit Julius aulam
Cæsar, et Augusto nomen transcripsit, et arcem.

Privignus post hunc regnat Nero Claudius, à quo
Caius, cognomen Caligæ cui castra dederunt.
Claudius hinc potitur regno. Post quem Nero sævus
Ultimus Æneadum. Post hunc tres, nec tribus annis;
Galba senex, frustra socio confisus inerti :
Mollis Otho, infami per luxum degener ævo :
Nec regno dignus, nec morte Vitellius ut vir.
His decimus, fatoque accitus Vespasianus.
Et Titus imperii felix brevitate. Secutus
Frater quem Calvum dixit sua Roma Neronem.

DESCRIPTION DE L'ITALIE MODERNE,

EN VERS LATINS.

Cette description a été faite au commencement
du dix-septième siècle ; on y voit, en peu de vers,
un petit tableau caractéristique de chaque ville d'I-
talie, à cette époque.

Sancta es sanctorum pretioso sanguine ROMA.
Cingitur urbs VENETUM pelago ditissima nummis.
Inclyta PARTHENOPE gignit comitesque ducesque.
Est MEDIOLANUM jucundum, nobile, magnum.
Excellit studiis jucunda BONONIA cunctis.
SENA tenet portum, mercesque domosque superbas.
Exhaurit loculos FERRARIA ferrea plenos.
VERONA humana dat singula commoda vitæ.
Extollit PADUAM juris studium et medicinæ.
Illustrat SENAS patriæ facundia linguæ.
Maxima pars hominum miseram canit esse CREMONAM.
MANTUA gaudet equis ortu decorata Maronis.
Vina UTINI varias generosa vehuntur ad urbes.
BRIXIA dives opum parcè succurrit egenis.
Italicos versus præfert PAPIA latinis.
Libera LUCA tremit ducibus vicina duobus.
Flent PISÆ amissum dum contemplantur honorem.
Commendant PARMAM, lac, caseus atque butyrum.

Non caret hospitiis perpulchra PLACENTIA charis.
TAURINUM exornant virtus, pietasque fidesque.
Militibus validis studiosa PERUSIA claret.
EMPORIÆ in portis consistit gloria clausis.
Mordicùs urbs MUTINÆ ranas tenet esse salubres.
Contemnunt omnes ANCONÆ mœnia Turcas.
Litibus imponit finem MACERATA Picenis.
Urbs LIVII celebris nimis est proclivis ad arma.
PERGAMUM ab incultâ dictum est ignobile linguâ.
VERCELLÆ lucro non delectantur iniquo.
Spernit mundanas sincera NOVARIA fraudes.
Per multos comites VENCENTIA nutrit egenos.
Omnibus exponit gladios ARETIUM acutos.
Dulcia felicem cingunt vineta CESENNAM.
Civibus humanis decorata est ASTA fidelis.
Fructibus, anseribus, pomis ARIMENIA abundat.
Omnes commendant ficos grossosque PISAURI.
Castaneis, oleo, tritico, PISTORIUM abundat.
Rustica frugales nutrit DERTONA colonos.
Postponit RHEGIUM cornuta animalia porcis.
TARVISIUM exhilarant nitido cum flumine fontes.
Sancta patent cunctis peregrinis claustra VITERBI.
IMOLA divisa est, nocet hæc divisio multis.
URBINUM statuit ducibus clamare valete.
Nota est fictilibus figlina FAVENTIA vasis.
LAUS POMPEIA boves pingues producit ovesque.
SPOLETUM clamat, peregrini, intrate, manete.
NARNIA promittens epulas dabit ova vetusta.
Concilium illustrat sanctum generale TRIDENTUM.
ASSISIUM sancti Francisci corpore gaudet.
FANUM virginibus fertur florere venustis.
Hospitibus COMUM pisces cum carnibus offert.
Divitias studiis quærit SAVONA relictis.

VERÆ RELIGIONIS DESCRIPTIO,
à Joanne Serrano.

Quænam age tam lacero vestita incedis amictu,
Relligio, summi vera patris soboles?

Cur vestis tam vilis? *Opes contemno caducas.*
 Quis liber hic? *Patris lex veneranda mei.*
Cur nudum pectus? *Decet hoc candoris amicam.*
 Cur iunixa cruci? *Crux mihi grata quies.*
Cur alata? *Homines doceo super astra volare.*
 Cur radians? *Mentis discutio tenebras.*
Quid docet hoc frenum? *Mentis cohibere furores.*
 Cur tibi mors premitur? *Mors quia mortis ego.*

VERS TECHNIQUES

SUR LES LIVRES DE L'ANCIEN TESTAMENT.

Gignit, abit, sacrat, numerat, legemque reponit,
Post Josue, Judex, Ruth, Reges, Paralipomen :
Esdras, Tobias, Judith recolantur, et Esther :
Job, David, Salomon, nati sapientia Syrac
Ecclesi . . . .
Isaiam, Jeremiam, Baruch, Ezechielem
Subsequitur Daniel : bis senos junge minores,
Osee, Joël, Amos, Abdias, mersus Ionas,
Sophonias, Nahum, Habacuc, Sophonias ; Aggæ,
Zachariæ subsint Malachias et Machabæi.

SUR LES LIVRES DU NOUVEAU TESTAMENT.

Mathæo, Marco, Lucæ, castóque Joanni
Nuntia fausta dato : ast actus decernito Lucæ.
Unica Romanis, Galatis quoque, bina Corinthis ;
Ephesiis, Philipp., Colossis unica queisvis :
Thessaloni duplex et duplex Timothæo adsit.
Tito, Philemoni, Hebræis sit propria cuique.
Jacobo una, Petro duplex, triplexque Joanni.
Unica Judæ . . . .
Principium Genesis, finis datur Apocalypsis.

VERS SUR LES COMMANDEMENS DE DIEU.

Unum cole Deum : nec jures vana per ipsum :
Sabbata sanctifices : habeas in honore parentes :
Non sis occisor : mœchus : fur : testis iniquus ;
Alterius nuptam, nec rem cupias alienam.

LES CIRCONSTANCES DU PÉCHÉ.

Quis, quid, ubi, quibus auxiliis, cur, quomodo, quando.

Ce vers a été traduit en français, par un sieur Magnon, sans doute plus religieux que poëte, qui y a joint les développemens ainsi qu'il suit :

Qui, quoi, par qui, combien, où, pourquoi, comment, quand :
Ainsi chaque degré rend le crime plus grand.
Qui, marque la personne et quelle est sa puissance,
Tant celle du pécheur que celle qu'on offense.
Par qui, dit l'instrument; *quoi* regarde le fait ;
Combien, dit la rechute; *où* le lieu du forfait.
Comment, dit la manière ; et *pourquoi,* dit la cause ;
Et *quand* dit en quel temps le crime se propose.

Cette pièce est extraite des *Heures du Chrétien divisées en trois journées; le tout traduit fidellement en vers et en prose par le sieur Magnon.* Paris, 1654, *in-*8.°

ATTRIBUTS DES CLOCHES.

C'est l'une d'elles qui parle :

Laudo Deum verum, populum voco, congrego clerum,
Defunctos ploro, fugo fulmina (1), festa decoro.

ÉPITAPHE DE SAINT BERNARD.

Dans cette ancienne et bizarre épitaphe, on a joué

---

(1) C'est un ancien préjugé. Il est reconnu depuis long-temps que le son des cloches pendant les orages est très dangereux. Un savant allemand a prouvé dans une dissertation en 1785, que dans l'espace de 33 ans, le tonnerre est tombé sur 386 clochers où l'on sonnoit, et que 121 sonneurs ont été tués, et plusieurs blessés. Voyez à ce sujet notre *Essai chronologique sur les hivers rigoureux et sur les effets les plus singuliers de la foudre.* Paris, Renouard, 1821, 1 *vol. in-*8°, pag. 170, 175, etc. etc. etc.

sur le mot Clairvaux (*clara vallis*) et particulièrement sur *clarus*.

Claræ sunt valles, sed claris vallibus abbas
    Clarior his clarum nomen in orbe dedit.
Clarus avis, clarus meritis et clarus honore,
    Clarus et ingenio, relligione magis.
Mors est clara, cinis clarus, clarumque sepulcrum;
    Clarior exultat spiritus antè Deum.

LE VERGER POÉTIQUE.

Cette pièce de vers a été faite en 1592, par un
écolier Franc-Comtois, de 12 ans, en l'honneur du
comté de Vergy qui portoit trois roses d'or dans ses
armoiries. Elle offre cette singularité, que la première et la dernière syllabe de chaque vers, étant
réunies, expriment une fleur ou un fruit.

Versus Senarii iambici.

FLO-rentem ad hortum Threïcia resonet ly-RA,
Ro-sæque odores sequanæ jactent ca-SÆ :
Po-tentia ecce gentis halat balsa-MUM,
VI-cosque doctæ recreat multùm D-OLÆ.
PY-thie, fer alto digna Parnasso met-RA.
LI-gustra spirent sequana, ac præmol-LIA
NAR-da, et colorem lilia dantia candi-DUM :
MYR-rhas Arabiæ Vergio ex horto eru-TA
CE-lebrior rosa superat, nubes ce-DRUS
LAU-data, cœli vincit ardua supe-RI
PUR-o rosa auro splendida, jacet pur-PURA,
PAL-lent olivæ; cecropia cedunt thy-MA
CRO-ceique olympi ubi hortus est Vergæa-CUS.

On trouve dans les premières et dernières syllabes
réunies, de chaque vers :

Flora, rosæ, pomum, violæ, pyra, lilia, nardum,
    Myrta, cedrus, lauri, purpura, palma, crocus.

LE FESTIN POÉTIQUE.

Cette pièce-ci est faite par un nommé Terrey, Vésulien, âgé de 15 ans, élève au collége de Dôle, en 1592. C'est toujours à M. de Vergy, que s'adressent ces vers :

Vɪ-rtutes natura omnes in te intulit u-ɴᴜᴍ
   Cᴀ-llida, mœonio dux celebrande met-ʀo.
Pᴀɴ-chæo fument altaria thure quotann-ɪꜱ ;
   Dɪꜱ-jecit patriæ bella parata de-cᴜꜱ.
Uɴᴅ-ique burgundo cœlo fugere molest-ᴀ
   Nᴜ-bila, jamque suos cernit ad astra du-cᴇꜱ.
ᴀ-lma voca superûm, Burgundia, numina sup-ʟᴇx,
   Vᴇʀ tibi tam optatum posse vigere di-ᴜ.
Pʟᴀc-ata latè pax est tellure ret-ᴇɴᴛᴀ,
   Scʀɪʙ-et te varia doctus in arte ʟɪᴛᴀ.
Mᴇɴꜱ tua palladia mage nil exhalat oliv-ᴀ,
   Pᴇʀɴ-iciem charæ qua reprimes patri-ᴢ.

Les mots coupés par ces vers, sont :

Vinum, caro, panis, discus, unda, nuces, alex, veru, placenta, scriblita, mensa, pernœ.

J'avoue que ces deux pièces de vers sont des jeux de mots; mais trouveroit-on maintenant beaucoup d'élèves, de douze à quinze ans, qui en fissent autant?

———

EPIGRAMMA

Ex cujus versibus singulis singula sumpta vocabula à primo ad ultimum versum efficiunt, ut observatis interpunctionibus, sit facile sensum percipere. Auctore Petro Boytouseto Dolano, anno ætat. 15ᵐᵒ :

| Salve | munimen | turmarum | regie, | splendor, |
| Solamen | populi, | omnipotens | tutela | Gradivi, |

Mavortis	præses,	pax	optatissima,	claræ
Gloria	virtutis,	princeps,	lumen	pietatis,
Fortis	amator	relligionis,	amoris	imago.

Sic innectuntur, ità ut resumptà eodem pacto singula vocabula, eosdem versus diverso ordine tamen referant.

Salve	solamen,	Mavortis	gloria	fortis,
Munimen	populi,	præses,	virtutis	amator.
Turmarum	omnipotens	pax,	princeps	relligionis
Regie,	tutela	optatissima,	lumen	amoris,
Splendor	Gradivi,	claræ	pietatis	imago.

Aliud ejusdem generis longè laboriosius, ut diverso versui et sensui eadem verba inserviant. Auctore Francisco Othenino Jusseïano, an. æt. 16mo :

In D. Vergœum.

Mars abit	armipotens	Vergæo	principe	victus :
Armipotens	ditat nos	Pallas	divite	pace :
Vergæo	Pallas	stat	regnatore,	fugit Mars ;
Principe	divite	regnatore,	nitentior	est sol :
Victus	pace	fugit Mars,	est sol	Vergius orbe.

OPES.

Propter opes acquirendas mala plurima fiunt.
  Et bona deficiunt plurima propter opes ;
Propter opes se mercator dat mille periclis ;
  Exponitque mari se, sua, propter opes.
Propter opes vetulo fit sponsa puella marito,
  Ducit anum juvenis vir quoque propter opes.
Propter opes quandoque volens vir cornua sumit ;
  Sæpè dat invito fœmina propter opes.
Propter opes tolli patitur sibi virgo pudorem,
  Floreque fit demto publica propter opes.
Propter opes quæruntur opes, opulentia crescit ;
  Crescit avarities sordida propter opes.
Propter opes, quæcunque prius promissa negantur,

Et data dicuntur non data propter opes.
Propter opes spes sæpè ruit , vota irrita fiunt ;
    Summaque ad ima ruunt omnia propter opes.
Propter opes medicus sæpè haud bona pharmaca scribit :
    Æger et hæc renuit sumere propter opes.
Propter opes etiam carissima pharmaca fiunt,
    Quæ nequeunt inopes sumere propter opes.
Propter opes inopes medicos accedere nolunt,
    Auxiliumque negant hi quoque propter opes.
Propter opes lites injustæ , injustaque dantur
    Judicia injusto à judice propter opes.
Propter opes , ditumque domos inopumque pererrant ,
    Et cupiunt fures omnia propter opes.
Propter opes passim sunt prælia, bella, rapinæ ,
    Pacis iniqua etiam fœdera propter opes.
Propter opes quid non patitur miserabile mundus ?
    Proditur arx , urbes, regnaque propter opes.
Propter opes nunquid Christum vendebat Iudas,
    Et crepuit pendens arbore propter opes.
Propter opes homines animam cum corpore perdunt,
    Sic perduntur opes , cunctaque propter opes.

ÉTYMOLOGIE D'*HONOR*.

Divitias et opes HON lingua hebraica vocat ;
    Gallica gens aurum OR , indeque venit HONOR.

TRES STUDENDI MODI PARUM UTILES.

Non benè fit studium quodcunque fit antè fenestram ,
    Nec valet in lecto , nec valet ante focum.
Flamma nocet libris : studium impedit antè fenestram
    Visa Venus : somnum lectus inire monet :
Ergò relinque focum , lectum simul atque fenestram ;
    Major et è studiis sic tibi messis erit.

SUR LE TRAVAIL.

Nunc lege, nunc ora , nunc cum fervore labora ;
    Sic erit hora brevis , sic labor ille levis.

AUTRE.

Non jacet in molli veneranda scientia lecto,
Illa sed assiduo parta labore venit.

SUR UN CHEVAL QUI ÉTOIT ENTRÉ DANS UNE CLASSE.

Quid miraris equum nostras intrasse palæstras ?
Quò veniunt asini , nonne veniret equus ?

SUR LES ANCIENS COLLÉGES
De l'Arc à Dôle en Franche-Comté, et de la Flèche en Anjou.

Arcum Dola dedit patribus , dedit almà sagittam
Gallia ; quis funem quem meruêre dabit ?

On prétend que le malin élève qui fit ces deux
vers pour une composition dont le sujet étoit de célébrer la munificence de la ville de Dôle et celle de Henri
IV, se nommoit DABO, et qu'ayant signé son distique, il eut la première place pour son talent et le
fouet pour sa malice.

Il en fut de même d'un autre élève qui ayant pour
sujet de composition le proverbe, *Après la pluie vient
le beau temps,* rendit sa pensée par le vers suivant :

Jupiter ut vidit Junonem mingere risit.

LE BIBLIOPHILE.

Salvete, aureoli mei libelli ,
Meæ deliciæ , mei lepores :
Quam vos sæpe oculis juvat videre,
Et tritos manibus tenere nostris !
Tot vos eximii , tot eruditi,
Prisci lumina sæculi et recentis,
Confecere viri , suasque vobis
Ausi credere lucubrationes ,
Et sperare decus perenne scriptis ;
Neque hæc irrita spes fefellit illos.

IN HOMERUM.

Septem urbes certant de stirpe insignis Homeri :
Smyrna, Rhodus, Colophon, Salamin, Chios, Argos, Athenæ.

I. ÉNIGME.

Je suis un mot léger formé des cinq voyelles;
Un S est le seul nœud qui les unit entre elles.

II. ÉNIGME.

Dic quibus in verbis, et eris mihi magnus Apollo,
Ingeminata sonat vicibus S littera septem?

III. CHARADE.

Sume caput, curram; ventrem conjunge, volabo ;
    Adde pedes, comedes ; et sine ventre bibes.

IV. CHARADE.

Quem mea præteritis habuerunt mœnia sæclis
Vatem, si vertas, hoc modo nomen habent.

V. LOGOGRIPHE.

Cortice sub gelido reserant mea viscera flammam.
A capite ad calcem resecare ex ordine membra
Si libeat, varias assumam ex ordine formas :
Spissa 'viatori jam nunc protenditur umbra ;
Nunc defendo bonos et amo terrere nocentes ;
Mox intrare veto ; sum denus denique et unus.
Unica si desit mihi cauda, silere jubebo.
             DE LA CONDAMINE.

VI. ENIGME.

Mitto tibi navem puppi proràque carentem (1).

LES SIGNES DU ZODIAQUE.

Sunt aries, taurus, gemini, cancer, leo, virgo,
Libraque, scorpius, arcitenens, caper, amphora, pisces.

---

(1) Voyez les mots des Énigmes à la fin de la POÉTIQUE
CURIEUSE, pag. 176.

SUR LA LUNE.

Pallida luna pluit, rubicunda flat, alba serenat.

AUTRE.

Cornua crescentis lunæ vertuntur ad ortum :
Si sit decrescens, occasum cornua cernunt.

SUR LES QUATRE SAISONS.

Æternos menses, et tempora quatuor anni
Quatuor ista tibi subjecta monosticha dicent ;
Martius, Aprilis, Maius, sunt tempora veris ;
Julius, Augustus, nec non et Junius æstas ;
Septembri, Octobri, autumnus, totoque Novembri ;
Brumales Janus, Februarius atque December.

SUR LES MOIS DE L'ANNÉE.

Pocula Janus amat; Februarius algeo clamat ;
Martius arva fodit ; sed florida pandit Aprilis;
Ros et flos nemorum Maio sunt fomes amorum ;
Dat Junius fœnum ; Julio resecatur avena ;
Augustus spicas, September colligit uvas;
Seminat October ; spoliat virgulta November ;
Quærit habere cibum porcos mactando December.

TALENS DES DIFFÉRENTES NATIONS.

Divisæ ingeniis patriæ : Germania fabros ,
   Jurisconsultos Gallia nostra dedit ,
Theologos genitrix nutrixque Hispania servat,
   Pingere Roma docet, Græcia disserere.

GOUTS DE QUELQUES PEUPLES.

Parca manus Belgis, Anglisque superbia regnat,
   Germanis Bacchus, fronsque proterva Lechis.
Gens est Sueca rapax , vindictæ Romula servit ;
   Hispanus gravis est , Gallia mente levis,

AUTREMENT.

Divitiæ Belgis, Anglis audacia summa est.

Germanis animus, libera mensaque Lechis.
Pugnaces dicant Suecos, Romamque sagacem;
Prudens Hispanus, Gallia fortis erit.

LES MÉTAMORPHOSES DE JUPITER.

Taurus, olor, satyrus fit et aurum Jupiter, ardens
    Europen, Læden, Antiopen, Danaen.

LES TRAVAUX D'HERCULE.

Prima Cleonæi tolerata ærumna leonis.
Proxima Lerneam ferro et face contudit hydram.
Mox Erymantheum vis tertia perculit aprum.
Æripedis quarto tulit aurea cornua cervi.
Stymphalides pepulit volucres discrimine quinto.
Threïciam sexto spoliavit amazona balteo.
Septima in Augeis stabulis impensa laboris.
Octava expulso numeratur adorea tauro.
In diomedeis victoria nona quadrigís.
Geryone extincto, decimam dat Iberia palmam.
Undecimum mala Hesperidum tribuere triumphum.
Cerberus extremi suprema est meta laboris.

VERS DE CICÉRON (1).

Sic Jovis altisoni subito pinnata satelles,
Arboris è trunco, serpentis saucia morsu;

---

(1) Ces vers qui faisoient partie d'un poëme que Cicéron avoit composé en l'honneur de son compatriote Marius, et qui est perdu, annoncent que cet orateur étoit plus familiarisé avec la poésie, que ne le donneroit à penser son vers ridicule :

O fortunatam natam me Consule Romam!

D'ailleurs il avoit composé plusieurs autres poëmes outre sa traduction des *Phénomènes d'Aratus*; et Plutarque dit qu'il fut le meilleur poëte de son temps; il est vrai qu'Horace et Virgile n'avoient pas encore paru. On voit que Voltaire a très heureusement traduit les vers que nous citons.

Ipsa feris subigit transfigens unguibus anguem
Semianimum, et varia graviter cervice micantem;
Quem se intorquentem lanians rostroque cruentans,
Jam satiata animos; jam duros ulta dolores,
Abjicit efflantem, et laceratum affligit in undas;
Seque obitu a solis nitidos convertit ad ortus.

TRADUCTION PAR VOLTAIRE.

Tel on voit cet oiseau qui porte le tonnerre,
Blessé par un serpent élancé de la terre :
Il s'envole, il entraîne au séjour azuré
L'ennemi tortueux dont il est entouré.
Le sang tombe des airs. Il déchire, il dévore
Le reptile acharné qui le combat encore ;
Il le perce, il le tient sous ses ongles vainqueurs.
Par cent coups redoublés il venge ses douleurs.
Le monstre en expirant se débat, se replie ;
Il exhale en poisons les restes de sa vie ;
Et l'aigle tout sanglant, fier et victorieux,
Le rejette en fureur et plane au haut des cieux.

VIE HEUREUSE DE MARTIAL.

Vitam quæ faciunt beatiorem,
Jucundissime Martialis, hæc sunt :
Res non parta labore, sed relicta ;
Non ingratus ager, focus perennis ;
Lis nunquam, toga rara, mens quieta,
Vires ingenuæ, salubre corpus,
Prudens simplicitas, pares amici,
Convictus facilis, sinè arte mensa,
Nox non ebria, sed soluta curis ;
Non tristis torus, attamen pudicus,
Somnus qui faciat breves tenebras ;
Quod sis, esse velis, nihilque malis,
Summum nec metuas diem, nec optes.

TRADUCTION.

Aimable Jule, écoutez le détail
De ce qui fait le bonheur de la vie :

Fortune honnête, recueillie
Par héritage et sans travail,
Terrain fécond, cuisine bien nourrie
Toujours en feu ; point de procès,
Et fort peu de cérémonie ;
Le corps en santé, l'ame en paix ;
Force et vigueur, mais sans excès ;
Simplicité, franchise avec prudence ;
Bon repas sans magnificence ;
Sommeil sans crainte, sans soucis,
Mais sans ivresse, accourcissant les nuits ;
Vivre content de son partage
Sans y vouloir rien ajouter ;
Prévoir la mort, mais sans la redouter
Ni l'appeler : voilà les biens du sage.

SONNET

Sur ce que peut le génie de l'homme.

Emprisonner le temps dans sa course volante ;
Graver sur le papier l'image de la voix ;
Tirer d'un ver l'éclat et l'ornement des rois ;
Rendre par les couleurs une toile parlante ;

Donner au corps de bronze une ame foudroyante ;
Sur les cordes d'un luth faire parler les doigts ;
Savoir apprivoiser jusqu'aux monstres des bois ;
Brûler avec un verre une ville flottante ;

De la foudre dompter les carreaux rassemblés ;
Lire du firmament les chiffres étoilés ;
Faire un nouveau soleil dans le monde chimique ;

Dompter l'orgueil des flots et pénétrer par-tout ;
Employer dans les airs un nouvel art nautique ;
C'est ce qu'entreprend l'homme, et l'homme en vient à bout.

STANCE.

Où sont tant de superbes rois,
Ces conquérans, maîtres du monde,

Qui de leurs glorieux exploits,
Remplissoient et la terre et l'onde?
La mort les soumet à ses lois;
C'est là que leur grandeur se brise;
Et de leurs titres superflus
Il reste pour toute devise :
  Ils ne sont plus.

AUTRE.

La pompe des héros! Eh, quoi de plus frivole?
La gloire qui les suit après taut de travaux
Se passe en moins de temps que la poudre qui vole
  Du pied de leurs chevaux.

VERS CITÉS PAR MAROT.

Paix engendre prospérité :
De prospérité, vient richesse :
De richesse, orgueil, volupté :
D'orgueil, contention sans cesse :
Contention la guerre addresse :
La guerre engendre povreté :
La povreté, humilité :
D'humilité revient la paix :
Ainsi retournent humains faits.

SUR LE DANUBE.

Déjà nous avons vu le Danube inconstant,
Qui tantôt catholique et tantôt protestant,
  Sert Rome et Luther de son onde,
  Et qui comptant après pour rien
  Le Romain, le Luthérien,
  Finit sa course vagabonde
  Par n'être pas même chrétien.
  Rarement à courir le monde
  On devient plus homme de bien.

SUR LA VANITÉ DU SIÈCLE.

Quid juvat et populis atque urbibus esse potentem ?

Structa quid è Pario marmore celsa domus?
Quid famuli prosunt? quid pondera divitis auri?
Quidquid et è rubris colligit Indus aquis?
Quid Tyrio prosunt saturatæ murice vestes?
Quid clarum ingenio nomen habere juvat?
Nerea quid facie, quid vi superare Milonem?
Si tibi post obitum spes sit adempta poli.

QU'EST-CE QUE L'HOMME?

Sum primùm gradiendi impos, quadrupesque deindè,
Tum bipes, indè tripes, gressus videt ultima meta
Expertem, primus qualem quoque viderat ortus.

RECETTE POUR VIVRE LONG-TEMPS.

Omnibus hæc rectè scribit schola tota Salerni :
Si vis incolumem, si vis te reddere sanum,
Curas tolle graves, irasci crede nocivum.
Parce mero, cœnato parum, non sit tibi vanum
Surgere post epulas; somnum fuge meridianum,
Ne mictum retine, nec comprime fortiter anum;
Hæc bene si serves, tu longo tempore vives.

RECETTE POUR ABRÉGER SES JOURS.

Ancipiti si vis præceps occurrere morti,
Sæpè tibi venas incidito, sæpè lavato.
Sit cibus immodicus, numerosaque pharmaca sume.
Sollicitus vivas, gravibus constringere curis.
Atque vacans studiis, fœtens habitato cubile,
Invidiaque iraque frequens consumere, nullis
Vivito cum sociis, vitam sic perdis et horas.

INSCRIPTION

Pour un amphithéâtre d'anatomie.

Pallida scrutantes solerte cadavera cultro,
Hic mors ipsa docet morti subducere vivos.

En français.

Sur les corps que moissonne une mort homicide,
Esculape en ce lieu forme ses nourrissons;
Dans l'art de nous guérir un cadavre les guide;
La mort contre la mort donne ici des leçons.

VERS TECHNIQUES

Sur les rois de France qui ont porté le nom de Louis.

814. Louis, premier du nom, fut un roi débonnaire. 840 (1)
877. Louis second fut sage, héroïque et clément. 879
879. Louis trois, quoique jeune, étoit brave et prudent. 882
936. Louis quatre eut le sort favorable et contraire. 954
986. Louis cinq fut docile et n'eut point d'adversaire. 987
1108. Louis six, pour l'Eglise, eut un zéle éclatant. 1137
1137. Louis sept, sur les flots fit pâlir le Croissant. 1180
1223. Louis huit eut de Mars le parfait caractère. 1226
1226. Louis neuf fut vaillant, sobre, chaste et pieux. 1270
1316. Louis dix fit punir un ministre odieux (2). 1316
1461. Louis onze fut grave et zélé politique. 1483
1498. Louis douze eut du peuple et le cœur et la voix. 1514
1610. Louis treize fut juste, intègre et magnifique. 1643
1643. Louis quatorze seul vaut tous les autres rois. 1715

1715. Louis quinze long-temps fut l'amour de la France. 1774
1774. Louis seize périt par excès de bonté. 1793
1793. Louis dix-sept martyr mourut dans son enfance. 1795
1795. Louis le Désiré règne par l'équité.

ÉPITAPHE

Du maréchal de Saxe, mort âgé de 55 ans.

Cette épitaphe est en dix vers blancs terminés

---

(1) Le chiffre à gauche, en tête de chaque vers, indique l'époque à laquelle le roi dont il est question est monté sur le trône; le chiffre à droite indique l'époque de sa mort.

(2) Enguerrand de Marigny fut pendu à Montfaucon, gibet que ce ministre avoit fait dresser lui-même, sous Philippe-le-Bel, prédécesseur de Louis X.

chacun par un nombre, et le total de ces différens nombres donne 55.

Son courage l'a fait admirer de chac	1
Il eut des ennemis, mais il triompha	2
Les rois qu'il défendit sont au nombre de	3
Pour Louis son grand cœur se seroit mis en . . .	4
Des victoires par au il gagna plus de	5
Il fut fort comme Hercule et beau comme Tyr . .	6
Pleurez, braves soldats, ce grand homme *hic ja* .	7
Il mourut en novembre et de ce mois le	8
Strasbourg contient son corps en un tombeau tout .	9
Pour tant de *te Deum* (1), pas un *de profun* . . .	10

55

LA POULE AU POT.

On connoît le mot de Henri IV, sur la *poule au pot*.

Quand Louis XVI monta sur le trône, quelqu'un écrivit en gros caractères, au bas de la statue de Henri IV qui étoit sur le Pont-Neuf, RESURREXIT. Le lendemain on y trouva attaché ce distique :

Resurrexit : J'approuve fort ce mot;
Mais pour y croire, il faut la poule au pot.

Deux mois après, on a fait le quatrain suivant, sur le même sujet :

Enfin, la poule au pot sera donc bientôt mise;
On doit du moins le présumer,
Car depuis deux cents ans qu'on nous l'avoit promise,
On n'a cessé de la plumer.

L'épigramme suivante a été faite également au sujet du *Resurrexit*.

Grâce au bon roi qui règne en France,

---

(1) Le maréchal de Saxe étoit protestant.

Nous allons voir la poule au pot!
Et cette poule est la finance
Que plumera le bon Turgot.
Pour cuire cette chair maudite,
Il faut la Grève pour marmite,
Et l'abbé Terrai pour fagot.

EPITAPHE SINGULIÈRE ET ENIGMATIQUE.

Ci-gît le fils, ci-gît la mère,
Ci-gît la fille avec le père,
Ci-gît la sœur, ci-gît le frère,
Ci-gît la femme et le mari;
Et ne sont que trois corps ici.

Explication. Un jeune homme courtisoit une
jeune personne; il se glissa dans sa chambre, pendant une nuit obscure; le hasard voulut que la
mère de ce jeune homme couchât, cette nuit, dans
le lit de la jeune personne. Il résulta de cet abo-
minable inceste une fille que la mère fit élever avec
soin. Le jeune homme qui avoit passé dans les pays
étrangers aussitôt après sa faute, revint au bout de
dix-huit ans, et, à l'insçu de sa mère, épousa celle
qu'il ignoroit être sa fille. Les deux époux étant
morts peu après leur mariage, la mère, qui révéla
cet affreux mystère, demanda à être enterrée auprès
d'eux.

Dans le *Journal des Débats* du 10 janvier 1819,
on lit l'anecdote suivante : « Il s'est fait dernièrement dans le comté de Lancaster deux mariages qui
ont produit une singulière alliance. Un Gentleman
épousa une dame dont peu après le frère épousa la
fille de son mari, née d'un premier lit. Les deux
couples vinrent à avoir chacun un enfant; le premier

une fille, l'autre un garçon. Il arrive par conséquent que cette dame est à la fois mère de son frère, sœur de sa fille, et grand-mère de son neveu; que sa petite fille est nièce de sa sœur, tante de son cousin, et sœur de son oncle; que le jeune homme est frère de ses père et mère, fils de sa sœur, oncle de sa femme, et frère de sa nièce; que sa femme est sœur de ses père et mère, fille de sa sœur, nièce de son mari et tante de sa sœur; que son fils est petit-fils de sa tante, la plus âgée de ces dames, et le cousin de la petite fille, sa tante. »

FERMETÉ DU SAGE.

Si fractus illabatur orbis,
Impavidum ferient ruinæ.

TRADUCTION.

L'univers écroulé tomberoit en éclats,
Le choc de ses débris ne l'ébranleroit pas.

SUR FRANKLIN.

Eripuit cœlo fulmen sceptrumque tyrannis.

TRADUCTION.

Il arracha la foudre au maître du tonnerre,
Et délivra Boston du joug de l'Angleterre.

CONTRE PUFFENDORF.

Multa monenda tacet, multa tacenda monet.

TRADUCTION.

Il tait ce qu'il faut dire, et dit ce qu'il faut taire.

SUR LUCRÈCE ET SUSANNE.

Casta Susanna placet; Lucretia, cede Susannæ:
Tu post, illa mori maluit antè scelus.

Des fureurs de Tarquin, malheureuse victime,
Lucrèce, vante moins ton généreux effort.
    Le crime a précédé ta mort,
    Ta mort eût prévenu le crime.

CARACTÈRE DE LA FEMME.

Flet, ridet, simulat, dat, petit, odit, amat.

SUR UNE FEMME SANS LANGUE.

Non mirum elinguis mulier si verba loquatur ;
Mirum cum linguâ si qua tacere queat.

    Qu'une femme parle sans langue,
    Et fasse même une harangue,
        Je le crois bien;
    Qu'ayant une langue, au contraire,
    Une femme puisse se taire,
        Je n'en crois rien.

EXPLICATION *des lettres* ppppp *qu'une jeune personne à marier*
doit posséder.

Quam sis ducturus teneat P quinque puella :
    Sit Pia, sit Prudens, Pulchra, Pudica, Potens.

De tribus Theodori Bezæ uxoribus.

Tres mihi disparili sunt junctæ ætate puellæ;
    Hæc juveni, illa viro, tertia deindè seni.
Propter opus validis prima est mihi ducta sub annis,
    Altera propter opes, tertia propter opem.

L'épigramme si simple, et qui plaisoit tant à
Boileau :
    Ci-gît ma femme; oh qu'elle est bien
    Pour son repos et pour le mien !

est de Jacques Lorens, magistrat jurisconsulte, et auteur de vingt-six satires publiées en 1646 ; il la fit pour sa propre femme. Lui-même mourut en 1658, âgé de 75 ans.

Les vers suivans de Mécène, sur l'attachement à la vie, nous ont été conservés par Sénèque :

> Debilem facito manu,
> Debilem pede, coxâ ;
> Tuber adstrue gibberum,
> Lubricos quate dentes :
> Vita dùm superest, benè est :
> Hanc mihi, vel acutâ
> Sedeam cruce, sustine.

TRADUCTION.

> Que de tous maux je sois le centre ;
> Que je sois bossu,. dos et ventre ;
> Que je n'aie aucuns membres sains ;
> Que je sois goutteux pieds et mains ;
> Que la tristesse me poursuive ;
> Tout va bien, pourvu que je vive.
> DURYER.

SUR DIDON.

> Infelix Dido, nulli benè nupta marito !
> Hoc pereunte fugis, hoc fugiente peris.

TRADUCTION.

> Pauvre Didon, où t'a réduite
> De tes maris le triste sort !
> L'un en mourant cause ta fuite,
> L'autre en fuyant cause ta mort.

AUTRE TRADUCTION.

> Didon, que tes époux t'ont causé de malheurs !
> L'un périssant, tu fuis ; l'autre fuyant, tu meurs.

SUR UN CHIEN.

Latratu fures excepi, mutus amantes ;
Sic placui Domino, sic placui Dominæ.

Par JOACHIM DUBELLAY.

TRADUCTION.

Rude aux voleurs, doux à l'amant,
J'aboyois ou faisois caresse ;
Ainsi j'ai su diversement
Servir mon maître et ma maîtresse.

Par MALLEVILLE.

SUR LES BALLONS.

Un espace infini nous séparoit des cieux ;
Mais grâce aux Mongolfier, que le génie inspire,
L'aigle de Jupiter a perdu son empire,
Et le foible mortel peut s'approcher des dieux.

VASSELIER.

DISTIQUE

Fait par un ivrogne peu ferme sur ses pieds.

Sta pes, sta mi pes, sta pes, ne labere, mi pes.
Ni steteris, lapides hi mihi lectus erunt.

Ce n'est point Heinsius (1), tout biberon qu'il
étoit, qui a fait ce distique, mais bien Petrus Paga-
nus, autre buveur, professeur en poésie et en his-

-----

(1) Ce bon homme Heinsius disoit avec une simplicité tout-à-fait
hollandaise, qu'il se trouvoit si charmé et si enthousiasmé de la
lecture de Platon, qu'une page de ses ouvrages l'enivroit autant
que s'il avoit avalé dix verres de vin.

Scaliger le père disoit aussi qu'il trouvoit Hérodote un auteur
si charmant, qu'il avoit autant de peine à le quitter que son verre.

Obsopœus, dans son *De arte bibendi, libri tres*, Nuremb. 1536,
in-4°, regrette qu'en Saxe, la nature n'ait pas été assez prodigue
des dons de Bacchus ; car selon lui, les Saxons le méritent : *digna
mero gens.*

toire, à Marbourg au pays de Hesse, mort le 20 mai 1576.

Le père Sirmond disoit qu'il falloit boire cinq coups dans un repas :

Si benè commemini, causæ sunt quinque bibendi;
Hospitis adventus, præsens sitis atque futura,
Et vini bonitas, et quælibet altera causa.

LE BON VIN.

Ut bona vina probes, sapor explorandus odorque,
Et color ostendet, testis eritque calor.

EXPLICATION

Des mots des énigmes et charades citées à la page 162.

I. Enigme; le mot est *oiseau.*

II. Enigme; c'est *dissessisses.*

III. Charade; le mot est *mus-ca-tum.*

IV. Charade; c'est *Roma,* et *Maro* (Virgile).

V. Logogriphe; le mot est *silex* (pierre à feu). Ôtez l's, vous avez *ilex* (chêne vert); ôtez l'i, vous avez *lex* (la loi); ôtez l'l, vous avez *ex,* préposition expulsive; ôtez l'e, vous avez *x* qui exprime en une seule lettre le nombre dix; enfin prenez le mot en entier excepté l'x, vous aurez *sile* qui signifie *faites silence.*

VI. Enigme; c'est le mot *ave* qui provient de *navem* dépourvu de N et de M.

FIN DE LA PETITE POÉTIQUE CURIEUSE.

VARIÉTÉS
EN TOUS GENRES.

~~~~~~

NOTICES
SUR LES EMBLÊMES.

————————

Les notices suivantes sur les emblêmes, les allégories, les attributs et les symboles, sont composées
des extraits de mes lectures, et de ce que m'ont
fourni quelques conversations à ce sujet ; j'ai restreint
ce travail à de simples nomenclatures de la plupart
des emblêmes, parce que des explications détaillées
auroient exigé un volume, et je sais qu'on aime ordinairement à s'en tenir à ce qu'il y a de plus essentiel et de plus amusant dans ce genre ; d'ailleurs, la
plupart des emblêmes que je rapporte s'expliquent
facilement d'eux-mêmes. J'aurois pu ajouter à mes notices quelques détails sur les devises, sur les énigmes et
sur les hiéroglyphes, mais cela m'auroit conduit beaucoup trop loin ; je me suis donc borné aux articles
suivans : Emblêmes tirés 1.º du règne végétal, 2.º du
règne animal, 3.º des couleurs, 4.º de différens objets, 5.º des hommes célèbres, etc. etc. etc. J'y
ajoute les symboles de quelques peuples ; la liste
des animaux, arbres, plantes consacrés aux dieux ;
les attributs des Muses, etc. etc. etc.

12

Je me proposois de terminer ce recueil par la liste bibliographique des auteurs qui ont traité des emblêmes, allégories, etc. ; mais après avoir réuni toutes mes notices sur ce sujet, je me suis aperçu que cela formeroit un volume presque aussi fort que celui-ci. J'ai donc préféré remettre à un autre temps la publication de ces notes. Je me conforme en cela au goût, assez général, de ceux qui aiment *multa paucis*. Les principaux auteurs emblémographiques, sur lesquels j'ai des notes, sont : Artémidore, Horapolle, Jamblique, Pierius Valerianus et Cœlius Curio, Alciat, Schoonhovius, Bocchius, M. Zuerius Boxhornius, Heinsius, Rollenhagius, Jean de Boria, Georges et Joachim Camerarius, Reusner, Hadrianus Junius, Maccius, Cornelius Lepidus, Sambuc, Reiffembergius, Joa. Euseb. Nierembergius, Frideric, Gomberville, Corrozet, Baudoin, Georgette de Montenay, André Mendo, Menestrier, L. Pignorius, Langlois, Caussin, Kircher, Maïer, Warburton, Pincierius, Boissard, Covarruvias, César Ripa, Paradin, Lemoine, Lacombe, Laperriere, Pallavicini, *etc.*, *etc.*, *etc.* Je renvoie à ces différens auteurs ceux qui voudront approfondir la science des emblêmes, allégories, hiéroglyphes, etc., et connoître toutes les définitions que l'on en a données (1).

(1) Nous avions donné ces définitions dans la première édition de cet ouvrage ; comme depuis elles ne nous ont pas paru d'un intérêt proportionné à leur étendue, nous les supprimons, ainsi que les emblêmes tirés des cartes à jouer.

EMBLÊMES

TIRÉS DU RÈGNE VÉGÉTAL.

ABSINTHE *signifie* . . . . Amertume, chagrin.
ACACIA. . . . . Amour platonique.
ACACIA ROSE . . . . Élégance.
ANONIDE. . . . . Douloureux souvenirs.
AMARANTHE . . . . Indifférence, ou bien immorta-
lité.
ANÉMONE. . . . . Persévérance , ou innocente
victime de la jalousie.
AUBÉPINE . . . . Doux espoir , sensations heu-
reuses.
BARBEAU. . . . . Fidélité.
BASILIC. . . . . Souvenirs de l'enfance.
BAUME . . . . Vertu.
BELLE-DE-JOUR. . . . . Coquetterie.
BELLE-DE-NUIT. . . . . Fuir, redouter l'amour, timi-
dité.
BELVÉDER . . . . Je vous déclare la guerre.
BLÉ (*épis de*) . . . . Fertilité.
BLUET . . . . Pureté de sentiment.
BOUQUET DE FEUILLES VERTES . . Espérance.
BOUTON D'OR. . . . . Bienveillance.
BOUTON DE ROSE. . . . . Jeune fille.
BOUTON DE ROSE BLANCHE. . . . Cœur qui ignore l'amour.
BRANCHE-URSINE, ou ACANTHE. . Nœuds indissolubles.
CAPILLAIRE. . . . . Discrétion.
CAPUCINE. . . . . Discrétion.
CHÉLIDOINE. . . . . Premier soupir d'amour.
CHÊNE . . . . Force, longévité.
CHÈVRE-FEUILLE. . . . . Concupiscence, liens d'amour.
CHRYSOCOME. . . . . Vous vous faites attendre.

CITRONELLE . . . . Souvenirs passagers ; plaisan-
. terie.

COQUELICOT . . . . Repos, ou consolation.

COURONNE IMPÉRIALE . . . . Fierté sans douceur.

CYPRÈS . . . . Deuil, douleur, désespoir, re-
grets.

DOUBLE-FEUILLE , (*Ophrys bi-
folia.*) . . . . Consolation.

EGLANTINE. . . . . Amour malheureux.

ÉPINE . . . . Flèche d'amour.

FEUILLE DE BRUYÈRE. . . . . . . Humilité.

FEUILLE DE CHÊNE. . . . . Force.

FLEUR DE LAURIER. . . . . Ardent désir.

FLEUR D'ORANGE . . . . Générosité , magnificence, ou
chasteté.

FLEUR DE LA PASSION . . . . . Douleur cuisante d'amour.

FLEUR DE PÊCHER . . . . Fragilité.

FLEUR DE POMMIER . . . . Repentir.

FRAISIER . . . . Bonté parfaite.

FUMETERRE. . . . . Crainte.

GENET. . . . . Foible espoir.

GENIÈVRE . . . . Défaut.

GERANIUM ROSÉ. . . . . Préférence.

GERANIUM TRISTE . . . . Esprit mélancolique.

GERMANDRÉE. . . . . Plus je vous vois, plus je vous
aime.

GESSE ODORANTE , POIS DE SEN-
TEUR. . . . . .Plaisirs délicats.

GIROFLÉE . . . . Ennui.

GIROFLÉE DES JARDINS. . . . . . Beauté durable.

GIROFLÉE DES MURAILLES . . . . Fidélité au malheur.

GIROFLÉE DE MAHON. . . . . . . Promptitude.

GRANDE MAUVE . . . . Humanité.

GRENADE. . . . . Ambition , union, ou fatuité.

HÉLIOTROPE . . . . Attachement violent , aimer
plus que soi-même.

HÉPATIQUE. . . . . Confiance.

HORTENSIA . . . . Vous êtes froide.

HYACINTHE ou JACINTHE	Amour chagrin, vous m'aimez et vous me donnez la mort; ou jeu.
IMMORTELLE.	Amour sans fin, toujours, éternité.
IRIS.	Inconstance, raccommodement et message.
IRIS ou FLAMBE.	Flamme.
JASMIN BLANC.	Candeur.
JASMIN COMMUN	Amabilité.
JASMIN JAUNE	Première langueur d'amour.
JASMIN D'ESPAGNE	Sensualité.
JONQUILLE	Désirs, jouissance.
LAURIER-AMANDIER.	Perfidie.
LAURIER FRANC.	Triomphe, gloire.
LAURIER ROSE.	Bonté et beauté.
LAVANDE.	Méfiance.
LIERRE.	Ingratitude, attachement, tendresse réciproque.
LILAS.	Première émotion d'amour.
LILAS BLANC.	Jeunesse.
LUPIN	Reconnoissance.
LYS.	Candeur, pureté, grandeur.
MARGUERITE	Patience, tristesse, *ou bien* j'y songerai.
MARGUERITE DOUBLE.	Je partage vos sentimens.
MARJOLAINE.	Tromperie.
MATRICAIRE	Union.
MAUVE.	Douceur.
MOURON	Rendez-vous.
MUGUET	Coquetterie.
MYRTE.	Amour.
MYRTE et ROSES.	Volupté.
NARCISSE.	Stupidité, égoïsme.
ŒILLET	Sentiment.
ŒILLET BLANC.	Pureté de sentimens, talens.
ŒILLET-D'INDE.	Aversion.
ŒILLET MIGNARDÉ.	Enfantillage.

ŒILLET PANACHÉ.	Refus.
ŒILLET DE POETE.	Finesse.
ŒILLET ROUGE.	Amour vif et pur.
OLIVIER.	Paix.
OREILLE D'OURS ou AURICULE. .	On cherche à vous séduire.
PAQUERETTE	Eclat.
PAVOT.	Sommeil.
PENSÉE.	Amusemens ; je partage vos sentimens ; ou vous occupez ma pensée.
PERCE-NEIGE	Courage dans l'adversité.
PERVENCHE.	Amitié pour la vie, ou doux souvenirs.
PETITE MARGUERITE	Innocence.
PETITE SAUGE.	Estime.
PIEDS-D'ALOUETTE	Plaisirs de campagne, ou légèreté.
PIVOINE.	Honte.
PLATANE	Bonheur.
POIDS MUSQUÉS.	Plaisirs délicats.
PRIME-VÈRE.	Espérance, première fleur de jeunesse.
PYRAMIDALE BLEUE.	Constance.
REINE MARGUERITE.	Variété.
RENONCULE	Fierté, impatience, ou vous êtes brillante d'attraits.
RÉSÉDA.	Bonheur d'un instant, on vos qualités surpassent vos charmes.
ROMARIN.	Franchise.
ROSE	Odorat.
ROSE BLANCHE.	Je suis digne de vous ; silence.
ROSES MÊLÉES D'ÉPINES.	Hymen.
ROSE BLANCHE.	Innocence.
ROSE BLANCHE DESSÉCHÉE. . . .	Plutôt mourir que de perdre l'innocence.
ROSE CAPUCINE.	Eclat.
ROSE A CENT FEUILLES	Grâce.

ROSE CARMINÉE.	Fraîcheur.
ROSE DE JARDIN.	Beauté passagère.
ROSE JAUNE.	Infidélité, dédain.
ROSE DE MAI.	Précocité.
ROSE MOUSSEUSE	Amour, volupté.
ROSE MUSQUÉE	Beauté capricieuse.
ROSE EN BOUTON	Cœur qui ignore l'amour.
ROSE OUVERTE	Beauté.
ROSE POMPON.	Gentillesse.
ROSE SAUVAGE.	Simplicité.
ROSE TREMIÈRE	Fécondité.
SAULE	Docilité.
SCABIEUSE	Veuve.
SÉNEVÉ.	Fécondité.
SENSITIVE.	Le toucher, sensibilité secrète et profonde.
SERINGAT.	Passion exclusive, mais chimérique.
SERPOLET.	Etourderie.
SOUCI.	Tourment, jalousie.
SOUCI DES JARDINS	Inquiétude.
SOUCIS SUR LA TÊTE	Noirs chagrins.
SOUCIS SUR LE CŒUR.	Jalousie.
SYRINGA	Amour fraternel.
THYM.	Passion dominante, activité.
TOURNESOL.	Mes yeux ne voient que vous.
TUBÉREUSE	Délicatesse, volupté.
TULIPE.	Orgueil et ingratitude.
VÉRONIQUE.	Fidélité.
VIOLETTE BLANCHE	Candeur.
VIOLETTE DOUBLE	Amitié réciproque.
VIOLETTE SIMPLE.	Modestie, nature, amitié.
ZERUMBETH	Artifice.

Ajoutons à cette nomenclature, l'une des plus nombreuses que l'on connoisse, une petite notice sur les lieux d'où l'on a tiré, dans le principe, quelques-uns des végétaux et des fruits qui servent à la vie, et qui ornent nos tables.

L'Abricot provient	De l'Arménie.
Les Amandes.	De Mauritanie.
L'Ananas	De l'Amérique.
L'Artichaut.	De Sicile ou d'Andalousie.
L'Aveline.	D'Asie.
Le Café.	De l'Arabie et des Antilles.
La Capucine.	Du Mexique et du Pérou.
La Carotte.	De France.
Les Cerises	Du Pont.
La Chataigne.	De Sardes, en Lydie.
Le Chou-blanc	Du Nord.
Le Chou-fleur	De Chypre.
Le Chou-rouge et le Chou-vert.	Des Romains (1).
Le Citron.	De la Médie.
Le Coing	De l'Asie.
L'Echalote	D'Ascalon, ville de Phénicie.
L'Epinard.	De l'Asie mineure.
La Figue.	De la Mésopotamie.
Le Froment.	De l'Asie.
Le Girofle	Des Moluques.
La Grenade.	D'Asie.
Le Haricot	De l'Inde.
La Laitue.	De Cos.
Le Laurier	De Crète.
Le Marronnier sauvage	Des Grandes-Indes.
Le Melon	De l'Orient ou de l'Afrique.
Les Navets.	De France.
Les Noisettes	Du Pont.
La Noix	De l'Asie.
Les Oignons	d'Egypte.
Les Olives.	De Grèce (2).
Les Oranges.	De l'Inde ou de Tyr.

---

(1) Les Romains les avoient reçus des Egyptiens.
(2) Les Phocéens plantèrent l'olivier en Provence.

La Pêche	. . . .	De Perse.
La Persil	. . . .	De Sardaigne.
La Pomme	. . . .	De Neustrie.
La Pomme-de-terre	. . . .	D'Amérique.
La Poire	. . . .	De France.
La Prune	. . . .	De Syrie.
Le Riz	. . . .	De l'Orient.
Le Tabac	. . . .	Du Bresil.
Le Thé	. . . .	De la Chine et du Japon.
Le Topinambour	. . . .	De l'Amérique.

EMBLÊMES

TIRÉS DU RÈGNE ANIMAL.

Abeille.	. . . .	Travail.
Agneau	. . . .	Douceur.
Aigle.	. . . .	Libéralité, génie, élévation d'ame.
Ane	. . . .	Obstination, ignorance.
Anguille.	. . . .	Misanthropie.
Bouc.	. . . .	Luxure.
Castor.	. . . .	Industrie.
Cerf	. . . .	Timidité, crainte, longue vie.
Chat	. . . .	Trahison, antipathie, liberté, indépendance.
Chèvre.	. . . .	Adresse.
Chien.	. . . .	Fidélité, odorat.
Cigogne	. . . .	Piété filiale, gratitude, reconnoissance.
Cochon.	. . . .	Indocilité, égoïsme, saleté.
Colombe	. . . .	Sincérité, candeur.
Coq-d'Inde.	. . . .	Orgueil, sottise, arrogance.
Crocodile.	. . . .	Luxure.
Éléphant.	. . . .	Religion, intelligence, tempérance.

FAUCON. . . . . Goût.
FOURMI (1). . . . . Economie.
GRENOUILLE. . . . . Curiosité.
HERMINE. . . . . Prédestination.
HIBOU . . . . Reconnoissance.
HIPPOPOTAME. . . . . Dommage.
HIRONDELLE. . . . . Félicité passagère.
HUITRE. . . . . Tranquillité, imbécillité.
LAPIN. . . . . Luxure, fécondité.
LÉOPARD. . . . . Férocité.
LÉZARD. . . . . Affection.
LIÈVRE. . . . . Peur, lâcheté, oubli.
LION. . . . . Force, courage, générosité.
LION PERCÉ D'UNE FLÈCHE ET
  VOULANT LA RETIRER. . . . . . Vengeance.
LION RUGISSANT . . . . Fureur.
LION SOUS LE JOUG. . . . . Raison.
MOINEAU. . . . . Lasciveté.
MOUCHE . . . . Impudence.
MULET . . . . Entêtement.
OIE TENANT UNE PIERRE DANS
  SON BEC . . . . Silence.
PAPILLON. . . . . Inconstance, legèreté, dis-
                                  traction.
PASSEREAU. . . . . Mélancolie.
PÉLICAN . . . . Compassion, amour maternel.
PERDRIX. . . . . Luxure.
PERROQUET . . . . Docilité.
POULE . . . . Fécondité.
RAT. . . . . Destruction.
RENARD. . . . . Ruse, fourberie.
SANGLIER. . . . . Impétuosité.
SERPENT . . . . Prudence.
SERPENT MORDANT SA QUEUE. . . Eternité.
SERPENS ENTRELACÉS AUTOUR

---

(1) La fourmi est, dit-on, le seul animal qui, à l'exemple de
l'homme, se donne la sépulture; mais cela n'est point avéré.

D'UN BATON *(caducée)*. . . . Commerce.
SINGE . . . . Imitation, finesse.
SPHINX. . . . . Secret.
TAUREAU . . . . Tempérance.
TORTUE. . . . . Lenteur, tempérament phleg-
                         matique.
TOURTERELLE . . . . Foi conjugale.
VIPÈRE. . . . . Médisance.

Après avoir vu les emblêmes tirés des animaux , on ne sera peut-être pas fâché de savoir jusqu'à quel âge quelques-uns d'entre eux prolongent ordinairement leur existence : voici une petite Notice extraite des meilleurs naturalistes sur la durée ordinaire de la vie des animaux.

Abeille.	1 an.	Autour.	40 ans.
Aigle.	100 et plus	Bœuf de trait. . .	19
Alouette.	16 à 18	Brebis.	12
Ane.	25 à 30	Brême.	10 à 12
Anguille.	15	Brochet (1). . . .	40
Araignée.	1 et plus	Carpe (2).	100 à 150

(1) En 1497, on a pris à Kayserlautern un brochet long de 19 pieds, pesant 350 livres; son squelette est à Manheim. Il avoit dans les opercules des ouïes un anneau d'airain avec une inscription grecque annonçant qu'il avoit été mis dans l'étang de ce château par ordre de l'empereur Frédéric II, c'est-à-dire, 267 ans avant d'être pris.

(2) Buffon dit que des carpes nourries dans les fossés de Pontchartrain , avoient plus de 150 ans. Ledelius prétend que dans quelques étangs de la Lusace on nourrit des carpes âgées d'environ 150 ans. Bloch assure que l'on voit dans le jardin de Charlottembourg, en Prusse, des carpes si vieilles, que leur tête est toute couverte de mousse.

Bloch prétend que la carpe vient du midi de l'Europe; Mascall la procura en 1514 à l'Angleterre; et Pierre Oxe en gratifia le Danemarck, vers l'an 1560.

	ans.		ans.
Cerf.	35 à 40	Linotte.	14 à 15
Chameau.	5o à 6o	Lion.	6o
Chardonneret. . .	23	Loup.	20
Chat.	18	Moineau.	10 à 15
Cheval. . , . . .	25 à 4o	Ours.	20
Chèvre.	10	Oie.	5o
Chien.	23 à 28	Paon.	24
Coq.	20	Perroquet. . . .	5o
Corbeau.	100	Pinçon.	23
Crocodile. . . .	100 et plus	Polype.	2
Cygne.	100	Porc.	20
Daim.	20	Poule.	10
Dauphin.	3o	Renard.	15
Ecrevisse de rivière	20 et plus	Rhinoceros. . . .	5o à 6o
Ecureuil.	7	Rossignol. . . .	16 à 18
Eléphant.	15o à 200	Serin, sans accouplement	22
Ephémère 1 jour. .	»	Serin, nich. chaq. année	10
Epinoche, poisson.	2	Tanche.	10 à 12
Grillon.	10	Taureau.	3o
Lapin.	8 à 9	Vache.	20
Lièvre.	7 à 8		

Après avoir parlé de l'âge des animaux, passons à l'âge de l'homme. On sait qu'il prolonge ordinairement sa carrière jusqu'à 70, 80, 90 et même 100 ans. On me permettra à ce sujet une petite digression sur la longévité ; quoiqu'elle soit étrangère à mon sujet, elle me paroît assez curieuse pour que l'on me pardonne de l'avoir placée ici.

Tous les hommes cherchent à prolonger leur existence au-delà des bornes ordinaires ; les uns y parviennent sans s'en douter, et les autres donnent d'excellens avis à ce sujet, mais rarement ils les mettent à profit ; c'est ce que prouve trop souvent leur mort

prématurée. Parmi les opinions émises sur cette matière, voici celles qui m'ont le plus frappé.

Un auteur prétend que pour vivre long-temps,
il faut être ainsi conformé : taille moyenne, bien
proportionnée; peu de couleurs; cheveux châtains;
tête plus grosse que petite; veines fortes; épaules
arrondies; poitrine large; voix mâle; sens exquis;
pouls lent et uniforme; bon estomach; appétit ouvert; aimer la table sans trop se livrer à ses plaisirs;
manger lentement et jamais avec excès; avoir rarement soif; une soif ardente est signe d'une consomp-
tion rapide; front serein; œil vif; bouche souriante;
cœur accessible à l'amour, à l'espérance, à la joie,
mais inaccessible à la haine, à la colère, à l'envie;
aimer l'occupation, les méditations, les rêveries agréables; optimiste dans la force du terme; ami de la
nature et du bonheur domestique; sans ambition,
sans avarice, sans inquiétude.

Un autre auteur (John Sainclair, dans son *Essai
sur la longévité*) invite ceux qui aiment à vivre long-
temps, à suivre certaines règles qu'il établit dans
cet ordre : 1.º La nourriture, qui doit être saine et
sans excès. 2º. L'habillement, qui doit être chaud,
sur-tout dans l'âge avancé et pendant la saison rigoureuse. 3.º Le logement dans une maison bien aérée,
et dans une température égale. 4.º Un exercice sans
fatigue, et sur-tout des promenades agréables et à
pied. 5.º Des habitudes salutaires, à la tête desquelles
il faut mettre la propreté. 6º. Il faut avoir rarement

recours aux médecins et jamais aux charlatans. 7.º
Enfin rien n'est plus propre à prolonger les jours,
qu'une égalité d'ame, un caractère gai, et du courage pour supporter les revers auxquels, dans cette
vie, tout le monde est plus ou moins exposé, sur-
tout dans un âge avancé. Fontenelle n'a dû en grande
partie sa longue carrière qu'à la douceur uniforme
de son caractère et à l'enjouement qui ne lui fit jamais envisager que le côté plaisant des choses. Il fut
jeune jusqu'au dernier jour de sa vie.

Les anciens nous ont conservé quelques exemples
de longévité; on rapporte qu'une actrice de Rome,
du temps de Sylla, a joué la comédie pendant 100
ans.

Une autre actrice, après avoir joué 99 ans, reparut sur la scène pour féliciter Pompée; et quelques
années après elle reparut encore pour féliciter Auguste après la bataille d'Actium.

Au dénombrement fait par Vespasien, l'an 76 de
l'ère chrétienne, Pline dit qu'on trouva dans une
partie considérable de l'Italie,

     4 hommes de 140 ans.
     6   de 135 à 139.
     4   de 130
     1 femme de 132

Il y en avoit un assez grand nombre de 125, 120,
110, etc.

Pline s'étend assez sur la longévité, dans son *Histoire naturelle* (*liv.* vii), et il en cite beaucoup
d'exemples, les uns évidemment exagérés et que lui-

même rejette, et d'autres qui paroissent avérés d'après les recensemens qu'il cite. Nous renvoyons pour cet objet, aux *Morceaux extraits de Pline et trad. par M. Gueroult,* Paris 1809, 2 vol. *in-*8.º V. le tome 1er, pp. 127—133. L'âge le plus prolongé qu'il cite, est de 140 ans.

Les pays les plus remarquables pour la longévité, sont ceux de montagne ; beaucoup d'habitans de la Sibérie, dans des districts hérissés de montagnes, atteignent cent, cent dix ans. Buffon, dans une liste qu'il a donnée de tous les pays de l'Europe, remarquables pour la longévité, met en tête les montagnes d'Ecosse ; et en effet on y trouve plus d'octogénaires, de nonagénaires et de centenaires que par-tout ailleurs, en proportion du nombre de ses habitans.

Haller, dans ses *Elementa physiologiæ corporis humani,* vol. VIII, lib. XXX, sect. 3, donne un tableau des personnes qui ont vécu au-delà de 100 ans. De 1113 centenaires,

1000 ont vécu	de . . . 100 à 110 ans.	
62	de . . . 110 à 120	
29	de . . . 120 à 130	
15	de . . . 130 à 140	
5	de . . . 140 à 150	
1 (T. Parr.)	 152	
1 (Jenkins)	 169	

Easton, dans son ouvrage anglais publié sur la longévité, en 1799, présente le tableau suivant de 1712 centenaires qui ont vécu, savoir :

1310 personnes de . . . 100 à 110 ans.	
277	de . . . 110 à 120

84	de . . . 120 à 130 ans.
26	de . . . 130 à 140
7	de . . . 140 à 150
3	de . . . 150 à 160
2	de . . . 160 à 170
3	de . . . 170 à 185

On trouve dans le *Journal de littérature étrangère* n.° 9, an XIII, *page* 430, des exemples de longévité qui sont peut-être tirés de l'ouvrage de M. Easton. On n'y a compris que les personnes âgées de 130 ans et au-dessus. Je vais rapporter cette liste, et j'y ajouterai quelques articles, dont deux au-dessous de 130 ans. L'année, portée en tête de chaque nom, indique la date de la mort du centenaire.

		ans.
1751	Ferdinand de la Espada, plus de . .	117
1791	Jean Jacob du Jura	122
1795	David Cameron . .	130
1766	John de la Somel .	130
1766	George King	130
1767	John Taylor	130
1774	William Béattie . . .	130
1778	John Waston	130
1780	Robert Macbride . .	130
1780	William Ellis	130
1764	Elisabeth Taylor . .	131
1775	Peter Garden	131
1761	Elisabeth Merchant .	133
1772	Mistriss Keith . . .	134
1767	Francis Agne	134
1777	John Brookey . . .	134
1744	Jean Harrisson . . .	135
1759	James Sheile	136
1768	Catherine Noon . .	136
1771	Margaret Forster . .	136

		ans.
1776	John Moriat	136
1772	John Richardson . .	137
1793	John Robertson . .	137
1757	William Sharpley .	138
1768	John M'donough . .	138
1770	John Fairbrother .	138
1772	Mistriss Clum . . .	138
1766	Thomas Dobson . .	139
1785	Mary Cameron . . .	139
1752	William Laland . .	140
1752	La Comt. d'Esmond	140
1770	James Sands	140
1773	Swarling, moine . .	143
1773	Charles M'findlay . .	143
1757	John Effingham . .	144
1782	Evan Williams . . .	145
1766	Thomas Vinslor . .	146
1772	C. J. Drahakenberg .	146
1652	William Mead . . .	148
1768	Francis Consir . . .	150
1542	Thomas Newman . .	152

		ans.			ans.
1635	Thomas Parr	152	1670	Henri Jenkins . . .	169
1656	James Bowles	152	. . .	Jean Rowen (1) . . .	172
1656	Henri West	162	1782	Louise Truxo . . .	175
1648	Thomas Damm . .	152	1797	Un mulâtre, de Fré-	
1762	Un paysan polonais.	157		dérik-Town	180
1797	John Surrington . .	160	1724	Pierre Zorten . . .	185
. . .	Un Lithuanien . . .	163	1588	Thomas Carn . . .	207
1668	W. Edwards	168			

1810 Un homme de la religion grecque, mort en Russie . . 160

Il existoit dernièrement à Posen, en Pologne, un vieillard qui avoit atteint l'âge de 138 ans; il est né en 1667, à Oleczow, de parens pauvres. Agé de 80 ans, il se maria pour la première fois; et 10 ans après, sa femme lui donna deux jumeaux, un garçon et une fille; il vécut 30 ans avec cette femme, et quelque temps après la mort de celle-ci, il en épousa une seconde, nommée Barowska, qui mourut 10 ans après; il est veuf depuis 18 ans (1805).

D'après un état des naissances et décès, publié par le synode de Pétersbourg, pour l'année 1806, il est mort pendant cette année :

1 individu âgé de . . .	145 à 150	ans.
1	de . . . 130 à 145	
4	de . . . 125 à 130	
6	de . . . 120 à 125	
32	de . . . 115 à 120	
26	de . . . 110 à 115	
86	de . . . 105 à 110	
137	de . . . 100 à 105	

(1) Chose assez remarquable, ce vieillard de Hongrie a eu sa femme qui est parvenue à l'âge de 164 ans; la durée de leur mariage a été de 142 ans, et le moins décrépit de leurs enfans en avoit 115.

13

En 1800, selon le rapport de M. Larrey, il y avoit au Caire, 35 individus de cent et plusieurs années.

En Espagne, dans le dernier siècle, on vit à Saint-Jean-le-Payo, ville de Galice, communier treize vieillards dont le plus jeune avoit 110 ans et le plus âgé 127 ans. Ils formoient ensemble 1499 ans.

On compte ordinairement en Angleterre un centenaire sur 3,100 individus.

Au commencement de ce siècle, il y avoit en Irlande 41 individus de 95 jusqu'à 104 ans, sur une population de 47,000 ames.

En Russie, parmi 891,632 morts en 1814, il y avoit 3,531 individus de 100 à 132 ans.—Et en 1819, on y a compté 947 personnes mortes, dont les plus jeunes avoient 100 ans et le plus âgé 140 ans.

A deux milles de Whitehall, sur la route de Salem à Albany, dans l'État de New-York, vit un Français nommé Francisco (en 1822) que l'on croit âgé de 134 ans. Sa santé est bonne et a toujours été de même. Il raconte que son père a été chassé de France du temps de Louis XIV par suite de la révocation de l'édit de Nantes, et a fui à Amsterdam. Il dit avoir assisté, à l'âge de 16 ans, au couronnement de la reine Anne (qui eut lieu le 3 mai 1702); il étoit donc né en 1686. Il vint d'Angleterre à New-York probablement au commencement du XVIIIe siècle, mais il ne peut se rappeler la date. Il se trouva à toutes les guerres de la reine Anne et reçut beaucoup de blessures qu'il fait voir.

Il existoit (en 1822) à Felicianowo près de Rava,

(Pologne) un vieillard nommé Jabkouski, âgé de 138 ans. Il s'est décidé à se marier à l'âge de 100 ans, et a épousé une veuve de 50 ans. Dans sa jeunesse il avoit servi en Prusse.

Albert Montautot, jésuite, né en 1689, entré dans la société des Jésuites en 1706, y ayant fait profession en 1724, existoit encore à Perouse en 1814.

A Dorsi, petit village de la Calabre, il existe en ce moment une femme nommée Rosaria Pencalo, âgée de 125 ans; elle est donc née en 1698. Elle jouit de toutes ses facultés physiques et morales. Elle a été mariée quatre fois; son premier mariage remonte à 165 ans. Ce prodige de longévité est d'autant plus étonnant que l'air du village qu'habite cette femme est très mal-sain.

A la suite d'exemples d'une longévité assez prolongée, nous pensons que certaines anecdotes sur une fécondité non moins extraordinaire (dans quelques familles) ne seront pas déplacées.

On rapporte que, chez les Romains, un certain Caïus Crispinus Hilarus, d'une honnête famille de Fesulum, vint en grande cérémonie, l'an 749 de R. (5 ans av. J. C.), sacrifier au Capitole, accompagné de neuf enfans (7 garçons et 2 filles) de 27 petits-enfans, 29 arrière-petits-enfans et 8 petites-filles.

Un baron d'Abensberg en Bavière, nommé Bébon, eut 40 enfans de deux femmes légitimes, savoir 32 fils et 8 filles. Étant en faveur auprès de l'empereur Henri II, il lui présenta un jour à la chasse ses 32 fils bien lestes et bien montés. L'empereur les accueillit parfaitement, leur fit beaucoup de caresses, et se chargea de les tous placer avantageusement.

Un noble de Sienne, nommé Pichi, qui a été marié trois fois, a eu 150 enfans tant légitimes que naturels, et il en emmena 48 à sa suite, étant ambassadeur vers le pape et l'empereur.

Une femme de Paris, qui a vécu 88 ans, a vu 288 de ses enfans, petits-enfans et arrière-petits-enfans.

Madame Henoywood du comté de Kent, mariée à 16 ans, a eu 16 enfans dont trois moururent jeunes, et un quatrième qui n'en eut pas. Les douze autres l'en dédommagèrent bien, car sa postérité se montoit à la seconde génération à 114, à la troisième à 228, quoiqu'à la quatrième elle retombât à 9. Le nombre total des enfans qu'elle avoit pu voir, se montoit donc à 364. Elle pouvoit dire comme dans les lettres de Madame de Sévigné : « Ma fille, allez dire à votre fille, que la fille de sa fille crie. »

Le distique suivant va encore plus loin :

Mater aït natæ : Dic natæ, filia, natam
Ut moneat natæ plangere filiolam.

Jean Szep, mort le 18 septembre 1804 à Zolnoch, âgé de 98 ans, avoit été marié fort jeune. Il eût de sa première femme 14 enfans qui lui ont donné 82 petits-enfans et 62 arrière-petits-enfans, lesquels ont encore accru sa lignée de 45 rejetons, ce qui a formé en tout une postérité de 203 personnes.

Il est mort en 1805 à Kuttigen, canton d'Argovie, une femme âgée de 86 ans qui a vu sortir de ses trois fils et de ses cinq filles, 49 petits-fils et 66 arrière-petits-fils.

Une respectable famille des environs de Bar-sur-Aube a eu le malheur de perdre, il y a plusieurs années, son digne chef, qui a eu 33 enfans de deux femmes, dont l'une vit encore; et de ces 33 enfans, un grand nombre s'est marié, et l'un d'eux a déjà 18 enfans. J'ignore combien les autres en ont.

EMBLÊMES

TIRÉS DES COULEURS.

BLANC. . . . . Pureté, joie, candeur, inno-cence, liberté, modestie; dans l'église, le blanc est affecté aux Vierges et aux SS. Confesseurs; le Pape porte la soutane blanche.

BLANC MÊLÉ DE ROSE. . . . . . Louange.

BLEU. . . . . Amour et trahison.

BRUN. . . . . Humilité.

FEUILLE MORTE . . . . Vieillesse.

GRIS-DE-FER. . . . . Courage.

GRIS-DE-LIN. . . . . Amour constant.

JAUNE . . . . Impudicité, jalousie, richesse, noblesse.

NOIR. . . . . Deuil, tristesse, mélancolie, ténèbres, mort.

OR (couleur d') . . . . Magnificence, puissance.

POURPRE. . . . . Autrefois c'étoit la couleur affectée aux empereurs romains; elle est devenue la marque

	d'honneur de la haute magistrature.
Rose	Tendresse, amour changeant.
Rouge	Cruauté, colère, feu, zèle, pudeur. Dans l'église, le rouge est affecté aux martyrs et au Saint-Esprit. Les cardinaux portent la couleur rouge.
Souci ou Orange.	Chagrin.
Vert.	Espérance, affection, jeunesse. Autrefois les banqueroutiers étoient obligés de porter un bonnet vert. Le bonnet a passé de mode, mais non la chose.
Violet.	Jalousie. Dans l'église, c'est la couleur affectée aux prélats, ainsi que le vert. Le violet désigne aussi la pénitence.

Couleur des mois de l'année.

Janvier	Blanc.
Février.	Couleur arbitraire.
Mars	Rouge-noirâtre.
Avril	Vert.
Mai	Vert.
Juin.	Vert tirant sur le jaune.
Juillet	Jaune.
Aout	Couleur de feu.
Septembre.	Pourpre.
Octobre.	Incarnat.
Novembre	Feuille morte.
Décembre	Noir.

Couleur des Saisons.

Le Printemps.	Vert tendre.
L'Eté.	Jaune.
L'Automne	Rouge.
L'Hiver	Blanc.

EMBLÊMES

TIRÉS DE DIFFÉRENS OBJETS.

Agneau immolé sur l'Autel .	Sacrifice de Jésus-Christ.
Ampoule (Sainte).	Sacre des Rois de France.
Ancre.	Espérance, commerce.
Balance et Epée	Justice tant civile que criminelle.
Bride.	Modération.
Cachet et Clef.	Fidélité , secret.
Calice et Hostie dessus	Eucharistie.
Cendres	Mort.
Cercle.	Perfection.
Chaines environnant un globe.	Esclavage.
Chandelier a sept branches. .	Les Sacremens.
Cierge allumé	Bou exemple.
Cierge pascal.	Lumière de l'Evangile.
Clefs croisées	Autorité de l'Eglise, armoiries du Pape.
Cœur enflammé.	Charité.
Colombe descendant du ciel avec des flammes.	Saint-Esprit.
Colonne taillée dans le roc. .	Constance.
Cornes de bœuf	Travail.
Corne d'Amalthée d'ou il sort des fruits.	Abondance.
Couronne d'épines.	Pénitence.
Couronne d'étoiles.	Immortalité, gloire des justes.
Echelle de Jacob	Contemplation.
Encensoir fumant.	Prière.
Feu et Eau.	Pureté.
Girouette.	Sottise, instabilité, frivolité.
Globe cintré et surmonté d'une Croix.	Le Monde soumis à Jésus-Christ.
Lampe.	Etude.

Lanterne sourde.	Fausse religion.
Mains (deux) qui se tiennent.	Fidélité, bonne foi.
Marotte et Grelots.	Folie.
Marteaux et Clous.	Nécessité.
Masque.	Hypocrisie, fourberie.
Miroir.	Vérité, prudence.
Or.	Pureté.
Oreilles d'ane sur une tête humaine, bandeau sur les yeux, poignard a la main.	Fanatisme.
Palme.	Récompense des justes.
Plomb.	Esprit pesant.
Robe blanche.	Baptême de l'innocence.
Roue.	Changement, instabilité.
Sceptre et Main de Justice.	Autorité des Rois de France.
Soleil et livre ouvert.	Vérité de la Religion.
Triangle lumineux.	La Trinité.
Trompettes	Prédication de l'Evangile.
Vif-Argent	Turbulence, agitation continuelle chez les enfans.
Voile	La Foi.

SYMBOLES ET ENSEIGNES

DE QUELQUES PEUPLES.

Les Chinois	Des queues de cheval, ou un dragon.
Les Athéniens	Une chouette.
Les Perses.	Un aigle d'or sur un drapeau blanc, selon Xénophon.
Les Corinthiens.	Un cheval ailé ou Pegase.
Les Péloponésiens.	La feuille de Platane, dont leur pays avoit la forme (1).

---

(1) La feuille d'ache ou de persil se trouvoit sur les monnoies de Selinonte. La tortue étoit le type des monnoies d'Ægium.

Les Messéniens . . . . La lettre grecque M.
Les Lacédémoniens . . . . La lettre grecque Λ.
Les Thraces. . . . . Une tête de mort.
Les Carthaginois. . . . . Une tête de cheval.
Les Romains. . . . . Dans le principe, une botte de
                             foin, puis la louve, le mino-
                             taure, un cheval, un san-
                             glier, enfin l'aigle, auquel
                             ils s'arrêtèrent la seconde
                             année du consulat de Marius.
Rome moderne . . . . Les clefs de Saint Pierre.
Les Celtes . . . . Une épée.
Les Chefs des Druides. . . . . Des cerfs.
Les Gaulois. . . . . Un coq.
Les Alains et les Suèves . . . Un chat.
Les Goths. . . . . Un ours.
Les Saxons. . . . . Un coursier bondissant.
Les Vénitiens. . . . . Le lion.
L'Empire d'Allemagne. . . . . L'aigle à deux têtes.
Les anciens Bourguignons . . . Un chat.
Les Français . . . . Les fleurs de lys.
Les Turcs. . . . . Le croissant.
La Russie . . . . Un aigle.
La Prusse . . . . Un aigle.
       etc., etc., etc.

EMBLÊMES

TIRÉS DES HOMMES CÉLÈBRES.

Abel . . . . L'innocence.
Agamemnon . . . . Fierté.
Alexandre. . . . . Magnanimité, intrépidité.
Aristarque . . . . Un bon critique.
Artemise. . . . . Fidélité dans le veuvage.
Benjamin . . . . Enfant pour lequel son père a
                             de la prédilection.

Bias.	La science préférable à l'opulence.
Caïn.	L'envie et la haine entre frères.
Caton	La sévérité.
César.	Courage, grandeur d'ame.
Cicéron.	L'éloquence.
Crésus	La richesse.
Curtius.	Dévouement pour la patrie.
Daniel	Pénétration dans les choses obscures et la divination.
David	La douceur.
Démosthène.	L'éloquence impétueuse.
Diogène.	Le cynisme.
Elie.	L'abstinence, le zèle.
Erostrate.	L'immortalité par le crime d'incendie.
Esther	La modestie, la pudeur.
Eve	La curiosité.
Hercule.	La force.
Jezabel	L'impudence, la cruauté.
Job.	La patience.
Joseph.	La chasteté.
Mathusalem.	La longévité.
Mécène.	La protection accordée aux littérateurs et aux savans.
Melchisedech.	Le sacerdoce et la royauté.
Messaline.	La débauche excessive.
Moyse	La loi.
Néron.	La cruauté.
Nestor.	La longévité et l'abondance dans le discours.
Oreste et Pylade.	L'amitié.
Orphée.	La musique.
Pandore.	La curiosité.
Pénélope.	La fidélité conjugale.
Phalaris.	La cruauté.
Pharaon.	L'ambition et l'impiété.

SALOMON.	La sagesse.
SAMSON.	La force.
SARDANAPALE	La débauche.
SOCRATE	La sagesse et la patience.
VITELLIUS	La gloutonnerie.
ZOÏLE.	Critique. outré , injuste et ignorant.

ATTRIBUTS

DES PRINCIPAUX SAINTS.

AGNEAU.	Sainte Agnès.
AGNEAU PASCAL.	S. Jean-Baptiste.
AIGLE	S. Jean l'évangéliste.
ANGE.	S. Mathieu, évangéliste.
BATON LONG DONT L'EXTRÉMITÉ SE TERMINE EN CROIX.	S. Philippe, apôtre.
BŒUF	S. Luc , évangéliste.
BOURDON DE PÉLERIN ET GOURDE.	S. Jacques le mineur, apôtre.
CAILLOU A LA MAIN ET LION A SES PIEDS.	S. Jérôme.
CAILLOUX.	S. Etienne , premier martyr.
CERF , PORTANT UN CRUCIFIX ENTRE SES CORNES	S. Eustache.
CHARITAS , CE MOT RAYONNANT.	S. François de Paule.
CLEFS.	S. Pierre , apôtre.
COCHON.	S. Antoine.
CŒUR ENFLAMMÉ ET UN LIVRE . .	S. Augustin.
COR DE CHASSE	S. Hubert.
COUPE D'OU SORT UN SERPENT AILÉ.	S. Jean, apôtre.
COURONNE D'ÉPINES ET TROIS CLOUS	S. Louis.
COUTEAU	S. Barthelemi.
CROIX EN SAUTOIR.	S. André , apôtre.

DIABLE TERRASSÉ	S. Michel.
DRAGON	S.te Marguerite.
ENFANT JÉSUS PORTÉ SUR LES ÉPAULES	S. Christophe.
ENFANS DANS UN TONNEAU.	S. Nicolas.
ÉPÉE FLAMBOYANTE	Élie.
GLAIVE ET UN LIVRE	S. Paul, apôtre.
GLOBE DE FEU	S. François de Sales.
GLOBE AVEC UN CHIEN QUI TIENT UN FLAMBEAU ALLUMÉ.	S. Dominique.
GRIL	S. Laurent.
HACHE D'ARMES	S. Mathieu, apôtre.
LANCE	S. Thomas, apôtre.
LION.	S. Marc, évangéliste.
LIVRE SUR LEQUEL ON LIT : *AD MAJOREM DEI GLORIAM*. (1)	S. Ignace de Loyola.
MAMELLES COUPÉES.	S.te Agathe.
MASSUE.	S. Jude, apôtre.
ORGUE, OU TYMPANON	Ste Cécile.
PERCHE DE FOULON	S. Jacques le mineur, apôtre.
ROBE DE PALMES NATTÉES, ET UN CORBEAU AVEC UN DEMI-PAIN AU BEC.	S. Paul, premier hermite.
ROUE ARMÉE DE RASOIRS.	S.te Catherine.
RUCHE	S. Ambroise.
SCIE	S. Simon, apôtre.
SERPENT SORTANT D'UN CALICE. .	S. Jean.
STIGMATES.	S. François d'Assise.
TAU (*lettre grecque*)	S. Antoine.
TÊTE PORTÉE ENTRE LES BRAS . .	S. Denis.
YEUX DANS UN PLAT	S.te Lucie.

---

(1) Depuis plusieurs années il a été publié un bon nombre de petits ouvrages classiques et historiques, destinés à l'instruction de la jeunesse, sur le frontispice desquels on lit *par* A. M. D. G. Ces sigles signifient *ad majorem Dei gloriam*, et annoncent que ces livres sont particulièrement destinés aux établissemens des pères de la foi. M.r L........ en est l'auteur.

ANIMAUX

CONSACRÉS AUX DIEUX.

On comprend dans cette Notice, les oiseaux, les quadrupèdes, les reptiles, les poissons et les animaux fabuleux.

AGNEAU	A Junon.
AIGLE	A Jupiter.
ALCYON.	A Thétis.
ANCHOIS	A Vénus.
ANE	A Priape.
BARBEAU.	A Diane.
BICHE	A Diane.
BREBIS	Aux Furies.
CERF.	A Hercule.
CHEVAL	A Mars.
CHIEN	Aux dieux Lares ou Pénates.
CHOUETTE	A Minerve.
COCHON.	A Cérès.
COLOMBE.	A Vénus.
COQ	A Esculape.
CORBEAU.	A Apollon et à Hercule.
DRAGON, animal fabuleux . . .	A Bacchus.
GENISSE	A Isis.
GRIFFON, animal fabuleux . .	A Bacchus.
HYDRE, animal fabuleux. . . .	A Hercule.
LION	A Vulcain.
LOUP	A Mars.
OIE.	A Isis.
PAON	A Junon.
PIVERT.	A Mars.
PIE	A Bacchus.
PHÉNIX, animal fabuleux . .	A Phébus et au Soleil.
SERPENT	A Esculape.
THON.	A Neptune.
TRUIE	A Hécate.

Arbres et plantes consacrés aux Dieux.

AIL . . . . Aux Lares ou Pénates.
CAPILLAIRE . . . . A Pluton.
CHÊNE . . . . A Jupiter, à Rhée et à Sylvain.
CHIENDENT. . . . . A Mars.
CYPRÈS . . . . A Pluton, à Sylvain.
DICTAME . . . . A Lucine.
FEUILLES DE FIGUIER . . . . . . A Bacchus.
FRÊNE . . . . A Mars.
GENIÈVRE . . . . Aux Euménides.
HÊTRE . . . . A Jupiter.
HYACINTHE. . . . . A Apollon.
IF . . . . A Cérès.
LAURIER. . . . . A Apollon, à Mars.
LIERRE . . . . A Bacchus, à Hébé.
LYS. . . . . A Junon.
MYRTE. . . . . A Vénus.
NARCISSE. . . . . A Pluton, aux Euménides et à
                                 Proserpine.
NERPRUN. . . . . Aux Furies ou Euménides.
OLIVIER . . . . A Minerve.
PALMIER . . . . Aux Muses.
PAMPRE. . . . . A Bacchus.
PAVOT. . . . . A Cérès.
PEUPLIER. . . . . A Hercule.
LE PIN. . . . . A Cybèle, à Rhée, à Pan, à Faune.
PLATANE . . . . Aux Génies.
POURPIER . . . . A Mercure.
ROSEAU. . . . . A Pan.
ROSIER. . . . . A Vénus.
SAFRAN. . . . . A Cérès.
VIGNE . . . . A Bacchus.

Mois des Romains, consacrés aux Dieux.

Chaque mois du calendrier des Romains étoit sous
la protection d'une des douze grandes divinités que
les Romains nommoient *Dii consentes*, et dont les

douze statues enrichies d'or étoient, dit Varron, dans la grande place de Rome.

Minerve *présidoit au mois* de Mars, *sous le signe* du Bélier.
Vénus. . . . . d'Avril. . . . . Taureau.
Apollon . . . . de Mai . . . . Gémeaux.
Mercure . . . . de Juin . . . . Cancer.
Jupiter. . . . . de Juillet. . . . . Lion.
Cérès. . . . . d'Août . . . . Vierge.
Vulcain. . . . . de Septembre . . . . Balance.
Mars . . . . d'Octobre . . . . Scorpion.
Diane. . . . . de Novembre . . . . Sagittaire.
Vesta. . . . . de Décembre . . . . Capricorne.
Junon . . . . de Janvier. . . . . Verseau.
Neptune . . . . de Février . . . . Poissons.

On prétend que les Grecs dans l'érection de leurs temples, employoient les ordres d'architecture, selon les divinités auxquelles ils les consacroient : le dorique étoit réservé à Minerve, à Mars, à Hercule, pour rappeler au premier abord la sévérité de ces dieux. Le corinthien ornoit les temples de Vénus, de Flore, de Proserpine et des Nymphes des fontaines, parce que les fleurs, les volutes, les feuilles conviennent au caractère de ces divinités. L'ionique étoit employé pour Junon, Diane, etc. Ce qu'il y a de certain, c'est que tous les temples consacrés à Diane étoient d'ordre ionique, à commencer par celui d'Éphèse dont Ctésiphon et son fils Mélagène jetèrent les fondations, qui fut terminé par Démétrius et Pæonius, et enfin brûlé par Erostrate qui avoit résolu d'aller à l'immortalité sur un tas de cendres et de charbons, et qui y parvint par le moyen même qu'on employa pour l'en empêcher.

~~~~~~~~~~~~~~~~~~~~~~~~~~~~~~~~~~~~~~~

ATTRIBUTS DES MUSES (1)

EN LATIN ET EN FRANÇAIS.

CLIO gesta canens, transactis tempora reddit.
MELPOMENE tragico proclamat mœsta boatu.
Comica lascivo gaudet sermone THALIA.
Dulciloquos calamos EUTERPE flatibus urget.
TERPSICHORE affectus citharis movet, imperat, auget.
Plectra gerens ERATO, saltat pede, carmine, vultu.
Carmina CALLIOPE libris heroïca mandat.
URANIE cœli motus scrutatur et astra.
Signat cuncta manu, loquitur POLYHYMNIA gestu.
Mentis Apollineæ vis has movet undique Musas
In medio residens complectitur omnia PHOEBUS.

****

URANIE embrassant mille mondes divers,
De son hardi compas mesure l'univers.
CLIO, des noms inscrits au Temple de mémoire,
Sillonne en traits de feu le marbre de l'histoire.
Le sceptre en main et l'œil trempé d'augustes pleurs,

---

(1) Dans la première édition de cet ouvrage, on n'avoit pas rapporté les vers d'Ausone, et on s'étoit contenté de donner trois traductions de cette pièce en vers français. Ces traductions étoient celle d'un anonyme, celle de Danchet et celle de M. Aug. de Labouisse. On a cru, dans cette nouvelle édition, devoir donner les vers d'Ausone, et se borner à une seule traduction française. La difficulté de faire coïncider les rimes masculines et féminines avec les quatre derniers vers de Danchet sur Apollon, et le désir de rapprocher le plus qu'il étoit possible, quant à l'ordre des Muses, les vers français des vers latins, nous ont seuls engagé à mêler quelques vers des deux premières traductions à ceux de M. de Labouisse.

MELPOMÈNE des rois soupire les douleurs.
Pour corriger les mœurs, la légère THALIE
Prend le masque enjoué de l'aimable folie.
EUTERPE modulant des sons harmonieux,
Enchante par sa voix les mortels et les dieux.
TERPSICHORE réglant les pas et la cadence,
Sait l'art de marier la musique et la danse.
En vers gais ou plaintifs, ERATO, des amans
Célèbre les plaisirs ou pleure les tourmens.
POLYMNIE a du geste enseigné le langage,
Et l'art de s'exprimer des yeux et du visage.
CALLIOPE, en ses vers nobles, harmonieux,
Célèbre les exploits des héros et des dieux.

De l'esprit d'APOLLON une vive étincelle
Des Filles de Mémoire anime les concerts ;
Et toujours présidant à leur troupe immortelle,
Il rassemble en lui seul tous leurs talens divers.

DE QUELQUES IDÉES BIZARRES

ET SINGULIÈRES

QUI ONT ÉTÉ AVANCÉES PAR DES SAVANS.

M. HENRION, membre de l'académie royale des belles lettres, porta un jour à l'académie une espèce de table ou d'échelle chronologique sur la différence de la taille des hommes depuis la création du Monde jusqu'à la naissance de J. C. Dans cette table il assigne à Adam 123 pieds 9 pouces de haut et à Eve 118 pieds 9 pouces $\frac{3}{4}$; d'où il établit une règle de proportion entre les tailles des hommes et celles des femmes à raison de 25 à 24. Cette taille excessive

14

diminua bientôt. Noé avoit déjà 20 pieds de moins
qu'Adam ; Abraham n'en avoit plus que 28 ; Moyse
13, Hercule 10, et ainsi des autres toujours en di-
minuant. De sorte que, comme le dit très bien
M. Sabbathier, si la Providence n'avoit pas suspendu cette prodigieuse diminution, à peine oserions-
nous aujourd'hui nous compter entre les insectes
qui rampent sur la terre.

Jean Goropius, auteur brabançon, surnommé Be-
canus, prétend, dans ses *Origines Antverpianæ*, Anvers, 1569 *in-fol.*, que le flamand ancien (le cim-
brique) étoit la langue qu'Adam parloit dans le Paradis terrestre. Ailleurs il dit ingénument que si le
mot *sac* est commun à la plupart des langues, (comme
sakkos en grec ; *saccus* en latin ; *sakk* en goth ; *sac*
en anglo-saxon ; *sack* en allemand, en anglais, en danois et en belge ; *sacco* en italien ; *saco* en espagnol ;
sac en français ; *sak* en hébreu, en chaldéen et en
turc ; *sac* en celtique ; *sach* en teuton, etc.), la
raison en est toute simple ; c'est que lors de la con-
fusion des langues, personne n'oublia son *sac* en
quittant le chantier de Babel.

Nous avons des savans qui font remonter le bas-
breton à l'origine du monde.

André Kempe soutient dans son singulier ouvrage
des langues du Paradis, que Dieu parla à nos premiers
parens en suédois, qu'Adam répondit en danois, et
que le serpent tenta Eve en français. On voit que le
français a toujours eu une certaine réputation de ga-
lanterie.

Godefroi Henselius a publié un *Synopsis universæ philologiæ*, Nuremb., 1741, *in-8.*°, dans lequel il donne l'alphabet d'Adam, d'Enoch, celui de Noé, et même des détails sur la langue des anges (pag. 20 de son ouvrage).

Chardin rapporte que les Persans s'imaginent que les trois langues primitives sont l'*arabe*, le *persan* et le *turc*. Elles étoient toutes trois en usage dans le Paradis terrestre. Le serpent pour séduire nos premiers parens se servit de l'*arabe*, langue éloquente, forte et persuasive, qui sera un jour la langue du Paradis. Adam et Eve parloient entre eux *persan*, idiome doux, flatteur, poétique, insinuant. L'ange Gabriël qui les chassa du Paradis, fut obligé de leur parler *turc*; parce que leur ayant commandé d'abord de sortir en *persan*, puis en *arabe*, sans qu'ils en fissent rien, il s'exprima enfin dans les termes de cette langue menaçante qui les effraya et les fit obéir.

M^r. J. B. Erro, Espagnol, a publié en 1806, un alphabet de la langue primitive d'Espagne, dans lequel il cherche à prouver que le peuple basque est le premier qui ait habité la péninsule; et dans son *El Mondo primitivo* etc., ou *Recherche de l'antiquité et de la civilisation de la nation basque*, Madrid, 1814 *in-4.*°, il se lance à travers les siècles anté-diluviens, et cherche à prouver qu'avant l'existence des Égyptiens et des Babyloniens, les savans basques avoient ordonné le système du mouvement univer-

sel, système complétement inconnu de nos jours,
qui embrasse sous une seule loi, le cours des astres,
et la végétation des plantes les plus humbles. Il ne
fait aucun doute que les noms donnés par Adam à
toutes les productions de la nature, ne soient tirés
de la langue basque.

————

Qu'on nous permette ici une petite digression sur
les principaux auteurs qui se sont occupés de l'énumération des langues parlées sur le globe. Ces auteurs sont en très grand nombre; voici les plus connus et les plus célèbres. Qu'on se rappelle qu'il n'est
ici question que de ceux dont les travaux sont relatifs au nombre et non à la théorie ou à l'histoire des
langues.

Chamberlayne, en 1715, nous a donné l'*Oraison
dominicale* en 150 langues différentes.

Benjamin Schultze a publié la même *Oraison* en
200 langues, dans son *Maître de langues orientales
et occidentales* etc., (en allemand) Leips., 1748,
2 tom. *in-8.°*

Laurent Hervas, Espagnol, l'a donnée en plus de
300 langues dans son *Saggio prattico delle lingue*
etc., Cesena, 1787, *in-4.°*

La belle édition de l'*Oraison dominicale* de
M. Marcel, *Paris*, 1805, gr. *in-4.°*, en renferme
150 traductions.

Bodoni dans une édition qui passe pour un chef-
d'œuvre, *Parme*, 1806, *in-folio* de 328 pages, a
donné 155 traductions de cette *Oraison*, dont 97 ont
été imprimées en caractères exotiques.

Jean-Christophe Adelung dans son *Mithridate ou Science générale des langues* (en allemand), *Berlin,* 1806-1817, 5 *vol. in*-8.º, nous présente près de 500 langues dans lesquelles a été traduite la même *Oraison.*

Enfin le neveu du même Adelung, M. le chevalier Frédéric Adelung, conseiller d'état russe, nous offre, dans son *Catalogue de toutes les langues connues et de leurs dialectes,* (en allemand); Pétersbourg, 1820, *in*-8.º de 185 pag., une nomenclature de 3094 langues et leurs dialectes qu'il divise ainsi qu'il suit: En Asie 987; en Europe 587; en Afrique 276, et en Amérique 1244; ce qui fait bien 3094. M. Louis de Lor a critiqué assez vivement l'ouvrage de M. Fr. Adelung dans une *Lettre adressée à la Société asiatique de Paris,* en janvier 1823, *in*-8º.

N'oublions pas les *Linguarum totius orbis vocabularia* etc. (en Russe) du célèbre Pallas; *Pétersbourg,* 1786-89, 2 parties *in*-4.º, de 410 et 490 pag.; il en a paru une nouvelle édition (aussi en Russe) par Théod.-J. Kiewitch de Miriewo; *Pétersbourg,* 1790-91, 4 *vol. in*-4.º Cet ouvrage aussi rare qu'intéressant renferme dans chaque volume de la première édition, 130 mots choisis et exprimés en 200 langues d'Asie et d'Europe; et dans la seconde édition, il y a une addition de 130 mots dans les langues communes d'Afrique et d'Amérique. M. Fréd. Adelung a donné de bons détails sur ces deux éditions dans un *Mémoire sur l'étude comparative des langues, provoquée et encouragée par l'impératrice*

Catherine II (en allemand); *Pétersbourg*, 1816
in-4.° de 210 pag. On en a donné un bon extrait
dans le *Journal de la littérature étrangère*, 1816,
pag. 316.

Tous les ouvrages que nous venons de citer sont
très rares, sur-tout ceux qui ont été publiés à Saint-
Pétersbourg, et qu'on ne connoît guères que par
les extraits qu'en ont donnés quelques savans et quelques journaux.

Quoique nous n'ayons pu nous procurer que
quelques ouvrages sur l'*Oraison dominicale* en 150
langues, nous avons tâché de réunir des nomenclatures de quelques mots en un grand nombre d'idio-
mes, en consultant non-seulement Chamberlayne,
Marcel, etc., mais encore une certaine quantité de
vocabulaires donnés par les voyageurs dans les différentes parties du Monde. Nous allons présenter au
lecteur un petit échantillon de ces nomenclatures,
dans le mot PÈRE rendu en 170 langues différentes
des cinq parties du Monde, qui formeront les cinq
divisions de cette liste.

Ainsi le mot en question, PÈRE, se dit :

1.° *Dans les LANGUES DE L'EUROPE* (1).

En cantabre ou biscayen,	*aita.*	En hongrois,	*αtya. atyank.*
En gothique,	*atta.*	En man,	*ayr.*
En épirot (albanais),	*atti.*	En sarde (rustique),	*babu.*
En laponais,	*atti.*	En islandais,	*fader.*

---

(1) On trouvera dans cette liste, où l'on a suivi, pour chaque
partie du Monde, l'ordre alphabétique du mot PÈRE énoncé en
chaque langue; on trouvera, dis-je, quelquefois plusieurs mots

En danois,	*fader.*	En slavon (hieronym.)	*ottse.*
En suédois,	*fader.*	En bohémien,	*ottse.*
En anglo-saxon,	*fader.*	En carniole,	*otze.*
En écossais,	*fader.*	En polonais,	*oycze.*
En franco-théotisque,	*fader.*	En italien,	*padre.*
En runique,	*fader.*	En espagnol,	*padre.*
En anglais,	*father.*	En portugais,	*pae.*
Aux Orcades,	*favor.*	En gallois,	*paerinthele.*
En frison (d'Hinlopen),	*feer.*	En gascon,	*paire.*
En anglo-saxon,	*fœder.*	En grison,	*pap* ou *bap.*
En frison,	*haite.*	En anc. rhétiq.,	*papa.*
En frison (Pays-Bas),	*heita.*	En sarde,	*pare.*
En frison (commun),	*heite.*	En catalan,	*pare.*
En finlandais,	*isa.*	En frioul,	*pari.*
En esthonien,	*issa.*	En walaque,	*parintye.*
En vaudois,	*narme.*	En grec,	*patér.*
En irlandais,	*nathair.*	En latin,	*pater.*
En écossais,	*nathairne.*	En portugais,	*pay.*
En russe,	*otcts.*	En léodique,	*peer.*
En slavon (cyroul.),	*otsche.*	En français,	*père.*
En moscovite,	*otshe.*	En juif-allem.,	*phadaer.*
En servien,	*otse.*	En breton,	*taad.*
En dalmatien,	*otse.*	En livonieu,	*tabes.*
En croate,	*otse.*	En werulique,	*tabes.*
En bulgare,	*otskye.*	En breton-armoriq.,	*tâd.*

différens appartenant au même peuple et à la même langue pour exprimer le mot *père ;* en voici la raison : nous avons souvent consulté pour la même langue plusieurs vocabulaires donnés par des voyageurs de différentes nations; chacun de ces voyageurs peut avoir eu une manière différente de prononcer et d'écrire les mots (un Anglais ne prononce ni n'écrit un même mot comme un Français). Dans le doute de la véritable orthographe, nous avons donné les deux variantes. D'ailleurs, cette différence du même mot peut tenir à la diversité des dialectes d'une même langue. Au reste, nous donnons toutes les traductions du mot *père,* telles que nous les avons trouvées dans différens auteurs.

En cambro-breton,	tad.	En norwégien,	vader.
En lettique,	taews.	En allemand,	vater.
En walaque,	tatul.	En anglo-saxon,	vatter.
En cornouaillier,	taz.	En gueldre,	vayer.
En lithuanien,	tewe.	En frison (molquer.),	veer.
En curlandais,	tews.	En Lusace,	voshe.
En prussien,	thewes.	En vandale, wotz ou woschzi.	
En hollandais,	vader.		

2.º *Dans les LANGUES DE L'ASIE.*

En hébreu,	ab.	A Jeso,	faupé.
En samaritain,	ab.	En zend,	fedré.
En arabe,	aba.	En chinois,	fu.
En samoyede,	abam.	En arménien,	hair.
En chaldéen,	abba.	En tangut,	hapa.
En pehlvi,	abider.	En ibérien (Géorgie),	mamao.
En syriaque,	aboh.	En thibetant,	pa, jap.
En arabe vulgaire,	abu.	En persan,	pader.
En tatare mantchou,	ama.	A Java,	paman.
En tungusien,	aminmoen.	En grec,	pater.
En madecasse,	amproy.	En persan-jaghuti,	peder.
En birman,	apa.	En koriake,	pepe.
En sibérien,	atai.	Au Thibet,	pha.
En calmouck,	atey.	Au Tonquin,	phu.
En rabbinique,	av.	Au Malabar,	pitave.
En mogol,	baab.	Au Malab.-Tranquebar,	pitawe.
En turc,	baba.	A Ceylan,	pita.
En tatare,	babamuz.	En sanscrit,	piter.
Au Bengale-Malais,	bappa.	En siamois,	poo.
En tamoul,	bita.	A Java,	rama.
En tonquinois,	cha-tocha.	En japonais,	riosin.
En annamatique,	cia.	Autre en japonais,	tete, toto.
En japonais,	cici ou jitzi.	En chinois,	ticou.
A Formose,	diameta.	En tamoul,	vida.

3.º *Dans les LANGUES DE L'AFRIQUE*

En amharique,	aba.	En melindan,	aba.
En Barbarie,	aba.	En abyssin,	abba.

En moresque,	abbo.	En égyptien ;	taaut.
En éthiopien,	abi.	Au Congo,	tat.
En hottentot,	ambup.	En copte ancien,	teut.
En shilah,	baba.	En hottentot,	tikkop.
En hottentot,	bo.	En angolan,	tot.
En copte moderne,	jôt.		

4.º Dans les LANGUES DE L'AMÉRIQUE.

En huron,	aihtaha.	En algonquin,	nousce.
En canadien,	aistan.	A la Nouvelle Angleterre,	oshe.
En groënlandais,	attata.	Au Canada,	outa.
En caraïbe,	baba.	En guarinien (Bresil),	ruba.
En crikique,		En mexicain,	rure.
ou karirique,	chalkée.	Autre mexicain,	tahtli.
En chilois,	chou.	En brasilien,	tuba.
En apalachique,	kelké.	En groënlandais,	ubia.
En virginien,	noosh.	En chacktawique,	ungey.
En savanahique,	nossé.	En mohogique,	wanihc.

5.º Dans les LANGUES DE L'OCÉANIQUE.

| Aux îles Pelew, | cattam. | | tané. |
| A Otahiti (Sandwich), | metoua- | A Atooi (id.), | modooa-tanne. |

En voilà suffisamment pour les langues. Reprenons la suite des idées bizarres de quelques savans.

———

Gaspard Schott, auteur érudit, mais fort singulier, dit, dans son ouvrage *De secretis naturæ*, que l'enfant apporte en naissant le visage tourné vers la terre comme un coupable. Son premier cri en paroissant au grand jour est o A; celui de la mère est o E. Ainsi rien n'est plus facile que d'expliquer ces sons significatifs : o A ne peut se rendre autrement que par : « O Adam! pourquoi avez-vous péché? » Et o E veut dire : « O Eve! pourquoi avez-vous induit en erreur notre premier père? »

Ce même auteur dit ailleurs que les animaux qui ont peuplé l'Amérique y ont été apportés par les anges.

———

Je ne sais quel autre singulier observateur a remarqué que les cinq voyelles servent de diapason au rire en général. Selon lui l'homme rit en A ; la femme rit en E ; la dévote rit en I ; le villageois rit en O ; et la vieille femme rit en U.

———

L'abbé Damascène, astrologue italien, avoit publié dès 1662 une brochure de six feuilles, imprimée à Orléans, dans laquelle il distingue les différens tempéramens des hommes et des femmes par leurs différentes manières de rire. Selon lui le rire en I, dénote les mélancoliques ; le rire en É, les bilieux ; celui en A, les phlegmatiques, et le rire en O, les sanguins.

———

On connoît un grand nombre de dédicaces qui renferment des louanges hyperboliques ; mais il en est peu qui puissent rivaliser avec le passage suivant de celle qu'un auteur adressoit au cardinal de Richelieu : « Qui jamais a pu contempler votre figure sans être saisi de ces douces terreurs qui faisoient frissonner les Prophètes quand Dieu leur montroit les rayons de sa gloire ? Mais de même que celui qu'ils n'osoient pas approcher dans le buisson ardent et au milieu des éclats de son tonnerre, leur paroissoit quelquefois entouré de la fraîcheur des zé-

phirs ; de même l'aménité de votre auguste visage
dissipe et change en rosée les légères vapeurs qui
couvrent la majesté de votre front. »

———

L'amour de la patrie est une vertu ; mais pour
montrer qu'on la possède, il ne faut pas pousser ses
preuves jusqu'au ridicule, comme l'ont fait certains
savans qui ont voulu exalter par des conjectures
fort singulières le pays qui les a vus naître ; j'en con-
nois beaucoup, je me contenterai d'en citer un
exemple.

Pierre le Loyer a publié un ouvrage intitulé :
Edom ou les colonies iduméennes etc. ; Paris, 1620
in-8.°; il prétend y prouver que les Angevins tirent
leur origine d'Esaü ; que non-seulement les noms
des villes de France, mais encore ceux des villages
d'Anjou, des hameaux, des maisons, des pièces de
terres de la paroisse d'Huillé, lieu de sa naissance,
viennent de la langue hébraïque et chaldaïque. Il
trouve dans cette paroisse les noms d'une infinité
d'Hébreux qu'il regardoit comme les ancêtres des
habitans du pays. Il met aussi à contribution Homère,
qui, tout occupé sans doute de M. le Loyer, a renfermé dans un seul vers ses noms de baptême et de
famille, ceux du village où il est né, du royaume et
de la province où il a vu le jour. Cet heureux vers
est le 183e de l'Odyssée. En intervertissant l'ordre
des lettres et des mots, on y trouve Petros Loerios
etc., c'est-à-dire *Pierre le Loyer, Angevin, Gaulois d'Huillé*. Et comme il y a trois lettres qui restent

de tout ce vers, notre habile auteur les prend pour
numérales, et y trouve 1620, date de l'année de sa
brillante découverte.

———

Nous pourrions encore rapporter beaucoup d'autres exemples d'opinions bizarres, entre autres celles
du P. Hardouin avec ses révérends pères Virgile,
Horace, Ovide, etc., moines du moyen âge selon
lui; ce qui faisoit dire à Boileau : « Quoique je n'aime
pas les moines, je n'aurois pas été fâché de vivre
avec frère Horace et dom Virgile. » Mettons encore
au nombre des folies dont nous avons déjà parlé, ce
qu'on a dit du livre d'Enoch ; de la prétention
qu'ont les Sabéens de posséder un livre écrit de la
main d'Adam; des antiquaires irlandais qui parlent
de bibliothèques publiques existantes avant le déluge, et particulièrement de Paul-Christian Ilsker
dont l'érudition plus profonde encore nous a donné
un catalogue exact des livres que possédoit Adam ;
enfin des bibliothèques astronomiques déposées dans
l'arche de Noé; mais tous ces sujets intéressans ne
contribuant pas beaucoup à l'instruction du lecteur,
nous terminerions ici cette notice déjà peut-être un
peu longue, si nous ne voulions y ajouter les *quatre
âges de la littérature latine, figurés, selon quelques visionnaires, dans la statue de Nabuchodonosor.*

Ces profonds érudits ont trouvé une image des
révolutions arrivées à la langue latine, dans la statue
que Nabuchodonosor vit en songe (DANIEL II, v. 31);

c'est selon eux, une allégorie de ce qui devoit arriver à cette langue.

Cette statue étoit extraordinairement grande ; la langue latine n'étoit-elle pas répandue presque partout ?

La tête de cette statue étoit d'or ; c'est le siècle d'or de la langue latine ; c'est le temps de Térence, de Lucrèce, de César, de Catulle, de Cicéron, de Salluste, de Cornélius-Népos, de Tibulle, de Virgile et d'Horace, de Vitruve, de Properce ; en un mot c'est le siècle d'Auguste.

La poitrine et les bras de la statue étoient d'argent ; c'est le siècle d'argent de la langue latine, depuis la mort d'Auguste jusqu'à celle de Trajan, c'est-à-dire jusqu'environ cent ans après Auguste. Dans cette période ont brillé Tite-Live, Ovide, Manilius, Sénèque, Pline l'aîné, Velleius-Paterculus, Phèdre, Persé, Lucain, Juvénal, Quintilien, Pline le jeune, Pomponius-Mela, Petrone, Stace, Silius-Italicus, Valérius-Flaccus, etc.

Le ventre et les cuisses de la statue étoient d'airain ; c'est le siècle d'airain de la langue latine qui comprend depuis la mort de Trajan jusqu'à la prise de Rome par Alaric, chef des Goths en 409. On voit dans cette période, Martial, Tacite, Suétone, Florus, Apulée, Justin, Aulu-Gelle, Solin, Calpurnius, Nemesianus, Ausone, Lactance, Aurelius-Victor, Ammien-Marcellin ; Claudien, Sulpice-Sévère, Macrobe, etc.

Les jambes de la statue étoient de fer, et les pieds

partie de fer et partie de terre; c'est le siècle de fer
de la langue latine, pendant lequel les différentes
incursions des Barbares plongèrent les hommes dans
une extrême ignorance. A peine la langue latine se
conserva-t-elle dans le langage de l'Église. On voit
paroître dans cette période Sidonius-Apollinaris,
Boece, Végece, Cassiodore, Saint Grégoire de Tours,
Saint Isidore de Seville, etc.

Enfin une pierre abat la statue; c'est la langue
latine qui cesse d'être langue vivante.

DES GENS DE LETTRES.

Marsile Ficin a fait un petit traité *de Studioso-*
rum sanitate tuendá, dont la lecture est utile et
agréable. Il conseille aux gens d'étude d'avoir un soin
particulier de quatre choses : *cerebrum, cor, sto-*
machus, et spiritus. Il parle ensuite des ennemis qui
font la guerre aux personnes d'une grande application, savoir : la pituite, l'atrabile, la réplétion et le
sommeil du matin, dont il examine les conséquences.
Il ajoute à cela le moyen de faire durer la vie.

———

Il existe deux maux redoutables contre lesquels
la médecine semble avoir échoué jusqu'à ce moment.
Ce sont la migraine et la goutte. Le célèbre Linné
atteint de l'une et de l'autre prétend s'en être guéri
par les deux recettes suivantes.

Sujet à des migraines qui duroient environ vingt-quatre heures, il attribue le rétablissement de sa santé à un peu d'exercice qu'il faisoit le matin après avoir bu un verre d'eau pure.

Tourmenté à 29 ans de la goutte, il ne mangea que des fraises pendant un mois; sa douleur se calma. Un an après, même régime, et la goutte disparut. La troisième année, les fraises prévinrent le retour du mal. Jusqu'à son dernier jour, Linné prévint ou chassa ainsi cette cruelle maladie.

Heureusement je n'ai pas été dans le cas d'éprouver cette dernière recette; mais je puis assurer que la première, relative à la migraine, m'a parfaitement réussi depuis quinze ans.

On connoît l'histoire vraie ou supposée du gros livre magnifiquement relié qui étoit dans la bibliothèque du célèbre Boërhaave de Leyde et qu'il avoit annoncé comme contenant les plus beaux secrets de la médecine. On l'ouvrit et il étoit blanc d'un bout à l'autre; mais on lisoit sur la première page : «Tenez-vous la tête fraîche, les pieds chauds, et le ventre libre; et moquez-vous des médecins. »

La frugalité doit être le partage d'un homme de lettres. Chacun n'a pas la force de tempérament de Lainez, qui, un jour, trouvé par un ami à huit heures du matin dans la bibliothèque du Roi, à la sortie d'un repas de la veille où le jour l'avoit sur-

pris à table, lui répondit par cette jolie parodie de
deux vers de Virgile (1) très connus :

> Regnat nocte calix, volvuntur biblia manè ;
> Cum Phœbo Bacchus dividit imperium.

On peut appliquer les deux vers suivans à bien
des écrivains qui prêchent la vertu dans leurs livres,
et qui, dans leur conduite, oublient de mettre en
pratique leurs excellens préceptes :

> Quid juvat humanos scire atque evolvere casus,
> Si fugienda facis, si facienda fugis ?

Cette épigramme a été faite par Latomus au sujet
de Sabellicus, poëte d'Italie, qui mourut en 1506,
des suites de ses débauches, après avoir étalé les plus
belles maximes de sagesse dans ses écrits.

Quand on voit tout ce qui se passe dans la république des lettres, la conduite de certains auteurs,
la vogue de certains livres, les articles qu'on leur
consacre dans les journaux, etc., ne diroit-on pas que
les ouvrages les plus médités par quelques écrivains
sont le *de Machiavelismo litterario* de Michel Li-
lienthal, 1713 *in-*8.º, où il dévoile toutes les petites
ruses dont se servent les gens de lettres pour se faire
un nom ; et le *Jo. Burch. Menckenii de charlata-
neria eruditorum declamationes duæ*, etc. editio
quinta, 1747, *in-*8.º, trad. en français, sous le titre
de la *Charlatanerie des savans*; 1721, *in-*8.º,

---

(1) Nocte pluit totâ, redeunt spectacula manè ;
   Divisum imperium cum Jove Cæsar habet.

qui est également curieux ? Quel supplément il y auroit à faire à ces deux livres !

Je ne sais quel observateur a dit : « La plupart des gens de lettres ressemblent aux jolies femmes qui ne peuvent se regarder sans perdre la tête. »

~~~~~~

MANIES DE QUELQUES AUTEURS.

Asinius Pollion, le plus fécond écrivain des Romains, avoit chaque jour une heure fixée pour le travail; passé ce temps, il n'eût pas touché un livre ni ouvert une lettre pour tout au monde.

Le célèbre Cujas avoit contracté l'habitude singulière d'étudier et de travailler, couché tout de son long sur un tapis, le ventre contre terre, ayant ses livres autour de lui.

L'historien Mezerai s'étoit fait une loi de ne travailler qu'à la chandelle, même en plein jour au milieu de l'été ; et comme s'il fût persuadé qu'il n'y avoit plus de soleil au monde, il ne manquoit jamais de reconduire, même à midi, jusqu'au milieu de la rue, le flambeau à la main, ceux qui lui rendoient visite. De plus la bouteille étoit toujours sur sa table lorsqu'il travailloit.

Varillas, également historien, a toujours vécu dans la solitude; il étoit très simple dans ses habits et dans ses meubles, quoiqu'il fût à son aise. Il ne

15

travailloit qu'au grand jour. Il se vantoit d'avoir été
trente-quatre ans sans avoir mangé une seule fois
hors de chez lui. Il déshérita un de ses neveux
parce qu'il ne savoit pas l'orthographe. Il préten-
doit que de dix choses qu'il savoit, il en avoit appris neuf dans la conversation.

Thomas, de l'Académie française, restoit tous
les jours au lit jusqu'à midi ; c'est là que, les rideaux
bien fermés, il méditoit, composoit et rédigeoit
dans sa mémoire l'ouvrage qui l'occupoit ; ensuite
il se levoit et le jetoit par écrit à-peu-près d'un seul
trait.

Le fameux Bayle avoit un tel goût pour les bala-
dins et les marionnettes, qu'aussitôt qu'il entendoit
le tambour ou la trompette qui les annonçoit, il
quittoit tout, se rendoit des premiers sur la place,
au milieu de la populace ordinairement seule spec-
tatrice de ces sortes de farces, et il n'en revenoit
que le dernier.

Magliabecchi, savant Italien, bibliothécaire du
duc de Toscane à Florence, avoit un caractère singulier. Il a passé toute sa vie (80 ans) au milieu
des livres. Il étoit très frugal ; quelques œufs, un
peu de pain et de l'eau faisoient sa nourriture ordinaire. Il mangeoit sur ses livres, dormoit sur ses
livres, et ne s'en séparoit que le plus rarement possible ; pendant toute sa vie il n'est sorti que deux
fois de Florence, l'une pour aller à deux lieues, et
l'autre pour en faire trois et demie par ordre du
Grand Duc. Sa manière de vivre étoit uniforme.

Toujours environné de livres, il ne s'embarrassoit de rien autre chose; et les seuls êtres vivans auxquels il paroissoit s'intéresser étoient ses araignées; aussi il lui arrivoit souvent, au milieu de ses piles de livres, de crier à ceux dont la curiosité lui paroissoit imprudente : « Prenez garde de faire du mal à mes araignées (1). » Son habillement répondoit parfaitement à son genre de vie : il se composoit d'une grande veste brune qui lui tomboit sur les genoux, d'un pantalon, d'un manteau noir plein de pièces et de coutures, d'un chapeau déformé à grands bords percés de toutes parts, d'une large cravate toute farcie de tabac, d'une chemise sale qu'il ne quittoit jamais tant qu'elle duroit et que l'on voyoit à travers les coudes percés de sa veste. Enfin, une paire de manchettes, qui ne tenoit pas à la chemise, achevoit ce brillant costume. Ajoutons qu'il avoit toujours en hiver une chaufferette ou couvet suspendu à ses mains, de sorte que la braise roussissoit souvent ses manchettes ou lui brûloit les doigts. Croiroit-on avec cela que Magliabecchi étoit dans l'aisance, et que son affabilité pour les gens de lettres ne laissoit rien à désirer?

_____

(1) Je ne sais si jamais Jérôme de Lalande lui a rendu visite; Mais à coup sûr Magliabecchi l'eût vu d'un bien mauvais œil courir après ses pauvres araignées et satisfaire son goût pour ce hideux insecte qu'il avaloit avec autant de plaisir qu'un autre en eût eu à savourer une pastille.

DU PRIX

De quelques manuscrits d'ouvrages, payés par des libraires à leurs auteurs.

L'HISTOIRE de Charles-Quint a été vendue par Robertson à son libraire 4000 guinées, 105,880 liv. (1).

D. Hume avoit retiré de ses travaux historiques une somme de 10,000 liv. sterl. (246,100 f.) de rente, avec laquelle il passoit doucement sa vie en Écosse, lorsqu'il fut visité de nouveau par ses libraires qui lui demandèrent la continuation de son Histoire d'Angleterre, et lui firent les offres les plus avantageuses. Hume s'excusa d'abord en termes généraux. Enfin, pressé plus vivement et forcé de s'expliquer : « Je ne puis, leur répondit-il, accepter vos propositions, ni autres du même genre, par quatre raisons : je suis trop vieux, trop gras, trop paresseux et trop riche. »

Le comte Dzialinski, polonais, a envoyé de Paris à Varsovie (en mai 1822) un ouvrage qu'il a acheté au poids de l'or (on ne spécifie pas la somme); c'est un volume d'environ 30 à 40 feuilles pet. *in-fol.*,

---

(1) Nous observerons qu'en France la grande Encyclopédie *in-fol.*, qui a coûté à-peu-près huit millions de frais, et qui en a rapporté deux de profit aux libraires, n'a valu à Diderot, entrepreneur et directeur de cet énorme colosse, qu'une modique somme de 1000 livres de rente viagère.

écrit de la main de Buonaparte. V. le *Journal de Littérature étrangère*, juin 1822, p. 180.

En 1820, les libraires Longman et compagnie, à Londres, ont payé à miss Joanna Baillie la somme de mille guinées (26,470 fr.), pour un volume de biographie d'hommes célèbres, tels que sir William Wallace, Christophe Colomb, Lady Griselda Baillie, etc.; etc.

Le libraire Murray, de Londres, a donné à lord Byron la somme de 2000 guinées (52,940 fr.) pour l'histoire de sa vie.

Les journaux de Londres, de juin 1823, annoncent qu'il est constaté que le célèbre Walter Scott a reçu de son libraire la somme de 26,000 liv. sterl. (593,980 fr.) pour les quatre romans, *le Pirate*, *Nigel*, *Pevèril du Pic* et *Quentin-Durward*, qu'il a publiés dernièrement.

Les manuscrits des tragédies modernes de nos auteurs sont, depuis trois à quatre ans, payés fort cher par des libraires de Paris. On a parlé de 5, 6, 7 et même 8000 fr. chacune; et chacune forme une brochure de trois à quatre feuilles.

C'est bien le cas de dire ici : *Gaudeant benè nati*, quel que soit le mérite des littérateurs dont nous venons de parler ; car on compte quelques-uns de leurs prédécesseurs qui ont été beaucoup moins heureux. Par exemple : le fameux Milton eut toute la peine du monde à décider le libraire Thompson à faire imprimer son *Paradis perdu*, et à lui en donner une douzaine de guinées. Il est vrai que ce livre n'eut d'abord aucun succès, et qu'on fut obligé, en 1668 et 69, de mettre de nouveaux frontispices à la première édition de 1667. Les héritiers de Thompson y ont gagné par la suite plus de cent mille écus.

L'*Optique* du grand Newton fut dans le principe aussi négligée que le *Paradis perdu*.

Foë présenta en vain le manuscrit de son *Robinson-Crusoé* à plusieurs libraires ; et il est peu de livres qui aient eu un succès et un débit plus considérable. Celui qui enfin se chargea de l'impression, gagna en peu de temps mille guinées; et depuis combien d'autres milliers de guinées n'a pas procurés à la librairie cet ouvrage attachant !

Sterne offrit les deux premiers livres de son *Tristram Shandy* pour cinquante liv. sterl. (1212 f.) à un libraire d'Yorck qui le refusa. Et l'on sait quel est l'enthousiasme des Anglais pour les productions de cet écrivain singulier et vraiment original. Longtemps après la mort de cet auteur, un Anglais offrit une guinée de chaque ligne manuscrite et inédite de Sterne qu'on pourroit lui procurer.

Les Corneille, les Racine avoient bien de la peine à tirer 5 à 600 fr. d'une de leurs tragédies.

Mais si dès ouvrages aussi généralement estimés ont rencontré dès leur berceau de tels obstacles à la renommée et à la fortune de leurs auteurs, il en est d'autres d'un mérite qui semble bien minime, et qui ont obtenu à leurs propriétaires des récompenses inouies ; nous n'en citerons qu'un exemple :

Le manuscrit original de la *Méthode d'épeler*, par
Vyse, a été payé à son auteur 2200 livres sterl.
(50,600 fr.), non compris une rente viagère de
trente guinées (794 fr.).

FOIBLESSES
DE QUELQUES GRANDS HOMMES.

On connoît plusieurs hommes célèbres qui n'ont
point été exempts de foiblesses superstitieuses, ou
qui ont eu certaines antipathies dont il est impossible de rendre raison ; par exemple :

Socrate trouva, dit-on, le présage de sa mort
dans un vers d'Homère, auquel il avoit songé en
dormant. On explique le motif qui lui fit sacrifier
un coq à Esculape avant de mourir, quoiqu'il re-
connût l'unité de Dieu.

Sylla voyant un serpent s'élancer à côté de l'autel
où il faisoit un sacrifice, en tire l'induction que
c'est le moment de prendre les armes ; il vole au
combat et défait les Samnites.

Jules-César craignoit singulièrement le tonnerre ;
on prétend qu'il mettoit une couronne de laurier
pour se préserver de la foudre ; d'autres croient
que c'étoit pour couvrir son front chauve.

Mithridate croyoit aux songes.

Auguste croyoit également aux songes. Le même
esprit superstitieux le faisoit toujours partir du pied
droit. Il craignoit les années climatériques.

Domitien joignoit à une cruauté excessive la foiblesse de croire aux songes.

Marc-Aurèle, tout philosophe qu'il étoit, avoit la même superstition.

Uladislas, roi de Pologne, se troubloit à la vue d'une pomme.

Louis XI avoit toute confiance à une petite Sainte Vierge de plomb attachée à son bonnet. Cette confiance n'est blâmable qu'autant qu'elle étoit superstitieuse et qu'il lui demandoit pardon des fautes qu'il se proposoit de commettre.

Erasme ne pouvoit respirer l'odeur du poisson de mer sans éprouver un accès de fièvre.

Scaliger ne pouvoit regarder du cresson fixement sans éprouver un frémissement involontaire.

Le maréchal d'Albret fuyoit devant les cochons.

Cardan annonça l'année de sa mort et vérifia sa prédiction.

Catherine de Médicis croyoit à l'astrologie.

Henri III, son fils, avoit une telle antipathie pour les chats, qu'il n'auroit pu rester dans une chambre où il y en auroit eu un.

Le Tasse croyoit voir quelquefois le diable à ses côtés.

Ticho-Brahé changeoit de couleur et sentoit ses jambes défaillir à la rencontre d'un lièvre ou d'un renard.

Bacon tomboit en syncope toutes les fois qu'il arrivoit une éclipse de lune.

Hortensius, professeur de mathématiques à Amsterdam, prédit qu'il mourroit en 1639, et que deux jeunes Hollandais de sa compagnie mourroient la même année. Cette idée le frappa tellement, qu'il mourut effectivement dans l'année prédite, ainsi que l'un des deux Hollandais ; Daniel Heinsius, qui étoit l'autre jeune homme, devint languissant et eut beaucoup de peine à éviter le fatal horoscope. Quoique ce soit Descartes qui raconte ce fait, *credat Judæus*........

Le duc d'Epernon s'évanouissoit à la vue d'un levraut.

Lamothe-le-Vayer ne pouvoit souffrir le son d'aucune espèce d'instrument, quelque harmonieux qu'il fût ; mais le bruit du tonnerre et le sifflement des vents le mettoient en extase.

Hobbes, célèbre esprit fort, ne pouvoit rester un instant sans lumière pendant la nuit, qu'il ne délirât. Il ne croyoit pas en Dieu, et avoit une frayeur inconcevable du diable.

Pascal voyoit toujours un précipice à sa gauche.

Boyle tomboit en convulsion, quand il entendoit le bruit que fait l'eau en tombant d'un robinet.

Jacques II, roi d'Angleterre, ne pouvoit voir une épée nue sans pâlir et sans tomber dans une espèce de défaillance.

Un chapelain du duc de Bolston sentoit au cœur et au sommet de la tête un froid de glace, lorsqu'on le forçoit à lire le 25e chapitre d'Isaïe et certains versets du Livre des Rois.

Louis XIV ne pouvoit supporter la vue du clocher de Saint-Denis.

Le chevalier d'Alcantara se trouvoit mal toutes
les fois qu'il entendoit prononcer le mot *lana*,
laine ; et cependant il portoit des habits de laine
sans répugnance.

On pourroit ajouter à ces traits beaucoup d'autres
exemples de superstition ou de foiblesse de la part
de certains grands hommes ; mais nous en avons
rapporté suffisamment pour prouver que les génies
les plus élevés, non-seulement se rapprochent quelquefois du commun des hommes, mais même vont
souvent au-delà de ce qu'on voit ordinairement dans
ce genre.

N'oublions pas que les phénomènes de la nature
ont souvent jeté l'épouvante parmi les peuples,
quand la superstition régnoit en Europe. Dans le
moyen âge, l'apparition des comètes a surtout inspiré de grandes terreurs. Celle de 840 effraya tellement Louis le Débonnaire, qu'il consulta tous les
astrologues de son empire et fonda des monastères ;
il mourut deux ans après de la frayeur que lui causa
une éclipse totale de soleil. La grande queue que
traînoit après elle la comète de 1456, répandit la
terreur dans l'Europe déjà effrayée des succès ra-
pides des Turcs, qui venoient de détruire l'empire
Grec et de s'emparer de Constantinople. Le pape
Calixte III ordonna une espèce d'*Angelus* que l'on
récitoit le matin, à midi et le soir, dans lequel on
conjuroit la comète et les Turcs. L'empereur Charles-

Quint crut reconnoître dans la comète de 1556 un signe qui l'avertissoit de songer à la mort. En 1686, les Protestans, en France, regardoient les comètes qui venoient de paroître en grand nombre, comme les avant-coureurs des persécutions qu'ils essuyoient. Lors de l'éclipse du 12 août 1654, la consternation fut si grande, qu'un curé de campagne ne pouvant suffire à confesser tous ses paroissiens qui croyoient mourir et qui se précipitoient au confessionnal, leur dit au prône : « Mes enfans, ne vous pressez « pas tant; je vous annonce que l'éclipse est re- « mise à quinzaine. » Depuis la fin du dix-septième siècle, on est guéri de ces vaines frayeurs.

EXPLICATION

DES CARTES A JOUER.

Dans une dissertation sur l'origine (1) et sur l'emblême des figures des cartes à jouer, on dit que les as signifient richesses, argent, du mot latin *as*, qui, chez les Romains, désignoit une pièce de monoie. Le trèfle, herbe si commune dans les prairies, veut dire provisions, fourrages. Les piques et les carreaux indiquent les magasins d'armes qui doi-

(1) On croit que les cartes à jouer furent inventées vers la fin du règne de Charles V, vers 1380. Alors la dénomination des figures seroit bien postérieure, Charles VII, sa femme, et Jeanne d'Arc n'ayant vécu que dans le siècle suivant.

vent toujours être bien fournis. Les *carreaux* étoient des flèches fortes armées d'un fer carré et qui se tiroient avec l'arbalète. Les cœurs sont le symbole du courage des chefs et des soldats. DAVID, ALEXANDRE, CÉSAR et CHARLEMAGNE sont les quatre chefs. Sous le nom de *David*, roi de pique, on désigne Charles VII. (On ne donne pas l'allusion des trois autres rois ; cependant, d'après le costume, ils doivent (du moins pour Alexandre et César), désigner quelques-uns de nos rois, car il est ridicule de les représenter en perruque, en pourpoint, etc.). Quant aux dames, ARGINE, dame de trèfle, dont l'anagramme est *regina*, c'est la reine Marie d'Anjou, femme de Charles VII ; RACHEL, dame de carreau, c'est Agnès Sorel ; PALLAS, dame de pique, c'est la chaste et guerrière Jeanne d'Arc ; et JUDITH, dame de cœur, c'est l'impératrice de ce nom, femme de Louis le Débonnaire. Les valets sont OGIER et LANCELOT, deux preux du temps de Charlemagne, et LAHIRE et HECTOR (de Galard), deux grands capitaines sous Charles VII. Le titre de *varlet* étoit anciennement honorable, et les plus grands seigneurs le portoient jusqu'à ce qu'ils eussent été faits chevaliers. Les quatre valets (au jeu de piquet) représentent donc la noblesse, et les dix, les neuf, les huit et les sept désignent les soldats. On a beaucoup écrit sur l'origine des cartes à jouer ; mais on n'est point d'accord, ni sur la date de leur invention, ni sur le peuple auquel on les doit. Il est cependant présumable que la France fut leur berceau.

Tableau du Nœud conjugal.

Sur huit cent soixante et douze mille cinq cent soixante-quatre mariages, on compte :

1362 Femmes qui ont quitté leurs maris pour suivre leurs amans.

2361 Maris qui se sont enfuis pour éviter leurs femmes.

4120 Couples séparés volontairement.

191023 Couples vivant en guerre sous le même toit.

162320 Couples se haïssant cordialement, mais cachant leur haine sous une feinte politesse.

516132 Couples vivant dans une indifférence marquée.

1102 Couples réputés heureux dans le monde, mais qui ne conviennent pas intérieurement de leur bonheur.

135 Couples heureux par comparaison avec bien d'autres plus malheureux.

9 Couples véritablement heureux.

Dans laquelle de ces catégories placerons-nous le pauvre Elie Benoît, savant réfugié français, qui en 1728, est mort en Hollande? A coup sûr ce ne sera pas dans la dernière. Il étoit patient, doux, timide; mais sa femme ne lui ressembloit en rien. On prétend que celle de Socrate eût été un ange en comparaison de madame Benoît. Au reste on en peut juger par le portrait que nous en a laissé son cher époux : « *Uxorem duxi*, dit-il, *vitiis omnibus quæ conjugi pacem amanti gravia esse possunt, implicitam; avara, procax, jurgiosa, inconstans et varia, indefessâ contradicendi libidine, per annos quadraginta septem miserum conjugem omnibus diris affecit.* » Ce qui en français signifie : « j'ai pris une femme ayant tous les défauts les plus insupportables pour un mari aimant la paix. Avare, insolente, hargneuse, inconstante, et habile à varier son infatigable plaisir de contredire, elle a, pendant QUARANTE-SEPT ANS, accablé son misérable époux de tous les maux imaginables. Si jamais mari a été fondé à faire usage de l'épitaphe CI-GIT MA FEMME, OH! QU'ELLE EST BIEN...., c'est certainement M. Elie Benoît.

———

Explication et différens sens donnés aux lettres :

S.   P.   Q.   R.

Senatus PopulusQue Romanus.
Salva Populum Quem Redemisti.
Sono Poltroni Questi Romani.
Sancte Pater, Quid Rides ?
Rideo Quia Papa Sum.
Salus Papæ, Quies Regni.
Salvasti Populum Quem Regis.
Solidavit Pace Quietem Regni.
Salvavit PacavitQue Regnum.
Si Peu Que Rien.
Si Plein Qu'il Répande.

———

Gerbert avoit été archevêque de Reims en 992, archevêque de Ravenne en 998, et il fut élu pape en 999 sous le nom de Sylvestre II. On a désigné ces trois siéges par ce vers :

Transit ab R Gerbertus ad R, fit Papa regens R.

———

Le pape Nicolas V avoit fait placer cette inscription :

N.   P.   V.

qui signifie *Nicolaus Papa quintus ;* des malins l'interprétèrent par ces mots : *Nihil Papa Valet.* Cette mauvaise plaisanterie n'avoit aucun fondement.

Le célèbre Sixte-Quint (Felix Peretti, qui avoit été pâtre dans son enfance) aimoit beaucoup le mercredi :

> Le mercredi 13 décembre 1521 il naquit ;
> Un mercredi il fit profession chez les Cordeliers ;
> Un mercredi il fut promu Cardinal sous le nom de Montalte ;
> Un mercredi il fut élu Pape ;
> Le mercredi suivant, il fut exalté.
>> Il mourut le 27 août 1590.

Charles-Quint eut aussi un jour d'affection, c'est le 24 février, fête de Saint Mathias ; ce prince faisoit la remarque qu'il avoit été constamment heureux ce jour-là, pendant le cours de sa vie.

> Le 24 février 1500, il vint au monde dans la ville de Gand.
> Le 24 février 1525, ses troupes gagnèrent la trop célèbre bataille de Pavie.
> Le 24 février 1527, les Bohémiens élurent pour roi son frère Ferdinand.
> Le 24 février 1529, Charles-Quint se fit couronner à Bologne par le pape Clément VII, qui lui conféra trois couronnes.
> Le 24 février 1540, cet empereur arrive à Gand et apaise la révolte de cette ville contre sa sœur l'archiduchesse Marguerite.
> Le 24 février 1556, Charles-Quint abdique l'empire.
>> Il mourut le 21 septembre 1558.

Inscription fort simple.

```
         I.      C.
  I.       E.       S.
         T.      L.
                 E.
         C.      H.
  E.       M.       I.
         N.      D.
  E.       S.       A.
         N.      E.
                 S.
```

Jamais les académiciens n'ont pu trouver le fin mot de cette inscription découverte, dit-on, à Montmartre. Un paysan lut sans hésiter : *Ici est le chemin des ânes.*

Explication des lettres suivantes.

```
  R.       R.       R.
      T.       S.
      D.       D.
  R.       R.       R.
F.     F.       F.       F.
```

Romulo Regnante, Roma
Triumphante, Sybilla
Delphica Dixit :
Regnum Romæ Ruet
Flamma, Fame, Ferro, Frigore.

Interprétation des lettres suivantes.

```
  P.       P.       P.
  J.       J.       J.
  R.       R.       R.
```

Ces lettres furent un jour placardées dans cet ordre à la porte du sénat de Venise. L'Inquisition d'état fit publier qu'elle donneroit une récompense à celui qui découvriroit le sens de ces caractères et qui en dénonceroit l'auteur. Le lendemain on trouva écrit sur la même porte :

Prudentia Patrum Periit.
Jmprudentia Juvenum Jmperat.
Respublica Recens Ruit.
et plus bas : *gratis.*

CARRÉS LITTÉRAIRES.

Dans ces deux carrés, les mots AGRARIA et AMARA peuvent se lire dans tous les sens, soit horizontalement, soit du haut en bas, soit diagonalement :

```
A G R A R I A
G G   G   I G
R   R R R   R
A     A     A
R   R R R   R
I G   I   I I
A G R A R I A
```

```
A M A R A
M M M R M
A M A R A
R M R R R
A M A R A
```

VOYELLES.

Les cinq voyelles a, e, i, o, u, formoient la clef de la voûte de la porte de l'ancien palais de l'Empereur à Vienne ; elles y étoient mises pour signi-

16

fier : *Austriacorum Est Imperare Orbi Universo.*
Matthæus Tympius prétend que ces lettres signifient :
Aquila Electa Juste Omnia Vincit.

A, e, i, o, u, étoit la devise de l'Empereur Frédéric III ; il y a apparence que c'est sous son règne qu'a été bâti le palais en question.

ÉNIGME.

Ego sum principium mundi,
Et finis seculorum,
Ego sum trinus et unus,
Et tamen non sum Deus.　　　　　m.

FABLE.

Sur la cime d'un arbre, un limaçon grimpé,
　Fut par un aigle aperçu d'aventure.
Comment à ce haut poste, oubliant ta nature,
As-tu pu t'élever, dit l'oiseau ?—J'ai rampé.....

　　Combien, dans le siècle où nous sommes,
　　De limaçons parmi les hommes !
　　　　　　　　　　DOBWECK.

Ponctuation qui change le sens de la phrase.

Qui vult recedere pergat ; ego autem non , hîc stabo.

Que celui qui veut se retirer , le fasse ; pour moi , non : je resterai ici.

Qui vult recedere pergat ; ego autem , non hîc stabo.

Quiconque veut se retirer peut le faire ; pour moi je ne resterai point ici.

Reginam Albam occidere bonum est ; timere nolite. Etiam si omnes censuerint, ego non dissentio.

C'est fort bien de tuer la Reine Blanche ; ne craignez point. Si tout le monde y consent, je ne m'y oppose point.

Reginam Albam occidere ! Bonum est timere ; nolite. Etiam si omnes censuerint, ego non , dissentio.

Tuer la Reine Blanche ! Craignez, gardez-vous-en bien. Quand tout le monde y consentiroit, moi, non : je m'y oppose.

Porta , patens esto nulli , claudaris honesto (1).

Qu'on n'ouvre la porte à personne, qu'on la ferme à tout homme honnête.

Porta , patens esto , nulli claudaris honesto.

Qu'on ouvre la porte, et qu'on ne la ferme point à quiconque est honnête.

Doubles sens.

Ibis , redibis , non morieris in bello.

Vous irez, vous reviendrez, vous ne mourrez pas à la guerre.

Ibis , redibis non , morieris in bello.

Vous irez, vous ne reviendrez pas, vous mourrez à la guerre.

In memoria semper erit.

On en conservera toujours la mémoire.

In me moria semper erit.

Je serai toujours fou.

Securè Domine stes.

Monsieur, n'ayez aucune inquiétude.

Securè domi ne stes.

Ne restez pas tranquille à la maison.

---

(1) On prétend que ce vers étoit sur la principale porte de l'abbaye d'Azelle. La mauvaise ponctuation fit renvoyer l'abbé et donna lieu à ce second vers :

Ob solum punctum , caruit Martinus asello.

Faute d'un point, Martin perdit son âne.

Aio te, AEacida, Romanos vincere posse (1).

Je dis, Eacide, que les Romains pourront vous vaincre.

Ou bien

Je dis, Eacide, que vous pourrez vaincre les Romains.

DE QUELQUES NOMBRES CURIEUX,

*Ou plutôt Notices relatives à la terre, à sa cour-
bure, à sa distance du soleil, à sa surface, à sa
population, etc.*

La terre que nous habitons est un globe dont la
circonférence est de 9,000 lieues, puisqu'elle comprend 360 degrés de 25 lieues chacun (la lieue de
2282 toises et demie); et son diamètre étant comme
355 à 113, sera de 2865 lieues; mais comme elle est
aplatie aux pôles, le diamètre pris d'un pôle à l'autre
sera moins grand que celui pris à l'équateur, d'un
334e, (un peu moins de 9 lieues.)

La terre étant sphérique, ceux qui voyagent sur
mer s'aperçoivent de sa courbure en quittant les
côtes qu'ils perdent insensiblement de vue à mesure
qu'ils s'éloignent du rivage. On a calculé les effets
de cette courbure, de sorte que dans le tableau suivant on verra que l'œil placé à telle ou telle hau-

---

(1) Cette phrase n'est pas seulement un double sens, mais une
faute contre la grammaire latine; car le moindre écolier sait que,
pour faire cesser l'amphibologie, il faut tourner l'actif en passif,
à moins que le sens ne présente aucune équivoque.

teur peut apercevoir un objet à telle ou telle distance. Nous supposons que le terrain où est l'œil et
où est l'objet à voir, se trouve aussi uni qu'une glace
ou que la mer lorsqu'elle est calme. Ainsi ce tableau
va présenter les distances auxquelles, à cause de la
courbure de la terre, se borne le rayon visuel, l'œil
étant supposé à une certaine hauteur. Nous remarquerons d'abord que si l'œil rasoit la surface de la
mer, il n'apercevroit pas une planche flottante au-
delà de 50 toises.

Hauteur de l'œil.		Distance à laquelle on voit.	Hauteur de l'œil.		Distance à laquelle on voit.
Pieds.	Pouces.	Toises.	Pieds.	Pouces.	Toises.
1	«	1,050	18	6	4,500
2	«	1,500	19	4	4,600
3	3	1,900	20	2	4,700
4	7	2,100	21	1	4,800
5	3	2,400	22	«	4,900
6	2	2,600	22	11	5,000
7	2	2,800	33	«	6,000
8	3	3,000	40	«	6,603
9	4	3,200	50	«	7,382
10	7	3,400	60	«	8,087
11	2	3,500	70	«	8,735
12	6	3,700	80	«	9,338
13	2	3,800	90	«	9,904
14	8	4,000	100	«	10,440
15	4	4,100	150	«	12,786
16	2	4,200	747	«	28,035
17	8	4,400	2988	«	57,069

Ce dernier résultat est à peu-près la valeur d'un
degré terrestre; c'est-à-dire qu'un homme placé sur
le bord de la mer à une élévation de 2988 pieds
(un peu moins d'un quart de lieue de hauteur),

apercevroit un objet éloigné de près de vingt-cinq lieues.

La courbure de la terre produit encore un autre effet, c'est la diminution progressive des degrés de longitude, soit au nord, soit au sud, depuis l'équateur (où ils ont 25 lieues) jusqu'aux pôles (où ils sont réduits à zéro). Les fuseaux en papier qui composent la carte que l'on colle sur les globes terrestres sont une image sensible de cette diminution, dont nous allons présenter un petit tableau calculé de cinq degrés en cinq degrés. Le premier degré qui est sous l'équateur a 25 lieues, et nous le supposons de 1000 parties; à mesure que nous nous éloignerons de l'équateur, nous verrons ces lieues et ces parties diminuer successivement.

Degrés.	Parties.	Lieues. Toises.	Degrés.	Parties.	Lieues. Toises.
au 1er	1000	25— »	au 50e	643	16— 159
5e	996	24—2,065	55e	574	14— 774
10e	985	24—1,415	60e	500	12—1,141
15e	966	24— 338	65e	423	10—1,290
20e	940	23—1,123	70e	342	8—1,256
25e	906	22—1,501	75e	259	6—1,072
30e	866	21—1,484	80e	174	4— 779
35e	819	20—1,092	85e	87	2— 408
40e	766	19— 345	87e	52	1— 704
45e	707	17—1,546	90e	0	0— 0

Nous ne parlerons pas ici des climats, parce qu'il en est question dans toutes les géographies, au lieu que les tableaux ci-dessus s'y rencontrent rarement; nous nous contenterons de dire que, par suite des climats, les jours qui sont toujours égaux aux nuits sous l'équateur, augmentent ou diminuent de chaque côté de ce grand cercle, à mesure que le soleil s'en éloigne ou s'en rapproche en allant et revenant de l'un à l'autre tropique. Il résulte de là qu'à *Quito*, sous l'équateur, les jours et les nuits sont de 12 heures; à *Paris* les plus longs jours en été et les plus longues nuits en hiver (aux solstices) sont de 15 heures 50 minutes; à *Torneo*, ils sont de 22 heures 14 minutes; au *Cap Nord*, ils sont de 74 jours, et enfin à l'île *Melville*, ils sont de 102 jours. Nous n'avons pas besoin de dire que sous les pôles il y a successivement six mois de jour, et six mois de nuit y compris l'aurore et le crépuscule.

Nous ne dirons également rien du méridien, quant à la nature de ce cercle, parce que cela tient à la connoissance de la sphère, qui est familière à tout le monde; mais comme il est difficile de se rappeler à l'instant la différence qui existe entre le méridien de tel pays et le méridien de tel autre pays, nous présenterons un petit tableau de cette différence, après avoir dit un mot du soleil dont la distance à la terre offre aussi quelques nombres curieux, et qui doit être mentionné ici d'autant plus que c'est par sa présence et par suite du mouvement diurne de la terre, que tous les points du globe de l'est à l'ouest ont successivement midi.

Le soleil est un corps sphérique et lumineux par lui-même, qui nous paroît stable au milieu de l'univers; son diamètre est de 319,314 lieues, tandis que celui de la terre n'est que de 2865; il est donc 111 fois et $\frac{1}{48}$ plus grand que celui de la terre, et sa circonférence est de 957,942 lieues; ce qui le rend 1,384,462 fois plus gros que la terre. Une telle grosseur comparée à celle qui frappe nos yeux quand nous regardons cet astre, fait présumer que sa distance à la terre doit être immense. Elle l'est en effet; mais elle varie tous les jours, parce que la terre dans sa révolution annuelle autour du soleil ne décrit pas un cercle, mais une ellipse. Il résulte de cette marche de la terre dans son orbite elliptique, que lorsque nous sommes arrivés au solstice d'été, vers le 22 juin (temps des plus longs jours de l'année) la terre est dans sa plus grande distance du soleil, et cette distance est de 34,935,000 lieues.

Au solstice d'hiver, vers le 22 décembre, (temps des jours les plus courts de l'année) la terre est dans sa plus petite distance du soleil; elle n'en est plus qu'à 33,780,000 lieues.

Enfin aux équinoxes (temps où les jours sont égaux aux nuits), c'est-à-dire, aux points intermédiaires entre le solstice d'hiver et le solstice d'été, vers le 21 mars; ou entre le solstice d'été et le solstice d'hiver, vers le 23 septembre, la terre est alors dans sa moyenne distance du soleil, et elle en est à 34,357,000 lieues.

Et chose qui paroît singulière aux personnes étrangères à l'astronomie, c'est que le soleil est plus près de nous de 1,155,000 lieues, au 22 décembre, où il fait si froid, qu'au 22 juin où la chaleur est déjà forte (1).

Ajoutons que la lune a aussi sa plus grande distance de la terre, qui est de 91,371 lieues; la moyenne est de 86,324 lieues; et la plus petite est de 79,963 lieues.

Mais il est temps de revenir à notre tableau relatif aux méridiens; nous l'avons composé d'un certain nombre de villes qui ont midi à des heures différentes, et nous faisons voir le rapport qu'il y a entre le midi d'une ville et celui d'une autre ville. Ainsi

Quand il est midi à Paris, il est			Et quand il est midi à	Il est à Paris,		
h.	m.	s.	à	h.	m.	s.
midi,	10	44	à Dijon	11	49	16 matin.
0	14	44	à Besançon	11	45	16
0	15	12	à Vesoul.	11	44	48
0	40	30	à Rome.	11	19	30
0	48	32	à Malte	11	11	28
0	56	12	à Vienne en Autriche . . .	11	3	48
1	12	0	à Varsovie	10	48	0
1	27	9	à Athènes	10	32	51
1	46	20	à Constantinople.	10	13	40
1	51	56	à Pétersbourg.	10	8	4
1	57	32	au Caire	10	2	28
2	12	36	à Jérusalem	9	47	24
2	52	8	à Bagdad	9	7	52

(1) On en trouve la raison dans tous les élémens d'astronomie; nous en parlons aussi dans notre *Essai chronologique sur les hivers les plus rigoureux, depuis 396 ans av. J.-C., jusqu'en 1820 inclusivement.* Paris, Renouard, 1821, 1 *vol. in-8°,* page 8.

Quand il est midi à Paris, il est	Et quand il est midi	il est à Paris,
h. m. s. à		h. m. s.
3 20 48	à Ispahan	8 39 12
3 38 0	à Ormus	8 22 0
4 39 52	à Surate	7 20 8
4 42 40	à Goa	7 17 20
5 3 36	à Agra (Mogol)	6 56 24
6 33 0	à Siam	5 27 0
6 57 48	à Batavia	5 2 12
7 36 20	à Pékin	4 23 40
8 56 36	à Méaco	3 3 24
9 1 12	aux îles de Jeso	2 58 48
9 4 20	à l'île de Paxaros	2 55 40
11 43 20	à l'île S.-Pierre septentrion.	0 16 40
minuit 0 0	aux îles des Amis	minuit 00
matin. 4 48 0	à Santa-Fé	7 12 00 soir.
4 56 0	à Mexique	7 4 00
6 37 48	à Panama.	5 22 12
6 42 44	à Lima	5 17 16
6 49 40	à Philadelphie	5 10 20
7 24 0	à Potosi.	4 36 00
7 8 0	à Quebec.	4 52 00
7 46 12	à la Martinique, au fort ·	4 13 48
8 21 49	à Cayenne	3 38 11
9 23 12	à Olinde	2 36 48
10 2 20	aux îles Açores	1 57 40
10 18 40	à l'île de Fer	1 41 20
10 47 24	aux Canaries	1 12 36
11 14 13	à Lisbonne.	midi 45 47
11 35 52	à Madrid	0 24 08
11 25 24	à Dublin	0 34 36
11 37 58	à Edimbourg.	0 22 2
11 48 24	à Bordeaux.	0 11 36
11 50 17	à Londres	0 9 43
11 55 0	à Rouen	0 5 00
11 58 4	à Calais.	0 1 56
11 59 12	à Versailles.	0 0 48

Voyons quelle est la surface de la terre en lieues carrées. On l'évalue ainsi :

Terres connues. $\begin{cases} \text{Europe.. } 575,862\,\text{l.} \\ \text{Asie . . . } 1,391,666. \\ \text{Afrique . } 1,247,700. \\ \text{Amérique } 1,823,563. \end{cases}$ $\Big\}$ 5,038,791 lieues.

Mers et terres inconnues 20,744,409

Total de la surface du globe . . . . 25,783,200 li. car. (1)

Suivant Struyk, l'eau occupe les deux tiers et l'on n'en connoît qu'un quart d'habité ; c'est-à-dire 6,442,500 lieues.

Quant au nombre de lieues cube qui composent la masse du globe, on peut l'estimer 12,332,400,000.

Puisqu'on vient de parler de la quantité d'eau qui environne la terre, disons un mot dès expériences de M. Halley sur l'évaporation de l'eau de la mer. Il a calculé qu'un degré de la mer (de 25 lieues carrées) doit perdre en un jour par l'exhalation 33,000,000 de tonneaux d'eau (à 2000 liv. le tonneau). Puis

---

(1) R. Turner, dans ses *Élémens de Cosmographie*, édition française, *Paris*, an xi, *in*-12, parle, pag. 49, d'une expérience assez bizarre qu'il a faite pour trouver dans quelle proportion est la terre relativement à l'eau, sur la surface du globe. Après avoir pris tous les fuseaux en papier qui représentent la terre en général, et dont on couvre un globe terrestre, il en a découpé avec le plus grand soin les parties qui représentent la terre et les îles ; il les a pesées ; ensuite il en a fait de même pour celles qui représentent la mer. Il s'est trouvé que la terre a pesé 367 grains, et la mer 1125. Ainsi le rapport de la terre à la mer seroit d'un à trois, à la surface du globe. Ce qui ne s'écarte pas des données que l'on a à cet égard.

ensuite supposant que la Méditerranée a 160 degrés
carrés de surface, il prétend qu'elle doit perdre en
vapeur dans un jour d'été, au moins 5,280,000,000
de tonneaux d'eau, ou 10,560,000,000,000 liv. Mais
quelle est la quantité d'eau qu'elle reçoit? Neuf rivières considérables y ont leur embouchure; ces rivières sont l'Ebre, l'Aude, le Rhône, le Tibre, le Pô,
le Danube, le Dnieper ou Borysthène, le Don ou Ta-
naïs, et le Nil. Les autres rivières sont peu de chose
en comparaison. D'après les expériences faites sur la
Tamise, M. Halley trouve que chacune de ces rivières peut porter à la Méditerranée 203,000,000 de
tonneaux par jour (1), ce qui fait pour les neuf ensemble 1,827,000,000, de tonneaux par jour; or
cette quantité ne fait guères plus que le tiers de ce
qui s'exhale en vapeurs en douze heures de temps;
mais les pluies et les rosées qui tombent sur sa surface y suppléent.

Passons maintenant à la population de la terre.
Il est inutile de dire qu'on ne peut avoir à cet égard
que des données plus que conjecturales. C'est ce que
prouve la diversité des opinions de ceux qui se sont
occupés de cette partie; diversité qui est démon-

---

(1) M. Mariotte, de l'Académie des sciences, a calculé qu'il
passoit sous le Pont-Royal, à Paris, 105,120,000,000 de pieds-
cube d'eau par an, et que les terres qui fournissent l'eau à la
Seine reçoivent des pluies 114,150,000,000 de pieds-cube dans un
an, en supposant même qu'il ne tombe en pluie, par année,
que 15 pouces d'eau, au lieu de 19, ainsi qu'il est reconnu pour
les années communes.

trée dans le petit tableau suivant où nous présentons synoptiquement le relevé de la plupart de ces différentes opinions. Chaque nombre exprime des millions, parce que la ligne ne pourroit pas contenir les six zéros à ajouter à chacun de ces nombres :

Asie	600 —	500 —	580 —	500 —	360 —	330 —	240
Afrique . . .	100 —	150 —	80 —	30 —	60 —	70 —	30
Amérique .	160 —	150 —	80 —	20 —	50 —	40 —	25
Europe . . .	140 —	153 —	160 —	150 —	170 —	172 —	142
Australasie.	« —	« —	« —	172 —	« —	20 —	«

Il résulte de là que la première colonne donne un total général de population de . . . . 1,000,000,000 d'hab.

La seconde, de	953,000,000
La troisième, de	900,000,000
La quatrième, de	700,500,000
La cinquième, de	640,000,000
La sixième, de	632,000,000
Et la septième, qui est de M. de Volney, de	437,000,000

On voit quelle divergence règne dans ces diverses opinions; on sait d'ailleurs que Bushing portoit l'Amérique à 160 millions, tandis que M. de Humboldt la réduit à 22. M. Goldberry met l'Afrique à 160 millions, et M. Durand n'en compte que 50. On ne varie pas moins sur la Chine ; lord Macartney en porte la population à 333 millions; le P. Amiot à 200, M. de Guignes à 100, les Russes à 70, et Sonnerat à 27. Qui pourra concilier tant de contradictions? La chose est-elle possible? Nous ne le croyons pas. Malgré cela, nous avons pensé qu'il étoit à propos de présenter ces différens systêmes comme objet de curiosité; et pour compléter le tableau de ces rêveries, car on ne peut guères leur donner un autre nom, nous allons donner un aperçu des naissances par an, par jour, par heure, minute et seconde, sur toute la surface de la terre, et sur celle de l'Europe en particulier, aperçu que l'auteur du système mentionné ci-dessus dans la sixième colonne, y a ajouté. Ces tableaux ont été tirés d'un journal napolitain, intitulé l'*Écho de la vérité*; on peut dire que ce titre n'a rien de commun avec l'article en question; il n'est ici que l'écho des conjectures.

L'auteur prétend que sur le globe, il naît

Par an	23,407,407 indiv.
Par jour	64,130
Par heure	2,632
Par minute	135
Et par seconde	7

Mais pour l'Europe, il donne les proportions suivantes entre les naissances et les décès.

	Naissances.	Décès.
Par an	6,371,370	5,058,822
Par jour	17,453	13,860
Par heure . . .	727	577
Par minute . .	66	62
Par seconde . .	1	1

Un journal de Turin de 1817, supposant la terre peuplée d'un milliard d'individus qui meurent tous dans l'espace de cent ans, et comptant 33 ans par génération, estime

qu'il naît	qu'il meurt
Par an. . . . 37,037,037 indiv.	. . . . 333,333,333 indiv.
Par jour . . . 101,471	 91,324
Par heure. . . 4,228	 3,803
Par minute . . 70	 65
Par seconde. . 1	 1

Ensuite il établit que, sur 1000 enfans qui naissent en même temps, il en reste au bout

D'un an	740	De 60 ans	226
De 3 ans	600	De 80 ans	49
De 5 ans	584	De 90 ans	11
De 10 ans	540	De 95 ans	9
De 30 ans	446	De 97 ans	1

et il en conclut que la moitié des enfans meurt avant 17 ans, et que sur 10,000 individus un seul parvient à cent ans.

Il a ensuite calculé ou plutôt vérifié, d'après la population comparée à l'étendue du sol, quel est le nombre d'hommes existant sur un espace égal de terrain en divers pays; et il en a trouvé

En Islande	1	En Angleterre	152
En Suède.	14	En France	160
En Turquie	36	Dans la haute Italie. . .	172
En Pologne	52	A Naples	192
En Espagne	63	A Venise	196
En Irlande	99	En Hollande	224
En Suisse	114	A Malte	1103
En Allemagne	127		

On sent combien toutes ces évaluations de population, de mortalité, etc. sont conjecturales, et même la plupart ne sont que des jeux de l'esprit de calcul, hasardés sur des données inconnues.

On a trouvé qu'en France le rapport de la population aux naissances annuelles peut être de 28 $\frac{1}{3}$; et aux décès annuels d'à-peu-près 31 ; que le rapport de la population aux mariages annuels est de 132 $\frac{2}{3}$; que le rapport des naissances aux mariages est de 4 $\frac{2}{3}$ à-peu-près ; enfin que celui des naissances mâles aux naissances femelles est d'environ $\frac{22}{21}$.

Pour avoir le nombre d'hommes en état de porter les armes chez un peuple, on peut ôter $\frac{17}{33}$ pour les femmes, plus $\frac{1}{6}$ au-dessous de 16 ans ; et $\frac{1}{9}$ au-dessus de 40.

DE QUELQUES NOMBRES AMUSANS.

Archimède a dit : « Donnez-moi un point d'appui, et j'ébranlerai l'univers. » Ferguson, célèbre astronome et physicien anglais, s'est amusé à calculer, que si, au moment où Archimède prononça ces paroles, Dieu l'eût pris au mot en lui fournissant, avec ce point d'appui donné à 3000 lieues du centre de la terre, des matériaux d'une force suffisante et un contre-poids de deux cents livres, il eût fallu à ce grand géomètre un lévier de douze cent milliards de cent milliards ou douze quadrillons de mille (12,000,000,000,000,000,000,000,000) et une vîtesse à l'extrémité du long bras égale à celle d'un boulet de canon, pour élever la terre d'un pouce en vingt-sept centaines de milliards ou vingt-sept billions d'années

(27,000,000,000,000.) V. Ferguson's *astronomy explained*. London, 1803, in-8.° ch. vii, p. 83.)

Le nombre d'abeilles dans un bon essaim est de 30,000.

Le nombre des œufs d'une morue ordinaire est de 9,300,000, suivant Leuwenhoeck.

Le nombre des facettes ou des yeux d'un papillon monte à 37,656. (Voy. Bazin, *Histoire des abeilles*.)

Le nombre de grains de blé ordinaire dans un boisseau est de 256,000.

560 livres de blé donnent 420 livres de farine, 126 livres de son (ce qui fait 14 livres de déchet), et 550 livres de pain.

Un maquignon vend un cheval à un denier le clou en doublant toujours jusqu'à 24 (nombre de clous que le cheval a à ses fers) ; le vingt-quatrième terme de la progression est 8,388,608 deniers , qui font 34,952 fr. 51 centimes.

En annonçant l'édition compacte des OEuvres de Voltaire, en 12 vol. in-8°, on a dit que chaque volume auroit 1000 pages, chaque page 50 lignes, et chaque ligne 55 lettres, ce qui fait pour la collection entière, 33,000,000 de caractères alphabétiques.

Un volume de l'Encyclopédie méthodique de 700 pages en petit-romain , contient 3,500,000 lettres.

Une feuille in-8° ordinaire de 16 pages, en caractère cicéro, ayant 32 lignes à la page , et 34 lettres

17

à la ligne, contiendra 17,408 caractères. Si elle est en caractère petit-romain, à 42 lignes par page, et 42 lettres par ligne, elle renfermera 28,224 caractères. Si elle est en caractère petit-texte, à 49 lignes et 45 lettres, il s'y trouvera 35,280 caractères.

L'in-12 de 24 pages, à 30 lignes par page et à 30 lettres par ligne, contiendra en cicéro 21,900 caractères; en petit-romain, à 36 lignes, 31,968 *idem*; et en petit-texte, à 43 lignes, 42,312 caractères.

Le grand *in-16* de 32 pages, contiendra, par feuille, en petit-romain, 42,624 caractères; et en petit-texte, 56,416.

Le format in-18 de 36 pages, en petit-romain, 36,864; et en petit-texte, 46,620.

Nous donnons ces différentes combinaisons pour faire voir combien les petits formats renferment plus de matière que les grands, et combien ils sont plus économiques. Nous n'avons point parlé des caractères gros-romain et saint-augustin, parce qu'ils sont peu usités dans les formats usuels dont nous avons parlé. Comme la plupart des lecteurs ne sont pas familiarisés avec la force des différens caractères, nous allons leur en présenter un exemple dans les cinq lignes suivantes.

Nous plaçons le gros-romain le premier.

Le saint-augustin est le second.

Le cicéro vient en troisième.

Le petit-romain est le quatrième.

Et le petit-texte le cinquième.

Il y a encore beaucoup d'autres caractères, tels que la philosophie, la gaillarde, la mignonne, la nompareille, la perle, etc.; comme ils sont moins usuels, nous n'en parlons pas.

———

Dans les carrés suivans, les nombres sont arrangés de manière que, dans le premier, les chiffres de 1 à 16 présentent 34 dans tous les sens; dans le second, les chiffres de 1 à 12 offrent également 24; dans le troisième, de 1 à 10, ils donnent 18; dans le quatrième, de 1 à 9, ils présentent 15; et enfin dans le cinquième, de 1 à 7, ils offrent 12 de tous côtés.

I°.

16	2	3	13
5	11	10	8
9	7	6	12
4	14	15	1

II°.

9	5	10
4	12	8
11	7	6

III°.

3	8	7
10	6	2
5	4	9

IV°.   V°.

6	1	8
7	5	3
2	9	4

3	8	1
7	0	5
2	4	6

Dans le tableau suivant du nombre de mois, de semaines, de jours, d'heures, de minutes, de secondes, que renferment une année commune, un lus-
tre (5 ans), et un siècle, on n'a point mentionné
à l'article des jours, les 5 heures 48 minutes qui
excèdent les 365 jours pour former l'année complète, parce que la longueur de la ligne ne le per-
mettoit pas; mais elles sont comprises dans les calculs subséquens.

	L'année renferme	Le lustre renferme	Le siècle renferme
Mois . . .	12 . .	60 . .	1,200
Semaines .	52 . .	260 . .	5,200
Jours. . .	365 . .	1,825 . .	36,500
Heures . .	8,765 . .	43,825 . .	876,500
Minutes. .	525,948 . .	2,629,740 . .	52,594,800
Secondes .	31,556,880 . .	157,784,400 . .	3,155,688,000

Un homme âgé de 50 ans, doué d'une santé ordinaire, remplissant bien ses fonctions, menant une
conduite régulière, et jouissant d'une honnête aisance, doit, sur les 18,250 jours (ou 50 ans) qu'il
a déjà existé, avoir donné

Au sommeil. 6,082 jours.
Aux maladies ou incommodités passagères. . . . 550

A la table. 1,522
Au travail. 5,532
A la promenade. 761
Aux autres délassemens, jeux, chasse, voyages. 3,803

Quant à sa nourriture (1), il aura consommé à peu près

En pain . . . : . . . . 27,080 livres.
En viande. 6,080
En légumes, œufs et fruits. 4,675
En liquides, vin, liqueurs et eau . . . . 31,180 litres.

On sent bien que ces évaluations ne peuvent être qu'approximatives, et même ne peuvent présenter qu'un terme moyen entre un grand nombre d'indi-

---

(1) Voici une note sur la nourriture de l'homme, que j'ai tirée d'un ouvrage intéressant dont je ne me rappelle pas le titre : elle me paroît trouver ici naturellement sa place.

« Le premier besoin de l'homme est de se nourrir, et comme les alimens ne contiennent pas tous la même quantité de substance nutritive, il s'ensuit qu'il en faut plus ou moins, selon la proportion dans laquelle se trouve cette substance avec les autres principes constituans de l'aliment ; car, en dernière analyse, quelle que soit la nature de l'aliment, il faut que l'estomach puisse en tirer la quantité de matière nutritive nécessaire pour réparer les forces et maintenir l'existence de l'individu qui s'en nourrit. En partant de cette idée-mère, le célèbre Lagrange a comparé les différens degrés de vertu nutritive que possèdent les végétaux employés comme alimens, et il a déterminé, de la manière la plus ingénieuse, la proportion du principe nutritif entre ces diverses substances et le blé ; il a fait la même opération pour toutes les matières animales qu'il a réduites par ce moyen à la viande de boucherie, et il a déduit de ses comparaisons le résultat suivant : c'est qu'il faut l'équivalent de 256 kilogrammes de blé (512 livres) et de 73 kilogrammes de viande (146 livres) par an, pour nourrir un homme. »

vidus qui se trouvent dans la même hypothèse quant à l'âge , la santé , etc. , mais qui tous doivent différer par le plus ou le moins d'appétit , le plus ou le moins de disposition au travail , au repos , etc. etc.

La taille moyenne des hommes en France est de 5 pieds 2 pouces un quart , suivant Buffon.

Le volume d'un homme de 5 pieds, est d'un pied-cube et trois quarts ou quatre cinquièmes.

La surface du corps est de 9 pieds carrés.

Et la pression de l'air sur le corps est de 20,000 livres pesant , selon Lalande.

Sur le nombre XIV relativement à Henri IV.

Le premier roi de France, nommé Henri, a été sacré le 14 mai 1029.

Henri IV naquit le 14 (1) décembre 1553 , 14 siècles, 14 décades et 14 ans après la naissance de J.-C.

Henri II ordonne, le 14 mai 1554, d'élargir la rue de la Ferronnerie ; on négligea de le faire, et cette négligence favorisa l'assassinat de Henri IV , un 14 mai. (V. plus bas).

Les Parisiens résistent, le 14 mai 1576, à un édit de Henri III, roi de France.

Marguerite de France, première femme de Henri IV, naquit le 14 mai 1582.

Paris, à l'instigation du duc de Guise, se révolte contre Henri III , le 14 mai 1588.

Henri IV gagne la bataille d'Ivry le 14 mars 1590.

La Ligue fait une procession le 14 mai 1590, pendant le siège de Paris par Henri IV.

Henri IV est assassiné le 14 mai 1610.

---

(1) Erreur, il est né le 13 décembre ; et Sully, son ministre et son favori, est né le 13 décembre 1560.

Il a vécu 4 fois 14 ans, 14 semaines et 4 fois 14 jours.
Il y a dans Henri de Bourbon 14 lettres.
Louis XIII, fils de Henri IV, est mort le 14 mai 1643.

———

Un curieux a remarqué qu'en additionnant les chiffres de l'année de naissance ou de décès des plus grands ou des meilleurs de nos rois de la troisième race, on trouvoit les mêmes nombres que ceux qui distinguent leurs noms; ainsi :

Saint Louis (Louis IX) est né en 1215; additionnez les quatre chiffres de cette date, et vous aurez 9.

Charles VII, dit le sage, est né en 1402; cette date donne 7.

Louis XII, le père du peuple, est né en 1461, dont la somme est 12.

Henri IV est mort en 1610, où l'on trouve deux fois 4.

Louis XIV a été Roi de France en 1643 qui présente 14; il est mort en 1715, qui donne également 14; il étoit âgé de 77 ans, encore 14.

Enfin S. M. Louis XVIII est née en 1755 dont le total est bien 18.

———

TABLEAU du revenu de la France, porté approximativement à 900 millions, calculé d'après les divisions et sous-divisions d'une année.

Revenu annuel supposé	900,000,000 f.
Par semestre	450,000,000
Par trimestre.	225,000,000
Par mois	75,000,000
Par semaine de 7 jours 1/2.	18,750,000

Par jour de 24 heures   2,500,000
Par heure . . . .   104,166 66 c.
Par demi-heure 52,083 33
Par quart d'heure. 26,041 66
Par minute 1,736 11
Par seconde. 28 93

La population de la France étant portée en ce moment à 30,407,907 habitans; si les impôts exigés pour former la somme totale des 900,000,000, étoient répartis par égale portion entre tous les Français, chacun paieroit 29 fr. 92 cent.

L'argent circulant en France a été calculé par approximation, et il s'est monté

En 1716, selon Law, à . . . . 1,200,000,000 f.
En 1784, selon Necker, à 2,166,000,000
En 1791, selon M. Arnould, à 1,992,000,000
En 1801, selon M. Desrotours, à 2,292,000,000
En 1805, selon MM. Peuchet et Gerdoux. 2,244,000,000

Résultat de l'état des pensions présenté aux Chambres à la session de novembre 1817, et imprimé en 10 vol. in-4°.

	Nombre des pensions.	Sommes qu'elles coûtoient à cette époque.
Pensions civiles.	7,781	2,294,682 f.
Pensions militaires et veuves.	132,918	48,340,484
Pensions ecclésiastiques. . .	55,506	12,959,837
Total . . .	196,205 pens.	63,595,003 (1)

---

(1) On ne sera pas fâché de trouver ici un petit rapprochement

Si la somme de ces pensions, telle qu'elle étoit alors, avoit été divisée entre tous les pensionnaires par égale portion, ils auroient eu chacun à-peu-près . . . . 324 fr. 12 cent.

Comme la population de la France étoit dans cette année de 29,327,388 individus, il résulte qu'en divisant cette masse d'habitans par le nombre des pensions qui étoit de 196,205, on trouve que sur 149 individus il y avoit un pensionnaire de l'État.

Et si ensuite on divise la somme totale du prix des pensions qui est de 63,595,003 fr., par le nom-

---

du montant des pensions qui existoient sous les règnes précédens.

Vers 1600, sous Henri IV, le montant des pensions alloit à . . . . 3,130,000 l.

Vers 1609, à 1,041,000

De 1611 à 1642, sous Louis XIII, à 4,000,000

De 1661 à 1683, sous Louis XIV, à 1,200,000

En 1715, à la mort de Louis XIV, à 6,000,000

En 1718, sous Louis XV, à 5,835,000

En 1723, à la mort du régent, à 21,159,000

En 1758, sous M. de Boulogne, contrôl. génér., à . 9,800,000

En 1759, sous M. Silhouette, *idem.*, à 8,000,000

En 1764, sous M. de l'Averdy, *idem.*, à 10,000,000

En 1768, sous M. d'Invau, *idem.*, à 11,000,000

En 1773, sous l'abbé Terray, *idem.*, à 6,500,000

En 1774, à la mort de Louis XV, à 7,000,000

Eu 1789, sous l'infortuné Louis XVI, à 29,000,000

Je pense que cette dernière somme est exagérée ; celle de 1723, portée à plus de 21 millions, doit être l'effet du système de Law ; ce charlatan avoit mis en circulation des billets de banque pour 2,696,400,000 liv., après avoir écumé tout l'argent du royaume. On a brûlé pour 707,327,460 liv. de ces billets qui ne furent pas admis à la liquidation ; et les agioteurs furent condamnés à une restitution de 187,893,661 liv.

bre des habitans de la France, qui est de 29,327,388, on trouvera que le total des pensions, réparti entre tous les Français, fourniroit à chaque tête 2 fr. 16 c.

DE LA DETTE DE L'ANGLÈTERRE.

La dette nationale de l'Angleterre est proportionnée à sa richesse, c'est-à-dire qu'elle est immense ; et ce qui pour un particulier seroit sa honte et la ruine de sa maison, est pour l'Angleterre la source de sa splendeur et la solidité de son gouvernement.

On s'est amusé à faire quelques estimations plus plaisantes que réelles sur cette dette que l'on ne porte qu'à 700,000,000 sterl. (16,261,000,000 fr.) Si sa valeur étoit représentée en billets de banque d'une livre sterl. (23 fr. 23 cent.), ces billets placés à côté l'un de l'autre couvriroient, dit-on, un espace de 4,516 milles carrés.

La même somme en pièces d'un shilling actuel (1 f. 16 c. 14) formeroit une ligne équivalente à neuf fois environ la circonférence de la terre (81,000 lieues.

Si elle étoit en pièces d'un penny (un sou anglais qui vaut à-peu-près 10 centimes de France), elle formeroit une ligne qui équivaudroit à dix-sept fois la distance entre la terre et la lune (1).

---

(1) N'y a-t-il pas ici exagération ? car la distance moyenne

Veut-on faire transporter cette dette par une armée? Il faudroit 374,531 soldats portant chacun 40 livres d'or. Est-ce par charretée? Elle exigeroit 7401 charrettes ayant 2000 livres d'or chacune. Est-ce par mer? Il faudroit, si on la payoit en cuivre, 9375 vaisseaux de 500 tonneaux de charge. (Le tonneau est de 2000 liv.)

Voulons-nous compter cette somme? Pour ne pas perdre de temps, comptons 100 guinées par minute, et nous y emploîrons un peu plus de 27 ans et demi. Mais si par malice, on nous la fait compter en pennys, il nous faudroit au moins 6844 ans. Ainsi il n'y auroit guères qu'un préadamite qui pourroit en venir à bout, car il faudroit qu'il eût existé 1021 ans avant Adam. *Se non è vero, bene trovato.*

VALEUR DU PIED-CUBE D'OR ET D'ARGENT.

Le pied-cube d'or massif pèse 1300 livres ou 2,600 marcs; le marc, estimé 847 f. 50 c., donnera pour le pied-cube . . . . 2,203,500 fr.

Le pied-cube d'argent fin massif pèse 900 livres ou 1800 marcs; le marc estimé 55 f. 55 c., donnera pour le pied-cube . . . . 99,990 fr.

---

de la lune à la terre étant de 86,324 lieues, cela formeroit une ligne de 1,467,508 lieues. Il est vrai qu'il faut 12 pennys pour former un shilling ou sou sterling. Mais tout cela ne tire point à conséquence dans une plaisanterie de cette nature, où l'on n'exige pas une exactitude aussi rigoureuse que dans une Cour des comptes, lorsqu'il est question de délivrer un *quitus.*

Si du pied-cube d'or massif nous passons à un pied-cube d'or, composé de pièces de 20 f., nous trouverons une grande différence dans la valeur, à raison des intervalles que laissent entre chaque pièce sa forme circulaire et son empreinte, et à raison des frais de fabrication de la monnoie. Ainsi un pied-cube de pièces de 20 fr. ne vaudra au taux de cet or monnoyé que . . . . 1,141,875 fr. (1).

Détails et preuves : 15 pièces de 20 fr. rangées l'une à côté de l'autre donnent un pied moins une ligne, et valent en argent 300 fr.

252 pièces de 20 fr., empilées, donnent juste un pied, et en argent 5,040 fr.

Quinze colonnes de ces piles donnent 3780 pièces qui font une valeur de 75,600 fr.

Maintenant pour former le pied-cube, il faut multiplier ces 15 colonnes par 15, ce qui donnera 225

_____

(1) La différence qui existe entre la valeur du pied-cube d'or massif et celle du pied-cube de pièces de 20 fr., est très grande, par les raisons que nous en avons données ; elle s'explique encore, ou, pour mieux dire, se confirme par l'exposé suivant : c'est que, si l'on convertissoit un bloc d'or massif d'un pied-cube en pièces de 20 fr., on en fabriqueroit 113,500 ; au lieu qu'un pied-cube formé de ces mêmes pièces, n'en renferme, comme nous le disons plus bas, que 56,700.

Nous ajouterons ici que vingt pièces de 20 fr. (leur diamètre est de 21 millimètres), et onze pièces de 40 fr. (leur diamètre est de 26 millimètres) mises l'une à côté de l'autre, forment une ligne de la longueur du mètre juste (ou 3 pieds 11 lignes et 296 millièmes.)

colonnes ou 56,700 pièces qui font
en valeur. . . . . 1,134,000 fr.

Pour l'évaluation de la ligne qui
manque sur le pied formé de 15
pièces rangées l'une à côté de l'autre,
et pour laquelle il faut prendre le
144ᵉ de la somme de 75,600 fr.,
montant d'une des rangées de 15
colonnes, on trouvera 525 fr. qui,
multipliés par 15 pour la totalité
des 15 rangées de colonnes, don-
neront . . . . 7,875 fr.

TOTAL. . . . . 1,141,875 fr.

Une masse d'or de 6 pieds-cube en pièces de
20 fr. vaudroit 246,645,000 fr.

PRODUIT INOUI DE L'INDUSTRIE.

« On prétend qu'il existe un cas où une matière
première qui vaut un half-penny ou demi-penny
(1 sou de France), acquiert par la main-d'œuvre
une valeur de 35,000 guinées (926,450 fr.); c'est
dans la fabrication des ressorts spiraux de montres.
Le calcul en est singulier. Une livre de fer brut
coûte un sou; on en fait de l'acier, et avec cet acier
les spiraux en question. Chacun de ces spiraux ne
pèse qu'un dixième de grain, et se vend une demi-
guinée (13 fr. 23 cent. 50), quand il est de première qualité. La livre pesant contient 7000 grains;

elle peut donc fournir 70,000 spiraux qui, à une demi-guinée chacun, donnent 35,000 guinées. » (Extrait du *Voyage de trois mois en Angleterre*, *pendant l'an* IX, par M. Pictet. *Genève, Paschoud,* 1802, *in*-8°.

AVIS AUX BOURGEOIS DE JÉRUSALEM.

Un écu de six francs prêté à condition qu'on rendra sept livres au bout de la semaine, si on le laisse aux mêmes conditions pendant un an, en accumulant le capital et les intérêts qui sont toujours du sixième par semaine, rapportera un honnête intérêt dans les proportions suivantes (le capital compris):

		fr.	c.
Au bout de la	4ᵉ semaine.	11	12
	8ᵉ semaine.	20	62
	12ᵉ semaine.	38	19
	16ᵉ semaine	70	89
	20ᵉ semaine	131	31
	24ᵉ semaine.	243	28
	28ᵉ semaine	450	92
	32ᵉ semaine	835	39
	36ᵉ semaine	1410	07
	40ᵉ semaine.	2512	34
	44ᵉ semaine	4654	44
	48ᵉ semaine.	8622	92
	52ᵉ semaine, ou l'année complète .	15,975	03

Voilà une petite somme assez avantageusement placée.

NOTICE DE QUELQUES VITESSES.

La lumière du soleil, qui nous parvient en 8 minutes 13 secondes, fait 69,695 lieues par seconde, c'est-à-dire 34,357,480 lieues, pendant les 8 minutes et quart à-peu-près.

La terre a deux mouvemens, l'un annuel, c'est celui par lequel elle décrit son orbite autour du soleil dans l'espace d'un an ; alors sa vîtesse, dans cet orbite, est de 23,531 lieues par heure, ou 6 lieues et demie par seconde ; l'autre diurne, c'est le mouvement de sa rotation journalière sur elle-même ; sa vîtesse, dans ce mouvement, pour un point de sa surface à l'équateur, sera de 375 lieues par heure, ou 9,000 lieues par 24 heures.

Le son parcourt 173 toises par seconde.

Un boulet de 24 parcourt 1300 pieds au sortir du canon.

La vîtesse d'un vaisseau bon voilier est d'environ 19 pieds. Il peut prendre un tiers de la vîtesse du vent.

Le grand aigle parcourt, dit-on, 5,626 pieds en une minute, c'est-à-dire 20 lieues en une heure.

Sous Henri II, un faucon s'échappa de la fauconnerie de Fontainebleau, et vingt-quatre heures après il fut trouvé à Malte. Il avoit donc fait dans ce peu de temps 236 lieues.

Le 29 juin 1823, sur 86 pigeons envoyés d'Anvers à Paris et lâchés à neuf heures du matin, 21 se sont rendus à Anvers à trois heures après midi ; c'est 74 lieues qu'ils ont fait dans l'espace de six heures.

Un renne tirant un traîneau en Laponie, fait 26 pieds par seconde.

Des chevaux de course anglais parcourent ordinairement 42 pieds en une seconde, ce qui fait 4 milles anglais de 830 toises chacun en 6 minutes. Les plus fameux ont été à 47 pieds par seconde.

Un bon cheval de cabriolet fait 12 pieds par seconde, ou 1,000 toises en 8 minutes.

La vîtesse d'un lévrier va jusqu'à 88 pieds par seconde.

Certains poissons font 24 pieds par seconde.

Des êtres inanimés et des animaux, passons à l'homme.

Les hémérodromes ou coureurs de profession chez les Grecs pouvoient courir un jour entier sans se fatiguer. Et s'il en est ainsi, combien devoient-ils faire de chemin en un jour, puisque Antistius de Lacédémone, et Philonides, coureur d'Alexandre, parcoururent, dit Pline, en 24 heures, un espace de 1,200 stades, à-peu-près 44 lieues. Mais cela est peu croyable, car on voit dans la vie d'Aristide par Plutarque, qu'un nommé Euchidas, pour être allé de Platée à Delphes et en être revenu dans le même jour, expira quelques momens après son arrivée ; il n'avoit cependant fait que 1,000 stades (37 lieues et 2,000 toises.)

Le même Pline raconte qu'un jeune Romain, âgé de 9 ans, (que Martial nomme Athas) et qui vivoit sous le consulat de Fonteius et de Vipsanius, (l'an 59) fit depuis midi jusqu'au soir 75 milles, (22 l. ¾.)

Tibère-Néron (le fameux Tibère) allant voir son frère Drusus en Allemagne, fit avec une suite de trois chars, 200 milles (plus de 55 lieues) en un jour.

En l'année 1767, un Bohémien nommé Focke, coureur de la duchesse de Weimar, fit 76 lieues de suite en 42 heures; il ne prit d'autre repos que le temps de remettre ses dépêches à Carlsbad et de recevoir la réponse.

Un valet de chambre de M. d'Etigny, ancien intendant d'Auch et de Pau, expédié de Bayonne à Paris, fit le trajet (223 lieues) en 42 heures.

_____

Goût de quelques grands hommes et de quelques peuples.

Alexandre aimoit Bucéphale; Auguste, un perroquet; Virgile, un papillon; Néron, un étourneau; Commode, un singe; Héliogabale, un moineau; Honorius, une poule.

Les Crotoniates aimoient les jeux olympiques; les Spartiates, les belles armes; les Crétois, la chasse; les Sybarites, les habits somptueux; et les Sicyoniens, les danses lascives. Cela faisoit proverbe.

_____

Don Antonio de Cordoue disoit « qu'il est difficile de trouver un grand héros; qu'il est presque impossible de trouver un héros et un bon roi ensemble; enfin, qu'on n'a jamais vu et qu'on ne verra jamais un grand héros, un bon roi et un honnête homme dans la même personne. » Et Henri IV, Monsieur Antonio ?

_____

On ne connoît dans toute l'antiquité qu'un seul homme public qui ait rempli, dans toute son éten-

18

due, l'idée de la véritable grandeur, c'est Antonin; et un seul homme privé, c'est Socrate.

La grandeur d'ame consiste dans la fermeté, la droiture et l'élévation des sentimens; ajoutez-y un esprit vaste, lumineux et profond, vous aurez un grand homme.

« Si j'avois été destiné à être roi, dit le Prince de Ligne, j'aurois voulu prendre un peu de Cathe-rine II, de Frédéric le Grand et de l'empereur Jo-seph. » Pour moi, en qualité de Français, je ne pren-drois pas chez trois nations; un peu de François I, presque tout Henri IV, et les trois quarts de Louis XIV feroient un roi qui vaudroit bien celui du Prince de Ligne.

Pline l'Ancien dit, *liv*. VII, qu'on ne trouve dans toute la suite des siècles que la seule Lampido, reine de Lacédémone, qui ait eu le bonheur d'être fille, femme et mère de rois. L'Histoire de France offre plusieurs exemples de cette nature, et cela tient au système salutaire de la royauté héréditaire.

La reine Claude, fille du roi Louis XII, a été femme du roi François I, et mère du roi Henri II.

Anne-Marie-Mauricette d'Autriche a été plus heu-reuse sous ce rapport, car elle a été fille de Phi-lippe III, roi d'Espagne, sœur de Philippe IV, femme de Louis XIII, et mère de Louis XIV.

Nous trouvons encore un exemple plus saillant dans la première race de nos rois. La fameuse Bru-

nehaut, femme de Sigebert, premier roi d'Aus-
trasie, en 568, et par la suite, de Mérouée, a été
fille, sœur, femme, tante, mère, aïeule et bi-
saïeule de rois. Clotaire II, qui lui reprochoit d'a-
voir fait périr dix rois, la fit condamner à une mort
infame. Elle fut abandonnée pendant trois jours aux
insultes de la soldatesque et à la cruauté des bour-
reaux ; ensuite on l'attacha à la queue d'une cavale
indomptée. C'est ainsi qu'elle périt misérablement
en 613, par ce genre de supplice digne de ces temps
de barbarie (1).

_____

DES SENS.

Voici l'ordre des sens, tel que la nature paroît
l'avoir établi pour les différens êtres.

Dans l'homme, le toucher est le premier, c'est-
à-dire, le plus parfait ; le goût est le second ; la vue,
le troisième ; l'ouïe le quatrième ; et l'odorat, le
dernier.

Dans le quadrupède, l'odorat est le premier ; le
goût, le second ; la vue, le troisième ; l'ouïe, le quatrième ; et le toucher, le dernier.

_____

(1) M. Girault, membre des Académies de Dijon, Besançon,
Paris, etc., et président de la Commission archéologique per-
manente formée dans le sein de l'Académie de Dijon, a publié
une savante *Dissertation sur le lieu du supplice de Brunehaut*
(V. le Magasin Encyclopédique, *décembre* 1810). D'après les
recherches de cet antiquaire distingué, il paroît démontré que
cette princesse a été arrêtée à Orville, que son supplice a eu lieu
à Renève sur la Vingeanne, village de la Côte-d'Or, et que ses
ossemens ont été transportés dans l'église de S. Martin d'Autun
dont elle étoit fondatrice.

Dans l'oiseau, la vue est le premier ; l'ouïe, le second ; le toucher, le troisième ; le goût et l'odorat, les derniers.

Si j'en crois ce que dit un auteur non suspect,
Le mensonge est normand, gasconne l'hyperbole,
Le courage français, la prudence espagnole,
La ruse italienne, et l'artifice grec.

Montesquieu disoit à la suite des observations faites dans le cours de ses voyages : L'Allemagne est faite pour y voyager, l'Italie pour y séjourner, l'Angleterre pour y penser, et la France pour y vivre.

Il faudroit, disoit quelqu'un, naître en Italie à cause de la douceur du climat ; vivre en France à cause de l'adresse à préparer les mets ; mourir en Espagne à cause de la tristesse du pays. *Italia para nacer, Francia para vivir, Espana para morir.*

Le chocolat fait les délices de l'Espagne.

Le café apaise les fumées du vin chez les Allemands.

Le thé délaie l'humeur épaisse des Hollandais (1).

Les liqueurs suspendent la mélancolie des Anglais.

La limonade tempère l'ardeur des Italiens.

La bière réjouit le cœur des Suédois.

---

(1) Je ne sais quel auteur a dit que « la Hollande est un pays où le démon de l'or est couronné de tabac, habillé d'épices et assis sur un trône de fromage.

L'eau-de-vie est l'élément des Polonais.
Le tabac est la passion du Turc.
L'hydromel est le nectar des Moscovites.
Une table délicate est le paradis des Français.

———

A table, l'Allemand est mangeur ; l'Anglais, ivrogne ; l'Espagnol, frugal ; le Français, délicat ; et l'Italien, assez sobre.

———

La magnificence éclate, chez les Allemands, dans les fortifications ; chez les Anglais, dans les flottes ; chez les Espagnols, dans les armes ; chez les Français, dans les hôtels et dans l'ameublement ; chez l'Italien, dans les temples.

———

Les maris sont maîtres en Allemagne, valets en Angleterre, compagnons en France, geoliers en Italie, tyrans en Espagne.

———

En fait de conseils, l'Allemand est lent ; l'Anglais, déterminé ; l'Espagnol, fin et prévoyant ; le Français, précipité ; et l'Italien, subtil.

Quant au caractère, l'Allemand est sérieux ; l'Anglais est doux ; l'Espagnol, grave ; le Français, gai ; et l'Italien, facile.

———

Veut-on s'informer de quelqu'un, on demande en Espagne : Est-ce un grand de première classe ? En Allemagne : Peut-il entrer dans les chapitres ? En France : Est-il bien à la Cour ? En Hollande :

Combien a-t-il d'or ? En Angleterre : Quel homme est-ce ?

On dit : Ecrire en Italien, se vanter en Espagnol, tromper en Grec, et dépenser comme un Français.

Le Père Bouhours, qui regardoit les langues française, italienne et espagnole, comme trois sœurs nées de la langue latine, disoit : «Il me semble que la langue espagnole est une orgueilleuse qui le porte haut, qui se pique de grandeur, qui aime le faste et l'excès en toute chose ; la langue italienne est une coquette, toujours parée et toujours fardée, qui ne cherche qu'à plaire et qui se plaît beaucoup à la bagatelle ; la langue française est une prude, mais une prude agréable, qui, toute sage et toute modeste qu'elle est, n'a rien de rude ni de farouche. »

Il seroit très difficile d'assigner les rangs, entre les cinq principales nations de l'Europe, pour les différentes parties des connoissances humaines qu'elles ont cultivées ; d'abord, parce qu'il faudroit être très instruit dans l'histoire littéraire comparée de chaque peuple ; et ensuite, parce que l'on froisseroit nécessairement l'amour propre de quelques nations ; et les nations ne sont pas moins susceptibles à cet égard que les individus. Cependant je ne puis résister à la tentation de rapporter une petite liste relative à cet objet, qui m'a été communiquée par un homme érudit, mais dont je ne suis nullement en état de garantir les décisions, ni même de les approuver ou blâmer partiellement. Voici sa liste ; chacun est libre de la réformer comme il jugera convenable. Les rangs sont désignés par un N°.

	Allem.	Angl.	Espagn.	Franç.	Ital.
Pour la théologie.	3	4	2	1	2
Le droit.	1	3	5	2	4
La philosophie.	1	2	4	2	3
L'esprit philosoph.	3	1	5	2	4
Les sciences.	3	1	4	1	2
L'éloquence.	3	2	3	1	3
Le poëme épique.	4	2	5	3	1
Le poëme didactique.	4	3	5	1	2
Le théâtre.	3	3	4	1	2
La fable.	2	2	2	1	3
La poésie légère.	4	3	5	1	2
Les romans.	2	1	2	1	3
La géographie.	3	1	4	2	5
L'histoire.	3	1	3	2	1

En fait de chant, l'Espagnol pleure, l'Italien se plaint, l'Allemand meugle, le Flamand hurle, et le Français chante.

Mouton d'Espagne, bœuf d'Angleterre, veau d'Italie.

Des gants de femmes doivent être préparés en Espagne, coupés en France, et cousus en Angleterre.

LA BEAUTÉ.

Le chef-d'œuvre de la beauté seroit la femme qui auroit les yeux, le maintien et la démarche de

Junon, le visage d'Hébé, le charme de Vénus, la taille de Diane, les bras de Minerve, les mains de Latone, les pieds de Thétis, la blancheur de Vesta, la fraîcheur de Flore et les grâces d'Euphrosine (1).

On donne avis aux jeunes gens, que pour avoir un beau physique, il faut réunir la tête d'un *Anglais*, les yeux d'un *Italien*, la main d'un *Allemand*, la taille d'un *Français*, et la jambe d'un *Espagnol*.

Lorsqu'un objet fait résistance,
L'Anglais fier et vain s'en offense ;
L'Italien est désolé ;
L'Espagnol est inconsolable ;
L'Allemand se console à table ;
Le Français est tout consolé.

Thalès dit que de toutes les choses,
La plus ancienne est Dieu.
La plus belle est le monde.
La plus forte est la nécessité.
La plus grande est l'espace.

(1) On prétend que les femmes de l'antiquité qui ont le plus approché de ce modèle, sont : Sémiramis ; Hélène ; Andromaque ; Hécube ; Polyxène ; Pénélope ; Phryné, d'Athènes ; Diotime, d'Athènes ; Laïs, de Corinthe ; Lamia, dont étoit épris Démétrius-Poliorcète ; Argia, femme de Polynice ; Alceste, épouse d'Admète ; Sysigambis, femme de Darius ; Lucrèce ; Cléopâtre ; Panthée, épouse d'Abradate ; Rhodope, dont le roi Psammitichus fut amoureux à la vue de son soulier ; Hesione ; l'impératrice Livie ; Terentia, femme de Mécène ; Faustine ; Zénobie, etc., etc., etc.

La plus sage est le temps,
La plus prompte est la pensée,
La plus commune est l'espérance.

———

L'homme, disoit Prioli, ne possède que trois
choses, l'ame, le corps et les biens, qui sont conti-
nuellement exposés à trois sortes d'embuscades.
L'ame, à celles du démon; le corps, à celles du médecin; et les biens, à celles de l'avocat et du procureur.

———

En fait de fortune, dit Franklin, assez, c'est
justement un peu plus qu'on a.

———

L'esprit et la raison ont été créés, comme le mari
et la femme, pour s'aider mutuellement; et comme
eux aussi, ils sont presque toujours en querelle.

———

Il faut, en affaires, un peu de dissimulation et
non de la fausseté; la dissimulation est aux affaires
ce que l'alliage est à la monnoie. Un peu est nécessaire, trop la discrédite.

———

Pythagore disoit : Il faut ne faire la guerre qu'à
cinq choses, aux maladies du corps, à l'ignorance
de l'esprit, aux passions du cœur, aux séditions des
villes, et à la discorde des familles. Voilà les cinq
choses qu'il faut combattre de toutes ses forces,
même par le fer et par le feu.

Le médecin Samuel Sorbière divisoit les choses ainsi qu'il suit :

Celles qu'il vaut mieux faire que dire ; celles qu'il vaut mieux dire que faire ; celles qu'il ne faut ni dire ni faire ; celles qu'il faut faire et dire.

Il met au premier rang les plaisirs des sens et particulièrement ceux du goût et de l'attouchement, desquels la prudence conseille de jouir en secret ou sans ostentation.

Au second rang, sont toutes les choses qui regardent la défense et qui servent à nous faire craindre ou à ôter les obstacles que l'on nous peut apporter. Ainsi il vaut mieux que la bravoure et le courage paroissent par des menaces que par des effets, et il vaut mieux tuer les gens par des paroles que par l'épée.

Au troisième rang, sont toutes les choses injustes, et qui tendent à ravir le bien d'autrui.

Il range dans le dernier ordre tout ce que les lois et la piété enseignent de pratiquer; il le faut faire à la vue de tout le monde, et même il est bon de s'en entretenir.

———

La félicité, selon Sorbière, consiste dans quatre choses :

La santé, la tranquillité d'esprit, les biens de la fortune, des amis de réputation.

———

VIE DE L'HOMME.

La vie de l'homme, dit le même auteur, est divisée en cinq âges ou actes.

1º L'âge de l'innocence, ou l'enfance ; acte où l'on ne voit goutte.

2º L'âge des passions, ou de l'adolescence ; acte où l'on voit trop et l'on a la berlue.

3º L'âge de l'entendement et des sciences; acte où l'on a la vue plus nette et plus étendue.

4º L'âge des honneurs et des emplois , ou l'âge mûr; acte où l'on ne regarde que l'ambition et l'intérêt.

5º L'âge de la piété et du repos , ou de la vieillesse ; acte où l'on s'attache à ces deux choses très importantes.

Un autre moraliste a dit :

Chaque âge a ses ressorts qui le font mouvoir , mais l'homme est toujours le même : à dix ans, il est mené par des gâteaux ; à vingt, par une maîtresse ; à trente, par les plaisirs ; à quarante , par l'ambition ; à cinquante , par l'avarice. Y a-t-il eu pendant cet espace de temps une petite place réservée à la sagesse ?

————

Voici des vers français sur le même sujet ; c'est une traduction d'un morceau détaché de Shakespeare , que nous puisons dans l'excellent ouvrage de M. Hennet, intitulé : *Poétique anglaise*. Paris, 1806 , 3 *vol. in-8º*.

Qu'est-ce donc que le monde? un théâtre ; et la vie,
Qu'est-elle , mes amis ? rien qu'une comédie.
Homme, femme, chacun , selon l'âge et le temps,
En sept actes remplit sept rôles différens.
D'abord c'est un marmot sur les bras de sa mie,

Un petit animal qui toujours pleure et crie.
Puis, le sac sur le dos, voilà mon polisson,
Vers l'école rampant comme un colimaçon.
Bientôt ivre d'amour et brûlant de tendresse,
Il chante les yeux bleus de sa blonde maîtresse;
Il jure que jamais..... Soudain le tambour bat,
Mars succède à l'Amour, et le voilà soldat,
Jurant, buvant, fumant, faisant le diable à quatre;
L'œil fier, le poil épais, toujours prêt à se battre,
Et courant à la gloire à travers les boulets.
Mais bientôt les combats ont fait place aux procès;
Mon juge bien nourri, hérissé de science,
Amène gravement sa robe à l'audience.
Le sixième acte s'ouvre, et je vois mon barbon
Dans sa robe de chambre et son grand pantalon.
Un des bas qu'il portoit quand il chantoit Climène,
De ses jambes tiendroit, oui, presque une douzaine;
Lunettes sur le nez, affublé d'un bonnet,
Sa voix mâle se change en un aigre fausset.
L'acteur arrive enfin à la scène dernière,
Une seconde enfance achève sa carrière :
Il perd et la mémoire, et l'ouïe et le goût,
Et la voix, et les dents et les yeux; il perd tout.

Pour vivre dix fois dix,
Faut se lever à six,
Manger la soupe à dix,
Le soir souper à six,
Et se coucher à dix.

Rabelais dit :

Lever à cinq, dîner à neuf,
Souper à cinq, coucher à neuf,
Font vivre d'ans nonante et neuf.

Huit heures au sommeil, huit heures au travail, huit heures au repos.

Cornutus, philosophe stoïcien, précepteur de Perse le satirique, et ensuite son commentateur, a fait la remarque suivante sur ces mots de la première satire : *Sum petulanti splene cachinno......* « Physici dicunt homines splene ridere, felle irasci, « jecore amare, corde sapere, et pulmone jactari. »

Ebrard de Béthune(1) a rendu cette remarque en deux vers latins :

Cor sapit, et pulmo loquitur; fel commovet iras,
　　Splen ridere facit, cogit amare jecur.

et en français :

Le cœur, principe de la sagesse;
Le poumon, principe de la parole;
Le fiel, principe de la colère;
La rate, principe du rire;
Le foie, principe de l'amour.

Selon un autre auteur :

Le cœur, principe et siège de la chaleur naturelle;
Le poumon, principe de la respiration;
Le fiel, excrément du foie et du sang;
La rate attire l'humeur mélancolique;
Le foie forme le sang.

———————

D'après les expériences de Sanctorius, médecin de Padoue, qui a passé trente ans de sa vie dans des balances, pesant exactement ce qu'il prenoit, et ce qu'il rendoit par les différentes voies, il a été reconnu qu'un homme, pour se bien porter, doit ré-

———————

(1) Cet Ebrard a fait le vers défectueux suivant sur les Parques :
Clotho colum retinet, Lachesis trahit, Atropos occat.

gulièrement rendre par les pores (1) ou par la transpiration insensible, les cinq huitièmes, ou cinq onces
sur huit onces qu'il prend tant en alimens solides
qu'en boisson.

Le médecin Sorbière, cité plus haut, disoit, dans
le style de son état, en parlant des hérésies, que
les *maladies* du *corps* ecclésiastique ont été causées
par les *débauches* de l'esprit humain, et que la
plénitude de quelques prélats ou l'*inanition* de quelques mécontens qui ne se croient pas assez bien par-
tagés, ont ému la *bile*, et causé le *dévoiement* des
hérésies.

On prétend qu'il existe dans la bibliothèque im-

_____

(1) Les pores sont de petites ouvertures dont la peau de l'homme est parsemée. Leuwenhoeck, célèbre par ses observations
microscopiques, a trouvé que sur un morceau de peau humaine,
de la longueur d'une ligne, abstraction faite de sa largeur, on
découvre 120 ouvertures ou pores rangés en ligne droite sur cet
espace; ce seroit donc par pouce sur cette même peau, 1440 pores.
Mais pour rendre le calcul général que nous voulons faire, plus facile, réduisons le nombre de ces pores à 1000 par pouce, on aura
encore par pied, 12000; ce qui donnera pour un pied-carré douze
mille fois douze mille, ou 144,000,000 de pores. Or, l'étendue de
la peau humaine dans une personne de moyenne taille, doit être
au moins de quatorze pieds-carrés; ce sera donc une quantité de
2,016,000,000 de pores répandus sur toute la surface du corps
humain.

Le nombre des os du corps humain est ordinairement évalué
à deux cent quarante, savoir : pour la tête 62; pour le tronc 54;
pour les épaules, les bras et les mains 64; enfin, pour les cuisses,
les jambes et les pieds 60.

périale de Vienne un manuscrit grec, renfermant le *Symbole des Apôtres* divisé en douze articles, avec les noms de ceux qui les ont composés.

Le premier est attribué à S. Pierre ; le second, à S. André ; le troisième, à S. Jacques le majeur ; le quatrième, à S. Jean ; le cinquième, à S. Thomas ; le sixième, à S. Jacques le mineur ; le septième, à S. Philippe ; le huitième, à S. Barthelemy ; le neuvième, à S. Matthieu ; le dixième, à S. Simon ; le onzième, à S. Thadée ; et le douzième, à S. Mathias.

Cette opinion n'est pas admise, quoique S. Léon paroisse la partager.

QUELQUES RAPPROCHEMENS HISTORIQUES ET CHRONOLOGIQUES.

Romulus est le fondateur de Rome (753 av. J.-C.), et Auguste, le fondateur de l'empire romain (31 av. J.-C.). — Romulus-Augustule est le dernier empereur de Rome et de l'empire romain (476 ou plutôt 480 dep. J.-C.); il réunissoit les noms des deux fondateurs.

Le 21 *janvier* 98, mort de l'empereur Nerva, dont tous les historiens louent la douceur, l'équité, qui eut toutes les vertus hors la fermeté, et sous l'empire duquel on sentoit que *si c'est un grand malheur de vivre sous un règne où tout est défendu, c'en est un bien plus grand de vivre sous celui où tout est permis.* — Le 21 *janvier* 1793, mort de

Louis XVI, le plus infortuné, le plus vertueux, le meilleur des rois, sous le règne duquel on a senti que *si c'est un grand malheur*, etc.

Le 26 *novembre* 329, Constantin le Grand jette les fondemens de Constantinople sur les ruines de Byzance presque entièrement détruite par Sévère. — Le 29 *mai* 1453, Constantin Paléologue, dernier empereur d'Orient, est tué à la prise de Constantinople qui devient la capitale de l'empire turc. Ainsi le premier et le dernier empereur de Constantinople se nommoient Constantin.

Le 30 *mai* 1431, mort de Jeanne d'Arc à Rouen. — Le 30 *mai* 1778, mort de l'auteur de la *Pucelle d'Orléans*, à Paris.

Le 13 *avril* 1436, la ville de Paris et la France rentrent, au bout de seize ans, sous la domination de leur légitime souverain, Charles VII. — Le 13 *avril* 1814, la ville de Paris et la France rentrent, au bout de vingt-deux ans, sous l'autorité de S. M. Louis XVIII. C'est ce jour-là que M. le Comte d'Artois, nommé lieutenant-général du royaume, fut reçu par les premières autorités à Paris. S. M. Louis XVIII y fit son entrée solennelle le 3 mai suivant. (Notez que Charles Ier avoit, comme Louis XVI, péri dans le mois de janvier, (ancien comput, 1649); et que Charles II fut, comme Louis XVIII, rétabli dans le mois de mai (1660).

Le 13 *décembre* 1553, jour de la naissance de

Henri IV, le modèle des bons rois. — Le 13 *décembre* 1560, jour de la naissance de Sully, le modèle des bons ministres et l'ami de Henri IV.

Le 27 *mai* 1564, mort de Calvin, dont la doctrine avoit égaré Henri IV jusqu'en 1594. — Le 27 *mai* 1610, supplice de Ravaillac, qui poignarda le bon Henri, parce que ce prince avoit été calviniste. (Et cependant quoi de plus sincère que sa conversion qui datoit de seize ans !)

Le 25 *août* 1569, les Calvinistes massacrent les nobles et les prêtres dans le Béarn et dans la Navarre. — Le 25 août 1572, les Calvinistes sont massacrés à Paris.

En 1594, la *Satyre Ménippée* est faite dans une chambre de Jacques Gillot, conseiller-clerc au parlement de Paris, chez lequel se réunissoient P. le Roy, P. Pithou, Fl. Chrétien, J. Passerat, Nic. Rapin, etc., tous coopérateurs de cette pièce si mordante. — En 1636, le satirique Boileau-Despréaux vient au monde dans la chambre même où cette fameuse satire prit naissance.

En *août* 1624, la statue en bronze de Henri IV fut érigée sur le Pont-Neuf. — En *août* 1792, elle fut renversée et brisée (ainsi que toutes les autres statues de nos rois). En *août* 1818, elle fut rétablie et replacée sur le Pont-Neuf.

(Notez que la statue de Louis XIV avoit été érigée à Beauvais le 11 *août* 1788).

19

Le 9 *juillet* 1744 , la célèbre Catherine II (de Russie), n'étant encore que princesse d'Anhalt-Zerbst , embrasse la religion grecque pour épouser Pierre III. — Le 9 *juillet* 1762 , Catherine II détrône Pierre III , son époux.

Le 10 *mai* 1774, mort de Louis XV. — Le 10 *mai* 1794, mort de sa petite-fille, l'infortunée princesse Madame Elisabeth. C'est au sujet de cette mort affreuse , que l'abbé Delille a dit avec autant de vérité que de sentiment :

> . . . . Des attentats de ce siècle effréné ,
> Ton trépas, ombre illustre! est le moins pardonné.
> O Dieux ! et quel prétexte à ce forfait infame ?
> Ton nom étoit sans tache, aussi bien que ton ame ;
> Ton cœur, dans ce haut rang, formant d'humbles désirs ,
> Eut les malheurs du trône, et n'eut pas ses plaisirs.

Le 10 *août* 1788 , arrêt du Conseil d'Etat par lequel le Roi indique l'assemblée des États-Généraux pour le 1.er mai 1789. (Ils ne se sont ouverts que le 5 mai). — Le 10 *août* 1792 , le château des Tuileries est pris d'assaut. De ce moment le trône n'existe plus ; Paris et la France sont livrés pendant plusieurs années à l'anarchie révolutionnaire.

Nota. C'est également au mois d'*août* 1589 , que le royaume fut plongé dans un plus grand déluge de maux qu'il ne l'éloit auparavant, par l'assassinat de Henri III (1).

_____

(1) C'est à ce sujet que quelqu'un a fait ainsi un croquis de l'infernale généalogie du régicide :

La Ligue a engendré Jacques Clément ; Jacques Clément a en-

Le 28 *juillet* 1793, Robespierre fait mettre hors la loi Buzot, Barbaroux, Lanjuinais, Pétion, Biroteau, Fermont, Louvet, etc. — Le 28 *juillet* 1794, Robespierre (1) est supplicié avec une partie de ses complices, Couthon, Saint-Just, (Lebas se tue), Dumas, Vivier, Henriot, Payan, etc.

———

Notice de quelques favoris, ministres et autres qui ont encouru la peine capitale, ou ont été disgraciés d'une manière éclatante.

Le chemin qui, dans les cours, conduit à la faveur et aux honneurs est glissant, et une fois parvenu au sommet, il est ordinairement difficile de s'y maintenir ou d'en descendre paisiblement. Plus on est élevé, plus la chute est dangereuse. Cette vérité qui est de tous les temps se faisoit sentir d'une manière bien plus terrible autrefois, quand nos mœurs étoient moins policées, et que les passions non moins vives qu'aujourd'hui alloient plus promptement et plus directement à leur but. Alors les favoris et les ministres dont on avoit à se plaindre n'en étoient

———

gendré Barrière; Barrière a engendré J. Châtel; J. Châtel a engendré Ravaillac; Ravaillac a engendré Damiens; Damiens a engendré Robespierre; Robespierre a engendré Fouquier-Tinville, etc., etc., etc., etc., etc.

(1) On a remarqué que quatre tyrans plébéïens ont expié leurs crimes dans le mois de juillet : Artevelle, à Gand, le 17 juillet 1342; Mazaniello, à Naples, le 16 juillet 1647; Marat, le 13 juillet 1793; et Robespierre, le 28 juillet 1794.

pas quittes pour une simple disgrace; souvent ils per-
doient la vie, et malheureusement quelques-uns,
après avoir péri, étoient reconnus innocens. Un petit
tableau des bizarreries de la fortune à cet égard, et
du danger des grandeurs humaines, n'étant pas sans
intérêt, nous allons présenter sommairement une
liste d'hommes qui ont expié cruellement la faute
d'avoir sacrifié à l'ambition et d'avoir abusé de la
faveur et du pouvoir dont ils étoient investis.

Pierre LA BROSSE, d'abord barbier de Saint Louis,
puis favori et chambellan de Philippe le Hardi, fut
condamné au gibet en 1276, pour avoir voulu mettre
le trouble dans la famille royale. (V. VELLY, tom.
VI, pp. 319-325.)

Enguerrand de MARIGNY, principal ministre,
intendant des finances et favori de Philippe le Bel,
fut condamné au même supplice le 30 avril 1315(1),
après la mort de Philippe, sous Louis X son successeur; Charles de Valois, oncle du Roi, le fit accuser

---

(1) On attacha son corps au gibet de Montfaucon, qui avoit été
élevé par ses ordres pour y exposer les corps des malfaiteurs après
leur supplice. Pasquier observe que les fourches patibulaires de
Montfaucon *ont porté malheur à tous ceux qui s'en sont mêlés*;
qu'Enguerrand de Marigny, qui les fit élever, y fut le premier
attaché; que Pierre Remy, surintendant des finances, sous Charles-
le-Bel, les ayant fait réparer, y fut pendu sous Philippe de Valois;
et *de notre temps*, ajoute-t-il, *Jean Mounier, lieutenant civil
de Paris, y ayant fait mettre la main pour les refaire, s'il n'y
finit pas ses jours comme les deux autres, il y fit du moins
amende honorable.*

d'exactions. On regarde sa condamnation, sinon comme injuste, du moins comme très hasardée. « Telle fut la fin déplorable d'Enguerrand de Ma- « rigny, le plus grand homme d'état qui eût paru « depuis long-temps, favori du premier roi du « monde, ministre plus puissant qu'aucun maire du « palais, qui avoit toute autorité dans le royaume, « qui disposoit de tout, sous qui tout plioit, princes, « noblesse et peuple : exemple terrible de l'insta- « bilité des fortunes humaines. » (V. Velly, tom. viii, pp. 6—30.)

Gérard La Guette, receveur général des revenus de la couronne, autrefois maître de la monnoie sous Philippe V, fut poursuivi comme dilapidateur sous Charles IV. Il mourut à la question ; malgré cela on traîna son corps par les rues, et on le pendit au gibet de Paris en 1322. (V. Velly, tom. viii, p. 132.)

Pierre Remy, sieur de Montigny, surintendant des finances sous Charles IV, fut arrêté sous Philippe VI (alors régent du royaume) ; puis convaincu de péculat, il fut condamné à mort, traîné à la queue d'un cheval, puis attaché au gibet de Montfaucon qu'il avoit fait rétablir avec beaucoup de soin. Cette exécution eut lieu en 1328; ses biens confisqués montoient à 1,200,000 fr., somme qui dans ce temps eût payé le quart du royaume. (V. Velly, tom. viii, p. 202.)

Jean de Montagut, surintendant des finances ,

premier ministre et grand-maître de la maison du
Roi sous Charles VI, accusé de malversation et
de péculat, fut arrêté par ordre du duc de Bourgogne, appliqué plusieurs fois à la question la plus
rigoureuse, *tant que tous les membres lui desrom-
pirent*, et enfin condamné à avoir la tête tranchée ;
ce qui fut exécuté en 1409. Sa tête et son corps
furent exposés sur les fourches patibulaires de Montfaucon où ils restèrent jusqu'en 1411 que les Céles-
tins de Marcoussy, dont il étoit fondateur, obtinrent
permission de l'inhumer dans leur église. (V. VELLY,
tom. XIII, pp. 84—92.)

Pierre des ESSARTS, surintendant des finances,
(et président de la Commission qui avoit condamné
Montagut), fut à son tour condamné par des commissaires le 1er juillet 1413; conduit à l'échafaud, lié
sur une claie, il eut la tête tranchée et mise au
bout d'une lance ; ses restes furent portés à Montfaucon. Son frère Antoine, échappé au même sort,
fit sculpter la statue colossale de Saint Christophe
qu'on voyoit à Notre-Dame de Paris. « Si ce fut en
action de grâces de sa délivrance, dit Velly, on peut
juger de l'excès de sa frayeur par l'énormité de l'*ex-
voto*.»(V. VELLY, tom. XIII *passìm*, pp. 30—263).

Pierre de GIAC, surintendant des finances et favori
du Roi Charles VII, fut arrêté, appliqué à la question, et exécuté en 1426; il le méritoit par ses mal-
versations, l'abus de la confiance du Roi, l'empoison-

'nement de sa première femme, etc. etc. Ce qui prouve la superstition de ce siècle, c'est qu'*il avoit donné une de ses mains au diable afin de parvenir à ses intentions;* et avant d'être exécuté, il demanda qu'on lui coupât cette main, afin que le diable ne pût le prendre par là pour le tirer en enfer. Cette faveur lui fut refusée, ainsi que celle de racheter sa vie moyennant 300,000 livr. (V. VELLY, tom. XIV, pp. 324-26.)

Le Camus de BEAULIEU, successeur du précédent et marchant sur ses traces, fut assassiné en 1427. (Même tom., p. 327.)

Jean XAINCOINS, Florentin, receveur général des finances sous Charles VII, et Jacques CHARTIER, son clerc, furent l'un et l'autre arrêtés et appliqués à la question, puis condamnés à mort pour déprédations, altérations de registres et prodigalité des trésors de l'État. Le Roi leur fit grâce de la vie, moyennant une amende de 60,000 écus d'or. (V. VELLY, tom. XVI, p. 10.)

Jacques CŒUR, argentier du Roi Charles VII, fut condamné en 1450, à la peine de mort; mais le Roi la lui remit *en considération de certains services et à la recommandation du pape;* de plus, moyennant une amende de 400,000 écus, etc. Il fut enfermé au couvent des Cordeliers de Beaucaire, d'où il s'échappa et alla mourir dans l'île de Chio. (V. VELLY, tom. XVI, pp. 11-24.

Jean Balue, cardinal et premier ministre sous Louis XI, est pour cause de trahison avouée, enfermé pendant onze ans dans une cage de fer ; l'évêque de Verdun, son complice, subit la même peine. Leur trahison fut découverte en 1469 ; le procès ne put jamais être terminé par l'opposition de la cour de Rome. (V. Velly, tom. xvii, pp. 323-338.)

Olivier le Daim, barbier et favori du Roi Louis XI, fut pendu en 1483, sous le règne de Charles VIII. (V. Velly, tom. xix, p. 152.)

Jean Doyac, procureur général et favori de Louis XI, contemporain d'Olivier le Daim, échappa à la potence ; mais il fut condamné la même année, à être fouetté par le bourreau dans les carrefours de Paris et de Bourges, à avoir les deux oreilles coupées, et la langue percée d'un fer chaud. (V. Velly, tom. xix, p. 153.)

Poncher, trésorier général sous Louis XII, et Jacques de Beaune-Samblançay, administrateur des finances (1) sous le même Roi, sont l'un et l'autre

(1) M. Arnould, dans son *Histoire générale des finances de la France*, mars 1806, *in-4.°*, remarque que « depuis Enguerrand « de Marigny, jusqu'au baron de Samblançay, si cruellement sa- « crifié à la haine de la duchesse d'Angoulême, mère de François « Ier, l'histoire fait mention de *douze administrateurs en chef* « *des finances ;* sur ce nombre, on en compte *huit* qui ont péri « de *mort violente ; trois* qui ont subi *la proscription, l'exil et* « *la prison ;* et *un seul*, Florimond Roberlet, sous Charles VIII « et Louis XII, qui a eu une retraite paisible. »

condamnés à être pendus, à l'instigation du chancelier Duprat, en 1527, sous François I.er On prétend qu'ils étoient innocens. Les deux commissaires-rapporteurs de ces deux procès, ont par la suite éprouvé le même sort (1). (V. VELLY, tom. XXIV, p. 253-256.)

Guillaume POYET, chancelier de France, est condamné en 1541, sous François Ier, à 100,000 livr. d'amende envers le Roi; puis déclaré incapable de jamais tenir office royal, etc. (V. VELLY, tom. XXV, pp. 271-291.)

CONCINI, maréchal d'Ancre, favori de Louis XIII, et particulièrement de Marie de Médicis, est arrêté et tué d'un coup de pistolet le 24 avril 1617, par Vitri, capitaine des gardes. Sa femme Éléonore Galigaï est condamnée à avoir la tête tranchée et à être brûlée, le 8 juillet suivant.

---

(1) Je ne sais si Pierre Laidet, rapporteur dans l'affaire de Samblançay, a été condamné à la peine de mort. On sait qu'il a été poursuivi criminellement un an après la mort de Samblançay; mais pour le président le Gentil, rapporteur du procès de Poncher, il a été pendu en 1542, pour avoir furtivement retenu pardevers lui les acquits du malheureux Poncher. Beze a fait l'épitaphe suivante pour ce le Gentil suspendu au gibet :

Fracto gutture stare quem revinctum
Impellique vides, et huc et illuc,
Quondam purpureo sedens senatu
Primas Parisio in foro tenebat.
Sed lucri studio impotente captus,
Justo numine sic jubente, vivus
Qui judex male sederat tot annos,
Stare nunc male mortuus jubetur.

Nicolas Fouquet, surintendant des finances sous Louis XIV, est arrêté à Nantes, le 5 septembre 1661 ; une commission est nommée pour lui faire son procès qui dure pendant trois ans. Dans cet intervalle, on blâmoit devant Turenne l'emportement de Colbert, et on louoit la modération de Letellier, l'un et l'autre ennemis de Fouquet : « En « effet, dit M. de Turenne, je crois que M. Colbert « a plus envie que Fouquet soit pendu, et que « M. Letellier a plus peur qu'il ne le soit pas. » Enfin le 20 décembre 1664, Fouquet fut condamné à un bannissement perpétuel et à la confiscation de tous ses biens. Le Roi commua cette peine en une prison perpétuelle ; et le surintendant fut enfermé dans la citadelle de Pignerol où il mourut en 1680, âgé de 65 ans.

Depuis Fouquet, on ne connoît aucun ministre qui, disgracié, ait été mis en jugement.

NOTICES

HISTORIQUES, CHRONOLOGIQUES ET STATISTIQUES

SUR LA FRANCE.

LA France, l'État le plus ancien de l'Europe, compte (depuis 418, date de sa fondation , jusqu'à la présente année 1823), QUATORZE CENT CINQ ans d'existence. Dans cet espace de temps , elle a vu soixante-douze rois se succéder sur le trône ; ces rois sont divisés en trois races ou dynasties :

La première est celle des MÉROVINGIENS, qui tire son nom de Mérovée , troisième roi de cette race. Elle a duré de 418 à 752 , c'est-à-dire, trois cent trente-quatre ans. Elle compte vingt-deux rois , trente-six reines, cinquante princes et dix-sept princesses. Le plus célèbre des rois de cette race est CLOVIS.

La seconde race est celle des CARLOVINGIENS, qui tire son nom de Charlemagne , second roi de cette dynastie. Elle a duré de 752 à 987 , c'est-à-dire , deux cent trente-cinq ans. Elle compte quinze rois , vingt-deux reines, trente princes, trente-une princesses , et douze enfans naturels. Le roi le plus célèbre de cette race est CHARLEMAGNE.

La troisième race est celle des CAPÉTIENS , qui tire son nom de Hugues Capet, premier roi de cette dynastie. Elle a commencé en 987, continue et compte jusqu'à ce moment huit cent trente-six ans. Elle a trente-cinq rois, cinquante reines, quatre-vingt-dix-neuf princes, quatre-vingt-dix-neuf princesses, et trente-huit enfans naturels. Elle se divise aussi en trois branches, celle des *Capétiens proprement dits*, qui commence à Hugues Capet, et va jusqu'à la fin du règne de Charles Le Bel en 1328; celle des *Valois,* qui commence à Philippe VI, dit de Valois, fils de Charles comte de Valois, qui étoit troisième fils de Philippe le Hardi. Elle compte un Valois-Orléans dans Louis XII, cinq Valois-Angoulême, et va jusqu'à la fin du règne de Henri III, en 1589; et enfin, celle de *Bourbon,* qui commence à Henri IV, neuvième rejeton, en ligne directe, de Robert, sixième fils de S. Louis. Les rois les plus célèbres de la troisième race sont Louis IX, Louis XII, François I, Henri IV, et Louis XIV.

Nous allons donner la liste chronologique des rois de France; comme les bornes de cet ouvrage ne nous permettent pas d'y insérer les noms des reines et des enfans de France, nous renvoyons pour cet objet, à l'ouvrage intitulé *De la Maison royale de France,* qui a été publié en 1815, à Dijon, chez Noëllat, 1 vol. in-8º, fig., et qui a été augmenté, en 1819, sous le titre d'*Abrégé de l'Histoire de France,* in-8º de plus de 600 pages. Nous nous bornerons donc à présenter ici la série chronologique de nos rois, désignant l'année de leur naissance avant leur nom, et indiquant, après leur nom, la date de leur avénement au trône, puis la date de leur mort. . . . .

1°. RACE DES MÉROVINGIENS.

Naissance.		Avénement.	Mort.
000	PHARAMOND.	418	427
000	CLODION, dit LE CHEVELU . . .	427	448
000	MÉROVÉE	448	458
000	CHILDÉRIC I	458	459
	expulsé, puis	463	481
465	CLOVIS I, dit LE GRAND	481	511

Nota. Ce roi ayant été baptisé en 496, c'est de cette année que date l'établissement de la Religion en France et sur le trône.

498	CHILDEBERT I.	511	558
000	CLOTAIRE I.	558	561

Nota. Childebert et Clotaire, ces deux fils de Clovis, sont les premiers de nos rois qui aient fait battre de la monnoie d'or. L'empereur Justinien consentit qu'elle fût reçue par tout l'empire.

521	CHARIBERT	561	567
523	CHILPÉRIC I	567	584
584	CLOTAIRE II (à 4 mois)	584	628
602	DAGOBERT I	628	638
634	CLOVIS II	638	656
652	CLOTAIRE III.	656	670
653	CHILDÉRIC II.	670	673
654	THIERRI I (III).	673	691
000	CLOVIS III.	691	695
682	CHILDEBERT II, dit LE JUSTE. .	695	711
699	DAGOBERT II	711	715
672	CHILPÉRIC II, ou Daniel. . . .	715	720

Naissance.		Avénement.	Mort.
712	Thierri II (IV)	720	737
	Interrègne de cinq ans.		
ooo	Childéric III	742	752

2°. RACE DES CARLOVINGIENS.

Naissance.		Avénement.	Mort.
714	Pepin le Bref.	752	768
742	Charlemagne, empereur . . .	768	814
778	Louis I, le Débonnaire, emp.	814	840
823	Charles II, le Chauve, emp.	840	877

Nota. Premier monument conservé de la langue romane, origine de la langue française : (Serment de Charles le Chauve et de Louis le Germanique.)

Naissance.		Avénement.	Mort.
846	Louis II, dit le Bègue, emp. .	877	879
863	Louis III . } empereurs. . . .	879	882
866	Carloman }		
	Carloman seul		884
832	Charles III, dit le Gros, emp.	884	887

Nota. Il fut déposé dans cette année 887 ; mais il ne mourut que le 14 juin 888, ayant été, dit-on, étranglé par ses domestiques à Richenaw.

Naissance.		Avénement.	Mort.
858	Eudes ou Odon, fils de Robert-le-Fort, duc de France. . . .	887	898
879	Charles IV, dit le Simple . .	898	922

Nota. Il fut déposé en 920, fut enfermé en 922, et mourut le 7 octobre 929.

Naissance.		Avénement.	Mort.
860	Robert, duc de France, frère cadet d'Eudes.	922	923
ooo	Raoul ou Rodolphe, usurpateur.	923	936
921	Louis IV, dit d'Outremer. .	936	954

Naissance.		Avénement.	Mort.
941	LOTHAIRE	954	986
967	LOUIS V, dit LE FAINÉANT. . .	986	987

3°. RACE DES CAPÉTIENS.

BRANCHE DES CAPÉTIENS PROPREMENT DITS.

941	HUGUES CAPET.	987	996
970	ROBERT LE PIEUX	996	1031
1031	HENRI I.	1031	1060

Nota. Création de la charge de *connétable* ; elle a cessé sous Louis XIII.

1053	PHILIPPE I.	1060	1108
1077	LOUIS VI, dit LE GROS.	1108	1137

Nota. On doit à ce roi l'établissement des communes et l'affranchissement des serfs.

1120	LOUIS VII, dit LE JEUNE. . . .	1137	1180

Nota. On rapporte à ce roi l'origine des fleurs de lys. C'est encore sous son règne que fut créée la place de *grand chambellan*.

1165	PHILIPPE II AUGUSTE.	1180	1223

Nota. C'est sous ce roi, que sont créés les *maréchaux de France*, en 1185.

1187	LOUIS VIII CŒUR-DE-LION . . .	1223	1226
1215	LOUIS IX (Saint).	1226	1270

Nota. Sous ce règne, on voit paroître pour la première fois des maîtres des requêtes, des notaires royaux, et un *grand veneur* de France.

1245	PHILIPPE III LE HARDI.	1270	1285
1258	PHILIPPE IV LE BEL.	1285	1314

Nota. Création de la charge de *grand écuyer* de France.

Naissance.		Avénement.	Mort.
1291	LOUIS X LE HUTIN	1314	1316
1316	JEAN I (Il a vécu 4 jours) . . .	1316	1316
1294	PHILIPPE V LE LONG	1316	1322
1295	CHARLES IV (V) LE BEL . . .	1322	1328

Nota. Les *grands amiraux* de France remontent à 1322.

BRANCHE DE VALOIS.

1293	PHILIPPE VI DE VALOIS	1328	1350
1319	JEAN II LE BON	1350	1364

Nota. Origine des commissaires des guerres.

1337	CHARLES V (VI) LE SAGE. . .	1364	1380
1368	CHARLES VI (VII) LE BIEN-AIMÉ	1380	1422
1403	CHARLES VII (VIII) LE VICTO-RIEUX	1422	1461

Nota. L'imprimerie est découverte à Mayence par Gutenberg vers 1436.

1423	LOUIS XI	1461	1483

Nota. Les postes sont établies en 1463.

1470	CHARLES VIII (IX)	1483	1498

Nota. La place de *grand aumônier* de France a lieu sous ce règne, en 1486.

Valois-Orléans.

1462	LOUIS XII, LE PÈRE DU PEUPLE.	1498	1515

Valois-Angoulême.

1494	FRANÇOIS I, LE PÈRE DES LETTRES	1515	1547
1519	HENRI II.	1547	1559
1544	FRANÇOIS II	1559	1560
1550	CHARLES IX (X).	1560	1574
1551	HENRI III	1574	1589

Naissance.		Avénement.	Mort.

BRANCHE DES BOURBONS.

Naissance		Avénement	Mort
1553	HENRI IV LE GRAND	1589	1610
1601	LOUIS XIII LE JUSTE.	1610	1643
1638	LOUIS XIV LE GRAND	1643	1715
1710	LOUIS XV LE BIEN-AIMÉ. . . .	1715	1774
1754	LOUIS XVI.	1774	1793
1783	LOUIS XVII	1793	1795
1755	LOUIS XVIII.	1795	

Depuis le 5 mai 1789, jusqu'au 6 avril 1814,
l'administration du royaume, entièrement
changée, a eu pour chefs :

1° L'*Assemblée constituante*
(1200 membres). . . . . . 1789—1791
2° L'*Assemblée nationale* (750
membres) . . . . 1791—1792
3° La *Convention* (750 memb.) 1792—1795
4° Le *Directoire exécutif*
(5 membres). . . . . 1795—1799
5° Le *Consulat* (3 membres). 1799—1804
6° L'*Empire* (1 membre). . . 1804—1814

Les Rois de France de la troisième race, qui,
par défaut d'enfans mâles, ont occasionné des in-
terruptions dans la descendance directe, sont :

Jean I, mort au berceau.

Philippe-le-Long, qui n'a laissé que des filles.

Charles le Bel, idem.

Charles VIII, mort sans enfans.

Louis XII, ne laissant que des filles.

François II, sans postérité.

Charles IX, ne laissant qu'une fille.

Henri III, mort sans enfans.

Et *Louis* XVII, mort à douze ans.

Les applications de la loi salique sont celles qui ont été faites :

A Jeanne, fille de Louis X, en 1316.

A Jeanne, fille de Philippe le Long, en 1322.

A Blanche, fille de Charles le Bel, en 1328.

A Claude, fille de Louis XII, en 1515.

Les Rois de France, mineurs lors de leur avénement au trône, sont :

Philippe I, âgé de 7 ans, en 1060. Régente : Anne, mère du roi ; puis Baudouin V, comte de Flandre.

Philippe-Auguste, âgé de 15 ans, en 1180. Régent : Philippe d'Alsace, comte de Flandre.

Louis IX (Saint), âgé de 12 ans, en 1226. Régente : Blanche de Castille, mère du roi.

Jean I, qui n'a vécu que 4 jours, en 1316. Régent : Philippe, frère de Louis X.

Charles VI, âgé de 12 ans, en 1422. Régent : le duc d'Anjou, oncle du roi.

Charles VIII, âgé de 13 ans, en 1483. Point de Régence ; un Conseil de douze membres.

Charles IX, âgé de 10 ans, en 1560. Point de Régence; Catherine de Médicis administre le royaume.

Louis XIII, âgé de 9 ans, en 1610. Régente : Marie de Médicis, mère du roi.

Louis XIV, âgé de 5 ans, en 1643. Régente : Anne d'Autriche, mère du roi.

Louis XV, âgé de 5 ans, en 1715. Régent : le duc d'Orléans, prince du sang.

Louis XVII, âgé de 10 ans, en 1793. Régent : Monsieur, oncle du roi.

Table des variations du marc d'or et du marc d'argent, et de la réduction de la livre de Charlemagne, à différentes époques de la monarchie française.

Avant de présenter cette table, que nous ne faisons pas remonter avant le règne de Louis VI (1108-1137), nous allons dire un mot sur la livre de Charlemagne.

La livre numéraire de France qui doit son institution à Charlemagne, étoit du poids de la livre romaine et pesoit 12 onces d'argent ; mais ces 12 onces ne représentoient que 10 onces trois quarts de notre poids de marc, environ 308 grammes.

Charlemagne fit tailler dans cette livre d'argent 20 pièces qu'on nomma *sols,* et dans un de ces sols 12 pièces qu'on nomma *deniers,* en sorte que la livre d'alors, étoit, comme celle employée jusqu'aux nouveaux poids et mesures, composée de 240 deniers ; mais ces sols et deniers étoient d'argent fin.

En 1103 on y mêla un tiers de cuivre ; moitié, dix ans après ; les deux tiers sous Philippe-le-Bel ; et les trois quarts sous Philippe de Valois. Cet affoiblissement a été au point que 20 sols ou la livre, qui avant Philippe Ier, père de Louis le Gros, étoient entièrement d'argent fin, n'en renferment pas aujourd'hui le tiers d'une once.

On prétend que Charlemagne étoit aussi riche avec un million que Louis XV avec soixante-six. Vingt-quatre livres deux onces de pain blanc, du temps de Charlemagne (16 liv. 2 onces actuelles), coûtoient sous le règne de ce prince, un denier. Ce denier étoit, comme nous l'avons dit, d'argent fin. On peut voir par la valeur que ce denier auroit dans ce temps-ci, si le pain ou les autres denrées étoient plus ou moins chers alors qu'à présent.

La table suivante indiquera les variations et le décroissement progressif que cette même monnoie d'argent a soufferts sous les autres règnes jusqu'à présent, et la valeur de notre livre actuelle dans les différentes périodes qui y sont rapportées. Ainsi on verra que notre livre est en rapport avec trois deniers trois cinquièmes du temps de Charlemagne.

Dans la disposition de cette table, nous indiquons d'abord à la première colonne, le nom des rois, et les années où la valeur de chaque marc d'or et d'argent, ainsi que la réduction de la livre, ont été arrêtées. A la seconde colonne sont indiqués les marcs d'or, à la troisième les marcs d'argent, et à la quatrième la réduction de la livre.

Rois et dates.	Marc d'or.			Marc d'argent.			Livre réduite.		
	l.	s.	d.	l.	s.	d.	l.	s.	d.
Louis VI, en 1113	20	«	«	«	«	«	18	13	6
Louis VII, en 1144	«	«	«	2	«	«	18	13	6
Philippe-Aug. en 1207	«	«	«	2	10	«	«	«	«
en 1222. . . .	«	«	«	«	«	«	19	18	4
Louis IX, en 1226	28	2	6	2	14	7	18	4	11
Philip. le Hardi, en 1285	«	«	«	2	15	6	«	«	«
Philip.-le-Bel, en 1285	«	«	«	«	«	«	17	19	«
en 1293	«	«	«	3	1	«	«	«	«
en 1310	55	11	9	3	7	6	«	«	«

Rois et dates.	Marc d'or.			Marc d'argent.			Livre réduite.		
	l.	s.	d.	l.	s.	d.	l.	s.	d.
LOUIS-LE-HUTIN,									
en 1316	38	«	«	2	4	«	«	«	«
PHILIP.-LE-LONG,									
en 1321	58	«	«	3	7	6	18	10	10
CHARLES-LE-BEL,									
en 1325	67	10	«	«	«	«	17	3	7
en 1326	«	«	«	4	10	«	«	«	«
PHILIPP. DE-VAL.									
en 1330	41	13	«	2	18	«	14	11	10
en 1342	168	«	«	12	«	10	«	«	«
en 1350	53	«	«	5	«	«	«	«	«
JEAN II,									
en 1351	54	17	6	6	18	«	9	19	2
en 1358	80	12	6	«	«	«	«	«	«
en 1359 . . .	«	«	«	102	«	«	«	«	«
en 1360	«	«	«	7	«	«	«	«	«
CHARLES V,									
en 1365	62	10	«	5	5	«	9	9	8
en 1372	«	«	«	5	16	«	«	«	«
CHARLES VI,									
en 1381	60	10	»	5	8	«	7	2	3
en 1419	171	13	4	«	«	«	«	«	«
en 1420	«	«	«	28	«	«	«	«	«
CHARLES VII,									
en 1423	84	«	«	7	«	«	5	13	9
en 1456	100	«	«	8	10	«	«	«	«
LOUIS XI,									
en 1473	103	«	«	10	«	«	4	19	7
en 1475	118	10	«	«	«	«	«	«	«
CHARLES VIII,									
en 1488	130	3	4	11	«	«	4	10	7
LOUIS XII,									
en 1514	130	3	4	12	15	«	3	19	8
FRANÇOIS I,									
en 1519	147	«	«	12	10	«	3	11	2
en 1540	165	7	6	14	«	«	«	«	«
HENRI II,									
en 1549	172	«	«	14	10	«	3	6	4
FRANÇOIS II,									
en 1560	«	«	«	«	«	«	3	6	4
CHARLES IX,									
en 1561	185	«	«	15	15	«	2	18	7
en 1573	200	«	«	17	«	«	«	«	«
HENRI III,									
en 1575	222	«	«	19	«	«	2	12	11
HENRI IV,									
en 1602	240	10	«	20	5	4	2	8	«

Rois et dates.	Marc d'or.			Marc d'argent.			Livre réduite.		
	l.	s.	d.	l.	s.	d.	l.	s.	d.
Louis XIII,									
en 1615	278	6	6	«	«	«	1	15	3
en 1636	384	«	«	25	«	«	«	«	«
Louis XIV,									
en 1679	437	9	8	29	6	11	«	«	«
en 1714	572	14	6	38	3	7	1	4	11
Louis XV,									
en 1715	523	12	8	34	18	2	«	«	«
en 1720	1963	12	8	130	18	2	1	«	«
en 1723	1087	2	8	74	3	7	«	«	«
en 1726	740	9	1	51	3	3	«	«	«
en 1773	784	11	11	53	9	2	«	«	«
Louis XVI,									
en 1785	828	12	«	«	«	«	1	«	«
Louis XVIII,									
en 1805	«	«	«	54	«	«	1	«	3
en 1823	847	50 c.	«	54	50 c.	«	«	«	«

Etat des revenus du Royaume, à quelques époques de la Monarchie.

Sous *Philippe-Auguste*, en 1180 . . .   90,000 l.

Sous *Philippe le Bel*, en 1285   240,000

Sous *Charles* V, en 1364   750,000

Sous *Charles* VII, vers 1450   1,700,000

Sous *Louis* XI, vers 1461   4,700,000

Sous *Charles* VIII, vers 1483   2,500,000

Sous *Louis* XII, en 1514   7,650,000

Sous *François* I, vers 1540   14,000,000

Sous *Henri* II, en 1547   15,730,000

Sous *François* II, en 1560   18,000,000

Sous *Charles* IX, en 1574   21,000,000

Sous *Henri* III, en 1589   31,000,000

Sous *Henri* IV, en 1595   23,000,000

Sous *Louis* XIII, en 1641   46,000,000

Sous *Louis* XIV, en 1661   84,222,096

en 1683   165,276,000

Sous *Louis* XV, en 1716	187,563,000 l.
vers 1774.	370,167,000
Sous *Louis* XVI, en 1789.	475,294,000
en 1798	581,000,000 f.
en 1804	762,000,000
Sous *Louis* XVIII, en 1816. . . .	839,502,520
en 1819	869,516,124
en 1824	901,472,002

Nous remarquerons que c'est depuis 1661 à-peu-
près qu'a commencé le déficit dans les finances de
l'Etat, parce que la dépense a toujours excédé la
recette. Le rapprochement suivant le prouvera.

	Recette.		Dépense.
En 1661.	84,222,096 l.	—	111,000,000 l.
En 1683.	165,276,000	—	243,823,000
En 1716.	187,563,000	—	204,647,000
En 1774.	370,167,000	—	391,662,000
En 1789.	475,294,000	—	531,533,000

Il n'est pas surprenant que chaque année intermédiaire de celles que nous citons ayant vu la dépense aller au-delà de la recette, l'infortuné Louis
XVI n'ait été à juste titre effrayé du déficit qu'il
trouva en montant sur le trône, et qui s'augmentant
chaque jour, lui fit prendre la résolution de sonder l'abyme et d'y apporter remède. Sa vertu et sa
bonté se sont trompées sur les moyens. A l'époque
de 1789, la dette exigible étoit de 557,202,000 l.
(V. M. Arnould, *Histoire générale des finances de
la France*, Paris 1806, *in*-4°, p. 95 des pièces justi-
ficatives).

Du titre de l'or et de l'argent.

On entend par le mot titre, le degré de pureté de l'or et de l'argent, c'est-à-dire, que si ces métaux sont sans alliage, ils sont au plus haut titre, et s'ils ont beaucoup d'alliage, on dit qu'ils sont à bas titre. Par le moyen de l'*essai*, on découvre à quel titre sont les deux métaux en question, et chaque peuple a sa manière d'exprimer leur titre ou leur degré de pureté.

En France. Autrefois on disoit que l'or le plus pur étoit à 24 karats (1). Ainsi un morceau d'or d'un poids quelconque, lorsqu'il étoit aussi pur qu'il est possible, s'appeloit de l'or à 24 karats (2); s'il s'y trouvoit un quart d'alliage, c'étoit de l'or à 18 karats; s'il s'y trouvoit un demi-quart ou un huitième d'alliage, c'étoit de l'or à 21 karats, etc. L'or n'admettoit en France qu'une sous-division, c'étoit

---

(1) *Karat* vient, dit-on, de l'arabe *Kouara* qui est le nom d'un arbre que les naturalistes appellent un *corallodendron*, sans doute à cause de la couleur de ses fleurs et de ses fruits qui sont rouges comme du corail. Le fruit est une espèce de fève avec une marque noire dans le milieu. Il est renfermé dans une coque ronde extrêmement dure. Les fèves du *kouara*, dès les premiers âges du Monde, servoient de poids aux Shangallas, dans le commerce de l'or. Quand elles sont bien sèches, elles ne varient presque pas de poids. La fève du kouara est appelée karat, d'où dérive la manière d'estimer l'or plus ou moins fin, à tant de karats. Du pays de l'or, en Afrique, le karat passa dans l'Inde, où il servit à peser les pierres précieuses, et surtout les diamans.

(2) Il ne faut pas prendre cette définition à la rigueur, car on ne peut guère affiner l'or que jusqu'à 23 karats 7 huitièmes.

des trente-deuxièmes. Voilà comme on désignôit le titre de l'or avant la Révolution. Maintenant on le divise en 1000 parties au lieu de 24 karats. Ainsi au lieu de dire : Cet or est à 18 karats, pour désigner qu'il a un quart d'alliage, on dit : Cet or est à 750 millièmes.

Le titre de l'argent se divisoit en douze deniers de fin; ainsi le plus pur étoit à 12 deniers (1); s'il avoit un quart d'alliage, il étoit à 9 deniers; un douzième, il étoit à 11 deniers, etc. Le denier de fin se sous-divisoit en 24 grains de fin. Depuis le nouveau système métrique, le titre de l'argent se divise, comme celui de l'or, en 1000 parties.

En Allemagne. Un poids quelconque d'or se divise en 24 karats, comme autrefois en France; mais le karat se divise en 12 grains.

L'argent le plus fin est supposé de 16 loths; le loth se divise en 18 grains, et le grain en 256 parties.

En Angleterre. L'or le plus pur est à 24 karats, le karat se divise en 4 grains, et le grain en 4 quartiers.

L'argent le plus pur est à 12 deniers; le denier a 24 grains, le grain 20 mites.

A la Chine. Le titre de l'argent se divise en 100 parties; il se reçoit dans le commerce depuis 100 jusqu'à 80 parties; au-dessous on le rejette, et ceux qui s'en servent sont punis.

---

(1) Dans la grande rigueur il n'y a point d'argent à 12 deniers; on ne peut guère l'affiner qu'à 11 deniers 18 grains.

Du rapport de l'or à l'argent, chez différens peuples.

La proportion de l'or à l'argent étoit

Chez les Romains, l'an 310 de Rome, comme   1 à 13

Chez les mêmes, l'an 460 de Rome . . . . 1 à 10

Sous Constantin . . . . 1 à 14

Sous S. Louis . . . . 1 à 10

En 1500 . . . . 1 à 12

En Allemagne, maintenant, comme . . . . 1 à 14 $\frac{12}{71}$

En Prusse. . . . . 1 à 13 $\frac{4}{5}$

En Espagne. . . . . 1 à 14 $\frac{9}{10}$

En Savoie . . . . 1 à 14 $\frac{6}{10}$

En Suisse. . . . . 1 à 15

En Hollande. . . . . 1 à 14 $\frac{3}{4}$

En Angleterre. . . . . 1 à 15 $\frac{2}{10}$

En France. . . . . 1 à 15 $\frac{1}{2}$

En Russie. . . . . 1 à 15 $\frac{1}{2}$

A la Chine . . . . 1 à 10

Il existe des mines d'or et d'argent dans les quatre parties du Monde.

On sait que depuis 1690 jusqu'en 1800, il a été frappé à Mexico 1,298,217,472 piastres tant en or qu'en argent, ce qui fait par année, terme moyen, près de 12,000,000 de piastres.

La quantité totale de marcs d'or qu'ont produits les mines du Mexique, de 1690 à 1801, est de 265,047; et celle des marcs d'argent est de 148,490,700.

En 1796, on a frappé à la monnoie de Mexico 285,072 marcs d'argent; et en 1801, on a frappé à la monnoie de Lima 4,523,932 piastres en argent provenant des mines du Pérou.

En 1798, il a été calculé que toutes les mines de l'Europe produisoient annuellement 282,300 marcs d'argent, et 7,889 marcs d'or; ce qui à 840 fr. le marc d'or et à 52 fr. le marc d'argent, représente en totalité environ 22,000,000 fr.

Le produit annuel des mines d'or et d'argent de l'Amérique, est évalué à 238,882,400 fr. ; et celui des mines d'Afrique, à environ 28,117,000 fr.

Etat de la quantité de numéraire en or et en argent, fabriqué en France depuis 1726 jusqu'au 1er novembre 1820.

C'est de l'année 1726 que date la plus ancienne pièce de monnoie ayant cours en France jusqu'à l'établissement du franc. Par l'édit de janvier et la déclaration de février 1726, on ordonna une refonte générale, et toutes les pièces frappées précédemment n'eurent plus un cours forcé ; voici le détail de ce qui a été frappé de 1726 à 1791.

Monnoies d'or frappées depuis février 1726 jusqu'en novembre 1785.

Louis d'or. . . . . . 656,710,416 l. « s.
Doubles louis. . . . 324,719,952   «   } 986,643,888 l. » s.
Demi-louis.   5,213,520   «

La déclaration du 30 octobre 1785 a ordonné la refonte de toutes les espèces ci-dessus, et dès-lors on a refondu

Louis d'or }
Doubles louis } 740,358,144 liv.

Il résulte de là que sur les monnoies

d'or de 1726, refondues en 1785, il reste
246,285,744 livres en circulation, soit en
France, soit à l'étranger.

Monnoies d'argent frappées depuis 1726
jusqu'en 1791.

Ecus de 6 liv. . . . 1,745,243,892 l. » s.

Ecus de 3 liv. . . 131,778,131 »

Pièces de 1 l. 4 . . 19,894,514 8   } 1,917,637,989 l. 16 s.

Pièces de 12 s. . . 27,287,641 4

Pièces de 6 s. . . 3,441,811 4

Quant aux monnoies décimales, il en
a été frappé, depuis 1791 jusqu'au 1er novembre 1820,

En pièces d'or . . 834,777,700 fr. } 1,903,546,944 fr.

En pièces d'argent 1,068,769,244 }

On présume qu'il existe en France à-peu-près la somme totale
de 2,244,000,000 d'argent monnoyé; d'après les tableaux de refonte ci-dessus, on peut estimer que cela peut aller un peu plus
haut, et qu'il existoit encore au 1.er novembre 1820, plus d'un
grand tiers de monnoies anciennes.

PETITS TABLEAUX STATISTIQUES DE LA FRANCE
AVANT ET APRÈS LA RÉVOLUTION.

La France est située entre le 42e et le 51e degré
de latitude nord, le 7e de longitude ouest, et le
6e de longitude est. Ses bornes sont, au nord, la
Manche, le royaume des Pays-Bas, et une portion
des États du Roi de Prusse; à l'est, la Confédération
germanique, la Suisse et les États du Roi de Sardai-
gne; au sud, la Méditerranée, les Monts-Pyrénées
ou l'Espagne; à l'ouest, l'Océan Atlantique. Elle a
220 lieues de long, sur 215 de large; mais, comme
monarchie française, ce n'est que depuis les règnes
de Louis XIV et de Louis XV qu'elle a cette étendue;

c'est ce que prouvera la notice historique de ses
accroissemens successifs, dont nous allons faire précéder la petite statistique du royaume soit avant,
soit depuis la Révolution.

Les anciens habitans de la Gaule se nommoient Gaulois, *Galli*; et le pays de Gaule, *Gallia*.

L'an 241 de J.-C., les Francs et les Sicambres, peuples venus de la Germanie, font une irruption dans la
Gaule; mais Aurélien les force à se retirer.

En 287, les Saliens commencent à s'établir sur les
bords du Rhin.

En 400, Honorius permet aux Goths de s'établir dans
la partie méridionale de la Gaule.

En 406, les Vandales, les Alains et les Suèves y pé-
nètrent; en 409, ils passent en Espagne.

En 413, les Bourguignons (peuple aussi sorti de la
Germanie) s'emparent de la partie des Gaules qui est
entre la Loire et la Garonne, jusqu'aux Pyrénées, et y
forment un royaume qui dure environ 120 ans.

Vers 418, Pharamond et ses Francs (peuples sortis de
la Franconie) commencent la monarchie française sur les
rives du Rhin.

En 462, une foule de Bretons s'expatrie de la Grande Bretagne pour échapper au joug des Anglo-Saxons, et vient se
réfugier dans l'Armorique, qui depuis a pris le nom de
Bretagne.

En 470, les Francs étendent, sous Childeric, leurs
conquêtes dans le pays.

En 481, Clovis, succédant à Childeric, entreprend la
conquête entière des Gaules.

En 486, ce roi met fin à la domination des Romains

dans les Gaules, par le gain de la bataille de Soissons sur Syagrius qui commandoit l'armée romaine.

En 493, Clovis fait la conquête des pays situés entre la Somme, la Seine et l'Aisne, et se rend maître de Reims par l'entremise de S. Remi.

En 496, il gagne sur les Germains la célèbre bataille de Tolbiac, et embrasse le christianisme avec trois mille des siens.

En 507, il fait la guerre aux Visigoths, gagne sur eux la bataille de Vonillé ou Vouglé, près Poitiers, et tue de sa propre main Alaric II, leur roi. Après la bataille, son fils Thierri s'empare des contrées qui formèrent depuis l'Albigeois, le Rouergue et le Querci; et lui, il fait la conquête de ce qui fut depuis le Poitou, la Saintonge et la Guyenne.

En 508, il s'empare de la Novempopulanie (la Gascogne), et prend Toulouse.

En 509, il fait Paris la capitale de ses États. Dès-lors les Francs, à titre de conquête, se voient en possession de presque tout ce que nous connoissons aujourd'hui sous le nom de France.

En 843, des peuples septentrionaux, connus sous le nom de Normands, descendent en France et y font successivement des ravages.

En 845, Charles le Chauve les éloigne en leur prodiguant l'or.

En 857, ils reparoissent, et sont encore éloignés par le même moyen.

En 885, les mêmes Normands, après avoir pris Rouen, Pontoise, et battu les troupes qu'on leur oppose, viennent mettre le siège devant Paris; ce siège dure treize mois et n'est levé que par un traité honteux.

En 904, ils s'établissent dans la Neustrie, qui, de leur nom, prend celui de Normandie. L'année suivante, ils s'emparent de la Bretagne et de quelques autres pays.

En 1154, Henri II, roi d'Angleterre, déjà comte d'Anjou, de Touraine et du Maine, par la mort de Geofroi Plantagenet, son père, acquiert le Poitou, la Guyenne et la Saintonge, par son mariage avec Éléonore, héritière de la maison de Poitiers. Cette princesse avoit d'abord apporté en mariage ces grandes possessions à Louis le Jeune, roi de France, qui fit une grande faute en la répudiant.

En 1203, Philippe-Auguste reprend la Normandie sur Jean Sans Terre, successeur de Richard Cœur-de-Lion, roi d'Angleterre et duc de Normandie.

En 1347, Edouard prend Calais, qu'il peuple d'Anglais.

En 1360, par le traité de Bretigny, on cède, en toute souveraineté, à Edouard III, la Guyenne, le Poitou, la Saintonge, et plusieurs territoires aux environs de Calais; mais il renonce à toutes ses prétentions sur la Normandie.

En 1372 et 1373, les Français recouvrent tout ce que les Anglais possédoient en France, excepté Calais.

En 1415, Henri V, roi d'Angleterre, profitant des troubles de Paris, envahit, après le gain de la funeste bataille d'Azincourt, le pays que l'on avoit repris sur les Anglais, se remet en possession de la Normandie, prend Paris et plusieurs autres provinces.

En 1422, Henri VI, de Lancastre, est, *horresco referens*, couronné roi de France et d'Angleterre à Paris, Charles VII, roi légitime, étant fugitif! Les Anglais s'y maintiennent; ils augmentent même leurs possessions et prennent le Maine et quelques autres provinces sur Charles VII, qui, au-delà de la Loire, défendoit ses droits au trône.

Cependant, en 1429, grâce à Jeanne d'Arc, les Anglais commencent à être battus à Orléans, dont elle leur fait lever le siège. Dès-lors ils n'éprouvent plus qu'une suite de revers.

En 1450, les Anglais perdent toute la Normandie; et en 1453, la Guyenne. Il ne leur reste plus en France que Guines et Calais.

En 1477, Charles le Téméraire, duc de Bourgogne, province alors séparée de la France, ayant été tué devant Nancy, Louis XI réunit à la couronne ce duché. Le reste de la succession du duc fut occupé par les Allemands, par suite du mariage de Maximilien avec Marie de Bourgogne, fille et unique héritière de Charles.

En 1558, les Français s'emparent de Calais, de Guines et de tout ce que les Anglais possédoient en France. Enfin, depuis que Louis XIV se fut emparé de la Franche-Comté, de l'Alsace et de Strasbourg, et que Louis XV eut acquis la Lorraine comme succession de Stanislas, roi de Pologne, son beau-père, et la Corse, la France s'est trouvée à-peu-près telle qu'elle est aujourd'hui.

Mais ce que nous venons d'exposer, étant purement historique et ne présentant pas un tableau assez détaillé de la réunion successive des différens États, royaumes, principautés et provinces qui ont existé en France sous nos différens rois, nous allons y suppléer par la notice chronologique suivante.

Ont été réunis à la couronne,

Sous CHARLES LE CHAUVE, en 866, le royaume d'Aquitaine.

Sous HUGUES CAPET, en 987, le comté de Paris et le comté d'Orléans.

Sous Robert, en 1017, le comté de Sens.

Sous Philippe-Auguste, en 1195, le comté d'Alençon ; en 1198, la terre d'Auvergne ; en 1199, le comté d'Artois ; en 1200, le comté d'Evreux ; en 1203, le C. de Touraine, le C. du Maine, le C. d'Anjou ; en 1205, le duché de Normandie ; en 1206, le comté de Poitou ; en 1215, le C. de Vermandois, et le C. de Valois.

Sous Louis IX, en 1229, le C. de Carcassonne, le C. de Béziers, et le C. de Nismes ; en 1240, le C. du Perche ; en 1245, le C. de Mâcon ; en 1261, le C. de Boulogne.

Sous Philippe le Hardi, en 1272, le marquisat de Provence, le C. de Toulouse ; en 1283, le C. d'Alençon ; en 1284, le C. de Chartres.

Sous Philippe le Bel, en 1303, le C. de la Marche ; en 1307, le C. d'Angoulême, le C. de Bigorre ; en 1310, le C. de Lyon.

Sous Philippe de Valois, en 1328, le C. de Champagne, le C. de Brie, le C. de Valois, le C. d'Anjou, le C. du Maine ; en 1329, le C. de Chartres ; en 1349, le dauphiné de Viennois ; en 1356, le C. de Montpellier.

Sous Charles V, en 1365, le C. d'Auxerre ; en 1375, le D. de Valois, le D. d'Orléans ; en 1380, le C. de Ponthieu.

Sous Charles VIII, en 1434, le C. de Valentinois ; en 1444, le C. de Comminges.

Sous Louis XI, en 1465, le D. de Berry ; en 1468, le D. de Normandie ; en 1474, le D. de Guyenne ; en 1477, le D. de Bourgogne, le C. de Boulogne, le C. de Pardiac, le C. de la Marche ; en 1480, le D. d'Anjou ; en 1481, le C. du Maine, et le C. de Provence.

Sous Louis XII, en 1498, le D. d'Orléans, le D. de Valois.

Sous François I, en 1515, le C. d'Angoulême ; en 1523, le D. de Bourbonnois, le D. d'Auvergne, le C. de Clermont, le C. de Forez, le C. de Beaujolois, le C. de la Marche ; en 1525, le D. d'Alençon, le C. du Perche, le C. d'Armagnac, le C. de Rouergue ; en 1531, le Dauphiné d'Auvergne.

Sous Henri II, en 1547, le D. de Bretagne ; en 1555, les trois Evêchés de Metz, Toul et Verdun ; en 1558, le C. de Calais, le C. d'Oye.

21

Sous Henri III, en 1583, le C. d'Evreux.

Sous HENRI IV, en 1589, la vicomté de Béarn, le royaume de Navarre, le C. d'Armagnac, le C. de Foix, le C. d'Albret, le C. de Bigorre, le D. de Vendôme, le C. de Périgord, la Vic. de Limoges.

Sous Louis XIII, en 1615, le C. d'Auvergne; en 1642, la principauté de Sedan.

Sous Louis XIV, en 1659, le C. d'Artois, le C. de Flandres; en 1665, le C. de Nevers; en 1678, le C. de Bourgogne ou Franche-Comté; en 1700, la principauté d'Orange; en 1707, le C. de Dunois; en 1712, le D. de Vendôme.

Sous Louis XV, en 1735, le D. de Lorraine, le D. de Bar; en 1738, la Vic. de Turenne; en 1768, la Corse. Nous ne parlons pas des colonies.

Telle étoit la France avant 1789. Quant aux agrandissemens inouis qu'elle a eus au commencement du XIXᵉ siècle, ils ont eu une existence trop éphémère pour pouvoir en faire mention.

Passons maintenant à la statistique du royaume, et donnons-la d'abord, à l'époque de la Révolution, dans un petit tableau que nous avons extrait jadis d'un ouvrage adressé par le célèbre Lavoisier au comité d'imposition de l'Assemblée constituante, en 1791, et que nous avions inséré dans la première édition du présent volume; ensuite nous présenterons l'état actuel de la France, d'après plusieurs bons ouvrages réunis auxquels nous avons eu recours et que nous avons comparés (1). A la vue de ces

---

(1) L'un des ouvrages les plus intéressans sur cette partie, est celui de l'*Industrie française*, par M. le comte Chaptal. *Paris, Renouard, 1819, 2 vol. in-8°, avec tableaux.* Il jouit d'un succès justement mérité; aussi c'est celui auquel nous nous sommes principalement arrêté pour les résultats très succincts que nous donnons.

deux états, on pourra s'assurer de la différence des produits territoriaux d'alors sous le rapport dè la culture, et des produits territoriaux d'aujourd'hui. Quant à la partie industrielle, il n'en étoit pas question dans notre première édition; mais nous ne l'avons pas omise dans celle-ci.

Aperçu statistique de la France vers 1789.

Avant la Révolution, la superficie de la France étoit, selon Paucton, de 105,000,000 arpens carrés, dont on cultivoit chaque année,

En blé { par les chevaux . . . . . . 9,600,000 } 18,600,000 arp.
{ par les bœufs . . . . 9,000,000 }

En mars, par les chevaux 9,600,000

Il restoit en jachères dans les pays

cultivés { par les chevaux . . . . . . 9,600,000 } 18,600,000
{ par les bœufs. . . . . 9,000,000 }

En vaines pâtures dans les pays cultiv. par des bœufs 18,000,000

En bois, vignes, prairies, landes, terrains incultes, chemins, rivières, etc. 40,200,000

105,000,000

POPULATION. Hommes, femmes et enfans

de 1 à 10 ans 6,348,958
de 11 à 20 4,822,917
de 21 à 30 3,718,750
de 31 à 40 3,375,000
de 41 à 50 3,079,125
de 51 à 60 1,901,041
de 61 à 70 1,234,375
de 71 à 80 453,125
de 81 à 90 52,077
de 91 à 100 15,624

25,000,992

ANIMAUX. Nombre de chevaux en âge de tra-
vailler 1,781,500

Bœufs propres au travail . . . . . . 2,700,000 ⎫
Bœufs à l'engrais. . . . . 389,000 ⎬ 3,089,000
⎭

Nombre de vaches. . . . . , . . 4,000,000

Nombre de moutons. 20,000,000

Nombre de porcs 4,000,000

PRODUCTIONS ET CONSOMMATIONS. On comptoit en
France

charrues à chevaux 320,000

à bœufs 600,000
_____

920,000

La quantité moyenne des chevaux est de 3 par
charrue. 30 arpens à l'automne et 30 au printemps. 3 bœufs labourent 15 arpens par an.

On cultivoit   liv. pesant.

en froment 4,400,000 arp. produisant. . . . 5,280,000,000

eu seigle . . 9,000,000 7,650,000,000

eu orge. . . 3,800,000 4,370,000,000

en avoine . 10,800,000 5,616,000,000

           28,000,000   22,916,000,000

Sur ce total de 22,916,000,000, il faut prélever
des trois premiers articles,

pour la nourriture de l'homme 13,840,000,000

plus pour la semence , à prélever. 3,460,000,000
_____

17,300,000,000

Cela donne à consommer par tête la quantité
de 553 livres pesant, en divisant les 13 milliards, etc. par 25 millions.

Sur les 5,616,000,000 livres d'avoine, formant
le dernier article, il y a

pour nourriture des chevaux 4,212,000,000

pour la semence à prélever 1,404,000,000
_____

5,616,000,000

Cela donne, par an, pour chaque cheval, la quantité de 2364 liv., ou 6 livres et demie par jour.

La consommation totale des bestiaux dans tout le royaume étoit dans les proportions suivantes :

Bœufs.	277,900,000 l.
Vaches	114,700,000
Veaux à différens poids	77,300,000
Moutons à différens poids	202,750,000
Porcs à différens poids	538,750,000
	1,211,400,000

La consommation moyenne de la viande en France étoit, comme on le voit, environ du dixième en poids de la consommation du pain. Elle est de 6 à 7 onces par jour dans les grandes villes ; de 4 onces environ dans les villes de province, et d'une once et demie environ dans les campagnes.

Quant à la consommation du vin, elle n'est qu'approximative ; on présume que l'on consommoit en France, par jour 4,500,000 pintes, mesure de Paris, sans compter le cidre et le poiré, ce qui donneroit pour l'année 1,642,500,000 pintes, ou 5,703,125 muids.

Passons maintenant à la consommation moyenne du royaume, évaluée en argent. Le savant auteur que nous consultons, qui a fait de longs calculs et pris des renseignemens auprès des curés de campagne, évalue la dépense de chaque individu, dans les familles les plus indigentes, de 60 à 70 livres par an ; mais la consommation moyenne, c'est-à-dire, prise entre les plus pauvres et les plus riches, peut être pour les hommes adultes de 250 livres environ ; celle des femmes à peu près des deux tiers de celle des hommes, et celle de trois enfans en bas âge à peu près celle de la mère. Ainsi dans un ménage de campagne composé du mari, de la mère et de trois enfans, la consommation du père pourra être évaluée à . . . . 251 l. »s »d

celle de la mère à 167 6 8

celle des enfans à 167 6 8

                                        585 13 4

C'est pour chaque individu l'un dans l'autre, 117 liv. 2 s. 8 d., ou 38 s. 3 d. par jour. Mais établissons en compte rond la consommation moyenne entre 100 et 120 liv. par chaque individu. En multipliant ces nombres par celui des habitans qui étoit de 25,000,000, nous aurons pour l'évaluation en argent de la consommation totale, un montant de 2,500,000,000 à 3,000,000,000, et en prenant le terme moyen, 2,750,000,000 liv.

Cette somme étoit donc le revenu réel du royaume dépouillé de tout double emploi ; mais ce n'étoit encore que le revenu brut ; et pour avoir le produit net, ou le revenu imposable, il falloit encore en déduire tous les frais de culture et toutes les dépenses à la charge de l'agriculture, qu'on fait monter à 14,000,000,000 de livres de blé.

En définitif, le produit territorial conversible en argent, peut se diviser ainsi qu'il suit :

Frais de culture, de subsistance, et autres des agens de l'agriculture	1,550,000,000 l.
Impositions directes et indirectes.	600,000,000
Portions que les propriétaires ont à se partager	600,000,000
	2,750,000,000

Il résulte de là que sur ce produit total du territoire

du royaume, les frais de culture, de subsistance, etc.,
en consommoient un peu plus de la moitié, et que le
surplus montant à 1,200,000,000, étoit partagé à peu
près par égale portion entre le trésor public et les propriétaires.

Aperçu statistique de la France depuis la Révolution.

Avant la Révolution, la France étoit divisée en provinces, et il faut convenir que l'agriculture et l'industrie
manufacturière n'étoient point ce qu'elles sont aujour-
d'hui ; l'une et l'autre ont fait des progrès. Voyons d'a-
bord comment la France est divisée maintenant ; ensuite
nous examinerons les sources de la richesse nationale dans
les produits de l'agriculture et de l'industrie manufacturière. Nous ne parlons ici que de la France continentale,
et nous laisserons de côté l'île de Corse formant un département dont l'aspect du sol et ses produits, le caractère des habitans, leurs mœurs et leur industrie ne sont
point en harmonie avec les autres départemens. Nous
dirons donc que la France actuelle a

Départemens (sans celui de Corse) .	85
Arrondissemens	368
Cantons.	2,659
Communes.	36,990
Maisons et habitations rurales.	3,000,000
Maisons urbaines.	2,431,000
Moulins.	76,000
Usines et manufactures.	35,000
Forges, fourneaux, fours à plâtre, à chaux.	16,000
Nombre d'habitans	30,407,907

La superficie de la France, non compris la Corse, contient actuellement,

En terres labourables . . . .   24,813,000 hect.
En bois taillis.   4,611,000
En bois de futaie.   460,000
En pâturages   3,525,000
En prés   3,488,000
En vignes (1)   1,977,000
En châtaigneraies.   406,000
En vergers.   35,000
En jardins potagers.   328,000
En étangs   213,000
En marais.   186,000
En houblonnières, chenevières.   60,000
En oseraies, aulnaies, saussaies   53,000
En olivètes   43,000
En carrières et mines.   28,000
En jardins, bosquets, parcs d'agrément   16,000
En pépinières.   23,000
En canaux de navigation et can. d'irrigation . .   9,000
En tourbières   7,000
En cultures particulières.   780,000
En terres vagues, landes, bruyères.   3,841,000
En superficie de propriétés bâties et imposées . .   213,000
                                                          ──────────
                    TOTAL.   45,445,000

Ce total renferme les terres et autres objets qui

──────────────────────────────

(1) M. Julien dit dans sa *Topographie de tous les vignobles connus*, que « suivant les documens réunis au ministère de l'intérieur, la France contenoit en 1815, environ 1,734,000 hectares de vignes qui produisoient, année commune, 31,000,000 d'hectolitres de vin; mais que depuis que la paix a rendu les exportations faciles, il a été fait des plantations considérables, et que nous avons maintenant plus de 1,900,000 hectares de vignes dont le produit annuel est évalué à près de 34,000,000 d'hectolitres. »

Ci-contre. . . . . 45,445,000 hect.

produisent plus ou moins. Quant à celles qui ne
produisent rien, telles que les routes, chemins,
rues, places, promenades, rivières(1), ruisseaux,
montagnes, rochers stériles, on les estime. . . . 6,555,000

Total de toute la superficie de la France . . . 52,000,000

Évaluation du capital de l'Agriculture en France.

Les quatre plus grands articles de culture sont : 1° les céréales ;
2° les bois ; 3° les vignes ; 4° les fourrages.

Reprenons chacun de ces quatre articles.

1° Céréales, 22,818,000 hectares.

Produit net, terme moyen, de l'hect., 30 f. par an.

Capital de l'hectare 600

Total du capital général des céréales. . . . . 13,690,800,000 f.

2° Bois, 7,072,000 hectares.

Produit annuel, terme moyen, de l'hect. 20 f.

Capital de l'hectare. 400

Total du capital général des bois. 2,828,800,000

3° Vignes, 1,977,000 hectares.

Produit annuel de l'hectare. . . . . . . 100 f.

Capital de l'hectare. 2000

Total du capital de tous les vignobles 3,954,000,000

4° Fourrages consistant en prés et pâturages.

Prés, 3,488,000 hectares.

Produit annuel de l'hectare. . . . . . . 100 f.

Capital de l'hectare 2000

Capital général de tous les prés. 6,976,000,000

Pâturages, 3,525,000 hectares.

Produit annuel moyen de l'hectare. . . . 10 f.

Capital de l'hectare. 200

Capital général de tous les pâturages 705,000,000

28,154,600,000

(1) La portion du sol couverte par les rivières est évaluée par
la Direction du cadastre à la quantité de 465,000 hectares.

D'autre part. . . . . . 28,154,600,000 f.

Autres cultures.

Châtaigneraies, 406,000 hectares.
Produit annuel moyen de l'hectare . . . 20 f.
Capital de l'hectare 400
    Capital général de tous les hectares.   162,400,000
    Vergers, 359,000 hectares.
Produit annuel de l'hectare. . . . . . . 40 f.
Capital de l'hectare. 800
    Capital général de tous les hectares en vergers.   287,200,000
    Jardins potagers, 328,000 hectares.
Produit annuel de l'hectare. . . . . . . 120 f.
Capital de l'hectare 2400
    Capital général de tous les jardins potagers.   787,200,000
    Pépinières, olivètes, houblonnières, etc.,
    126,000 hectares.
Produit annuel de l'hectare . . . . 50 f.
Capital de l'hectare 1000
    Capital général de toutes les pépinières, etc. .   126,000,000
    Oscraies, aulnaies, bosquets, parcs d'agré-
    ment, terres vagues, landes, bruyères,
    etc., 3,910,000 hectares.
Produit annuel de l'hectare. . . . . . . 5 f.
Capital de l'hectare. 100
    Capital général de tous ces hectares   391,000,000
    Marais et étangs, 399,000 hectares.
Produit annuel. . . . . 4 f.
Capital de l'hectare 80
    Capital général de tous les marais.   31,920,000
    Bâtimens ruraux, 3,000,000
Intérêt annuel. . . . . 50 f.
Capital de chaque bâtiment. 1000
    Capital général de tous les bâtimens.   3,000,000,000
    Nota. Ces trois millions de maisons supposent
douze millions de propriétaires ruraux, y com-
pris les femmes et les enfans.

    Total du capital de la propriété rurale immo-
    bilière. 32,940,320,000

Ci-contre. . . . . . 32,940,320,000 f.

Il faut ajouter à ce capital la valeur des bestiaux et celle des instrumens de labour, sans lesquels ce capital seroit improductif, et n'auroit point de valeur entre les mains du propriétaire.

Bestiaux tels que bœufs, taureaux, vaches, génisses, veaux, chevaux, jumens, mulets, poulains, moutons (mérinos purs, métis, indigènes), volailles, porcs et ânes (1), dont le capital général est de 1,581,741,476

34,522,061,476

(1) Voici le nombre et l'évaluation de chaque espèce de ces animaux, ainsi que leur valeur, le tout par approximation, et tel qu'on l'a estimé en 1812 :

Bœufs	1,701,740	à 200 f. font	340,348,000 f.
Taureaux . .	214,131	à 100 . . .	21,413,100
Vaches. . . .	3,909,959	à 70 . . .	273,697,130
Génisses. . .	856,122 d'1 à 3 ans	à 50 . . .	42,806,100
Veaux	291,021 d'1 à 3 ans	à 60 . . .	17,461,260
Chevaux. . .	1,406,671	à 250 . . .	351,667,750
Poulains. . .	465,946	à 100 . . .	46,594,600
Moutons.			
Mérinos purs.	766,310	à 30 . . .	22,989,300
Métis.	3,578,748	à 12 . . .	42,944,976
Indigènes . .	30,843,852	à 5 . . .	154,219,260
Porcs.	3,900,000	à 40 . . .	156,000,000
Ânes.	2,400,000	à 25 . . .	60,000,000
Volailles.			
Coqs.	2,600,000		
Poules. . . .	39,000,000		
OEufs	1,560,000,000	. . . .	51,600,000
Oies. . . .			
Canards. .	10,000,000		
Pigeons. .			

TOTAL. 1,581,741,476

D'autre part . . . . . . 34,522,061,476 f.
Mobilier de 3,000,000 de fermes, dont l'ex-
ploitation moyenne seroit de quinze hectares.
Estimation de chaque mobilier, 1000 f.
Total général 3,000,000,000

Total général du capital de la propriété ru-
rale en France 37,522,061,476
Si l'on supprimoit de ce capital les deux articles bâtimens et mobilier, qui n'entrent plus
guère maintenant dans l'estimation de la valeur
d'un domaine, ce seroit six billions à en retrancher, et cela réduiroit le capital général
à 31,522,061,476 f.

Évaluation du produit brut de l'Agriculture.

Le produit brut de l'agriculture se compose de toutes
les productions de la terre et de celles que fournissent
les animaux.

Les productions de la terre sont de deux genres principaux ; elles servent à la nourriture des hommes et des
animaux, ou aux besoins de l'industrie.

Dans la première classe, nous plaçons les céréales,
les légumes, les fruits, les viandes, etc.

Dans la seconde, les peaux, les bois, le chanvre, le
lin, la garance, etc.

L'agriculture a encore un autre genre de produits ou
bénéfices qu'il ne faut pas négliger ; c'est celui qui résulte
du *croît* et de l'éducation des jeunes animaux.

CÉRÉALES. C'est-à-dire, froment, seigle et méteil,
    maïs, sarrasin, orge, légumes secs, pommes
    de terre, avoine, et menus grains.

En 1788, un agronome a observé qu'en France le bœuf mangeoit 276 plantes différentes; le cheval, 262; la brebis, 387; la
chèvre, 499; et le porc, 172.

(Nous en donnons ailleurs le détail).

La valeur moyenne de tout ce qu'on en ré-
colte en France, est de . . . . 1,929,331,848 f.

Viandes. Bœufs, vaches, veaux, moutons et
porcs (1). 447,105,000

Volailles. Poules et coqs, on en consomme pour
environ. . . . . 8,000,000 f.
Oies, canards, dindons, pigeons. 10,000,000 } 64,700,000
Œufs (2). 38,700,000
Poulets. 8,000,000

Lait des vaches : 3,909,959 vaches donnent cha-
cune pour 20 fr. de lait par an ; le total est de   78,199,180

Agneaux livrés à la boucherie au nombre de

2,519,336,028

(1) Voici le détail du nombre approximatif de ces animaux
destinés à la boucherie :

Bœufs. . . . . . 375,000 à 35c fr. font 131,250,000 fr.
Vaches. . . . . 482,000 à 100 48,200,000
Veaux. . . . . . 2,082,000 à 15 31,230,000
Moutons. . . . . 5,575,000 à 7 39,025,000
Porcs. . . . . . 3,525,000 à 56 197,400,000

TOTAL. 447,105,000

(2) Quelqu'un a fait dernièrement, d'après les registres de la
douane, le relevé de la quantité de douzaines d'œufs importés en
Angleterre, depuis le 5 janvier 1822, au 5 janvier 1823. Voici le
nombre fourni par différens pays :

Le Danemarck. . . . .   240 douzaines.
La Hollande.   120
La Flandre.   949,263
Les îles de Gersey et Guernesey. . . .   269,278
La Picardie et la Normandie. 49,425,124

TOTAL. 50,640,025

Les droits d'entrée, à raison de 10 pences (1 fr.) par dix douzaines, ont rapporté 17,388 liv. sterlings, (environ 436,000 fr.).

D'autre part. 2,519,336,028

3,666,666 , ce qui forme le tiers de onze millions que produisent par an les brebis mères.
Ces agneaux ont une valeur de 7,333,332

Lait des brebis. On compte 9,500,000 brebis don-
nant du lait ; chacune en produit pour la valeur
de 75 cent. par an. Total. . , ... 7,125,000

Bénéfice du *croît* pour les poulains 17,372,900

Pour les taureaux. 12,500,000

Pour les génisses. 9,640,000

Renouvellement de trois millions de brebis por-
tières ; cela représente une augmentation de
produit de 8,250,000

Le produit de la pêche dans 465,000 hectares de
rivières. 20,000,000

Le produit des abeilles , tant en cire qu'en miel. 6,000,000

Produit des fruits 64,620,000

Produit des légumes frais 196,800,000

Produit des fourrages mangés sur place. 30,250,000

Produit des fourrages fauchés et séchés. 680,805,965

Produit des vins. 718,941,675

Produit des laines. 81,339,317

Produit des cocons. 15,442,827

Produit du chanvre 30,941,840

Produit du lin. 19,000,000

Produit de la garance 4,000,000

Produit des bois et forêts 141,440,000

Produit des huiles de toute espèce, estimé à
1,300,000 quintaux , poids de marc 70,000,000

Produit des tabacs 7,000,000

Produit des petites cultures, telles que pastel ,
gaude, houblon , réglisse , safran , etc. 1,700,000

Châtaigneraies. 8,120,000

Produit des peaux de chevaux 770,000

Total du produit brut de l'agriculture 4,678,728,884

Évaluation du produit net de l'Agriculture.

Pour connoître ce qui reste à l'agriculteur, en produit ou revenu disponible, il faut distraire du produit brut tout ce qu'il en coûte pour l'obtenir, c'est-à-dire, qu'il faut évaluer tous les frais d'exploitation.

Ces frais se composent :

1° Des semences ;

2° Des salaires et des journées ;

3° Des réparations à la maison d'habitation et à celle de la ferme ;

4° De l'entretien des outils, instrumens, harnois, ferrage, etc. ;

5° Du dépérissement annuel des chevaux ;

6° De la mortalité des bestiaux ;

7° De la nourriture des hommes et des animaux.

Semences. En évaluant la semence depuis le cinquième jusqu'au dixième de la totalité du produit de chaque nature de récolte, selon la quantité et l'espèce de grain, on peut la porter à. . . . . 381,252,536 f.

Ouvriers salariés à l'année, pour aider à la culture. On en suppose à-peu-près 1,500,000, à 120 fr. par an, ce qui fait 180,000,000

Ouvriers à la journée, pour les céréales. 160,777,654

Pour les prés 56,733,830

Pour les frais de vendange 179,735,418

Frais d'entretien du mobilier de la ferme, des réparations des bâtimens, etc. 300,000,000

Mortalité des chevaux, évaluée à 110,000 individus par an. 27,500,000

Dépérissement graduel des chevaux employés à l'agriculture, calculé au douzième de la valeur de l'achat, évalué à 29,305,646

_____

1,315,305,084

D'autre part . . . .

Mortalité des bestiaux cornus, estimée de 5 pour
cent pour les moutons, et de 2 pour cent
pour les vaches et les bœufs, non compris
les épizooties.

Mortalité pour les moutons . . . .

Pour les bœufs, vaches, génisses, taureaux.

Mortalité des porcs, ânes et volailles . . . . .

Nourriture de trois millions de familles, formant, terme moyen, douze millions d'individus. 3,192,000,000

Nourriture des animaux attachés à l'agriculture. 862,970,248

Total des frais d'exploitation à distraire du
produit brut 3,334,005,515

RÉCAPITULATION.

Le capital de l'agriculture en France est de . . . 37,502,061,176
Le produit brut annuel de ce capital est de . . 4,678,778,684
Frais d'exploitation 3,334,005,515

Reste le produit net et imposable, déduction
faite des frais d'exploitation 1,344,773,169

Évaluation des produits de l'industrie manufacturière.

L'état suivant des produits de l'industrie manufacturière a été formé d'après les renseignemens fournis par
les Préfets et les chambres de commerce et de manufactures, depuis 1800 jusqu'à 1813, et vérifié on contrôlé sur
la quantité de matières premières provenant de notre sol,
ou importées de l'étranger.

On a pris la moyenne des résultats pour approcher le
plus près de la vérité.

Soieries. Le produit brut de la soierie en France
est de . . . . 107,560,000 f.

Draperie. La valeur de tous les produits de la
laine, qui sont réservés à la consommation de

Ci-contre.	107,560,000 f.
la-France.	216,731,000
Toilerie. Le produit de l'industrie sur le chanvre est de	142,796,012
Sur le lin	100,000,000
Papeterie. Produits des papeteries, pour le papier ordinaire	21,000,000
Pour les papiers de tenture.	10,700,000
Cotonnerie. Le commerce du coton paroît être de	191,600,000
Passementerie. Le produit de ce commerce est d'environ	7,000,000

SUBSTANCES MÉTALLIQUES.

La totalité du produit de nos fers est de	207,390,377
La valeur moyenne des objets en cuivre peut être de	16,171,260
Les produits du plomb vont à	4,830,460
La consommation de l'étain va à	966,960
Et celle du mercure, à	650,466

Ces deux métaux peuvent produire dans le commerce pour quatre millions.

L'horlogerie, qui produit à-peu-près 300,000 montres tant en or, à 90 fr., qu'en argent, à 20 fr., et 5000 pendules, à 200 fr., donne une valeur de	17,500,000
L'orfévrerie et la bijouterie vont à	38,000,000
Les bronzes dorés produisent	35,000,000

SUBSTANCES MINÉRALES.

Verreries (1). Produit des cristaux	2,500,000
Produit du verre blanc, carreaux de vitres, gobelets, etc.	8,000,000
Produit du verre noir.	10,000,000
Produit de la porcelaine.	5,000,000
Produit de la poterie anglaise.	5,500,000
	1,148,896,535

(1) On compte en France environ 185 fabriques de verreries de toute espèce.

22

D'autre part.	1,148,896,535 f.
Produit de la poterie grossière.	15,000,000
Produit des briques et tuiles.	17,500,000
Produit du plâtre et de la chaux.	12,500,000
Sels (1) *et acides.* Produit des salines de l'est.	5,600,000
Produit des salines du midi ou de l'ouest. .	39,984,530
Produit des soudes.	3,000,000
Produit de l'alun.	6,000,000
Produit de la couperose.	2,500,000
Produit de l'acide nitrique	6,000,000
Produit de l'acide muriatique.	240,000
Produit d'autres sels employés dans la médecine et les arts.	6,000,000
Savons. Produit des savons.	33,000,000
Raffineries de sucre. Produit de la consommation du sucre raffiné.	55,138,910
Chapellerie. Le commerce des chapeaux monte à	24,375,000
Tanneries, chamoiseries et mégisseries. Les cuirs tannés donnent lieu à un commerce de	143,392,600
La chamoiserie, la mégisserie et la parcheminerie produisent	12,000,000
Teintures et vernis. Les teintures sont un objet de	44,117,950
Les vernis produisent	5,000,000
Parfumerie. La parfumerie produit	13,000,000
Amidonerie. Produit des amidons	6,000,000
Librairie. On estime le commerce de la librairie (2) à	21,652,726
	1,620,898,251

(1) Il existe 65 salines.

(2) Le prix du papier est de 1,226,815 fr. ; il est compris dans le total ci-dessus.

Le nombre de rames de papier imprimé, terme moyen, est de 123,580.

Le nombre d'ouvrages imprimés est, année commune, de 3,090 volumes.

Ci-contre. . . . . . . 1,620,898,251 f.

ÉBÉNISTERIE ET INSTRUMENS DE MUSIQUE.

Produit des meubles riches. 16,000,000
Produit des meubles grossiers. 25,000,000
Instrumens de musique. 2,000,000

BIÈRE, CIDRE, POIRÉ ET EAU-DE-VIE.

Les cidres et poirés forment une valeur annuelle de 48,622,435

La fabrication de la bière donne lieu à un
commerce annuel de 47,635,377

Pour la distillation de l'eau-de-vie, on y emploie ordinairement 5,500,000 hectolitres de
vin, ce qui produit au moins 1,100,000 hectolitres d'eau-de-vie, qui, à raison de 50 fr.,
donnent 55,000,000

Total des produits de l'industrie manufacturière. 1,815,156,063

Dans ce résultat il se trouve :

1.° Matières premières indigènes pour 416,000,000 fr.
2.° Matières premières exotiques. . . 186,000,000
3.° Main-d'œuvre. 839,000,000
4.° Dépenses générales, telles qu'usé
des outils, réparations, chauffage,
éclairage, intérêts d'une première
mise de fonds pour constructions,
achats de matières, etc. 192,000,000
5°. Bénéfices du fabricant. 182,156,063

Total. 1,815,156,063

Mais il faut déduire de ce total l'article
des matières premières indigènes, qui est
emprunté à l'agriculture, et qui feroit
double emploi. 416,000,000

Reste donc pour frais de fabrication
de tout genre, main-d'œuvre, valeur des
matières importées et bénéfices du ma-
nufacturier. 1,399,156,063

Il résulte des tableaux exposés ci-dessus, que la richesse nationale se compose,

1.° De l'industrie agricole dont le produit brut
annuel est de . . . .   4,678,728,884 f.
Déduisant les frais d'exploitation qui sont de   3,334,005,515

Reste de produit net.   1,344,723,369

2.° De l'industrie manufacturière, dont le
produit est de   1,399,156,063
Déduisant les matières premières exotiques, la
main-d'œuvre, les dépenses gén., montant à   1,217,000,000

Il restera pour le bénéfice net du fabricant. .   182,156,063

En définitif le produit net de l'agriculture, et
le produit net de l'industrie présenteront réunis,
un total de richesse nationale montant à   1,526,879,432

Nous allons donner quelques autres détails statistiques sur la France considérée sous le rapport politique, civil, militaire, enfin sur ce qui regarde la constitution et l'administration générale du royaume :

Le ROI.

Le Chancelier de France.

Le Conseil des ministres secrétaires d'état, composé de sept membres, ayant sept départemens; savoir : la justice, les affaires étrangères, l'intérieur, la guerre, la marine, les finances et la maison du Roi.

Le Conseil privé, composé de quarante-trois membres, outre les Princes et les ministres secrétaires d'état.

Les Conseils de cabinet, composés des ministres secrétaires d'état, de quatre ministres d'état, et de deux conseillers d'état pour chaque Conseil.

Le Conseil d'état et les maîtres des requêtes ; nombre illimité.

Chambre des pairs ; nombre illimité, mais ayant en ce moment deux cent quatre-vingt-quatre membres.

Chambre des députés, composée de quatre cent vingt-sept membres.

Les Cours et Tribunaux, savoir :

1.º La Cour de cassation, composée de soixante membres ; elle est seule pour tout le royaume.

2.º Les Cours royales, au nombre de vingt-sept, dont les sièges sont :

Agen.	Caen.	Lyon.	Pau.
Aix.	Colmar.	Metz.	Poitiers.
Amiens.	Corse.	Montpellier.	Rennes.
Angers.	Dijon.	Nancy.	Riom.
Besançon.	Douai.	Nîmes.	Rouen.
Bordeaux.	Grenoble.	Orléans.	Toulouse.
Bourges.	Limoges.	Paris.	

3.º Les tribunaux de première instance ; ils sont au nombre de trois cent soixante-dix-huit.

4.º Les justices de paix qui sont au nombre de plus de trois mille.

Les académies, dans l'université royale de France, sont au nombre de vingt-six ; les chefs-lieux sont :

Aix.	Cahors.	Metz.	Pau.
Amiens.	Clermont.	Montpellier.	Poitiers.
Angers.	Dijon.	Nancy.	Rennes.
Besançon.	Douai.	Nîmes.	Rouen.
Bordeaux.	Grenoble.	Orléans.	Strasbourg.
Bourges.	Limoges.	Paris.	Toulouse.
Caen.	Lyon.		

Nota. Voyez plus loin les détails sur l'université.

Les préfectures sont au nombre de quatre-vingt-six.

Sous-préfectures, trois cent soixante-huit.

Mairies, plus de trente mille, dont vingt-deux Maires assistent au couronnement du Roi.

Divisions des ponts et chaussées au nombre de quinze, savoir :

Paris.	Nevers.	Aurillac.
Lille.	Lyon.	La Rochelle.
Châlons-s.-Marne.	Aix.	Chartres.
Strasbourg.	Carcassonne.	Rennes.
Besançon.	Bordeaux.	Caen.

Chacune de ces villes a un inspecteur divisionnaire.

Divisions militaires ; elles sont au nombre de vingt-une ; savoir :

1 Paris,	8 Marseille.	15 Rouen.
2 Châlons-s.-Marne.	9 Montpellier.	16 Lille.
3 Metz.	10 Toulouse.	17 Bastia.
4 Tours,	11 Bordeaux.	18 Dijon.
5 Strasbourg.	12 Nantes.	19 Lyon.
6 Besançon.	13 Rennes.	20 Périgueux.
7 Grenoble.	14 Caen.	21 Bourges.

La garde royale a
$$\begin{cases} \text{Régimens d'infanterie.} \dots 6 \\ \text{Régimens suisses.} \dots 2 \\ \text{Régimens d'artillerie.} \dots 3 \\ \text{Régimens de cavalerie.} \dots 8 \end{cases}$$

Légions de gendarmerie, au nombre de vingt-quatre, dont les chefs-lieux sont :

1 Paris.	9 Niort.	17 Bastia.
2 Chartres.	10 Bordeaux.	18 Grenoble.
3 Rouen.	11 Limoges.	19 Lyon.
4 Caen.	12 Cahors.	20 Dijon.
5 Rennes.	13 Toulouse.	21 Besançon.
6 Angers.	14 Carcassonne.	22 Nancy.
7 Tours.	15 Nîmes.	23 Metz.
8 Moulins.	16 Marseille.	24 Arras.

Huit régimens d'artillerie à pied. 8
Quatre régimens d'artillerie à cheval. 4
Cinq escadrons du train d'artillerie. 5

Treize compagnies de canonniers sédentaires. . . . 13
Trois régimens du génie. 3

Infanterie française { Régimens de ligne. 64
Régimens d'infanterie légère. 20

Quatre régimens suisses. 4

Cavalerie française. Nombre de régimens. {
Carabiniers. 1
Cuirassiers. 6
Dragons. 10
Chasseurs. 24
Hussards. 6

L'intendance militaire se compose de

Intendans. 25
Sous-intendans de 1.re classe. 25
Sous-intendans de 2.e classe. 50
Sous-intendans de 3.e classe. 100
Sous-intendans adjoints. 35

Écoles royales militaires {
Polytechnique.
Saint-Cyr.
La Flèche.

Marine. {
Collège royal de marine, à Angoulême.
Ecole spéciale de marine, à Brest.
Ecoles de navigation . . . . 23.

Colonies occident. {
La Martinique.
La Guadeloupe.
La Guiane française.
Isles Saint-Pierre et Miquelon.

Colonies orientales. {
Pondichery. Chandernagor.
Karikal. Surate.
Mahé. Bourbon et Madagascar.
Yanaon. Sénégal et dépendances.

Vingt arrondissemens forestiers, formant par conséquent vingt conservations, dont les chefs-lieux sont :

Paris.	Nancy.	Le Mans.	Bordeaux.
Troyes.	Colmar.	Toulouse.	Pau.
Rouen.	Dijon.	Grenoble.	Nimes.
Laon.	Bourges.	Rennes.	Aix.
Châlons-s.-Marne.	Niort.	Clermont.	Bastia.

Tout ce qui tient à la Religion, à l'instruction publique, étant d'un intérêt majeur, nous faisons deux articles séparés du clergé et de l'université.

DU CLERGÉ DE FRANCE.

Le territoire du Royaume est divisé en quatre-vingts diocèses,

qui comprennant . . . . { Archevéchés 14
{ Evêchés 66

Vicariats généraux 174
Canonicats 654
Cures 2,915
Succursales ou dessertes 18,330
Vicariats à 300 fr. sur le Trésor 5,148

Vacances permanentes { dans les succursales 3,362
{ dans les vicariats 1,182

Prêtres habitués 1,462
Aumôniers des collèges, des hospices, prisons, etc. . 573

Le nombre des élèves qui, en 1821, se destinoient au saint ministère, étoit ainsi établi :

Théologiens aux grands séminaires . . 6,040 ⎫
En philosophie . . . . 2,415 ⎪
Dans les petits séminaires . . . . . 9,555 ⎬ 29,384 élèves.
Dans les collèges . . . . 8,936 ⎪
Chez MM. les Curés . . . . 2,438 ⎭

Les ordinations en 1822 ont produit :

Prêtres 1,522
Diacres 1,292
Sous-Diacres 1,283

En 1819, le clergé avoit perdu 1361 prêtres; mais dans la même année on en a ordonné 1401.

Le nombre des prêtres en exercice, en 1819, y compris ceux qui ne reçoivent pas de traitement du trésor, s'élevoit à 36,185.

DE L'UNIVERSITÉ ROYALE DE FRANCE.

Le corps enseignant, connu sous le titre d'Université, se compose ainsi qu'il suit :

Grand-Maître   1
Conseil royal (membres du)   9
Inspecteurs généraux des études   16
      Nota. Les Examinateurs pour l'Ecole polytechnique
    et l'Ecole de Saint-Cyr, sont au nombre de 3.
Académies   26
Recteurs $\begin{cases} \text{ecclésiastiques . . . . . . } 7 \\ \text{Laïcs . . . . } 19 \end{cases}$ 26
Inspecteurs d'Académie   59
Secrétaires d'Académie   26
Facultés $\begin{cases} \text{de théologie . . 8 ayant 37 professeurs.} \\ \text{de droit . . . . 9 \quad\quad 72 \quad\quad id.} \\ \text{de médecine . . 3 \quad\quad 82 \quad\quad id.} \\ \text{de sciences . . . 7 \quad\quad 44 \quad\quad id.} \\ \text{de lettres . . . 6 \quad\quad 37 \quad\quad id.} \end{cases}$
Nombre des facultés   33
Nombre des professeurs de facultés   272
Nombre des élèves qui, en 1821, ont fréquenté les
Cours de facultés   11,142
Collèges royaux.   38
Proviseurs $\begin{cases} \text{ecclésiastiques . . . . . } 27 \\ \text{laïcs . . . . } 11 \end{cases}$ 38
Censeurs des études   38
Aumôniers   38
Economes   38
Maîtres d'études, environ   180
Nombre des élèves qui, en 1821, ont fréquenté les
Collèges royaux   10,298
Collèges communaux   324
Principaux $\begin{cases} \text{ecclésiastiques . . . . } 138 \\ \text{laïcs . . . . } 186 \end{cases}$ 324
Nombre des élèves qui, en 1821, ont fréquenté les
Collèges communaux   29,556
Chefs d'institution   110

Maîtres de pension . . . .
Nombre d'élèves qui, en 1821, ont été . . . .
d'institution et chez les maîtres de pension . . . .

Ecoles primaires dirigées $\left\{\begin{array}{l} \text{par les Frères . . . .} \\ \text{trine . . . .} \\ \text{par les Instituteurs . . . . . .} \\ \text{maîtres . . . .} \end{array}\right.$

Nombre d'élèves qui, en 1821, ont fréquenté les
Ecoles primaires . . . . 1,249,19.

Il résulte du tableau ci-dessus, qu'en 1821 l'instruction a été
donnée, dans l'Université royale, à 1,322,36. individus.

———————

Les congrégations de femmes qui existent en France,
étoient, en 1821, au nombre de 106
Leurs établissemens étoient au nombre de 1,741
Et les Sœurs étoient au nombre de 11,152
On a calculé qu'elles ont donné leurs soins à des ma-
lades, au nombre de 60,000
Et l'instruction gratuite à des petites filles pauvres,
au nombre d'environ 63,000
Paris compte trente-deux maisons de ce genre; le reste est dissé-
miné dans les départemens.

———————

PETITE STATISTIQUE DE PARIS.

L'origine de Paris se perd dans la nuit des temps;
cette ville célébré existoit long-temps avant l'établissement de la monarchie. Il paroît que, dans le
principe, son territoire ne consistoit qu'en un petit
marais; ou pour mieux dire, Paris n'étoit autre
chose que l'île de la Cité. Jugeons de son étendue
successive par ses diverses enceintes qui, à différentes époques, ont renfermé un nombre d'arpens
toujours progressif.

La 1re clôture eut lieu sous J. César,
l'an 46 av. J.-C.; le sol de la ville
n'avoit alors que . . . .   44 arpens (1)

La 2e clôture , en 358 de J.-C. ,
sous l'empereur Julien, renfermoit . .   113

La 3e clôture, en 1190, sous Philippe-Auguste.   739

La 4e clôture , en 1365 , sous
Charles V   1284

La 5e clôture , en 1553 , sous
Henri II.   1414

La 6e clôture , en 1633 , sous
Louis XIII.   1660

La 7e clôture , en 1671 , sous
Louis XIV.   3228

La 8e clôture , commencée en 1715
et finie en 1717, sous Louis XV . .   3858

La 9e clôture , en 1785 et 1788 ,
sous Louis XVI   9910

Enfin , la 10e clôture , projetée en
1803 , devoit contenir   10719

Paris a de superficie 34,396,800 mètres-carrés, faisant
343,958 hectares. Sa circonférence , à la prendre des
boulevards extérieurs , donne plus de cinq lieues et
demie. Sa plus grande longueur du nord au sud, prise sur
la méridienne qui passe par l'Observatoire, est de 5,505

---

(1) L'arpent de Paris est de 100 perches, et la perche, de 18
pieds-carrés. La toise courante, de 6 pieds. L'arpent en question
équivaut à 0,342 d'hectare. Le pied vaut 0,3248 de mètre , et la
toise ,1,9460 de mètre. Un mètre équivaut à 3 pieds 11 lignes et
296 mill. de ligne , presque 3 pieds 1 pouce.

mètres; et la plus longue ligne de l'est à l'ouest, en allant de la barrière de Charonne à celle des Bons-En-fans, est de 7,809 mètres.

On y compte 57 barrières, c'est-à-dire, 57 bureaux où l'on perçoit les droits d'entrée.

La Seine, en traversant Paris, y forme trois îles; 1° l'île Louvier; 2° l'île Saint-Louis; et 3° l'île de la Cité ou du Palais.

Les quais sont au nombre de 33; savoir: 14 sur la rive droite de la Seine; 4 dans l'île Saint-Louis; 4 dans l'île de la Cité; et 11 sur la rive gauche.

Il y a en outre 19 ports, 19 abreuvoirs et 66 fontaines.

Seize ponts facilitent les communications entre les quartiers de Paris situés de chaque côté de la Seine (1) ou dans les îles.

Cette capitale a 1109 rues, 120 culs-de-sac ou im-passes, 13 enclos, 40 cours, 82 passages, 75 places, 22 boulevarts ou promenades environnant Paris, dont 9 au midi, et 13 au nord; 11 halles, 22 marchés; 26,801 habitations ou maisons, y compris 8 palais (2);

---

(1) Nous avons donné une notice sur ces ponts dans notre *Essai chronologique sur les hivers rigoureux*, pag. 116-118; nous avons omis dans cette notice le pont Saint-Charles qui est au milieu des bâtimens de l'Hôtel-Dieu.

(2) Parmi ces palais, le Louvre et les Tuileries tiennent le premier rang. Le Louvre, qui existoit déjà long-temps avant Philippe-Auguste, n'est parvenu que successivement au point d'étendue et de splendeur où nous le voyons. Sa belle colonnade a été faite sur les plans de Perrault, sous le règne de Louis XIV. Henri IV avoit, en 1600, fait commencer la superbe galerie qui a 227 toises (1362 pieds) de long, et 5 toises (30 pieds) de large, par E. Duperot, peintre et architecte, sur les dessins de Ducerceau. Depuis 1804, on travaille à continuer et à finir ce

52 édifices ou monumens publics (dont 2 basiliques , Notre-Dame et Sainte-Geneviève, 12 églises paroissiales , et 25 succursales) ; 550 hôtels, qui ont des bâtimens vastes avec cour et jardin ; 11 hôpitaux, 6 hospices, etc. En 1815, le numérotage des maisons présentoit 14,448 numéros impairs, et 15,176 pairs, ce qui fait en tout 29,624 numéros.

Le nombre des feux ou ménages est de 224,922.

La population de Paris, d'après un relevé exact fait en 1817, est de 713,966 habitans (1) ; mais elle ira à 717,212 habitans, si l'on y comprend la population de Bicêtre et de l'hospice de Mont-Rouge. Sur cette population de Paris, 689,000 individus y sont domiciliés, et 25,000 à-peu-près sont forains. Le nombre moyen des naissances est de 21,000 ; et le rapport des naissances des garçons et des filles est de 25 à 24.

On emploie à Paris, pour l'éclairage des rues, des quais, des ports et des places publiques, 4553 réverbères, dont les 10,672 becs consomment annuellement 275,667 kilogrammes d'huile. Outre cela, dans les établissemens

---

superbe monument. On l'a fait restaurer à neuf, ainsi que le comble de l'ancien Louvre, par les soins de MM. Percier et Fontaine. Ces augmentations et restaurations ont déjà coûté plus de 22,400,000 fr. La cour du Louvre est un carré parfait de 378 pieds de toute face.

Le palais des Tuileries a été bâti, en 1564, sur les dessins de Philibert Delorme. La façade est composée de cinq pavillons, en y comprenant celui du milieu couvert en dôme carré, et de quatre corps de logis sur une même ligne de 170 toises (1020 pieds) sur 33 toises (198 pieds) de largeur.

(1) En 1313, la population de Paris étoit de 130,000 individus; en 1474, de 150,000 ; en 1590, de 220,000 ; en 1688, de 438,000 ; et en 1789, de 600,000.

publics, on est éclairé par 482 réverbères, dont les 668 becs consomment 14,379 kilogrammes d'huile ; en sorte qu'à l'éclairage total de la ville, sont employées plus de 580,000 livres d'huile, brûlant par 11,340 becs, répartis dans 5035 lanternes ou réverbères.

On sait que c'est en 1334, sous Philippe-Auguste, que l'on commença à paver les rues de Paris ; c'est un particulier de Poissy, nommé Gérard, qui en a fait les premiers frais, et qui y a employé une somme de 11,000 marcs d'argent ; le marc valoit alors 300 deniers. Maintenant le huitième du pavage se refait tous les ans pendant les sept mois de la belle saison. Ces travaux exigent annuellement 1,088,000 pavés neufs, dont la majeure partie provient de Fontainebleau. Seize pavés et demi font un mètre carré.

En janvier 1819, il y avoit d'enregistré dans le ressort de la préfecture de police de Paris, 1171 fiacres, dont 765 pour l'intérieur, et 406 pour le dehors ; 106 messageries et voitures à destination fixe, non compris celles des environs de Paris ; 489 carrosses de remise ; 388 cabriolets de remise ; 4804 cabriolets particuliers ; 9080 charrettes ou baquets ; 495 voitures à tonneau, traînées par un cheval, et 843 traînées à bras ; les voitures particulières ne sont pas comptées. On évalue à 16000 le nombre de chevaux qui existent ordinairement à Paris.

Les principaux établissemens littéraires et scientifiques de Paris, sont :

l'Institut royal.
{
Académie française.
Académie des Inscriptions et Belles-Lettres.
Académie des Sciences.
Académie des Beaux-Arts.
}

L'Académie royale de Médecine.

La Société royale d'Agriculture.

La Société royale académique des Sciences, fondée en 1820.

Les principales bibliothèques sont :

La Bibliothèque du Roi (1).

La Bibliothèque Mazarine.

La Bibliothèque Sainte-Geneviève.

La Bibliothèque de Monsieur, à l'Arsenal.

Et la Bibliothèque de la ville de Paris.

Les principaux objets de curiosités à voir, sous le rapport des arts, sont :

La Galerie du Musée, au Louvre (2).

La Manufacture royale des Gobelins, et celle de la Savonnerie.

La Manufacture royale de Mosaïque.

La Collection minéralogique particulière du Roi.

Le Musée de l'Ecole royale des Mines.

La Monnoie royale des médailles.

Et la Manufacture royale de porcelaine, à Sèvres.

Paris compte douze spectacles, dont le tableau ci-après fera connoître le nom et le produit des recettes pendant

---

(1) En 1791, on ne comptoit à la Bibliothèque du Roi que 152,868 volumes imprimés ; aujourd'hui le total est de 450,000 , non compris autant de brochures, pamphlets, et pièces reliées en volumes ou enfermées dans des cartons. Les manuscrits montent à plus de 60,000 vol. Depuis nombre d'années, on y comptoit 5000 volumes d'estampes, et plus de 2000 planches gravées.

(2) Le Musée renferme plus de 1200 tableaux des Ecoles française, flamande et italienne; plus de 600 statues, bustes, bas-reliefs et morceaux précieux d'antiquités, soit en marbre, soit en bronze; 450 dessins de grands maîtres, faisant partie d'une collection de 20,000 dessins. La chalcographie qu'on y a réunie, contient plus de 4000 planches.

...année comparable... ...
...que ... ...
à-dire, de plus de cinq millions... ...
eût été plus forte en 18... ...
dont M. le Duc de Berry a... ...
fermer le grand Opéra, ...
malheureux prince; il faut... ...
...nse n'a été suivie que... M... ...
Voici le tableau des deux années, ...

1819.

Opéra-comique.. . . .	761,728 fr. 50 c.	
Théâtre français. . . .	720,596	
Opéra.	615,219	
Vaudeville.	511,500	
Variétés.	505,515	
Porte-Saint-Martin. .	504,235 60	
Ambigu comique. . .	406,336 50	
Gaieté.	360,...	
Odéon.	260,... 50	
Cirque olympique. .	295,695 50	
Opéra-buffa	260,007	
Gymnase.		

TOTAL. 5,401,361

Le droit des pauvres, prélevé sur ces ... a
été de plus de 1,000,000 fr. On estime ... ...
mille personnes fréquentent journellement ...
théâtres à Paris. La recette des petits ... ...
jardins, concerts, cafés à soirées ... ...
et séances musicales, peut être évaluée ... ...
le droit des indigens à cent mille ... ...
l'Opéra ne sont pas compris dans cette ... ...
réunissant toutes ces recettes, on trouve ... ...
une somme ronde de six millions, laquelle ...

jour, terme moyen, plus de seize mille francs; non compris ce qui est dépensé en rafraîchissemens et en jeux de toute espèce qui se paient à part dans les jardins publics.

On assure que, d'après un relevé authentique, le nombre des lettres distribuées en un jour, par la poste, dans Paris, s'élève à 32,000 (1).

Mais il est temps d'arriver aux consommations qui se font dans cette capitale.

---

(1) La poste de Londres est beaucoup plus féconde que celle de Paris, si, comme on le dit, elle distribue journellement 133,000 lettres. Il est vrai qu'on porte la population de Londres à 1,225,694 habitans; malgré cela, la disproportion entre le nombre de lettres distribuées dans les deux villes paroît inconcevable; c'est à Paris une lettre pour 22 personnes, et à Londres, une pour moins de 9 personnes.

Une chose encore étonnante à Londres, c'est le nombre de feuilles de journaux qui s'y impriment et s'y distribuent. Voici ce qu'on lit dans le n° 97 (10 août 1822) des *Annales de la Littérature et des Arts.*

« Le nombre total des feuilles de journaux qui se publient annuellement à Londres, s'élève à 16,254,634; et la somme qu'ils paient au timbre, à 270,800 liv. sterl. 18 shillings (6,374,605 f.)

« On compte 8,525,252 recueils périodiques publiés en province, qui rapportent au timbre 142,087 liv. sterl. 8 shillings 10 pences (3,291,020 f. 66 c.). Un Anglais a, dit-on, fait un calcul prouvant que si toutes les feuilles des journaux qui ont paru en Angleterre, en 1821, étoient posées en cercle sur notre globe, un enfant pourroit faire le tour du monde en marchant toujours sur le papier, et que, si la taxe prélevée pour le timbre étoit répandue en shillings sur sa route, il en pourroit ramasser un de trois pas en trois pas. Peu de gens seront tentés de vérifier l'exactitude de cette combinaison; mais il est certain que l'activité de la presse, en Angleterre, surpasse tout ce qu'on en peut dire, et qu'elle augmente sans cesse. »

23

DES PRINCIPALES CONSOMMATIONS DE PARIS.

Nous allons d'abord présenter un petit aperçu de celles qui se faisoient avant la Révolution, et ensuite nous parlerons de celles qui se font maintenant.

Avant la Révolution.

La population de Paris étoit d'environ 600,000 individus, et consommoit annuellement dans cette capitale :

Pain.	206,788,224 liv. poids
Riz.	3,500,000 id.
Vin ordinaire (le muid de 288 pintes). . .	250,000 muids.
Vins de liqueur	1,000 id.
Eau-de-vie	8,000 id.
Cidre.	2,000 id.
Bière	20,000 id.
Vinaigre	4,000 id.
Huile	6,000,000 liv. p.
Bœufs, du poids de 700 liv.	70,000 têtes.
Vaches, du poids de 360 liv.	18,000 id.
Veaux, du poids de 72 liv.	120,000 id.
Moutons, du poids de 50 liv.	350,000 id.
Porcs, du poids de 200 liv.	35,000 id.
Viande entrée en livres	1,380,000 liv. p.
Poisson de mer, frais, sec, salé.	10,000,000 id.
Carpes.	800,000 têtes.
Brochets.	80,000 id.
Anguilles.	56,000 id.
Tanches	30,000 id.
Perches.	6,000 id.
Ecrevisses	75,000 id.
Œufs.	78,000,000 de douz.
Beurre frais.	3,150,000 liv. p.
Beurre salé et fondu.	2,700,000 id.
Fromage frais de Brie, de Marolle, etc. . .	424,500 id.
Fromage sec	2,600,000 id.
Pruneaux.	476,000 id.
Café.	2,500,000 id.

Cacao. . . . . 250,000 liv. p.
Girofle . . . . 9,000 *id.*
Poivre. . . . . 75,000 *id.*
Bois. . . . . 714,000 cordes.
Charbon de bois . . . . 694,000 voies.
Charbon de terre . . . . 10,000 *id.*
Foin . . . . 6,388,000 bottes.
Paille. . . . . 11,090,000 *id.*
Avoine. . . . . 21,409 muids.
Orge. 8,500 *id.*
Vesces et menues graines. . . . . 1,400 *id.*

Tels sont les objets de consommation annuelle à Paris avant la Révolution, sur lesquels nous avons eu des renseignemens ; nous aurions désiré trouver un état des mêmes objets pour la consommation actuelle, afin que l'on pût comparer la différence de consommation dans l'espace d'environ 30 ans ; mais n'ayant pu y parvenir, nous allons présenter un aperçu de tout ce que nous avons découvert à ce sujet ; l'on y trouvera encore de quoi établir une comparaison pour les principaux objets.

Depuis la Révolution.

La population de Paris est de 717,212 habitans ; on consomme annuellement dans cette capitale :
Pain (1). . . . . 257,142,500 liv. poids.
Vins (2). . . . . 805,499 hectolitres.

(1) Il en est qui évaluent la consommation des farines à 1500 sacs (de 325 liv.) par jour, ce qui donne pour l'année 547,500 sacs ou 1,779,375 quintaux.

Outre l'approvisionnement obligé de chaque boulanger, ce qui fait une masse de 11,200 sacs de farine, la boulangerie est encore chargée de la conservation de 25,000 sacs de farine au grenier d'abondance.

(2) Les droits d'octroi, d'entrée, etc., des vins à Paris, sont,

Eau-de-vie.	
Cidre et Poiré	15,919
Bière	71,896
Vinaigre.	20,756
Bœufs (1).	71,000 têtes.
Vaches.	9,000 id.
Veaux.	85,000 id.
Moutons	340,000 id.
Porcs	71,000 id.
Viande entrée eu livres	2,888,446 livres.
Dindons	549,000 têtes.
Chapons et poulardes.	250,000 id.
Oies	330,000 id.
Canards	175,000 id.
Poulets.	1,300,000 id.

pour vins en tonneaux, de 23 fr. 10 cent. par hectolitre ; et pour les vins en bouteilles, de 33 cent. par litre.

Les eaux-de-vie en tonneaux, au-dessous de 22 degrés, paient 47 fr. 30 cent. par hectol. ; de 22 à 28 dagrés, 78 fr. 10 cent. ; et au-dessus de 28 degrés, 121 fr.

La bière paie 4 fr. 40 cent. à l'entrée ; et 3 fr. 30 c., fabriquée dans l'intérieur ; toujours par hectolitre.

Les cidre, poiré et hydromel, 12 fr. 10 cent. par hectolitre.

L'huile d'olive, 44 fr.

Et toute autre huile, 22 fr.

(1) On a remarqué au marché de Poissy (mars 1822) quatre bœufs de la plus grande beauté ; ils ont été évalués du poids de 15,000 kilogrammes (30,000 liv.) ; on ne se rappelle pas d'en avoir vu d'une taille aussi élevée sur les marchés de Sceaux et de Poissy. Ils ont été achetés par M. Fraboulet, boucher à Paris, de M. le Comte qui les avoit nourris dans ses pâturages, et qui a eu pour cela une médaille d'or. M. Fraboulet a eu une médaille d'argent.

Le droit d'octroi à Paris, pour le bétail, est de 24 fr. par tête de bœuf ; 15 fr. par tête de vache ; 6 fr. par veau ; 1 fr. par mouton, et 9 fr. par porc et sanglier. La viande à la livre, 20 cent. par kilogramme.

Pigeons. . . . . 930,000 têtes.

Perdrix. . . . . 131,000 id.

Lapins. . . . . 177,000 id.

Lièvres . . . . 29,000 id.

Alouettes. . . . . 600,000 id.

Poisson de mer, montant de la vente . . 3,163,520 fr.

Huîtres, idem. 821,618

Poisson d'eau douce, idem. 502,782

Fromages secs, idem. 1,267,564

Beurre, idem. 7,105,533

OEufs, idem. 3,676,502

Foin . . . . 7,822,640 bottes.

Paille. . . . . , 11,054,371 id.

Avoine . . . . 923,022 hectol.

En 1820, le revenu de la ville de Paris est monté
à la somme de . . . . 40,054,957 f.

Et la dépense a été de 40,049,688

Dans une ville aussi populeuse que Paris, il n'est pas surprenant que, vu la vigilance de la police, la malveillance, la friponnerie et autres crimes, ne donnent lieu à beaucoup d'arrestations. Voici un petit relevé du nombre de personnes qui, pendant six ans, ont été déposées à la Préfecture de police, et de celles qui ont été incarcérées.

Dépôt à la Préfecture.	Incarcération.
1813 . . . 10,737 individus.	. . . . . . 2,531 individus.
1814 . . . 12,659	 3,214
1815 . . . 14,414	 3,666
1816 . . . 17,649	 4,064
1817 . . . 18,132	 4,216
1818 . . . 14,549	 3,600

Pour toute la France, pendant les mêmes années,

	en 1813.	1814.	1815.	1816.	1817.	1818.
Mis en jugement . . .	8042	5485	6551	9890	14146	9722
Condamnés. . . .	5343	3403	4376	6807	9431	6712

DISTANCE DE PARIS

Aux principales capitales du Monde, avec leur population.

Cette distance est spécifiée en lieues de 2000 toises; chaque capitale est orientée d'après sa position relativement à Paris; on a suivi l'ordre d'éloignement de ces différentes villes.

Ainsi Paris est éloigné

de	lieues	direction	ville	population
de	78 lieues	S.	de Bruxelles.	75,000 hab.
	105	S. S. E.	Londres.	1,225,694
	120	O. N. O.	Basle.	15,000
	148	O.	Stutgard.	21,000
	190	O.	Munich	46,410
	196	N. O.	Turin.	88,500
	214	N. O.	Milan.	125,000
	240	O. S. O.	Dresde	49,000
	247	S. O.	Berlin.	180,000
	280	O.	Vienne.	270,000
	282	S. O.	Copenhague.	100,000
	320	N. N. E.	Madrid.	195,000
	382	N. O.	Rome.	136,085
	410	S. E.	Stockolm	80,000
	456	E. N. E.	Lisbonne.	240,000
	474	N. O.	Naples.	338,000
	580	S. O.	Pétersbourg	250,000
	650	O. N. O.	Constantino.	590,000
	1180	O. N. O.	Ispahan	
	1680	E. N. E.	Washington.	120,000
	2350	O.	Pékin.	2,000,000

Nous terminerons ces différens détails statistiques par un mot sur la population de l'Angleterre, tiré d'un ouvrage anglais, intitulé : *Extrait des renseignemens relatifs à la population de la Grande-*

Bretagne en 1821, recueillis en exécution d'un acte du Parlement, du 2 juillet 1822; 1 vol. in-fol., imprimé seulement pour les membres du Parlement. Ces renseignemens ne regardent que l'Angleterre proprement dite, y compris le pays de Galles. La population de l'Écosse, de l'Irlande et des autres pays adjacens ne sera donc qu'approximative dans le tableau suivant :

Divisions.	Etendue en milles angl.	Population.
Angleterre propre.	50,535 . . .	11,261,437 hab.
Pays de Galles.	7,425 . . .	717,438
Écosse.	31,168 . . .	2,093,456
Irlande.	32,201 . . .	6,145,681
Il faut y ajouter		
Iles de Jersey et de Guernesey. .	49,427 ⎫	
Ile de Man.	40,081 ⎬	408,808
Armée de terre et de mer.	319,300 ⎭	

Total de la population des îles Britanniques. 20,626,820

Cette population s'est accrue très rapidement depuis 1800 dans la partie méridionale de la Grande-Bretagne, comprenant l'Angleterre et le pays de Galles. En effet, le recensement de 1801, n'avoit donné qu'un total de . . 9,168,000 hab.

Celui de 1811 donnoit déjà 10,502,500

Et 1821 a présenté 11,978,875

En y ajoutant le militaire, on aura 12,218,500

Les villes de Londres et de Westminster, qui, avec leurs faubourgs et leur banlieue, forment ce que les Anglais appellent leur métropole ou capitale, présentent une population de 1,225,694 habitans.

On prétend que Londres contient 8000 rues, 60 places publiques et 160,000 maisons.

NOTICE

De quelques découvertes anciennes et modernes,
rangées par ordre alphabétique.

L'ORIGINE et l'histoire des découvertes est aussi intéressante qu'amusante ; le mot *découverte* s'applique généralement à tout ce qu'on trouve de nouveau dans les arts et dans les sciences , et plus particulièrement, à ce qu'on trouve de curieux, d'utile ou de difficile , ou qui du moins a l'un de ces trois avantages. Quelques auteurs ont fait des ouvrages assez volumineux sur cet objet ; mais outre que ces ouvrages sont écrits d'une manière très prolixe , ils ont encore le désavantage, étant anciens, de n'avoir pu faire mention des découvertes modernes. Nous espérons que la petite nomenclature suivante sera à l'abri de ces deux reproches. On la trouvera peut-être un peu restreinte ; nous avons été obligé de la proportionner au cadre que nous lui destinions ; mais nous croyons n'avoir rien omis d'essentiel.

AÉROSTAT. C'est un ballon revêtu d'une enveloppe légère , d'un grand volume , rempli d'air dilaté par la chaleur, ou de quelque fluide aériforme , spécifiquement plus léger que l'air atmosphérique ; sa propriété est de s'élever de lui-même dans les airs à une hauteur considérable et d'y soutenir des corps d'un grand poids. L'invention en est due à M. Montgolfier (1), qui en fit le premier essai à Annonay le 5 juin 1783, et le second, à Paris, le 27 août suivant. Le 1er décembre 1783, MM. Charles et Robert s'élevèrent dans les airs par le moyen d'un ballon rempli d'hydrogène. Le 7 janvier 1785, MM. Blanchard et Jeffreys traversèrent, en deux heures de temps, la Manche entre Douvres et Boulogne. Le 15 juin 1785, MM. Pilatre-du-Rosier et Romain, ayant voulu essayer le même passage, furent précipités de plus de 500 toises de haut, le feu ayant pris à leur ballon; ils tombèrent à une lieue de Boulogne. La première expérience du parachute fut faite par M. Garnerin, en 1797. On n'a pas pu encore parvenir à diriger les ballons à volonté. Aussi, jusqu'à ce moment, cette invention tient plus à la curiosité qu'à l'utilité.

AIMANT. Cette pierre minérale a été connue des anciens; Platon en fait mention. Pline dit que l'architecte Dinocrate, d'Alexandrie, avoit commencé à voûter d'aimant le temple qu'un des Ptolomées avoit fait élever à sa sœur Arsinoé, qui étoit sa femme, pour y faire tenir suspendue en l'air la statue en fer de cette princesse. Mais Ptolomée et

---

(1) On prétend que la première idée des ballons est due à Mad.e Montgolfier, qui ayant placé un jupon sur un de ces paniers d'osier à claire-voie, dont les femmes font usage pour sécher le linge, fut fort surprise de voir ce jupon s'élever de lui-même; phénomène arrivé parce que l'air de l'intérieur avoit été extrêmement raréfié par la chaleur.

l'architecte moururent avant que l'ouvrage fût ache-
vé. On dit la même chose d'une statue de Serapis ;
faite par le roi Sésostris, et suspendue dans un temple d'Alexandrie. On a fait accroire au peuple, que
le cercueil de Mahomet étoit suspendu à la voûte
du temple. C'est une fable ; il est à terre au milieu
de la Mosquée.

AIMANT (*Guérison par l'*). On a attribué à l'aimant la vertu, sinon de guérir entièrement, du
moins de soulager dans certaines maladies. Aetius,
qui vivoit en 5oo, parle de l'application extérieure
de l'aimant comme utile pour la goutte et pour les
maladies convulsives : *tradunt magnetem detentum
manu chiragricorum ac podagricorum dolores ipso-
rum sedare ; œquè convulsis opitulatur.* Marcellus
et Camille Léonardi affirment les bons effets de l'application de l'aimant pour calmer les maux de dents.

AIR (*Pesanteur de l'*). C'est Galilée qui, le premier, soupçonna la pesanteur de l'air, et qui l'inféra
de ce que l'eau s'arrête et demeure suspendue dans
les pompes à 32 pieds à-peu-près ; il fit quelques
expériences. Après lui, Torricelli continua de prouver cette pesanteur par de nouvelles expériences ; il
démontra le premier, en 1645, qu'une colonne
d'air prise dans l'atmosphère, se met en équilibre
avec une colonne d'un autre fluide qui a la même
base. Mariotte a calculé que la hauteur de l'atmosphère ne va guère qu'à 20 lieues, et que quand l'air
seroit huit millions de fois plus raréfié que celui qui

est-près de la terre, l'atmosphère n'iroit pas à 30
lieues. On infère de la pesanteur de l'air, que la
terre est autant comprimée par l'air qui l'environne,
que si elle étoit par-tout couverte d'eau à la hauteur
de 31 pieds. Suivant les expériences communes, la
pesanteur de l'air proche de la superficie de la terre,
est à-peu-près, à l'égard de l'eau, ce que 1 est à 800.
Borelli dit que l'air est composé de corpuscules ou
petites lames dures, flexibles, capables de ressort,
et qui, faisant plusieurs tours en ligne spirale, forment la figure d'un cylindre creux. Il est maintenant
reconnu que l'air atmosphérique est composé de deux
fluides élastiques mêlés ensemble, savoir: 28 parties
d'air pur ou vital appelé gaz oxigène, et 72 parties
d'une mofette appelée gaz azotique ou atmosphérique ; ainsi sa base est composée de l'oxigène et
de l'azote.

ANATOMIE. Cette partie de la médecine remonte à une haute antiquité. On prétend qu'Héro-
phile et Erasistrate, célèbres médecins grecs, rece-
voient les malfaiteurs des mains de la Justice et les
disséquoient tout vifs, pour hâter les progrès de
l'anatomie ; et on louoit la sagesse des princes qui,
les leur abandonnant, sacrifioient un petit nombre
de méchans à la conservation d'une multitude d'innocens de tout état, de tout âge, et dans les siècles
à venir.

L'anatomie a éprouvé le sort de toutes les sciences
et de tous les arts ; elle a entièrement disparu dans

les siècles de barbarie, d'ignorance et de superstition ; mais elle commença à revoir le jour en Europe vers 1520, sous François Ier et Charles-Quint. Avant ce temps, l'usage de disséquer les corps passoit pour un sacrilège ; André Vesale, de Bruxelles, en est regardé comme le premier restaurateur. On connoît une consultation que Charles-Quint fit faire aux théologiens de Salamanque, pour savoir si, en conscience, on pouvoit disséquer un corps humain pour en connoître la structure.

Frédéric Ruysch a fait les premières injections anatomiques.

ARITHMÉTIQUE. B. Pascal, à peine âgé de 19 ans, découvrit, en 1642, la fameuse machine arithmétique, par laquelle, sans autre secours que celui des yeux et de la main, on peut faire toutes sortes de calculs sur les nombres. Les pièces qui en forment le principe et l'essence, sont plusieurs rouleaux ou barillets parallèles entre eux et mobiles autour de leurs axes. Sur chacun d'eux on écrit deux suites de nombres depuis zéro jusqu'à neuf, lesquels vont en sens contraire, de sorte que la somme de deux chiffres correspondans forme toujours neuf. Ensuite on fait tourner par un même mouvement tous ces barillets de gauche à droite, et les chiffres dont on a besoin pour les différentes opérations de l'arithmétique, paroissent à travers de petites fenêtres percées dans la face supérieure. La machine est composée d'ailleurs de roues et de pignons qui s'engrènent ensemble et qui font leurs révolutions par un mécanisme à-peu-près semblable à celui d'une montre ou d'une pendule. L'idée de cette machine a paru si utile et si belle, qu'on a cherché à la perfectionner et à la rendre plus commode dans la pratique. Leibnitz s'est occupé long-temps de ce problème, et il a trouvé effectivement une machine plus simple que celle de Pascal. Malheureusement toutes ces machines sont coûteuses, un peu embarrassantes par le volume, et sujettes à se déranger. Cette découverte coûta de grands efforts de tête à Pascal, tant pour l'invention que pour faire concevoir la combinaison des rouages aux ouvriers chargés de l'exécuter.

L'Anglais Nicolas Saunderson, aveugle, l'un des plus étonnans mathématiciens qu'il y ait eu au monde, a inventé une *arithmétique palpable* : c'est une machine dont on trouve la description dans ses *Elémens d'algèbre* traduits par Jaucourt.

Lord Stanhope a imaginé, en 1786, deux machines arithmétiques; la première, de la grandeur d'un vol. *in-*8º, sert à faire avec exactitude les opérations les plus compliquées de l'addition et de la soustraction; la seconde est de la grandeur d'une table à écrire : par le moyen d'une vis, on résout tous les problêmes de la multiplication et de la division; et si l'opérateur se trompe et fait faire à la vis une révolution de plus, il voit tout-à-coup sortir de la table une petite boule d'ivoire, dont la présence l'avertit de son erreur.

L'arithmétique décimale a été découverte à Bruges, en 1602.

ASSURANCES. Les anciens ont connu les assurances, c'est-à-dire, cette manière de diviser le risque des entreprises de commerce maritime. Puffendorf et Anderson le pensent, et ils se fondent sur certains passages de Tite-Live, de Suétone et de Cicéron. Le professeur Bekman n'est pas de cet avis relativement aux deux premiers auteurs ; mais le passage de Cicéron lui paroît décisif. Voyons ces différentes citations. Tite-Live, après avoir parlé de la détresse où l'armée se trouvoit en Espagne, relativement aux subsistances, ajoute que la République fit un marché avec une société de marchands pour fournir l'armée : *ut quæ in naves imposuissent, ab hostium tempestatisque vi publico periculo essent.* Suétone dit que l'empereur Claude *negociatoribus certa lucra proposuit, suscepto in se damno, si cui quid per tempestates accidisset.* Mais ces indemnités tirées du trésor public doivent être regardées comme des primes d'encouragement pour certaines entreprises, et n'ont, selon Bekman, aucun rapport avec les assurances. Cicéron dit : *Laodiceæ me prædes accepturum arbitror omnis pecuniæ publicæ, ut mihi et populo cautum sit sine vecturæ periculo.* La solution de la question dépend du mot *prædes.* L'auteur suppose qu'il signifie ici une remise en lettres de change.

BANQUE. Il est difficile de fixer l'époque à laquelle la banque a commencé; mais on peut donner l'étymologie de ce mot; il est tiré de l'italien *banco* qui signifie le *banc* où s'asseyoient ceux qui se chargeoient de faire des remises d'argent pour le bien public. Lorsque l'on vouloit annoncer que l'argent manquoit, on rompoit le banc; ce qui s'exprimoit ainsi : *banco-rotto*, banc rompu, et par corruption *banqueroute*. Dès-lors ce nom a désigné l'interruption forcée dans les affaires d'un négociant ou d'un banquier qui ne peut plus remplir ses engagemens.

BAS AU MÉTIER. La première manufacture de bas au métier fut établie en France en 1656. On n'a rien de certain sur l'invention de ce métier; l'Encyclopédie l'attribue aux Anglais; d'autres en donnent la gloire aux Français. On prétend qu'un compagnon serrurier de la Basse-Normandie, inventeur du métier à faire les bas, remit à Colbert une paire de bas de soie fabriquée à ce métier, pour la présenter à Louis XIV. Les marchands bonnetiers, alarmés de cette découverte, gagnèrent un valet de chambre qui donna plusieurs coups de ciseaux dans les mailles, de sorte que le Roi chaussant ces bas, les mailles coupées firent autant de trous, ce qui fit rejeter l'invention. Cet homme donna son métier aux Anglais qui en ont fait usage, et qui s'en disent les inventeurs; tandis que le véritable inventeur est mort à Paris à l'Hôtel-Dieu, dans un âge avancé.

Quant aux BAS DE SOIE, François I.er, roi de France, est le premier qui a porté des bas de soie, l'an 1543. M. Peuchet prétend que les bas tricotés n'ont eu lieu qu'à la renaissance des arts, au temps de François I.er, et que c'est Henri II qui porta les premiers bas de soie, aux noces de sa fille.

La reine d'Angleterre Élizabeth en a porté en 1543.

BAYONNETTE. Les Français ont fait usage de la bayonnette au bout du fusil, en 1692, à la bataille de Turin, contre les Confédérés. Cet instrument vient de Bayonne.

BOMBES. Les bombes et mortiers ont été inventés dans le seizième siècle. On prétend que les premières bombes ont été jetées sur la ville de Wachtendoneck, en Gueldre, assiégée par le comte de Mansfeld, en 1588. D'autres auteurs prétendent qu'un siècle auparavant, on en jeta à Naples sous Charles VIII, en 1495.

Les Hollandais disent qu'on ne s'est servi de bombes en France qu'au siège de la Mothe, en 1634; et d'autres pensent que c'est au siège de Mézières, en 1521.

BOTANIQUE. On prétend que c'est dans le seizième siècle que l'on a renouvelé en Europe l'étude de la botanique; ceux qui ont rendu les plus grands services à cette science, sont Jean Bauhin, mort en 1541; Gaspard Bauhin son frère, mort en 1560; Gessner, de Zurich, surnommé le Pline allemand, mort en 1565, à qui l'on doit la première méthode pour le classement des plantes ; son système est fondé sur la fructification ; Cesalpin, médecin italien, mort en 1585 ; Léonard Fusch, professeur d'anatomie à Tubingue, mort en 1566 ; Morison, prêtre anglais, mort en 1683 ; Tournefort, auteur d'un système qui a eu de la célébrité ; Linnée qui passe pour le prince de la botanique, et qui en 1737 établit son système sur les caractères fournis par le nombre des organes sexuels des plantes ; Bernard de Jussieu, également illustre par un système que son neveu a publié en 1774 ; J. B. Lamarck, etc., etc. La botanique est maintenant cultivée avec beaucoup d'ardeur ; elle a fait de grands progrès. Les anciens avoient observé 5 à 600 plantes tout au plus ; à la fin du seizième siècle, on en avoit décrit déjà plus de 6000 ; Tournefort en a fait connoître 8846 espèces ; et maintenant on porte à 50,000 à-peu-près les plantes classées et décrites. Dans ce nombre la France est pour environ 10,000 ; les environs de Paris pour 2,000 ; la Nouvelle Hollande pour 4,500 ; etc., etc.

Nous avons donné, page 184 du présent volume, une petite notice des lieux d'où nous sont venus quelques végétaux ; ayant découvert de nouveaux articles relatifs à cette partie, nous allons les donner ici en supplément.

L'ACACIA	Tiré de Barbarie, en 1670.
L'AIL.	Vient du Levant.
L'ANIS.	D'Egypte.
L'ASPERGE.	De l'Asie.

24

La Bourrache	Vient de...
La Carde	D'Italie.
Le Céleri	De l'Inde.
Le Cresson	De l'Italie...
La Cerise	...
Le Chanvre et le Lin	D'Asie.
La Citrouille	D'Astracan.
Le Cassou	De Chine.
Le Fenouil	Des Canaries...
La Fraise ananas	De la Louisiane.
La Framboise	De France.
Le Houblon	De l'Artois.
Le Jasmin	Des Indes Orientales.
La Lentille	D'Asie.
La Luzerne	D'Asie.
Le Lys	De Syrie.
Le Mûrier	D'Asie.
Le Navet	Indigène de la Chine.
L'Œillet	D'Italie.
Le Piment	De l'Amérique méridionale.
La Pomme reinette	De Syrie.
Le Pourpier	D'Asie.
La Renoncule	De Levant.
Le Sarrasin (blé)	D'Asie.
La Scorsonère	De l'Afrique.
Le Seigle	De Tartarie, Sibérie et Crimée.
La Tomate	D'Amérique.
La Tubéreuse	De Java et de Ceylan.

BOUSSOLE. On croit que Marc Paul, Vénitien, ayant voyagé à la Chine, en rapporta la boussole en 1260. Les Chinois prétendent que leur empereur (Chiningus) en avoit connoissance 1120 ans avant Jésus-Christ. D'autres auteurs pensent qu'on doit l'invention de la boussole à Jean Gira ou Goya, que quelques-uns nomment Flavio de Melphe ou Flavio Gioja, Napolitain, qui fit cette découverte en 1302. Toutes les fois qu'il a été question de l'époque de la découverte de la boussole, on a cité des vers tirés de la *Bible Guyot*, composée sous le règne de Philippe-Auguste, et on a prétendu que le mot MARI-NETTE qui s'y trouve, dit-on, désignoit la pierre d'aimant. C'est Fauchet, possesseur du manuscrit, qui le premier a introduit ce mot, parce qu'il l'a mal lu; Barbazan dit que ce mot n'existe point, et qu'au lieu de dire avec Fauchet (V. l'extrait de la *Bible Guyot*, dans les *Poëtes français* de Fauchet, chap. VI) :

> Par la vertu de la marinette
> Une pierre laide et noirette.

il faut lire ,

> Par la vertu de la manière
> Une pierre laide et brunière.

V. *l'Ordene de chevalerie*, de Barbazan, 1759, *in*-12 , pag. 100-103.

On a remarqué que la déclinaison de l'aiguille aimantée, depuis 1550 jusqu'en 1554, a été orientale ; qu'en 1666 elle étoit précisément au pôle, et que depuis cette époque elle est occidentale.

M. William Clarke , à Chattam, a inventé un compas de mer d'après un principe entièrement nouveau. La boussole consiste en quatre branches, ou pôles, placées aux angles droits et se réunissant dans un même centre. Les deux pôles nord se trouvent N. O. et N. E. , et les deux pôles sud, S. E.

... de la ... points cardinaux ... entre les ... Toutes les expériences faites ... boussole, ont prouvé qu'elle ... les ... de polarité et de stabilité, plus que ... boussoles dont on se sert communément ...

CADASTRE. C'est le relevé géométrique de toutes les propriétés territoriales dans une province, un État, un royaume. On prétend que si le mot est nouveau, la chose ne l'est pas. Sous l'empire romain, dit-on, les terres étoient mesurées géométriquement, et toutes les propriétés assujetties à l'impôt territorial. Elles étoient inscrites sur des registres nommés *polyptiques*, confiés aux magistrats des villes. Chaque cité avoit son *polyptique*, et on connoissoit tous les fonds qui, dans l'étendue de son territoire, devoient contribuer aux sommes demandées par le gouvernement. Lorsque les Francs firent la conquête des Gaules, ils y trouvèrent ce régime établi, et nos rois de la première race le conservèrent. Childeric même le fit renouveler. Mais les troubles auxquels la France fut livrée, détruisirent les registres polyptiques, et l'impôt ne fut plus réparti qu'arbitrairement ; maintenant cet abus n'existe plus, ou du moins il est excessivement diminué.

CAFÉ. Rien de plus incertain que l'origine du café ou plutôt de son usage. Si l'on en croit le maronite Fausto Nayronne, le café fut découvert par

le prieur de quelques moines après qu'il eût été
averti par un gardeur de chèvres ou de chameaux,
que quelquefois son bétail veilloit et sautoit toute
la nuit après avoir mangé du café. Ce supérieur en
fit prendre une infusion à ses moines, qui dormoient
en disant l'office de nuit. D'autres disent qu'on doit
la découverte du café à la piété d'un mufti, qui,
pour faire des prières plus longues que tous les autres dervis, en fit l'expérience. Enfin, on rapporte
qu'au milieu du xv⁰ siècle, un certain Gemmaled-
din, qui demeuroit à Aden, faisant un voyage en
Perse, y trouva des gens de son pays qui prenoient
du café et qui vantoient cette boisson. De retour
à Aden, il eut quelque indisposition, dont il se per-
suada qu'il seroit soulagé s'il prenoit du café ; il en
prit et s'en trouva bien. Dès-lors il mit cette liqueur
en vogue à Aden ; tout le monde en prit ; de-là
elle passa à la Mecque ; de l'Arabie Heureuse elle fut
portée en Egypte, au Caire, puis à Constantinople.
Plusieurs fois les sultans ou les muftis l'ont inter-
dite ; la première interdiction date de 1511 ; mais
d'autres l'ont permise ; enfin, maintenant l'usage en
est toléré. On rapporte qu'en Angleterre, sous
Charles II, en 1675, les cafés ont été interdits, parce
qu'on y tenoit des assemblées trop considérables.

Le premier café qui parvint en France, arriva à
Marseille en 1644 ; mais l'usage n'en a été introduit
parmi nous que le 4 avril 1669, par Mustapha Fe-
rugo, envoyé de Mahomet IV ; il est le premier qui
en ait fait prendre aux Parisiens. Le premier lieu

public appelé café, a été ouvert à Marseille en 1671.

On a essayé de cultiver le café en Europe, mais infructueusement du côté de la qualité; on dit qu'un Français, des environs de Dijon, en fit le premier l'expérience en 1670; les arbres provenant des grains qu'il avoit semés, produisirent du fruit; mais ce fruit, fade et insipide, ne put être d'aucun usage.

Suivant Boerhaave, ce fut Van Horn, gouverneur Hollandais à Batavia, qui, le premier, se procura des baies récentes de cafier d'Arabie, et cultiva cette plante pour la première fois en Amérique et à Surinam; il envoya, en 1690, un pied de cet arbre à Amsterdam, d'où sont provenues ces graines qui ont depuis fourni tout ce qui est cultivé maintenant aux Indes Occidentales.

Le premier pied de café fut introduit à la Jamaïque, en 1728, par Nicolas Law. Les Hollandais commencèrent en 1718 à le cultiver en grand à Surinam; et les Français, en 1727, à la Martinique. C'est en 1717, que la compagnie des Indes, établie à Paris, envoya quelques plants de café Moka à l'île Bourbon; on dit qu'il n'en restoit en 1720 qu'un seul pied dans cette île, et que le produit de ce pied fut tel, que l'on mit en terre au moins 15,000 fèves.

Enfin il est reconnu que le café est originaire d'Arabie, que les Arabes en ont parlé les premiers dès 900, et qu'il a été transplanté en Amérique et dans les différentes îles où on le cultive.

La consommation annuelle du café en Europe est de 140,000,000 de livres , dont 106,000,000 viennent de l'Amérique ; 5,000,000 , de l'île de France et de l'île Bourbon ; 20,000,000 , de Moka , et 9,000,000 , de Java. La France ne consomme de cette immense quantité que 22,000,000 de livres. La consommation du sucre y est de 56,000,000 de liv.

CANON. Édouard gagna la bataille de Crécy , en 1346 , par le moyen de quatre pièces de canon. On dit que les Vénitiens se servirent du canon dès 1300 ; les Anglais, peu de temps après ; et les Français , en 1338 , comme l'observe Ducange , d'après les registres de la Chambre des comptes.

CARDINAL. Les premiers cardinaux ont été établis en 307. Ce n'est qu'en 1245 , que dans le concile de Lyon , il fut arrêté que les cardinaux porteroient le chapeau rouge et la robe d'écarlate.

Le savant le Duchat dit qu'Ænéas Sylvius (le pape Pie II) a qualifié le premier , le cardinalat , d'éminence. Ce Pape, dans sa *Description de l'Europe*, s'exprime ainsi : *Johannes Segobiensis, homo hispanus, moribus et doctrinâ illustris , qui , cùm summos theologiæ præceptores doctrinâ æquaret , ab Amedeo , dum se Papam dixit, cardinalatûs eminentiam acceperat.*

Le pape Urbain VIII ordonna , par un décret du 10 juin 1630 , que les titres d'éminence et d'éminentissime fussent attribués aux cardinaux. Ce qui donna lieu à ce décret , fut un discours public que

Luc Holstein prononça à Rome, et dans lequel il traita son patron, le cardinal François Barberin, d'*éminentissime*. Tous les autres cardinaux voulurent être depuis traités de même.

CARROSSES. L'origine des carrosses ne remonte pas au-delà de Charles VII, roi de France. En 1461, ils n'étoient pas communs, puisque le premier président du parlement montoit une mule pour aller à sa campagne, avec son clerc à pied, et son fermier amenoit une charrette et de la paille fraîche aux veilles des quatre bonnes fêtes, pour conduire sa femme et sa fille, et une bourrique pour monter la chambrière. Le premier carrosse qu'on vit à Paris, fut le char suspendu que Ladislas, roi de Hongrie et de Bohême, envoya à la reine. Le 6 avril 1550, Diane, duchesse d'Angoulême, fille naturelle de Henri II, fit usage du second carrosse que l'on ait vu en France. Jean de Laval de Bois-Dauphin, seigneur de la cour, ne pouvant se tenir à cheval à cause de son excessive grosseur, fut contraint de se servir d'un carrosse. En 1644, le prince de Condé en eut un avec des glaces : c'est le premier ; avant ce temps, ils étoient fermés avec des rideaux de cuir. C'est vers cette époque qu'on a vu le premier carrosse suspendu par des ressorts ou par des moyens élastiques quelconques ; la caisse ne portoit plus sur l'essieu. On n'a de document à cet égard que le dessin qu'on voit à la bibliothèque royale, et

qui représente l'entrée de Louis XIV à Paris vers
1650; le carrosse est bien évidemment suspendu.

Avant l'invention des carrosses, on n'alloit dans
Paris qu'à pied ou à cheval. Les princesses avoient
des litières; les dames alloient en trousse derrière
leurs écuyers. Quand le premier président de Thou
fit faire un carrosse parce qu'il avoit la goutte, sa
femme continuoit d'aller en croupe derrière un domestique. Les conseillers de la Cour alloient sur des
mulets, et les rois ne voyageoient qu'à cheval, soit
qu'ils vinssent à Paris, soit qu'ils allassent à leurs
maisons royales, ou soit qu'ils se transportassent
au palais pour y donner des ordres. Presqu'à toutes
les portes des maisons, il y avoit des montoirs en
pierre pour faciliter à monter à cheval.

CARTES A JOUER. L'abbé Rive dit que les cartes
étoient en usage en Espagne vers 1330. Il étaie son
opinion, d'une défense de jouer argent aux cartes
ou dez, faite par les statuts d'un ordre de chevalerie,
nommé l'ordre de la Bande, et institué vers l'an
1332 par Alphonse XI, roi de Castille; cet ordre
ne subsiste plus.

D'autres attribuent l'invention des cartes aux Allemands; Court de Gebelin les fait venir des anciens
Égyptiens; mais la plupart des auteurs en accordent
la découverte aux Français; ils disent qu'elles furent
inventées pour procurer quelque soulagement à
Charles VI, lorsque ses accès de folie lui laissoient

des intervalles de tranquillité. Jacquemin Gringon-
neur, peintre, fut le premier qui peignit les cartes en
or et diverses couleurs ; mais l'invention des figures
n'étoit pas nouvelle. Cet amusement étoit connu sous
le nom de jeu du roi et de la reine (Il existe beaucoup d'ouvrages sur les cartes à jouer). Le jeu de
piquet a été inventé sous Charles VII.

CHAISES-A-PORTEURS. Les chaises-à-porteurs
ont été d'abord en usage en Angleterre ; Montbrun
Souscarrière, bâtard de Bellegarde, qu'on appeloit
M. Legrand, parce qu'il étoit écuyer d'Henri IV,
les introduisit en France, à la suite d'un voyage
qu'il avoit fait chez les Anglais.

CHAMBRE OBSCURE. L'invention en est due à
J.-B. Porta, physicien du XVIe siècle. Il remarqua
que les objets du dehors se dessinoient comme des
ombres sur la muraille et au plancher de sa chambre bien fermée, par le moyen d'une petite ouverture pratiquée dans le volet, et à travers laquelle
passoient les rayons du soleil. Surpris de cet effet
singulier, il s'avisa de mettre au trou de sa fenêtre
un verre lenticulaire ; telle a été l'origine de la
chambre obscure. Dès-lors on a cherché à rendre
portatif l'appareil qui sert à cette expérience. Pour
y parvenir, on a construit des caisses, des boîtes,
des tables, des pavillons, dont on a varié la forme,
la grandeur et la disposition. Quelques-uns disent
que Daniel Barbaro, patriarche d'Aquilée, est le

premier qui a écrit sur cette découverte ; ensuite Porta, puis Cardan, dans son traité *De subtilitate.*

CHANT. Le chant remonte à la plus haute antiquité. Les Grecs en connoissoient quatre sortes qui formoient, disoient-ils, la musique la plus parfaite, et qu'ils appeloient les modérateurs de l'ame. Les voici :

Le *chant dorien*, imaginé par Lamias, qui existoit avant Homère, et qui apprit, dit-on, à joindre la harpe au chant. Le dorien servoit aux choses graves, sévères, belliqueuses.

Le *chant phrygien* avoit la puissance d'exciter la fureur.

Le *chant sous-phrygien* apaisoit la fureur excitée par le précédent.

Enfin, le *chant lydien* étoit triste, lamentable, et produisoit la langueur et la mélancolie.

Chez les modernes, le chant grégorien a été établi par Saint Grégoire le Grand, qui vivoit du temps de l'empereur Maurice et de Phocas ; Charlemagne l'a apporté de Rome avec la liturgie, en 789.

CHAPEAUX. On ne voit point de chapeaux avant le règne de Charles VI. On se servoit auparavant du bonnet, du mortier et du chaperon. Le roi, les princes et les chevaliers avoient seuls le droit de se servir du mortier, qui n'étoit autre chose qu'un bonnet de velours galonné. Le simple bonnet, qui étoit de laine, servoit de coiffure au clergé, aux gradués et au peuple. Le chaperon, espèce de capu-

chon qui avoit un bourlet sur le haut et une queue
pendante par derrière, se mettoit sur le mortier ou
sur le bonnet.

Du temps de Charles VI, on commença à porter
le chapeau à la campagne ; on le porta en temps de
pluie sous Charles VII, et en tous temps sous Louis
XI. Louis XII reprit le mortier ; mais François Ier,
le quitta et porta toujours un chapeau.

On dit que l'origine des chapeaux vient d'Espagne, et qu'on doit cet usage à Tristan Salazar, qui
étoit de Biscaye, et qui fut archevêque de Sens.

CHEMINÉES. Quelques auteurs pensent que les
cheminées étoient ignorées des Grecs et des Romains ; ils se fondent sur ce qu'à Herculanum on
n'a trouvé aucune cheminée ; d'autres soutiennent
au contraire que les anciens en faisoient usage. Cela
paroît certain.

Octavius Ferrarius est de cet avis ; il cite à l'appui
de son opinion ce vers de Virgile :

Et jam summa procul villarum culmina fumant.

De plus, Appien dit dans le livre IV *des Guerres
civiles,* que lors des proscriptions des Triumvirs,
les uns descendoient dans des puits et des cloaques,
les autres se cachoient dans les toits et dans les cheminées. Suétone rapporte que la chambre de Vitellius fut brûlée, parce que le feu prit à la cheminée.
Quoi qu'il en soit, le peu de renseignemens qui nous
restent des anciens, et l'obscurité des préceptes de
Vitruve sur cet objet, font juger que l'usage des

étuves, (ils avoient des appartemens entiers très échauffés par des poêles construits sous terre), leur faisoit négliger cette partie du bâtiment que le froid de notre climat nous a contraint de rendre un des principaux ornemens des habitations modernes.

CHIFFRES. Les uns attribuent la science des nombres à Mercure; d'autres en font honneur à Abraham, quelques-uns à Theuth, et la plupart aux Phéniciens. Costadau, dans son *Traité des signes* (tom. 2, p. 82), pense qu'on employa d'abord les différentes inflexions et positions des doigts pour signifier les différens nombres; ensuite on compta avec des petits cailloux, en latin *calculus* ; de là le mot *calcul;* puis vinrent les chiffres inventés par Minerve, comme le dit Tite-Live; mais Platon et Saint Athanase les donnent à Palamède, tandis que Saint Isidore de Séville et le vénérable Bede les attribuent à Pythagore et à Nicomaque. Avouons cependant que le plus ancien de ces inventeurs vivoit long-temps après que Cadmus eût apporté les lettres en Grèce; et le président Bouhier pense que ces lettres étoient numériques, lorsqu'elles parvinrent en Grèce; mais il est plus probable qu'elles ne le devinrent qu'après que l'alphabet grec fut complet.

Les chiffres arabes sont apportés en Europe par les Sarrasins, en 991; avant, on ne se servoit que des lettres de l'alphabet. Beveregius pense que ces chiffres furent inventés par les Indiens et répandus

dans l'Orient avant que l'Europe en eût connoissance. Le père Costadau dit que les Arabes les ont
appris des Indiens, comme les Maures les ont appris
des Arabes, les Espagnols, des Maures, et les autres
peuples de l'Europe, des Espagnols. Kircher est
d'avis que les Indiens les communiquèrent aux Arabes vers le dixième siècle, et que ceux-ci les ont
transmis aux Espagnols vers le treizième. L'abbé de
Longuerue les fait venir des Brachmanes, et de là
les fait passer aux Arabes qui auparavant se servoient
des lettres de l'alphabet. On ne s'arrête plus à l'o-
pinion de Rudbeck, qui a tâché de les faire venir des
Celtes et des Scythes établis dans le nord, ni à celle
d'Antonio Nassaro qui, dans sa *Polygraphie,* assure
que les Arabes ont pris leurs chiffres des Carthaginois ou Africains.

CHOCOLAT. Il a été apporté en Europe par les
Espagnols vers l'an 1524. Ce ne fut qu'en 1626 que
le premier usage en fut introduit à Paris par le cardinal Alphonse de Richelieu, qui s'en servoit pour
modérer les vapeurs de sa rate. Il tenoit ce secret de
quelques religieux espagnols. On consomme maintenant par an en Europe 23,000,000 de liv. de cacao,
espèce d'amande qui forme la base du chocolat.
C'est le fruit d'un arbre nommé *theobroma cacao;*
la culture en fut pratiquée pour la première fois à
la Martinique en 1660, par le juif Benjamin d'A-
costa.

CIRCULATION DU SANG. La circulation du

sang a été découverte en 1616, par le docteur William Harvey. Pour lui en dérober l'honneur, des envieux ont prétendu qu'elle étoit connue long-temps avant lui, et que plusieurs auteurs en ont fait mention, entre autres Servet; malgré ces clameurs de la jalousie, la gloire de cette belle découverte reste à Harvey. Voici quelques notes curieuses relatives à cet article. Elles sont tirées d'un ouvrage intéressant.

« Chaque battement de cœur est d'une seconde; il en arrive soixante en une minute, ce qui fait trois mille six cents par heure, et quatre-vingt-six mille par jour; à chaque battement du cœur, il sort du ventricule gauche deux onces de sang pour entrer dans la grande artère; puisque le cœur bat 3,600 fois par heure, il en sort donc dans le même espace de temps sept mille deux cents onces de sang, au poids de la Faculté.

« Or, selon les plus experts dans cette matière, toute la masse du sang contenue dans le corps d'un homme ne va ordinairement qu'à 24 livres. Ainsi en divisant 600 par 24, on trouvera que la masse du sang passe par le cœur 25 fois par heure, et par conséquent 600 fois par jour.

« Le cœur qui est le plus important de nos muscles, a besoin, pour faire un seul mouvement de contraction, d'une force équivalente à plusieurs milliers de livres; car c'est ainsi qu'on évalue en mécanique les forces mouvantes. Par exemple : pour pousser le sang dans la grande artère, le cœur a besoin d'une force de cent mille livres pesant; pour soutenir avec le bras étendu un poids de 55 livres suspendu à sa jointure avec le coude, on a besoin d'une force de soixante mille livres. Si un homme qui pèse cent cinquante livres, veut sauter à la hauteur seulement de deux pieds, il a besoin d'une force deux mille fois plus grande que son poids, c'est-à-dire, d'une force de 300,000 pesant.

« C'est à l'aide de l'expérience de sa raison et de ses lectures, que le célèbre Harvey a découvert la plus importante de toutes les fonctions, celle de laquelle émanent toutes les autres, la circulation du sang. Quelques anatomistes l'avoient simplement entrevue d'une manière très confuse et très vague; elle n'est plus, grâce à Harvey, un être de raison; il a allumé le flambeau de la conviction, qui éclaire les esprits les moins crédules. »

CLOCHES. Les premières cloches ont été inventées par l'évêque Paulin, de Campanie, en 400.

Dès le sixième siècle, les cloches étoient connues en France.

Elles ont été apportées pour la première fois à Constantinople, par les Vénitiens, en 871. On les a bénies à Rome en 908.

La plus grosse cloche connue est, je crois, celle du couvent de Trotzkoï (de la Sainte Trinité) près Moskou; elle a été fondue en 1746, par ordre de l'impératrice Elizabeth, mais aux dépens du couvent. Elle a coûté 10 roubles par poud de métal, seule-

ment pour la fondre (1). Elle a 18 pouces d'épaisseur, 13 pieds 9 pouces de diamètre, c'est-à-dire,
41 pieds 3 pouces de circonférence ; elle pèse 4000
pouds (2) ; le battant a 5 pieds 5 pouces de circonférence. Elle porte sur quatre angles saillans qui
ressortent de quatre piliers.

On raconte qu'Aristote Alberti de Bologne, célèbre mécanicien du 16e siècle, transporta à une distance de 35 pas un clocher avec ses cloches.

COMÉDIE. Les premières comédies ou farces ont
été jouées à Athènes, par Susarion et Dolon, dans le
sixième siècle avant J.-C. La comédie n'a pris la
forme qu'on voit dans les anciens auteurs Grecs,
qu'en 444 avant J.-C. Les jeux scéniques des Romains
commencèrent l'an 364 avant J.-C. Mais leur théâtre, c'est-à-dire leurs pièces n'eurent une forme
vraiment dramatique, qu'à dater de Livius Andro-
nicus, l'an 240 avant J.-C.

Le théâtre essuya le sort des lettres pendant la
barbarie du moyen âge. Il disparut entièrement. La
première trace de sa restauration en France, date
de 1378, où l'on représenta à Paris, l'expédition de
Godefroi de Bouillon dans la Terre Sainte, devant
l'empereur Charles IV. En 1392 les écoliers d'An-
gers donnèrent une espèce de comédie, sous le titre

---

(1) Le rouble valoit alors 4 francs 5 centimes.
(2) Le poud vaut 16 kilogrammes 418 grammes 29 centigram-
mes, (33 livres 8 onces 16 deniers).

25

de Robin et Marianne. Le 4 décembre 1402, les
confrères de la Passion obtiennent le privilège pour
jouer des drames pieux à Paris. Jodelle mort en 1573
est le premier qui écrit en langue française des comédies et des tragédies un peu régulières. Mairet,
Rotrou, Corneille font une heureuse révolution dans
le théâtre qui atteint son maximum de splendeur
sous Racine et sous Molière. L'opéra est introduit
en France en 1669.

Les premiers drames allemands ont paru en 1514.

Les premières pièces anglaises jouées à Londres
par des clercs de paroisse, datent de 1390. L'opéra
est établi à Londres en 1692.

Le théâtre espagnol commence en 1450, celui de
Portugal au 16e siècle.

Le théâtre italien dans le 13e siècle.

Et le théâtre hollandais date d'environ 1561.

DIAMANT. La taille du diamant doit son origine
au hasard. Louis de Berquen, natif de Bruges, est le
premier qui la mit en pratique en 1476. Il s'aperçut que deux diamans s'entamoient si on les frottoit
un peu fortement l'un contre l'autre; il n'en fallut
pas davantage pour lui faire naître l'idée de les po-
lir et de les tailler en facettes. Quant à la gravure du
diamant, Jacques de Trezzo en passe pour l'inventeur. D'autres prétendent que Clément de Biragues
est le premier qui ait gravé sur diamant. Enfin il en
est qui attribuent cette invention à Ambroise Cha-
radossa qui, en 1500, avoit gravé la figure d'un

Père de l'Église sur un diamant pour le pape Jules II.
Nattier et Costanzi ont aussi gravé sur le diamant.

Disons un mot des plus beaux diamans connus.

Les diamans que l'on regarde comme les plus précieux, sont :

1° Le *Sancy*, sur lequel nous ne pouvons donner
aucun détail descriptif; il existe, mais on ignore chez
quel Souverain; on sait seulement qu'il provient de
Charles le Téméraire, dernier duc de Bourgogne (1).

2° Le *Pitt* ou *Régent*. C'est un brillant blanc,
forme carrée, les coins arrondis, ayant une petite

---

(1) Ce diamant fut trouvé sur le champ de bataille après la fameuse déroute de Granson qu'éprouva ce prince. L'histoire de
la découverte de ce diamant se trouve dans un ancien ouvrage qui
a été réimprimé en Suisse en 1790, in-4°. On y donne l'*état de
ce qui fut trouvé au camp et dans Granson, des dépouilles des
Bourguignons, après la bataille*. Nous allons rapporter en entier
cet état qui est curieux, en ce qu'il fait voir quelle étoit la richesse du duc de Bourgogne, outre qu'il renferme l'histoire du
diamant en question. Nous conservons le style de l'auteur. Voici
donc le relevé de ce qui fut pris au prince Charles :

« Cinq cents pièces de grosse artillerie, quantité de munitions,
abondance de vivres.

« Quatre cents tentes appartenant au duc, de la plus grande
richesse, garnies en velours et couvertes de soie; toutes portoient
ses armoiries brodées en or et enrichies de perles; la plupart desquelles les Suisses gâtèrent et en firent des habits, ignorant leur
valeur.

« Six cents drapeaux et étendards, partie gagnés à la bataille,
et partie trouvés dans des coffres ou bahuts; trois cents casques,
trois cents quintaux de poudre à canon, trois mille sacs d'avoine,
deux mille charrettes de guerre chargées de licous et de cordes
pour pendre les Suisses, deux mille barils et tonneaux de harengs,
et quantité d'autres poissons secs, avec chair salée, oies, poules;

glace dans le filetis, et une autre à un coin dans
le dessous. Il a 14 lignes de long, 13 ¼ de large,
et 9 ½ d'épaisseur. Il pesoit brut 410 karats ;
tout taillé il pèse 136 $\frac{44}{16}$ karats. Les frais de la taille
montèrent à 4,500 livres sterl. ; la poussière de diamant employée à cet effet coûta 1400 livres sterl., et
les pièces que l'on en avoit coupées valoient encore
8000 livres sterl. Le duc d'Orléans, régent, l'a payé
135,000 livres sterl., c'est-à-dire plus de 3,000,000 fr.
On l'estime 12,000,000.

3º. Le diamant du Rajah de Matun dans les Indes
orientales ; il pèse 367 karats ; il est de la plus belle
eau. C'est le plus gros diamant connu. Un gouverneur de Batavia en a offert 150,000 dollars ou pias-

---

quantité de sucre, raisins, figues et amandes, et autres choses
sans nombre ; huit mille massues garnies de pointes.

« Quatre cents livres pesant d'argenterie qui fut conduite à Lu-
cerne et partagée par les Suisses, sans ce qui en avoit été enlevé,
pillé et emporté par les soldats ; un desquels vendit un grand bas-
sin d'argent pesant six livres, pour deux blancs, croyant qu'il fût
d'étain, n'ayant jamais ouï dire qu'il y eût des plats d'argent.

« Trois cents magnifiques services d'argent qui étoient tout
entiers, et une si grande quantité d'argent monnoyé qu'il fallut
le partager à plein chapeau ; trois chariots chargés d'arbalètes, et
un chargé de cordes pour les bander, avec trois autres remplis de
draps de lit.

« Le coffre des archives du duc, son gros diamant (c'est celui
en question) d'une grosseur si prodigieuse, qu'on l'estimoit le plus
beau qu'il y eût dans la chrétienté, enchâssé d'or et orné de deux
grosses perles. Il fut premièrement trouvé par un soldat suisse,
lequel l'ayant regardé comme un brimborion d'enfant, le remit
dans son étui, le jeta à la voirie (sur la route) sous un chariot ;
mais peu de temps après il revint le chercher ; il le vendit un

tres, deux bricks armés, avec une quantité considérable de munitions; mais il n'a pu l'obtenir.

4° Le diamant du Grand Mogol; Tavernier qui l'a vu et pesé, en 1653, dit qu'il a la forme d'un œuf coupé par le milieu; il pesoit brut 793 $\frac{5}{8}$ karats; taillé il ne pèse plus que 279 $\frac{9}{16}$ karats.

5° Les deux diamans du Roi de Perse, l'un taillé en rose, nommé *Nouri dounya*, la lumière du monde, et l'autre taillé en brillant, *Deryây nour*, océan de lumière. Ils sont d'une grosseur extraordinaire.

6° Le diamant du Grand Duc de Toscane. Il est net, de belle forme; mais son eau tire un peu sur la couleur citron. Il pèse 139 $\frac{1}{2}$ karats. On l'estimoit 2,608,135 livres. Il a paru à M. Dargenville de la

---

blancs, valeur d'un sol de roi. Il fut vendu à un de la Côte-aux-Fées pour trois francs; puis après William de Diesbach le fit acheter pour cinq mille florins de Rhin, et quatre cents qu'il donna pour la peine du racheteur; ensuite M. de Diesbach le vendit pour la quatrième fois sept mille florins de Rhin à un joaillier genevois, lequel en eut onze mille ducats du duc de Milan, qui le vendit pour la sixième fois vingt mille ducats, pour orner la triple couronne du pape Jules; (cela n'est nullement avéré).

« Le chapelet ou pater du duc de Bourgogne, où les apôtres étoient représentés en or massif.

« L'épée du duc Charles, en laquelle étoient enchâssés sept gros diamans et autant de rubis, avec quinze perles de la grosseur d'une féve, de la plus belle eau; cent soixante pièces de drap d'or et de soie; en outre plusieurs reliques richement enchâssées qui ne peuvent se nombrer; sa chaise dorée, et son cachet d'or pesant une livre; le cachet de son frère Antoine le bâtard, que MM. de Bâle ont entre leurs mains; deux grosses perles enchâssées en or, de la grosseur d'une noisette chacune, appelées l'une l'*incomparable*, et l'autre la *ramasse de Flandre*. »

grosseur d'un œuf de pigeon. Maintenant il appartient à S. M. l'Empereur d'Autriche.

7° Le diamant de l'Empereur de Russie. Il pèse 193 karats ou 779 grains, et non 779 karats, comme l'ont dit MM. Dutens et Romé de l'Isle. C'est l'un des plus forts et des plus précieux diamans, qui existent. Il est d'une belle eau, fort net, de la grosseur d'un œuf de pigeon, et de forme aplatie. Il est au-dessus du sceptre de l'Empereur. Il a été payé 2,500,000 fr. et 100,000 fr. de rente viagère à un Arménien. On prétend que c'est un grenadier français qui l'a arraché à la fameuse statue de Scheringham, dont il formoit l'un des yeux, dans le temple de Brama. Ce grenadier s'est sauvé à Madrass, et l'a vendu 50,000 fr. à un capitaine de vaisseau; celui-ci l'a cédé à un Juif pour 300,000 fr., et le Juif l'a vendu infiniment plus cher à un marchand grec, qui sans doute est l'Arménien qui l'a vendu au comte Orloff, pour la somme, dit-on, de 700,000 roubles : il n'est pas sûr, comme on l'a dit, que le comte Orloff l'ait fait creuser pour y mettre le portrait de Catherine II, à qui il en fit hommage.

8° Le diamant du Roi de Portugal. Il a été trouvé en 1800 dans le ruisseau de l'Abaïté, au sud-ouest de Téjuco. Il pèse suivant M. Mawe 95 ½ karats; sa forme est octoèdre.

La collection de diamans du Roi de Portugal est la plus belle qui existe ; on l'estime 72,000,000 fr.

9° On parle encore d'un superbe diamant, appartenant à la Compagnie anglaise des Indes, et qui a été reçu à Londres il y a deux ou trois ans ; il se nomme le Nossûck, et a été pris dans les bagages du Peishwa des Marattes. Son poids est de 358 grains ou 89 $\frac{1}{2}$ karats. Sa forme est triangulaire, il est de la plus belle eau.

10° On prétend qu'un minéralogiste de Vienne possédoit dernièrement deux pierres précieuses uniques dans leur genre ; l'une est un saphir pesant 302 karats, et estimé à la douane 940,000 florins ; l'autre est une *aqua-marina* du poids de 490 karats; elle a été estimée à la douane 360,000 florins. Ces deux pierres, auparavant brutes, ont fait, dit-on, partie des joyaux de la couronne de France ; elles furent échangées contre un cabinet d'histoire naturelle des plus rares.

Nous allons ajouter à ces petites notices un mot sur l'estimation des diamans.

« La plus simple règle pour estimer les diamans, dit M. Lucas d'après M. Champion, est celle qui consiste à multiplier le poids du diamant par lui-même, et à multiplier de nouveau le produit obtenu par le prix d'un diamant d'un karat. On sent bien que ce prix varie en raison des qualités de la pierre, et que, passé une certaine grosseur, il n'y a aucune règle fixe. Voici les prix actuels des diamans :

« Le *menu* jusqu'à 1 grain vaut depuis 66 fr. jusqu'à 120 fr. selon la qualité.

« Le *gros menu* vaut 110, 120, 125 fr.

« Le *recoupé* de 6 au grain vaut 150 fr. ; pesant 2 grains, 170 à 175 fr. ; de 3 grains, 200 fr. ; enfin de 4 grains ou un karat, 260 à 280 fr.

« Au-dessus d'un karat une pierre se vend à la pièce, savoir :

« Une pierre de 6 grains vaut . . . . . . 600 fr.
    de 8 grains 1,000
    de 10 grains 1,400
    de 12 grains 1,800
    de 15 grains 2,400
    de 18 grains 3,500
    de 24 grains 5,000

« On sent qu'il s'agit de diamans d'une belle eau, taillés dans de bonnes proportions et que l'on appelle bien faits. Les pièces qui ne réunissent pas ces qualités sont appelées *roboles*. Il y en a dont l'éclat est mat, d'autres qui tirent sur le bleu, sur le jaune etc. Leur valeur est moindre. »

DUEL. Ce furent les Lombards qui apportèrent en Italie la barbarie des combats singuliers. Le dernier duel fameux a été celui de Jarnac et de la Chataigneraye sous Henri II en 1547. Malgré les lois sévères rendues contre le duel, un faux point d'honneur le soutient toujours.

EAU. Lavoisier est l'un des premiers qui par ses expériences a démontré que l'eau n'est point un être simple ; il l'a trouvée composée de la base de l'air pur, appelée oxigène, et de la base du gaz hydrogène ou inflammable, appelée hydrogène ; savoir : 85 parties d'oxigène et 15 parties d'hydrogène ; de sorte que pour former 70 livres ou un pied-cube d'eau, il faut 634 pieds-cube 1152 pouces-cube d'air pur qui pèsent 59 livres 8 onces, et 1513 pieds-cube 887 pouces-cube $\frac{13}{37}$ de gaz hydrogène qui pèsent 10 livres 8 onces. Le tout brûlé ensemble formeroit un pied-cube ou 70 livres d'eau.

ÉLECTRICITÉ. Othon de Guericke, bourgue-mestre de Magdebourg, dans le XVIIe siècle, a observé le premier le pouvoir répulsif de l'électricité, la lumière et le bruit de son explosion. La première machine dont on a fait usage étoit un simple tube de verre ; mais ce tube ne produisant qu'une très foible électricité, on imagina pour obtenir un frottement plus vif et sur une plus grande surface, de faire tourner des globes entre deux pointes par le moyen d'une machine de rotation ; enfin les Anglais ont découvert la machine électrique, ou plutôt l'ont perfectionnée en substituant au globe un plateau circulaire de glace, ayant vis-à-vis un conducteur de cuivre terminé par une boule à chaque extrémité ; et le côté qui regarde le plateau, a deux branches courbes terminées elles-mêmes par une petite boule qui porte une pointe fine de métal qui se présente au plateau.

Le choc électrique a été découvert en 1746.

Le docteur Franklin a découvert l'identité du feu électrique et de l'éclair en 1757, et il a inventé la même année les conducteurs métalliques, pour mettre les bâtimens à l'abri de la foudre. *Eripuit cœlo fulmen*. V. PARATONNERRE.

En 1768, Widebourg a découvert, à Iena, l'électricité de l'aurore boréale.

ÉPINGLES. Les premières épingles ont paru en Angleterre, en 1569, et selon d'autres, en 1543. Auparavant on se servoit de brochettes de bois, d'ivoire, ou d'épines. C'est à l'Aigle, département de l'Orne, que se fabrique la plus grande quantité d'épingles ; il y a eu jusqu'à six mille ouvriers employés à cette fabrique. On a calculé qu'il pouvoit se consommer par an à Paris 60 millions d'épingles de toutes espèces, qui, à 25 centimes le cent, font cent cinquante mille francs.

ÈRE CHRÉTIENNE. Denis, le moine, a introduit l'usage de calculer le temps d'après l'ère chrétienne, en 516.

On n'a commencé à compter dans l'histoire les années depuis la naissance de J.-C., qu'en 748.

ÉTRIERS. Selon quelques auteurs, la première mention de l'étrier se trouve dans un livre sur l'art de la guerre, et qu'on attribue communément à l'empereur Maurice ; cet auteur dit que le cavalier doit avoir des deux côtés de la selle des degrés de fer. Ménage, d'après Vossius, rapporte que S. Jérôme est le premier auteur qui ait parlé des étriers. Quoi qu'il en soit, il est surprenant que cet appui naturel du cavalier ait été inventé si tard ; on n'en voit aucune trace dans les tableaux et statues équestres des anciens.

FEU GREGEOIS. Quelques auteurs font remonter l'origine du feu grégeois aux Grecs et aux Romains; d'autres soutiennent qu'il fut inventé par
Marcus Gracchus. Mais ce qu'il y a de certain,
c'est que les Grecs s'en sont servis les premiers vers
l'an 560, et qu'il fut inventé par un ingénieur d'Hé-
liopolis en Syrie, nommé Callinique, qui l'employa
adroitement dans les batailles que les généraux de
l'armée navale de Constantin Pogonat livrèrent aux
Sarrasins auprès de Cyzique en Hellespont. Il brûla
leur flotte sur laquelle il y avoit 30,000 hommes.
Les successeurs de Constantin continuèrent à en
faire usage, et gardèrent le secret de cette composition jusqu'en 940. On dit que le feu grégeois est
composé de soufre, de naphte, de poix, de gomme
et de bitume. Joinville rapporte qu'au siège de Da-
miette par S. Louis, c'étoit une chose épouvantable
de voir les Turcs jeter, avec une espèce de mortier ou de pierrier, le feu grégeois qui paroissoit
quelquefois en l'air de la grosseur d'un tonneau,
avec une longue queue, et un bruit semblable à celui
du tonnerre. Les Français avoient trouvé le secret
de l'éteindre. On prétend que ce secret consistoit
en vinaigre mêlé de sable et d'urine, ou en cuirs
crus, c'est-à-dire, qui sortoient de dessus le corps
de l'animal.

Le baron d'Aretin a découvert depuis quelque
temps, dans la bibliothèque de Munich, un manuscrit latin du XIIIe siècle, contenant un traité, et la
recette du feu grégeois, que les savans croyoient
perdue.

FIACRES. Les carrosses de louage, appelés *fiacres*, parurent à Paris en 1650. On les a nommés ainsi, parce que le premier se nommoit Fiacre, et logeoit à l'image Saint-Fiacre.

FUSIL-A-VENT. Guther de Nuremberg est l'inventeur de cet instrument ; mais Jean Lossinger, autre Nurembergeois, l'a singulièrement perfectionné : ce dernier est mort en 1570.

GALVANISME. Cette découverte est due au docteur Louis Galvani, médecin à Bologne, qui la fit par hasard, en 1785, en préparant des bouillons de grenouilles pour son épouse dont la santé étoit foible. Ces amphibies écorchés se trouvoient près d'une machine électrique en mouvement ; en approchant le scalpel des nerfs cruraux de l'un de ces animaux, tous les muscles furent agités d'une vive commotion. C'est cette commotion reconnue électrique et qui s'opéra par le contact de métaux différens, tels que l'argent et le zinc, qui fait la base de la découverte de Galvani. Beaucoup de savans, et surtout le célèbre physicien Volta, de Pavie, ont travaillé sur le galvanisme.

GNOMON. Anaximandre de Milet, qui vivoit 545 ans avant J.-C., est l'inventeur du gnomon, c'est-à-dire, de la manière de connoître la marche du soleil par un style ou gnomon élevé perpendiculairement à l'horizon. D'autres attribuent cette invention à Anaximène, disciple d'Anaximandre.

HARMONICA, instrument de musique, d'un

effet singulier, que les uns attribuent aux Allemands, et que d'autres disent de l'invention de Benjamin Franklin, en 1760. Le premier a été entendu à Paris en 1765.

HORLOGE. Les horloges à roues ne sont pas d'invention moderne ; les anciens les ont-ils connues ? On n'en parle pas avant le cinquième siècle. On prétend que Boëce et Cassiodore en possédoient ; ce dernier, dit-on, s'amusoit sur ses vieux jours à en faire lui-même. La barbarie du moyen âge plongeant tous les arts dans l'oubli, ces essais disparurent, au point que le pape Paul I, envoyant en 760 une horloge à rouages à Pepin le Bref, cette machine passa pour une chose unique dans le monde. Vers l'an 807, Haroun-Al-Raschild fit présent à Charlemagne d'une horloge dont la mécanique étoit admirable, au rapport des historiens du temps. Les Italiens imitèrent les premiers les deux horloges à roues dont nous venons de parler ; un prêtre, nommé Pacificus, fit le premier une horloge sur ce modèle ; il mourut en 846.

On attribue l'invention de l'horloge à balancier au fameux Gerbert d'Aurillac, précepteur d'Othon III, empereur, et du jeune roi Robert, puis pape sous le nom de Sylvestre II. Il construisit, dit-on, la première à Magdebourg, en 996. Dans le xive siècle, parut à Londres l'horloge de Wallingford, bénédictin Anglais, mort en 1325.

Jacques de Dondis fit une horloge qui marquoit,

outre les heures, le cours annuel du soleil, suivant les douze signes du Zodiaque, avec le cours des planètes ; elle fut placée sur la tour du palais de Padoue, en 1344.

Bientôt on ne vit plus que des horloges à contrepoids, à sonnerie. Celle de Courtrai fut une des plus célèbres ; Philippe-le-Hardi, duc de Bourgogne, la fit enlever et transporter à Dijon en 1382.

L'horloge du palais de Paris est la première grosse horloge que la capitale ait possédée. Elle fut faite par Henri de Vic, que Charles V fit venir d'Allemagne. Il avoit six sous par jour et son logement dans la tour du palais, sur laquelle cette horloge fut placée en 1370.

L'horloge du château de Montargis fut faite vers l'an 1380, par Jean Jouvence.

Au milieu du xvie siècle, le mécanisme des grosses horloges s'étendit et se perfectionna par-tout. Henri II fit faire celle d'Anet, où logeoit Diane de Poitiers. Celle de Strasbourg, achevée en 1573, passe pour une des plus étonnantes de l'Europe, comme celle de Lyon, pour la plus belle de France ; celle-ci fut faite par Nicolas Lippius, de Bâle, en 1598, rétablie et augmentée en 1660, par Guillaume Nourisson, habile horloger Lyonnois.

Derham dit que l'horloge de la cathédrale de Lunden, en Suède, n'est point inférieure à celle de Strasbourg.

Quand on a porté des horloges sonnantes en Chine, les Chinois en ont été si surpris, qu'ils ont mis des gardes auprès pour épier si quelqu'un ne venoit pas les faire sonner.

L'horloge-sable a à-peu-près la même origine que l'horloge d'eau ou clepsydre, dont on attribue l'invention à Ctesibius qui vivoit sous Ptolomée Evergètes, environ 240 ans avant J.-C.

Quant aux montres et pendules, c'est-à-dire, aux petites horloges portatives et à sonnerie, on les fait remonter au xie ou xiie siècle, et on en attribue l'origine aux Sarrasins. Elles étoient déjà connues en France au xve siècle ; car on raconte qu'un gentilhomme ruiné, étant entré dans la chambre de Louis XI, prit son horloge et la mit dans sa manche, où elle sonna. Ce roi lui pardonna son vol et lui fit présent de l'horloge.

Carovagius fit sur la fin du même siècle un réveil pour André Alciat, lequel réveil sonnoit à l'heure marquée, et du même coup battoit le fusil et allumoit la bougie. A-peu-près dans le même temps, on exécutoit des horloges de la grosseur d'une amande, qu'on pouvoit porter au cou ; c'est ce qu'assure Pancirole.

Le célèbre Huyghens fit faire de grands progrès à l'horlogerie par les découvertes dont il l'enrichit, et surtout par l'application qu'il fit, en 1657, du pendule aux horloges pour en régler le mouvement. C'est de lui que vient le nom de pendule, donné aux horloges de chambre.

Un nommé Gruet, Genevois, établi à Londres, imagina la petite chaîne d'acier, qui sert à commu-

niquer le mouvement du tambour à la fusée, et ré-
média par-là aux inconvéniens des cordes de boyau
dont on se servoit auparavant pour les montres.

Montres à répétition. L'invention en est due aux
Anglais. Barlow fit des pendules à répétition, en
1676, vers la fin du règne de Charles II. Quelque
temps après, il fit des montres à répétition, ainsi
qu'un nommé Tompion. Barlow sollicitoit un privilége exclusif pour ces sortes de montres, quand
un nommé Quare en fit une supérieure à celles de
Barlow : il la présenta à Jacques II et à son Conseil ;
le privilége n'eut pas lieu.

Dans ce moment, l'art de l'horlogerie est porté
au plus haut degré de perfection ; et l'on connoît
des mécaniques dans ce genre qui tiennent du prodige.

HOUILLE ou charbon de terre. On prétend que
le charbon de terre a été découvert dans la principauté de Liège. Mais quand et d'où lui vient le
nom de houille ? C'est ce qu'il est très difficile de
déterminer. M. le baron de Villenfange, membre de l'Académie royale des sciences et belles-
lettres de Bruxelles, a fait des recherches à cet égard ;
après avoir compulsé les chartres de fondation de
l'abbaye du Val-Saint-Lambert, dans la principauté
de Liège, il a trouvé que cette découverte pourroit
être attribuée à un nommé Hullos, maréchal-ferrant,
du village de Plenevaux, qui, vers l'an 1049, auroit
le premier fait usage de charbon de terre du pays ;

il se pourroit encore que, par reconnoissance, ses compatriotes eussent appelé ce combustible, houille, du nom de ce Hullos qui leur en auroit indiqué l'emploi. (Voyez le 2e tome des *Nouveaux Mémoires de l'Académie royale des sciences de Bruxelles*. Bruxelles, 1823, in-4° de 524 pages et 18 planches.

IMPRIMERIE. Il est certain que l'imprimerie doit sa naissance à l'art de la gravure en bois. Les fabricans de cartes à jouer commencèrent les premiers à graver en bois des images de Saints; et c'est sans doute ce qui donna à Gutenberg, de Mayence, l'idée de l'imprimerie dont il s'occupa, à ce qu'on croit, dès 1436; il en fit les premiers essais vers 1439; mais il n'y eut de livres imprimés que vers 1450; et le premier, portant date, est le *Psautier* de 1457. Fust et Schoeffer partagent avec Gutenberg la gloire de cette invention. On relègue au rang des fables l'histoire de Laurent Coster, de Harlem, malgré la vénération des habitans de cette ville pour cet homme, et la solennité avec laquelle on a encore célébré dernièrement l'anniversaire de sa prétendue découverte.

INCOMBUSTIBLE. On a vu des charlatans marcher sur le fer rouge, le manier, se laver les mains dans du plomb fondu. Le plus fameux d'entre eux a été un Anglais, nommé Richardson, et dont tout le secret consistoit, dit-on, à se frotter les mains et les parties qui devoient toucher le feu, avec du

26

pur esprit de soufre; cette substance brûle, cauté-
rise l'épiderme et l'endurcit comme le cuir, au point
de résister au feu. Cette recette est connue dès 1680.
Ambroise Paré dit avoir éprouvé lui-même, qu'a-
près s'être lavé les mains avec son urine ou avec de
l'*unguentum aureum*, il pouvoit les laver sûrement
avec du plomb fondu. Il ajoute qu'il a fait distiller
du lard fondu avec une pelle rouge, sur ses mains,
après les avoir lavées dans du jus d'oignon. J'aime
mieux le croire que d'en faire l'expérience.

INOCULATION. L'inoculation de la petite vérole est en usage chez les Orientaux de temps immémorial; mais on en doit l'introduction en Europe à Milady Montague, épouse de l'ambassadeur
Anglais à Constantinople, en 1717. Son sexe lui
donnoit accès dans le sérail; elle y vit pratiquer
l'inoculation et n'hésita point à l'essayer sur son
fils, malgré les représentations qu'on lui fit. Cette
expérience ayant eu un succès complet, Milady
Montague, de retour en Angleterre, en 1717, la
fit connoître à ses concitoyens.

Ce n'est qu'en 1774, que l'inoculation a été permise en France; elle a été faite cette même année,
en juin, sur Louis XVI, sur Monsieur et sur M. le
Comte d'Artois. (V. Vaccine.)

LITHOGRAPHIE. C'est l'art de graver et d'imprimer sur la pierre; ou plutôt, c'est l'art d'imprimer sur la pierre des dessins que l'on y a faits, avec
une encre préparée. La lithographie a été inventée,

en 1800, par Aloys Sennefelder, chantre des chœurs
du théâtre à Munich. Quoique l'on ait déjà perfectionné cet art, il ne produit point encore d'épreuves
de gravure aussi pures que celles qui proviennent
du burin ; du moins on en voit rarement. Les pierres
propres à la lithographie ne sont pas très communes ;
il faut qu'elles soient d'un grain fin, qu'elles présentent une surface très unie et sans pores apparens.
On a imaginé, en 1819, des cartons et papiers préparés pour remplacer la pierre.

LUNETTES ou *Besicles*. Ducange dit qu'on a
connu les lunettes dès l'an 1150, puisqu'un poëme
grec manuscrit, qui est à la Bibliothèque royale de
France, en fait mention. François Rédi prétend
que l'invention des lunettes ou besicles a dû avoir
lieu entre 1280 et 1311, et qu'Alexandre Spina,
religieux, qui mourut en 1313, en communiqua
l'invention qu'il trouva de lui-même ; mais il n'étoit
pas le premier ; un autre avoit fait la découverte,
et n'avoit pas voulu la communiquer. M. de Nelli attribue l'invention des besicles à Salvino degli Armati,
en 1285. (Voyez TÉLESCOPE.)

MAGNÉTISME. Science occulte, introduite en
France par Mesmer, en 1788. C'est, selon beaucoup
de personnes, un charlatanisme, qui a fait beaucoup de dupes et qui en fait encore.

MÉDECINE. On croit que la médecine doit son
origine aux Égyptiens, et qu'Osiris l'a mise le pre-

mier en pratique; Esculape n'a fait que la perfectionner. Archagatus, du Péloponèse, fut le premier qui exerça la médecine à Rome en 535. Comme
il employoit le fer et le feu pour guérir les plaies,
on l'appela le bourreau. Dans la suite, Caton le Cen-
seur fit chasser de Rome et de l'Italie tous les médecins.

On prétend que la médecine n'a été introduite en
France que sous Louis VII.

Si vous avez besoin de médecin, dit l'École de
Salerne, il y en a trois auxquels vous pourrez avoir
recours : l'esprit gai et tranquille, l'exercice mo-
déré, et la diète.

La grande maxime de Galien est de sortir de table
avec un reste d'appétit.

Dumoulin a dit : Je laisse trois grands médecins
après moi : l'eau, l'exercice et la diète.

MÈTRE. Nous allons comprendre, sous ce mot
qui signifie *mesure*, une petite nomenclature des
principaux instrumens de tout genre qui ont été inventés pour mesurer, et dont le nom se termine en
mètre.

Acétimètre. Instrument inventé par M. Descroizilles aîné, pour l'essai des vinaigres.

Alcalimètre ou *Berthollimètre*, de Descroizilles,
ou nécessaire des blanchisseurs bertholliens. Cet
instrument sert à déterminer le titre des soudes et
potasses du commerce, ainsi que celui de l'acide mu-

riatique oxigéné liquide. (Voy. les *Annales de chimie* , octobre 1806.)

Alcoholomètre. Instrument inventé dernièrement par M. Spenderup , distillateur à Copenhague. Il a composé deux instrumens de ce nom , pour lesquels la Société des sciences lui a décerné la médaille d'or.

Anémomètre. Instrument propre à mesurer la force des vents , inventé par le célèbre Huet , évêque d'Avranches. On donne plus particulièrement le nom d'*Anémoscope* à l'instrument qui fait connoître la direction des vents.

Aréomètre ou *pèse-liqueur*. C'est un instrument propre à faire connoître la pesanteur spécifique des différentes liqueurs. MM. Nicolson , de Parcieux , Beaumé , de Montigny , Brisson , ont beaucoup travaillé sur les aréomètres. M. Guiton a imaginé en 1796 un nouvel instrument propre à mesurer la pesanteur spécifique des solides et des fluides ; il a proposé à l'Institut de le nommer *gravimètre*. On le dit supérieur aux aréomètres.

Astrophonomètre. Instrument inventé par Jeaurat, pour déterminer sans calcul et trouver mécaniquement l'heure du lever et du coucher des astres. Il a été exécuté par le marquis de Courtanvaux.

Baromètre. Instrument qui sert à mesurer les variations du poids de l'air et qui marque les changemens du temps. On attribue généralement la découverte de cet instrument, en 1626 , à Torricelli. Cependant quelques-uns l'ont attribuée à Rey ; Ga-

lilée a aussi eu part à cette invention. On n'en a fait
l'expérience en France qu'en 1646. Cet instrument
a été beaucoup perfectionné par Petit, Pascal, le
P. Mersenne, surtout par Huyghens, et beaucoup
d'autres.

On connoît une infinité de baromètres qu'il seroit
trop long de détailler ici, entre autres, le *baromé-
tographe*, le *baro-thermomètre*, etc.

Bathomètre. Instrument propre à sonder toutes
les profondeurs de la mer. C'est une sonde de mer.
M. Van-Stipriaan Luïscius a publié une description
d'une sonde de mer ou bathomètre qui pourra sonder toutes les profondeurs de la mer. (Voy. le *Journal des mines*, vol. xxv, n.° 150).

Bdellomètre. Instrument propre à remplacer les
sangsues, inventé en 1819 par le docteur Sarlan-
dière ; il a l'avantage d'être d'un calcul plus sûr
pour la quantité de sang que l'on veut tirer, et son
mécanisme est réglé pour une plus prompte ou plus
lente émission.

Caféomètre. Instrument inventé par M. Cadet-
de-Vaux, servant à faire connoître la qualité du café.

Calorimètre. Instrument par lequel on détermine
la quantité diverse de calorique contenu dans différens corps élevés à la même température, et qu'on
nomme calorique spécifique. Comme elle ne peut
pas être mesurée par le thermomètre, on a imaginé
le calorimètre pour y parvenir.

Chronomètre. M. Arnold a fait une espèce de
montre marine, à laquelle il a donné le nom de

chronomètre. En général, toutes les montres sont de vrais chronomètres.

M. Davaux, musicien, a imaginé un instrument qui se nomme également *chronomètre*, et qui est propre à déterminer d'une manière fixe et invariable le genre de mouvement que le compositeur a entendu donner à chaque morceau de musique. M. Sauveur, en 1701, a eu l'idée d'un instrument auquel il a donné le nom d'*échomètre*, et qui avoit aussi pour but de déterminer précisément la durée des mesures et des temps.

M. Renaudin, marchand de harpes, a encore annoncé un autre instrument auquel il a donné le nom de *plexichronomètre*, mot grec qui signifie battement de la mesure du temps.

M. Despréaux, membre du Conservatoire, a également annoncé en 1823, un *chronomètre-musical*, établi sur des bases astronomiques servant, etc. Le prix de cet instrument est de 16 francs.

Dasymètre ou *mesure-densité*. Instrument que M. de Fouchy a communiqué à l'Académie des sciences en 1780, et qui sert à mesurer la pesanteur de chaque couche de l'atmosphère.

Dendromètre. On connoît deux instrumens de ce nom ; le premier imaginé par M. Gleditsch, qui le nomme aussi *phytochiromètre*, lui servoit à observer le mouvement extérieur par lequel les tiges des plantes s'écartoient de la perpendiculaire en se portant vers l'horizon, et se redressoient ensuite pour reprendre leur première direction.

Le second instrument, inventé par MM. Duncombe et Whittels, fait connoître, à la seule inspection, la hauteur et le diamètre d'un arbre et de ses branches, ce qu'il doit fournir de bois.

M. Georges Winkler a aussi inventé un nouvel instrument du même genre. (Voy. le *Journal de litt. étrangère*, tom. XI, pag. 160.)

Diasporamètre. C'est un instrument propre à mesurer la dispersion des couleurs.

Ductilimètre. Instrument ou espèce de marteau inventé en 1822 par M. Regnier, pour estimer et comparer la ductilité des différens métaux. (V. les *Annales des mines*, tom. VII, pag. 13.) Cet instrument vient d'être établi (1823) à Paris pour l'usage des douanes de France, afin de connoître et de choisir les plombs les plus doux propres au plombage des colis.

Dynamètre. Instrument imaginé par Ramsden pour mesurer la force d'une lunette d'approche.

Échomètre. (Voyez *Chronomètre*.) C'est une espèce de règle ou d'échelle dont on se sert pour mesurer la durée des sons.

Élatéromètre. Instrument de physique qui sert à mesurer à-peu-près à quel point l'air est condensé dans un récipient.

Électromètre. Instrument propre à mesurer la force de l'électricité. On connoît deux machines différentes sous ce nom; l'une sert à faire connoître s'il y a actuellement de l'électricité dans l'air; l'autre sert à connoître et à mesurer la force électrique de la machine dont on fait usage.

Eudiomètre. Instrument destiné à faire connoître les différens degrés de salubrité de l'air. Volta en a imaginé deux qui sont très estimés.

Galactomètre. Instrument inventé par M. Cadet-de-Vaux, et qui sert à distinguer si le lait a été mélangé. (Voy. le *Conservateur de la vue,* par M. J. G. A. Chevallier; 2 vol. in-8°, tom. ii, p. 646-649.)

Gazomètre. Instrument de chimie propre à mesurer les gaz ou fluides aériformes, substances qui ont l'apparence et l'élasticité du fluide atmosphérique, mais qui n'en ont pas les autres propriétés caractéristiques, et qui sont d'une nature essentiellement différente. Lavoisier et Meunier ont imaginé l'instrument nommé gazomètre; mais M. Seguin en a présenté un nouveau à l'Institut national en 1798, qui paroît préférable à celui de Lavoisier.

Gleuco-œnomètre. Instrument destiné à s'assurer de la qualité du moût. Ce pèse-liqueur approprié à l'œnologie remplit deux objets : le premier est d'indiquer la pesanteur spécifique du moût dûment exprimé du raisin; le second, plus important, est de régler avec la plus grande précision le moment du décuvage d'où dépend en grande partie la qualité du vin.

Goniomètre. C'est un instrument destiné à mesurer les angles. M. Garangeot en est l'inventeur; et Romé de l'Isle paroît en avoir fait usage pour déterminer la forme des cristallisations, sans aucune opération, ni calcul géométrique.

Grammomètre. Instrument servant à disposer sur les plans et cartes les hauteurs et l'inclinaison des écritures et à diviser sans compas les lignes droites, découvert par M. Maissiat, chef d'escadron au corps royal des ingénieurs-géographes militaires. Cet instrument est décrit dans l'ouvrage de M. Maissiat, intitulé : *Mémoire sur quelques changemens faits à la boussole et au rapporteur; suivi de la description d'un nouvel instrument nommé grammomètre,* etc., avec huit planches. *Paris, Michaud,* 1808, *in-8°.* On trouve une analyse de cet ouvrage dans les *Annales encyclopédiques;* mai 1818, pag. 148-150.

Graphomètre. Instrument employé par les arpenteurs pour lever les plans, c'est-à-dire, pour rapporter sur le papier les surfaces qu'il ont mesurées.

Héliomètre. Instrument inventé en 1747, par l'académicien Bouguer, au moyen duquel on peut mesurer avec beaucoup d'exactitude le diamètre des astres.

Holomètre. Instrument qui sert à prendre toutes sortes de mesures.

Hydro-Hygromètre. Instrument imaginé par M. Hermann, pasteur d'une petite ville en Saxe. C'est une espèce d'horloge qui marque le degré, les vicissitudes et les momens précis de l'humidité de l'atmosphère; il indique aussi la quantité de pluie qui tombe par heure, l'instant où elle commence et où elle finit de tomber. La direction, la force, la variation et la durée de cette horloge vont à l'air du vent. On l'appelle observateur mécanicien pour les vents, la pluie et la sécheresse ; son mécanisme est très simple.

Hydro-kel-mètre. Instrument inventé par M. Pitot, qui est propre à mesurer la vitesse des eaux. Les trois mots grecs qui le composent sont *hudór* eau, *kel* vitesse, et *metros* mesure.

Hydromètre. Nom que l'on donne en général aux instrumens qui servent à mesurer la pesanteur, la densité, la vitesse, la force et les autres propriétés de l'eau.

Hygromètre. C'est un instrument par lequel on connoît et l'on mesure les différens degrés de sécheresse et d'humidité occasionnés dans l'atmosphère. On varie les hygromètres à l'infini ; les principaux sont l'hygromètre végétal, l'hygromètre à huile de vitriol, l'hygromètre à éponge, l'hygromètre à mercure, l'hygromètre à baleine, l'hygromètre à bois, l'hygromètre à corde de chanvre, l'hygromètre à corde de boyaux, l'hygromètre à lanière, l'hygromètre à cheveu, l'hygromètre de comparaison, etc. etc.

Lactomètre. Instrument propre à mesurer la quantité de crême que peut produire le lait selon l'âge et la nourriture des animaux. C'est sir Joseph Bancks qui a découvert et fait construire cet instrument en 1817.

Lucimètre. M. Celsins a fait avec cet instrument de sa composition, des essais et des calculs sur le mouvement de la lumière.

Manomètre. Instrument qui est de l'invention de Boyle, et qui diffère du baromètre, en ce que celui-ci ne donne que le poids de la colonne d'air qui est au-dessus, au lieu que le manomètre mesure en même temps la densité de l'air dans lequel il se trouve, densité qui ne dépend pas seulement du poids de l'atmosphère, mais encore de l'action du chaud et du froid. Boyle avoit donné à cet instrument le nom de baromètre statique.

Métromètre. Cet instrument a paru en 1736 ; il sert à battre et à régler la mesure d'un morceau de musique.

Micromètre. On donne ce nom à toute machine qui, par le moyen d'une vis, sert à mesurer de très petits intervalles. Mais ce nom convient plus particulièrement à un instrument propre à mesurer la grandeur des objets soumis au télescope ou au microscope. Le micromètre à plaque a été inventé par Huyghens, en 1659. Le micromètre à fil est dû à M. Auzout, en 1666 ; et celui de cristal de roche est de M. Rochon, en 1777.

Nétomètre. Instrument qui sert à mesurer la quantité de pluie qui tombe.

Odomètre et *Pedomètre.* C'est un instrument au moyen duquel les pas d'un homme qui marche, ou les tours de roue d'un véhicule en mouvement, sont comptés ; par conséquent il sert à déterminer les distances avec quelque précision. On ne connoît pas l'époque de l'invention de cet instrument ; mais il est ancien, puisqu'on trouve dans l'inventaire des raretés que possédoit Commode, *vehicula iter metientia,* des véhicules qui mesurent le chemin.

Œnomètre. Instrument imaginé par l'abbé Bertholon, pour mesurer le degré de fermentation du vin dans les cuves, et connoître le moment où elle est achevée, pour tirer le vin.

Opticomètre. Instrument ou échelle propre à mesurer les degrés d'étendue de la vue, et par conséquent à remédier aux inconvéniens qu'entraîne après soi le mauvais choix des verres de lunettes. Cet instrument est de M. Chevallier, l'ingénieur.

Plexichronomètre. (Voyez *Chronomètre.*)

Pyromètre. Instrument de physique qui sert à mesurer l'action du feu sur les métaux et sur les autres corps solides.

Sillomètre. Machine imaginée par M. Degaule, ingénieur hydrographe, en 1781, pour observer en mer le sillage du vaisseau, en dixième partie de lieue par heure, l'angle de la dérive ayant la précision d'un demi-degré. Cette machine est propre aussi à faire trouver exactement la position la plus avantageuse pour un vaisseau, relativement à sa marche.

Sonomètre. C'est un instrument dont l'objet est de mesurer le son, en procurant aux cordes une tension dans des proportions données. Les cordes de laiton sont préférables aux cordes à boyaux. On fait remonter l'origine de cet instrument à Pythagore.

Sympiésomètre, ou mesure de compression. Cet instrument, inventé en 1817, par M. Alexandre Adie, opticien anglais, répond au baromètre, et a l'avantage d'être beaucoup plus portatif et moins sujet aux accidens. Le Mercure y est remplacé par de l'huile mêlée avec une partie de nitrogène qui en change le volume selon la densité de l'atmosphère.

Tachipotamètre. Instrument propre à mesurer la rapidité du courant d'un fleuve, inventé par le professeur Vincenzo Gurzio, de l'Institut royal de Naples.

Tachomètre, ou instrument propre à faire connoître les vîtesses des diverses machines. M. Bryan Donkin a publié, dans le 28.e volume des *Transactions philosophiques*, la description de cette machine.

Thermomètre. Instrument de physique qui sert à faire connoître et à mesurer les degrés de chaleur et de froid. Quelques-uns l'attribuent à Robert Flud, et d'autres à Drebel, paysan de Nord-Hollande, qui fit, dit-on, cette découverte en 1600. Je ne sais où j'ai lu que Sanctorius l'avoit imaginé pour connoître les divers degrés de chaleur occasionnés par la fièvre. On connoît différentes espèces de thermomètres.

Tribomètre. C'est une machine pour estimer la valeur des frottemens. Elle est de l'invention de Musschenbroeck.

Trochomètre. Instrument propre à mesurer le sillage et la vîtesse des vaisseaux en mer.

Udomètre. C'est la même chose que *Nétomètre*.

Zimosimètre. Instrument propre à mesurer le degré de fermentation dans le mélange des matières ; il sert aussi à mesurer la chaleur du sang des animaux. C'est à-peu-près la même chose que le thermomètre.

MICROSCOPE. Quelques auteurs regardent Drebel comme l'inventeur du microscope, en 1621. Mais Pierre Borel prouve qu'il est dû à Zacharias Jasen ou Joanides, qui faisoit des lunettes à Middelbourg en Zélande, en 1590.

Le microscope à six lentilles, qui donne aux animaux une grosseur colossale, a été découvert par Samuel Gottlieb Hoffmann, Hanovrien, en 1774.

MIROIRS. On commence à faire mention des miroirs étamés, dans le treizième siècle. John Peckham, moine franciscain anglais, qui fut professeur à Oxford, à Paris et à Rome, écrivit en 1272 un traité d'optique. L'auteur y parle de miroirs de verre doublés de plomb, et observe que ces miroirs ne réfléchissoient que lorsqu'on enlevoit le plomb.

Les miroirs de glace soufflée ont été découverts par les Vénitiens, vers le treizième siècle. Les grandes glaces coulées n'ont été exécutées en France qu'en 1688, par Thevart; mais dès 1665 on avoit établi une manufacture de glaces.

MONNOIE. Les Lydiens, selon Hérodote, liv. 1, sont les premiers peuples qui ont commencé à battre monnoie d'or et d'argent. Quelques auteurs prétendent que les premières monnoies d'or et d'argent ont paru à Argos l'an 984 avant J.-C. Ephore et Strabon, *Geogr.* liv. 8, disent que ce fut Phédon ou Phidon qui le premier fit fabriquer des monnoies d'argent dans la Grèce. D'autres soutiennent que la première monnoie d'argent frappée à Egine, a paru l'an 869 avant J.-C. Argée ou les Naxiens, au rapport d'Agloasthènes, furent les premiers qui firent des monnoies d'or et d'argent, de cuivre et de fer. Erechtée en fabriqua le premier à Athènes, et Xénophanes en Lydie et en Lycie; Lycurgue fit batire le premier de la monnoie de fer à Sparte; et Saturne ou Janus fut le premier qui introduisit la monnoie de cuivre en Italie. La monnoie d'argent commença à paroître à Rome vers l'an 483 de sa fondation, si l'on en croit Eutrope; et vers l'an 484 ou 485, si l'on s'en rapporte à Pline, qui ajoute que ce fut l'an 537 que l'on fabriqua dans cette ville la première monnoie d'or.

Les Romains furent les premiers qui altérèrent la pureté des métaux destinés à la fabrication des monnoies. Pline raconte, (liv. xxxiii, chap. 3), que Livius Drusus, tribun du peuple, mêla un huitième de cuivre à l'argent destiné à faire de la monnoie. Le triumvir Antoine altéra aussi la pureté de l'argent du denier, en y faisant entrer du fer. Les Romains enseignèrent encore l'art frauduleux d'altérer le poids du denier.

La première monnoie employée en Bretagne, date de 25 ans avant J.-C.

Le premier hôtel des monnoies a été établi en France en 860. Le premier portrait de prince, empreint sur les monnoies de France, est celui de Charles-le-Chauve en 864.

En 1282, sous le règne de Philippe IV, dit le Bel, on mit sur les monnoies la légende : *Sit nomen Domini benedictum.*

On inventa en Allemagne le moulin, machine pour frapper les monnoies; il ne parut en France qu'en 1648; jusqu'à ce temps on avoit frappé les monnoies au marteau.

Nicolas Briot est, dit-on, l'inventeur du balancier, qu'il présenta à la monnoie de Paris en 1617, avec la presse, le coupoir et le laminoir; mais il fut obligé de porter sa machine en Angleterre, où il ne trouva point d'obstacle pour la faire recevoir. Cette machine ne fut substituée à toute autre, en France, qu'en 1648. La machine pour marquer les flancs des monnoies d'un cordonnet sur la tranche, a été inventée en 1685 par Cortaing, ingénieur français.

Nous allons ajouter à cet article une petite nomenclature des principales monnoies réelles d'or et d'argent, maintenant en circulation chez les différens peuples, avec leur rapport avec notre franc. Les monnoies d'or sont précédées d'un O, et les monnoies d'argent d'un A.

MONNOIES D'ANGLETERRE.

O. Guinée (1) de 21 shillings . . . . 26f. 47c.
O. Demi-guinée 13 23,50

(1) *Guinée.* Cette dénomination donnée aux espèces d'or, vient

O. Quart de guinée. . . . . 6 f. 61,75

O. Tiers de guinée ou 7 schillings. 8 82,33

O. Souverains depuis 1818, de 20 shillings. 25 20,80

Nota. Il représente la livre sterling (1).

A. Crown ou couronne de 5 shillings anciens. 6 18

A. Shillings anciens 1 23,60

A. Crown ou couronne depuis 1818 . . . . 5 80,72

A. Shillings depuis 1818. . . . . 1 16,14

ÉTATS-UNIS D'AMÉRIQUE.

O. Double aigle de 10 dollars. 55 21

O. Aigle de 5 dollars 27 60,50

O. Demi-aigle 13 80,25

A. Dollar. 5 42

de ce que l'or de Guinée étant estimé meilleur que celui du Pérou, on a ainsi appelé les premières pièces frappées avec l'or de Guinée.

(1) On n'est nullement d'accord sur l'origine du mot *Sterling.* Les uns le font venir de la ville de Stryvelin ou Sterling, en Écosse, où ils prétendent, quoique sans preuve, que l'on battoit anciennement de la monnoie très pure; c'est l'avis de Buchanan. D'autres disent que ce mot vient du saxon *steore*, qui signifie règle; ainsi une monnoie sterling n'est autre chose qu'une monnoie faite selon la règle. Cambden et quelques autres ont jugé que ce mot étoit plus moderne, et qu'il peut avoir été pris de certains ouvriers Flamands, qui, sous le règne de Jean Sans terre, furent attirés en Angleterre pour y raffiner l'argent, à quoi ils réussissoient mieux que les Anglais. Comme on appeloit communément les gens de ce pays Esterlings, à cause de leur situation à l'est de l'Angleterre, on prétend que la monnoie qu'ils firent fut appelée esterling ou sterling, c'est-à-dire, faite par les Esterlings ou Flamands, et plus pure que celle qu'on avoit battue jusqu'alors. Certains savans dérivent ce mot de *sterling*, qui signifie *bec d'étourneau*. C'étoit une monnoie blanche, au titre de 8 deniers de fin, où le duc de Guienne étoit représenté avec une épée au bras droit et une main de justice à la gauche; et comme cette figure ressembloit à un bec d'étourneau, elle fut nommée sterling. Salmonet dérive ce mot de *sterlingue*, qui étoit une

A. Demi-dollar . . . . 2 f. 71
A. Quart de dollar 1 35,50

HOLLANDE.

O. Ducat (1) 11 93
O. Ryder (2) 31 65
O. Pièce de 20 florins (3), 1808. . . . . 43 14
O. Pièce de 10 florins, 1808. . . . . 21 57
O. Pièce de 10 florins de Guillaume, 1818. . . . . . 20 77
A. Florin de 20 sous. 2 15,94
A. Escalin ou pièce de 6 sous. 0 64
A. Ducaton ou ryder. 6 85
A. Ducat ou risdale. 5 48

SUISSE.

O. Pièce de 32 francken de Suisse. 47 63

---

monnoie d'Angleterre, pesant 32 grains de blé. M. Aug. Bonnet, dans son *Manuel monétaire*, Paris, 1810, in-4°, page 90, dit : Le mot *sterling* tire son origine du nom d'un village d'Allemagne, d'où Richard Cœur-de-Lion fit venir, vers le commencement du XIIIe siècle, des ouvriers pour battre la monnoie en Angleterre. Ce n'est alors qu'une expression additionnelle, comme en France, livre *tournois*, pour distinguer l'ancienne monnoie de compte de la nouvelle. Ducange rapporte encore un grand nombre d'opinions sur l'origine du mot sterling ; elles sont tirées de Watsius et de Sommerus ; mais elles sont bien éloignées d'éclaircir cette matière obscure. Le mot anglais *sterling*, adjectif, signifie *pur*.

(1) On prétend que le nom *ducat*, donné aux monnoies, doit son origine à un gouverneur d'Italie, nommé Longinus, qui, après s'être révolté contre l'empereur Justin, se fit duc de Ravenne, et fit fabriquer à son coin des pièces de monnoie d'or pur auxquelles on donna le nom de *ducats*.

(2) *Ryder*, signifie *courir* ; cette monnoie est ainsi appelée, parce qu'elle représente un guerrier sur un cheval courant.

(3) Le *florin* tire, dit-on, son origine d'une monnoie fabriquée primitivement à Florence, et qui avoit pour empreinte une *fleur*. Cette expression s'est ensuite répandue dans différens pays, notamment en Allemagne et en Hollande où elle est devenue l'unité monétaire.

O. Pièce de 16 francken . . . . 23 f. 81,5o
O. Ducat de Zurich. 11 77
O. Ducat de Berne. 11 64
O. Pistole de Berne. 23 76
A. Écu de Bâle, de 3o batz ou 2 florins. 4 56
A. Demi-écu ou florin de 15 batz. 2 28
A. Franc de Berne, depuis 1803 . . . . 1 5o
A. Écu de Zurich, de 1781. . . . . 4 7o
A. Demi-écu ou florin, depuis 1781 . . . . 2 35
A. Écu de 4o batz de Bâle et Soleure, depuis 1798. . 5 9o
A. Pièce de 4 francken de Berne, de 1799. . . . . . 5 88
A. Pièce de 4 francken de Suisse, de 1803. . . . . . 6 o
A. Pièce de 2 francken de Suisse, de 1803. . . . . . 3 o
A. Pièce de 1 francken, de Suisse, de 1803. . . . . . 1 5o

SAVOIE ET PIÉMONT.

O. Sequin. 11 94,4o
O. Double neuve pistole de 24 livres. . . . . . 3o o
O. Demi-pistole de 12 livres . . . . 15 o
O. Carlin, depuis 1755. . . . . 15o o
O. Demi-carlin. . . . . 75 o
O. Pistole neuve de 20 livres, 1816. . . . . 20 o
A. Écu de 6 livres, depuis 1755 . . . . 7 o7
A. Demi-écu. 3 53,5o
A. Quart d'écu ou 3o sous. 1 76,75
A. Demi-quart d'écu ou 15 sous . . . . o 88,37
A. Écu neuf de 5 livres, 1816. . . . . 5 o

SARDAIGNE.

O. Carlin, depuis 1768. . . . . 49 33
O. Demi-carlin 24 66,5o
O. Pistole 28 45
O. Demi-pistole. 14 22,5o
A. Écu, depuis 1768 . . . . 4 7o
A. Demi-écu. 2 35
A. Quart d'écu ou une livre 1 17,5o
A. Écu neuf de 5 livres, 1816. . . . . 5 o

GÈNES.

O. Sequin 12 o1

VENISE.

O. Sequin (1).	12 f.	0
O. Demi-sequin	6	0
O. Oselle	47	07
O. Ducat.	7	49
O. Pistole	21	36
A. Ducat eff. de 8 liv. piccolis.	4	18
A. Écu à la croix.	6	70
A. Justine ou ducaton.	5	91
A. Talaro.	5	32
A. Oselle.	2	07
A. Ducat courant de 6 1/5 de livre piccolis, ou 124 sous (*monnoie de compte*).	3	23,95
A. Livre de 20 sous (*monnoie de compte*)	0	52,25

RAGUSE.

O. Néant.		
A. Talaro , dit ragusine.	3	90
A. Demi-talaro	1	95
A. Ducat.	1	37
A. 12 Grossettes.	0	41
A. 6 Grossettes.	20	50

PARME.

O. Sequin	11	95
O. Pistole de 1784.	23	01
O. Pistole de 1786 à 1791.	21	91,50
O. 40 Lire de Marie-Louise , depuis 1815.	40	0
O. 20 Lire de Marie-Louise , depuis 1815.	20	0
A. Ducat , de 1784 et 1796	5	18
A. Pièce de 3 livres, depuis 1790	0	68
A. Pièce d'une livre 10 sous , depuis 1790.	0	34
A. 5 Lire de Marie-Louise , depuis 1815.	5	0
A. 2 Lire de Marie-Louise , depuis 1815.	2	0
A. 1 Lire, 1/2 lire, 1/4 de lire. — 1 fr., 50 c. , 25 c.		

---

(1) Le mot *sequin* vient de *Zecchia*, nom de l'hôtel des monnoies de Venise, qui passe pour le plus beau de l'Europe, et où le sequin d'or a été frappé pour la première fois. En Italie, le mot *sequin* s'écrit *zecchine*.

TOSCANE.

O. Ruspone ou 3 sequins aux lys 36f. 04
O. Un tiers ruspone ou sequin aux lys. 12 01,33
O. Demi-sequin. 6 00,67
O. Sequin à l'effigie 12 01,33
O. Rosine. 21 54
O. Demi-rosine 10 77
A. Francescone de 10 pauls, livourine, piastre à la
    rose, talaro, léopoldine et écu de 10 pauls. . . 5 61
A. Pièce de 5 pauls. 2 80,50
A. Pièce de 2 pauls. 1 12,20
A. Pièce de 1 paul 0 56,10

ÉTAT ECCLÉSIASTIQUE.

O. Pistoles de Pie VI et Pie VII 17 25,50
O. Demi-pistole. 8 63,75
O. Sequin, 1769, Clément XIV et ses successeurs. . . 11 80
O. Demi-sequin. 5 90
A. Écu de 10 pauls ou 100 bayoques 5 38,50
A. Trois dixièmes d'écu ou teston de 30 bayoques. . . 1 62
A. Un cinquième d'écu ou papeto de 20 bayoques. . . 1 08
A. Un dixième d'écu ou paul de 10 bayoques. 0 54

NAPLES.

    Nota. Le titre des ducats est trop variable pour pouvoir en donner l'évaluation juste en monnoies françaises. (Cependant nous donnerons les 3 premières monnoies suivantes, d'après M. Bonnet).

O. (Pistole de 6 ducats 26 40
O. Deux tiers de 4 ducats. 17 70
O. Tiers de 2 ducats. 8 70)
O. Once nouveau de 3 ducats, depuis 1818 . . . . . 12 99
O. Quintuple de 15 ducats, depuis 1818 . . . . . . 64 95
O. Décuple de 30 ducats, depuis 1818. . . . . . . 129 90
A. 12 Carlins de 120 grains, depuis 1804. . . . . . 5 10
A. Ducat de 10 carlins de 100 grains, 1784 . . . . . 4 25
A. 2 Carlins, depuis 1804. . . . . 0 85
A. 1 Carlin, depuis 1804 . . . . 0 42,50
A. Ducat de 10 carlins, de 1818. . . . . 4 25

SICILE.

O. Once, depuis 1748. 13 f. 73
A. Écu de 12 tarins. 5 10

ESPAGNE.

O. Pistole ou doublon de 8 écus, de 1772 à 1786. . . 83 93
O. Pistole de 4 écus. 41 96,50
O. Pistole de 2 écus. 20 98,25
O. Demi-pistole ou écu. 10 49,12
O. Pistole ou doublon de 8 écus, depuis 1786. . . . 81 51
O. Pistole de 4 écus. 40 75,50
O. Pistole de 2 écus. 20 37,75
O. Demi-pistole ou écu. 10 18,87
A. Piastre, depuis 1772. . . . . 5 43
A. Real de 2, ou piécette, ou cinquième de piastre. 1 08
A. Real de 1, ou demi-piécette, ou dixième de piastre. 0 54
A. Reallillo ou real de veillon (1) ou vingtième de

    piastre. 0 27

    Nota. Ces trois dernières pièces sont dé-
nommées *monnoie provinciale ;* elles sont fa-
briquées en Espagne, et n'ont cours que dans
la péninsule.

PORTUGAL.

O. Moeda douro lisbonnine de 4,800 reis 33 96
O. Meia moeda demi-lisbonnine de 2,400 reis 16 98
O. Quartino, quart de lisbonnine, de 1,200 reis. . . . 8 49
O. Meia dobra, portugaise, de 6,400 reis 45 27
O. Demi-portugaise, de 3,200 reis 22 63,50
O. Pièce de 16 testons, de 1,600 reis 11 31,75
O. Pièce de 12 testons, de 1,200 reis 8 02
O. Pièce de 8 testons, de 800 reis. 5 66

---

(1) *Real de veillon,* signifie *royal de billon* ou cuivre, comme
real de plata signifie *royal d'argent.* Il y a encore en Espagne
une petite monnoie, nommée *maravedis,* dont le nom vient
d'*Almoravides,* peuple d'Afrique, qui passa en Espagne, et fit
fabriquer des pièces de monnoie que l'on appela *maravedis.* Ces
pièces, dans l'origine, étoient en or et en argent; on n'en fait
plus qu'en cuivre. Cette monnoie a eu le sort du denier.

O. Cruzade, de 480 reis. 3f. 30
A. Cruzade neuve, de 480 reis. 2 94
A. 1000 reis 6 12,50

BADE.

O. Pièce de 2 florins. 21 04
O. Pièce de 1 florin 10 52
A. Pièce de 2 florins 4 18
A. Pièce de 1 florin. 2 09

AUTRICHE ET BOHÈME.

O. Ducat de l'empereur. 11 86
O. Ducat de Hongrie. 11 90
O. Souverain.. 17 58
O. Demi-souverain 8 79
A. Écu ou risdale de convention, depuis 1753 . . . . 5 19,50
A. Demi-risdale ou florin. 2 59,75
A. Pièce de 20 kreutzers 0 86,50
A. Pièce de 10 kreutzers 0 43,25

HAMBOURG.

O. Ducat *ad legem imperii*. 11 86
O. Ducat nouveau de la ville. 11 76
A. Marc banco (*monnoie imaginaire*). 1 88
A. Marc ou 16 schellings, d'après la convention de
Lubeck 1 53
A. Risdale de constitution, ou écu de banque. . . . . 5 78.

SAXE.

O. Ducat 11 86
O. Double Auguste, ou 10 thalers. 41 49
O. Auguste, ou 5 thalers. 20 74,50
O. Demi-Auguste. 10 37,25
A. Risdale d'espèce, ou écu de convention, depuis 1763. 5 19,50
A. Demi-risdale ou florin de convention 2 59,75
A. Thaler de 24 bons gros (*monnoie imaginaire*). . . 3 89,63
A. Un gros ou 32e de risdale 0 16,21

PRUSSE.

O. Ducat. 11 77
O. Frédéric. 20 80
O. Demi-Frédéric. 10 40

A. Risdale ou écu thaler de 24 bons gros, de 1767 à 1807.   3 f. 71,63

A. Demi-risdale ou 12 bons gros   1   85,81

A. Gros   0   15,48

DANEMARCK ET HOLSTEIN.

O. Ducat courant, depuis 1767.   9   47

O. Ducat species , de 1791 à 1802 . . . .   11 86

O. Chrétien , 1773. . . . .   20 95

A. Risdale d'espèce, ou double écu de 96 schellings da-
    nois , depuis 1776   5   66

A. Risdale courante ou pièce de 6 marcs danois , de
    1750.   4   96

A. Mark danois de 16 schellings, de 1776.   0   94

A. Mark de Lubeck , de 16 schellings, de 1740. . . .   1   53

SUÈDE.

O. Ducat 11 70

O. Demi-ducat   5   85

O. Quart de ducat.   2   92,50

A. Risdale d'espèce , de 48 schellings, de 1720 à
    1802   5   75,73

A. Deux tiers de risdale , ou double plotte de 32
    schellings   3   83,82

A. Un tiers, ou 16 schellings.   1   91,91

RUSSIE.

O. Ducat , de 1755 à 1763 . . . .   11 79

O. Ducat , de 1763. . . . .   11 59

O. Impériale de 10 roubles (1) , de 1755 à 1763 . . . . 52 38

O. Demi-impériale de 5 roubles, de 1755 à 1763 . . . 26 19

O. Impériale de 10 roubles , depuis 1763 . . . . 41 29

O. Demi de 5 roubles , depuis 1763. . . . . 20 64,50

A. Rouble de 100 copecks, de 1750 à 1762   4   61

A. Rouble de 100 copecks, de 1763 à 1807.   4   0

---

(1) La dénomination de *rouble* vient de *rubbli* , qui signifie
dentelure ou *crenelage*. Dans l'origine , les barres d'argent qui
servoient de monnoie étoient *crenelées*. Cet usage s'est maintenu
assez long-temps.

TURQUIE.

O. Sequin zermahboud du sultan Abdoul-Hamet, 1774 . . . . 8 f. 72
O. Nisfie ou demi-zermahboud 4 36
O. Roubbié ou quart de sequin fondoukli 2 43,33
O. Sequin de zermahboud de Sélim III. 7 30
O. Demi-sequin de zermahboud 3 65
O. Quart de sequin 1 82,50
A. L'allmichlec de 60 paras, depuis 1771 . . . . . . 3 52
A. Yaremlec de 20 paras ou 60 aspres, 1757. . . . . 0 99
A. Roubb de 10 paras ou 30 aspres, 1757. . . . . . 0 49,50
A. Para de 3 aspres, 1773 . . . . 0 04
A. Aspre, dont 120 pour la piastre, de 1773 . . . . 0 01,33
A. Piastre de 40 paras ou 120 aspres, 1780. . . . . 2 0
A. Pièce de 5 piastres, de Mahmoud, 1811 . . . . . 4 13,67

PERSE.

O. Roupie 36 75
O. Demi-roupie 18 37,50
A. Double roupie de 5 abassis. 4 90
A. Roupie. 2 45
A. Abassi. 0 97
A. Mamoudi. 0 48,50
A. Larin 1 03

MOGOL.

O. Roupie du Mogol. 38 72
O. Demi-roupie. 19 36
O. Quart de roupie. 9 68
O. Pagode (1) au croissant. 9 46
O. Pagode à l'étoile 9 35
O. Ducat, de la Compagnie holland. 11 62
O. Demi-ducat. 5 81
A. Roupie du Mogol 2 42
A. Roupie de Madrass. 2 40
A. Roupie d'Arcate. 2 36

(1) *Pagode.* Ce nom donné aux pièces d'or de l'Inde, provient de ce que ces monnoies représentent des figures d'idôles, appelées pagodes, du nom des temples où elles sont adorées.

A. Roupie de Pondichery. . . . . 2 f. 42
A. Double fanou (1) des Indes . . . . o 63
A. Fanon . . . . o 31,50
A. Pièce de la Compagnie holland. 2 40

JAPON.

O. Kobang vieux, de 100 mas. 51 24
O. Demi-kobang, de 50 mas 25 62
O. Kobang nouveau, de 100 mas. 32 69
O. Demi-kobang, de 50 mas 16 34,50
A. Tigo-gin, ou pièce de 40 mas. 14 40
A. Demi-tigo-gin 7 20
A. Quart de tigo-gin, de 10 mas 3 60
A. Huitième de tigo-gin, de 5 mas 1 80

MONTAGNES. Nous croyons pouvoir mettre au nombre des découvertes la mesure des plus hautes montagnes du globe, déterminée dans les temps modernes avec la plus grande précision, par des savans, géographes, naturalistes, voyageurs, géomètres, etc., tels que MM. de Humboldt, Deluc, Saussure, Senebier, Shoukbourgh, de Buch, Charpentier, de Borch, Needham, Borda, Pingré, Reboul, Ramond, de la Condamine, Bouguer, Schmieder, etc. etc. Nous ne donnerons ici que la liste des montagnes dont la hauteur excède 10,000 pieds; cette liste est extraite d'une plus considérable où nous avons compris à-peu près 250 montagnes; les hauteurs sont toutes calculées à partir du niveau de la mer, parce que l'eau conserve un équilibre toujours égal; et l'on a adopté pour le diamètre moyen de la terre 36,264,240 pieds de roi, mesure dont on se sert pour indiquer les hauteurs.

(1) *Fanon* vient de *fano*, nom de poids en usage aux Indes.

EUROPE.

	pieds.
Mont-Blanc (Alpes , Savoie) (1)	14,532
Orteler (Tyrol).	14,466
Mont-Rose (Milanais)	14,340
Louzira (France , Hautes Alpes)	13,548
Loupilon (France, Hautes Alpes)	13,260
Fisterahorn (Suisse, C. de Berne)	13,227
Jocelme (France , Hautes Alpes)	13,002
Le plus haut sommet des Basses Alpes	12,990
Pic de la Vierge (Suisse, C. de Berne)	12,868
Le Moine (Suisse, C. de Berne)	12,659
Ozon (France , Hautes Alpes)	12,624
Schrekhorn (Suisse, C. de Berne)	12,555
Eiger (Suisse, C. de Berne)	12,261
Gros Glokner (frontières du Tyrol)	11,982
Wetterhorn (Suisse, C. de Berne)	11,746
Balmhorn (Suisse, C. de Berne)	11,425
Gallenstok (Suisse, C. d'Uri)	11,323
Tœdiberg (Suisse, C. de Glaris)	11,153
Wiesbachhorn (pays de Salzbourg)	11,000

(1) Les principaux passages des Alpes qui conduisent d'Allemagne, de Suisse et de France en Italie sont :

	pieds.
Le passage du Mont-Cervin.	10,230
de Furka	7,590
du Col de Seigne	7,383
du Grand Saint-Bernard.	7,473
du Col Terret	6,963
du Petit Saint-Bernard	6,576
du Saint-Gothard	6,225
du Mont-Cenis	6,198
du Simplon.	6,015
du Splügen	5,775
la poste du Mont-Cenis	5,718
le Col de Tende	5,385
les Taures de Rastadt	4,677
du Brenner	4,260

	pieds.
Systenhorn (Suisse, C. d'Uri)	10,903
Spizliberg (Suisse, C. d'Uri)	10,678
Hochhorn (pays de Salzbourg)	10,633
Mont-Perdu (Pyrénées)	10,578
Maladetta (Pyrénées) (1)	10,500
Stella (pays des Grisons)	10,485
Hohenwartshœhe (front. du Tyrol).	10,392
Le Col de Saix (France, Hautes Alpes)	10,338
Vignemale (Pyrénées)	10,332
Vogelberg (pays des Grisons)	10,273
Le Cylindre de Marboré (Pyrénées)	10,260
Oberalpstok (Suisse, C. d'Uri)	10,248
Muan de Bellone (France, Hautes Alpes)	10,218
Aporthorn (pays des Grisons)	10,213
Scheerhorn (Suisse, C. d'Uri)	10,185
Rizlihorn (Suisse, C. de Berne)	10,173
Port de la Paz (Pyrénées)	10,151
Tittlis (Suisse, montagnes des Anges)	10,118
Mont-Tourné, (Savoie)	10,098
Claridenberg (Suisse, C. d'Uri)	10,073
Le grand Spanuort (Suisse, M. des Anges).	10,011
Pic long (Pyrénées)	10,008

Les trois principaux volcans de l'Europe.

L'Etna (en Sicile)	9,660
Le Vésuve (royaume de Naples).	3,680
L'Hekla (en Islande)	3,039

ASIE.

Pics les plus élevés de l'Himâlaya au Thibet :

Le quatorzième	23,463
Le douzième.	21,264

---

(1) Les passages de France en Espagne par les Pyrénées sont :

Port de Pinède	7,548
Port de Gavarnie	6,999
Port de Cavarère	6,777
Passage de Tourmalet	6,582

	pieds.
Le troisième	20,877
Le vingt-troisième (1)	20,775
Pic de la frontière de la Chine et de la Russie . . .	15,810
Ophyr (île de Sumatra).	13,842

AFRIQUE.

Pic de Teyda	15,948
Piter Boot, (île de France)	15,264
Pic de Teneriffe	11,409
Montagne de Ambotismène (Madagase.).	10,521

AMÉRIQUE.

Chimboraço (Perou, Andes (2) ou Cordilières) . .	19,602
Cotopaxi, volcan (P., Andes ou Cordil.)	18,712
Cayambé (P., Andes ou Cordilières)	18,180
Antisana, volcan (P., Andes ou Cordilières) . . .	18,120
Pic d'Orizaba (Nouvelle Espagne)	17,070
Mont-Saint-Elie (côte N. E. d'Amérique)	16,539
Popocatepec (Mexique)	16,200
Saugay (Pérou, Andes ou Cordilières)	16,068
Tunguragua (Perou, Andes ou Cordilières)	15,180
Sierra-Nevada (Mexique)	14,358
La Femme blanche (Mexique)	14,355

(1) D'après les mesures trigonométriques de M. Webb, ingénieur anglais, ces quatre pics de l'immense chaîne de montagnes de l'Inde, connue des anciens sous le nom d'Imaüs, seroient, comme on le voit, les plus élevés du globe, et même plus hauts que le Chimboraço qui jusqu'alors avoit eu la suprématie sur toutes les montagnes connues.

(2) D'après les observations de M. de Humboldt, le granit forme la base des Andes ou Cordilières; mais leurs sommets sont couverts d'épaisses couches de porphyre et de basalte, qui cachent le granit au point qu'on ne peut le distinguer qu'à une hauteur de 10,700 pieds. On trouve des charbons de terre près de Santa-Fé de Bogota, à une hauteur de 8000 pieds, et des dents d'éléphant fossiles à 6,600 et jusqu'à 8000 pieds de hauteur.

La ligne de neige est sur les Andes, à la hauteur de 15,000 pieds;

	pieds.
Pitchincha (Perou, Andes ou Cordil)	14,162
Nevado de Toluca (Mexique)	13,873
Montagne du beau temps	13,647
Coffre de Perote (Nouvelle Espagne)	12,948
Nauhcampatessec (Mexique)	12,534

TERRES AUSTRALES.

Mowna Koah (îles Sandwich)	18,400
Mowna Roah (îles Sandwich)	16,010

Nous ajouterons ici la hauteur de quelques édifices :

La plus haute des pyramides d'Egypte	449
La tour de Strasbourg, au-dessus du pavé.	426
La tour de Saint-Etienne à Vienne	414
La coupole de Saint-Pierre à Rome	396
La tour de Saint-Michel à Hambourg	390
La tour de Saint-Marc à Venise (*il campanile*)	334
La tour de Saint-Paul de Londres.	330
Le dôme de Milan	327
La flèche des Invalides, au-dessus du pavé.	315
La flèche de Saint-Benigne de Dijon	296
La tour de la Giralda à Séville	258
Le dôme de Sainte-Geneviève à Paris	237

sous le 20e degré de latitude, elle est à celle de 14,100 pieds ; sous le 35e, à celle de 10,800 pieds ; et sous le 45e, à celle de 7,692 pieds, au-dessus du niveau de la mer.

Quant aux animaux, le condor est le dernier qui accompagne l'homme sur ces montagnes, et M. de Humboldt l'aperçut encore à une hauteur de 20,000 pieds. Un peu au-dessous de la ligne de neige, on trouve la vigogne, le cougouaz de Buffon (*felis concolor*), quelques vivères et le petit ours à front blanc.

La végétation cesse à une hauteur de 11000 pieds, où l'on trouve encore de l'orge et des pommes de terre. Le maïs ne réussit plus à une hauteur de 7,200 pieds, et le bananier disparoît à celle de 5,400 pieds. Mais les grains d'Europe viennent très bien à une hauteur de 6 à 9000 pieds.

ORGUES. Cet instrument vient de la Grèce; il est fort ancien, puisqu'Archimède et Vitruve en ont parlé. Les premières que l'on vit en France furent apportées au roi Pepin, à Compiegne, l'an 752, par les ambassadeurs de l'empereur Constantin. Il y a des orgues hydrauliques dont on attribue l'invention à Ctesibius, qui vivoit sous Ptolomée Evergetes. Ce mot est du genre masculin au singulier.

PANORAMA. Mot tiré du grec, qui signifie *voir tout, rassemblé sous un seul coup d'œil*, et qui désigne un genre de spectacle très ingénieux et très curieux; il fut inventé à Londres sur la fin du 18e siècle, par un M. Barker, introduit en France par l'américain Fulton, en nivose an VII, et perfectionné par James, à l'aide des artistes Fontaine, Prévot et Bourgeois. Ce spectacle consiste dans un édifice circulaire, sur les murs duquel est tendue intérieurement la toile d'un tableau, qui représente un point de vue très étendu, tel que Paris ou Toulon, ou Londres, etc. Cette toile couvre la totalité de la circonférence du mur; de manière que le tableau, dont les deux extrémités se confondent dans un même point, présente un horizon immense à l'œil du spectateur qui est placé sur une plate-forme isolée au centre de l'édifice; la hauteur de cette plate-forme est moitié de celle de l'édifice. Les objets sont

représentés sur la toile d'après les règles ordinaires
de la perspective et de la peinture, et font un effet
surprenant pour l'ensemble et la vérité. La lumière
vient d'en haut par une ouverture circulaire pratiquée dans le cône de la toiture, et se répand uni-
formément sur toutes les parties du tableau. Un
vaste parajour, élevé au-dessus de la tête des spectateurs, amortit l'éclat de la lumière, et empêche
qu'aucune ombre ne se porte sur le tableau. Le ton
gris foncé de ce parajour contraste avec les tons
lumineux et transparens des ciels; et en dérobant à
la vue l'ouverture qui donne le jour, il ajoute à
l'effet du tableau. Enfin une toile également gris
foncé, et tendue en pente depuis les bords de la
plate-forme, jusqu'à l'extrémité inférieure du tableau, en dérobe la fin, et intercepte la vue de l'intervalle qui en sépare le spectateur. De même que
le parajour donne au ciel une étendue sans bornes,
de même la toile du bas donne l'idée d'une grande
profondeur. Rien de plus séduisant que l'effet de ce
tableau. Plus on le considère, plus on croit voir la
nature.

PAPIER. Ce mot, dont tout le monde connoît
la signification, vient de papyrus, qui désigne une
espèce de roseau ou jonc qui croissoit sur les bords
du Nil, et dont les anciens trouvèrent le moyen de
faire un papier qui portoit le nom de cette plante.
On ignore le temps où l'on commença à se servir du
papyrus pour écrire. Varron place cette découverte

au règne d'Alexandre, lorsque ce prince eut fondé
la ville d'Alexandrie en Egypte; mais Pline révoque
en doute cette opinion du savant Varron. Il rapporte,
sur le témoignage d'un historien, qu'un Romain travaillant à un fonds de terre qu'il avoit sur le Jani-
cule, trouva dans une caisse de pierre, les livres de
Numa écrits sur du papyrus, et conservés jusqu'à
ce temps, sans se pourrir, parce qu'ils étoient frottés
d'huile de cèdre; cependant il y avoit 535 ans qu'ils
étoient renfermés dans ce lieu humide. Il ajoute
ailleurs que Mutianus, consul, assuroit qu'étant
préfet de Lycie, il avoit vu dans un temple une
lettre sur du papier d'Egypte, écrite de Troie par
Sarpédon, roi de Lycie. Il est certain que le papyrus étoit en usage en Egypte, avant la fondation d'A-
lexandrie. Au papyrus succéda le papier de coton.

Papier de coton. Le papier de coton a été découvert, suivant Montfaucon, dans le 9e siècle; il y a
apparence qu'il a remplacé le papyrus. On l'appelle
en latin *charta bombycina.* On n'en connoît point
l'inventeur.

Papier de chiffon. Il en est de même du papier
de chiffon, qui paroît avoir été découvert dans le
12e siècle, si l'on en croit Mabillon. Scaliger attribue
cette découverte aux Allemands; le comte Maffei, aux
Italiens; d'autres, à quelques Grecs réfugiés à Bâle;
le docteur Prideaux, aux Sarrasins d'Espagne; Saint-
Foix, à un habitant de Padoue, au commencement
du 14e siècle. Montfaucon n'a trouvé ni en France,
ni en Italie, aucun monument écrit sur papier,

avant la mort de Saint Louis, arrivée en 1270. Cependant on parle d'un *document* avec ses sceaux,
daté de l'an 1239, signé d'Adolphe, comte de
Schonbourg; il appartenoit à M. Pestel, professeur
à l'université de Rinteln.

Papier de la Chine. Les auteurs chinois les moins
suspects font remonter l'origine de leur papier au-
delà de 2000 ans. Il est composé de l'écorce de
bambou. Le père Hugues appelle le papier de la
Chine, papier de soie, et il prétend en avoir vu une
pièce de quatre aunes de long. Mais on croit, avec
raison, que ce papier n'est autre chose que du papier de bambou ou d'autres arbrisseaux.

Papier vélin. Ce papier est dû aux Anglais; du
moins je le présume, et j'en crois Baskerville l'inventeur; la première édition de son *Virgile,* qui
parut en 1757, étoit imprimée en grande partie sur
cette sorte de papier. MM. Johannot, fabricans
de papier, ont fait les premiers essais du papier vélin, en France, en 1780. M. Réveillon en fit aussi
l'essai en 1782, et il réussit. MM. Montgolfier ont
également eu les honneurs de l'invention pour ce papier.

Papier maroquiné. L'invention de ce papier,
qui imite parfaitement le maroquin, est due aux
Allemands; mais il a été imité et perfectionné par
MM. Boehm et Rœderer en 1804.

Papier fabriqué avec des végétaux. On a fait
beaucoup d'essais sur la fabrication du papier avec
de la paille et d'autres végétaux. M. Léorier de l'Isle,

entre autres, a fourni des échantillons de papiers faits avec l'écorce de tilleul, l'ortie, le houblon, le roseau, diverses espèces de conferva, la racine de chiendent, le bois de coudrier, le fusain, l'écorce de fusain, l'écorce de chêne, de peuplier, d'osier, d'orme, de saule, de bardane et pas-d'âne, et les feuilles de chardon. Mais il est reconnu que toutes ces matières sont bien inférieures au chiffon sous tous les rapports ; le papier qu'elles fournissent n'aura jamais, ni la bonté, ni la finesse, ni la blancheur, ni la beauté du papier de chiffon.

PARATONNERRE. Le paratonnerre a été inventé par Franklin, en 1757. On sait que c'est un conducteur dont l'une des extrémités, terminée en pointe, s'élève au-dessus d'un édifice ou d'un autre lieu que l'on veut préserver du tonnerre ; et l'extrémité opposée communique avec la terre humide ou avec l'eau. Cette pointe peut diminuer beaucoup l'effet de la foudre ; mais des physiciens sont d'avis qu'il ne faut pas élever plusieurs pointes sur un bâtiment ; une seule suffit, parce qu'on a observé que les conducteurs qui ne présentent qu'une pointe fine au globe ou au plateau de la machine électrique, reçoivent plus de vertu que ceux qui leur présentent une partie large ou armée de plusieurs pointes.

PEINTURE. Pline attribue l'invention du dessin au simple trait, à Philoclès, Égyptien, ou à Cléanthe, Corinthien ; et l'art de colorer le dessin, à Cléophante,

Corinthien. Les Égyptiens prétendent avoir eu la peinture six mille ans avant les Grecs, et les Grecs en font inventeurs les Sicyoniens. Il faut mettre toutes ces opinions au rang des fables, et il est présumable qu'on ne découvrira jamais l'époque de l'origine de la peinture; nous allons donner une légère idée de ses différens genres.

Peinture à l'aquarelle. C'est une espèce de détrempe, mais dont les couleurs sont infiniment plus claires; elles ne consistent guère que dans une eau coloriée et un peu collée. J'ignore à qui l'on en doit l'invention.

Peinture en camaïeu. Elle ne consiste qu'en deux couleurs, ou plutôt dans une seule, qui plus ou moins nuancée donne les jours et les ombres. Le fond est ordinairement de couleur différente. Les Grecs appeloient ce genre de peinture, *monochrome*.

Peinture en détrempe. Dans cette peinture on emploie des couleurs délayées seulement avec de l'eau et de la colle ou de la gomme. Les couleurs peuvent avoir du corps, ce qui les différencie de celles employées dans l'aquarelle; cependant l'une et l'autre s'appellent en latin *aquaria pictura*. Il ne faut pas confondre la peinture en détrempe avec la peinture en miniature, quoique dans le fond elles soient les mêmes, puisqu'on y emploie des couleurs détrempées à l'eau; mais dans la détrempe on se sert de toute la liberté du pinceau; au lieu que dans la miniature on ne travaille qu'à petits points.

Peinture en émail. Cette peinture se fait avec des

émaux de diverses couleurs, broyés, réduits en poudre, employés comme les autres couleurs, et ensuite fondus, recuits et vitrifiés par la force du feu. On prétend que les briques dont les murs de Babylone furent construits étoient des briques émaillées, dont les émaux représentoient différentes figures. Du temps de Porsenna, on faisoit dans ses États des vases émaillés ; les porcelaines du Japon, de la Chine, de France ; les pots vernissés, sont autant d'espèces d'émaux.

La peinture en émail a été perfectionnée du temps de François 1er, en France et en Italie.

Il y a deux sortes d'émaux, les émaux clairs et transparens, et les émaux épais et mats. Les émaux clairs se font avec des couleurs broyées à l'eau seulement, et les émaux épais avec des couleurs broyées à l'huile d'aspic. Ce n'est qu'en 1632, que Jean Toutin a trouvé le secret de faire des émaux mats.

Peinture à l'encaustique. Cette sorte de peinture étoit connue des anciens ; Pline en parle ; on y emploie la cire, les couleurs et le feu. L'usage s'en étoit perdu, mais on l'a renouvelé en 1752 ou 53. Le comte de Caylus et le docteur Mignot présentèrent, en 1754, à l'Académie des belles-lettres, une Minerve peinte à l'encaustique.

Enluminure. Cette espèce de peinture ne consiste qu'à mettre des couleurs en détrempe et très claires sur une estampe, sur des papiers de tapisseries, des cartes, des écrans, etc.

Peinture à fresque. Elle s'exécute ordinairement sur un enduit encore frais de chaux et de sable combinés avec des couleurs détrempées dans l'eau. On ne se sert pour la fresque que de couleurs de terre, parce qu'elles s'incorporent mieux avec le mortier. La fresque a été connue des anciens, surtout des Romains, comme on peut le voir par les ruines d'Herculanum. Norden parle des restes de palais et de temples en Égypte, où sont des figures colossales peintes sur des murs de quatre-vingts pieds de hauteur.

Gouache. Cette peinture est la même que celle en détrempe.

Peinture à l'huile. Elle consiste dans l'apprêt des couleurs détrempées avec de l'huile de noix ou de lin. On ne l'a point connue jusqu'au milieu du xve siècle, ou plutôt jusqu'à la fin du xive, époque à laquelle Jean Van Eik, plus connu sous le nom de Jean de Bruges, en fit le premier essai ; il apprit son secret à Antoine, de Messine, qui le porta en Italie. Cependant on dit qu'il existe à la galerie impériale de Vienne un tableau peint à l'huile, en 1292, qui est l'ouvrage de Thomas Mutina, et même un autre de 1090 ; cela paroît bien douteux.

Nous croyons devoir donner ici la liste des grands peintres anciens, avec une échelle arithmétique des degrés de mérite qui les distinguent dans les quatre principales parties de leur art. Nous les classons par ordre chronologique. De Piles, auteur de cette balance des peintres, a divisé en 20 les degrés par

lesquels on peut arriver à la perfection. Mais il attribue le 20ᵉ à cette souveraine perfection qu'on ne
connoît pas dans toute son étendue. Le 19ᵉ est le
plus haut degré de perfection que l'on puisse connoître, mais qui n'a encore été atteint par personne.
Le 18ᵉ est pour ceux qui ont le plus approché de la
perfection ; les autres, en descendant, donnent la
proportion du mérite de chaque peintre dans chaque partie (1).

---

(1) Nous avions exprimé jadis le désir que l'on pût faire pour
les littérateurs, ce que M. de Piles a fait pour les peintres ; mais il
paroît que personne n'a encore osé s'établir juge d'un concours
aussi épineux. En attendant, puisqu'il est ici question de littérateurs et de peintres, nous allons donner une espèce de table de
comparaison, dressée par M. de Montesquieu, où le génie de la
poésie est mis en parallèle avec le génie de la peinture. « S'il faut
donner le caractère de nos poëtes, dit Montesquieu, je compare

Corneille	à Michel-Ange.
Racine	à Raphaël.
Marot	au Corrège.
La Fontaine	au Titien.
Despréaux	au Dominiquin.
Crébillon	au Guerchin.
Voltaire	au Guide.
Fontenelle	au Bernin.
Chapelle, Lafare et Chaulieu	au Parmesan.
Reguier	au Giorgion.
La Motte	à Rembrandt.
Chapelain	au-dessous d'Albert Durer.
Milton	à Jules Romain.
Le Tasse	au Carrache.
L'Arioste	à personne.

ÉCOLES.	NAISS.	NOMS DES PEINTRES.	MORT.	DEGRÉS DANS			
				La composit.	Le dessin.	Le coloris.	L'expression.
Vénit.	1477	Giorgion.	1511	8	9	18	4
Vénit.	1426	Jean Bellin. . . .	1516	4	6	14	»
Rom.	1445	Léonard de Vinci.	1519	15	16	4	14
Rom.	1483	Raphaël.	1520	17	18	12	18
Rom.	1446	Pierre Perugin. .	1524	4	12	10	4
Flam.	1471	Albert Durer. . .	1528	8	10	10	8
Rom.	1488	And. del Sarte. .	1530	12	16	9	8
Flam.	1494	Lucas de Leyde.	1533	8	6	6	4
Lomb.	1494	Le Corrège. . . .	1534	13	13	15	12
Rom.	1503	Le Parmesan. . .	1540	10	15	6	6
Rom.	1495	Polid. Caravage. .	1543	10	17	»	15
Rom.	1492	Jules Romain. . .	1546	15	16	4	14
Flam.	1495	Holbein	1554	9	10	16	13
Rom.	1510	Fr. Salviati. . . .	1563	13	15	8	8
Rom.	1474	Michel-Ange. . .	1564	8	17	4	8
Rom.	1509	Dan. de Volterre.	1566	12	15	5	8
Rom.	1490	Primatice.	1570	15	14	7	10
Vénit.	1477	Le Titien.	1576	12	15	18	6
Flam.	1548	Otho Venius. . .	1588	13	14	10	10
Vénit.	1548	Palme l'ancien. .	1588	5	6	16	»
Vénit.	1530	Paul Veronèse. .	1588	15	10	16	6
Vénit.	1510	Jacques Bassan. .	1592	6	8	17	»
Vénit.	1512	Le Tintoret. . . .	1594	15	14	16	4
Lomb.	1560	Annib. Carrache.	1609	15	17	13	13
Lomb.	1569	Michel Caravage.	1609	6	8	16	»
Vénit.	1544	Palme le jeune. .	1628	12	9	14	»
Flam.	1577	Rubens.	1640	18	13	17	17
Flam.	1599	Van Dyck. . . .	1641	15	10	17	13
Lomb.	1581	Le Dominiquin. .	1641	15	17	9	17
Lomb.	1575	Guido Reni. . . .	1642	»	13	9	12
Lomb.	1581	Lanfranc.	1647	14	13	10	5
Rom.	1611	Pierre Testa. . .	1648	11	15	»	6
Flam.	1582	David Teniers. .	1649	15	12	13	6
Franc.	1617	Le Sueur.	1655	15	15	4	15
Lomb.	1578	L'Albane.	1660	14	14	10	6
Franc.	1594	Nic. Poussin. . .	1665	15	17	6	15
Lomb.	1590	Le Guerchin. . .	1666	8	10	10	4
Rom.	1596	Pierre de Cortone.	1669	16	14	12	6
Franc.	1616	Bourdon.	1671	10	8	8	4
Flam.	1606	Rembrandt. . . .	1674	15	6	17	12
Flam.	1594	Jacques Jordaens.	1678	11	8	16	6
Franc.	1600	Le Lorrain. . . .	1682	18	18	16	»
Franc.	1619	Le Brun.	1690	16	16	8	16
Nap.	1632	Luc Jordan. . . .	1705	13	12	9	6

Il se trouve dans le tableau ci-dessus 13 peintres de l'école romaine, 9 de l'école flamande, 8 de l'école vénitienne, 7 de l'école lombarde, 5 de la française, et 1 de la napolitaine.

Peinture en miniature. Elle se fait avec de simples couleurs très fines détrempées avec de l'eau et de la gomme; on ne la fait qu'en petit sur ivoire ou sur vélin; elle est délicate et s'exécute à petits points, du moins pour les chairs; elle souffre d'être vue de très près. On fait remonter l'origine de la miniature au XIIe siècle, et même on peut la placer plus haut, puisque des manuscrits de ce siècle en sont décorés.

Peinture en marqueterie. C'est celle qui s'exécute avec des bois de différentes teintes; elle est propre à rendre les fleurs et les ornemens. On l'appelle peinture en bois. Elle étoit connue des anciens.

Peinture en mosaïque. Elle s'opère avec des pierres colorées, naturelles ou artificielles. Le tableau a toute l'épaisseur que l'on juge à propos de donner à la longueur des pierres que l'on emploie. La mosaïque remonte à la plus haute antiquité; on la doit aux Grecs; elle a commencé à Rome sous Sylla; et les Italiens s'y sont distingués depuis plusieurs siècles.

Peinture au pastel. Les pastels sont des crayons colorés dont on se sert pour peindre sur le papier ou sur le vélin. Ils procurent l'avantage de rendre les chairs d'une manière douce et moelleuse. Mais ce genre de peinture a le double inconvénient d'être peu durable et d'avoir besoin d'une glace pour se conserver.

Les uns l'attribuent à Thièle, né à Erfort en 1685, mort en 1752; d'autres à Mademoiselle Heid, née à Dantzick en 1688, morte en 1753.

Peinture sur verre. Cette peinture date du XIIᵉ ou du XIIIᵉ siècle; du moins les plus anciens vitraux peints sont de ces siècles. Les substances pour peindre sur verre sont les mêmes que celles pour peindre sur émail, à l'exception que les teintes cependant doivent être plus fortes, et que dans les endroits ombrés, on est obligé de peindre le verre des deux côtés, sur-tout pour les barbes, les cheveux et les draperies foncées.

Les bornes de cet ouvrage ne nous permettent pas d'entrer dans plus de détails sur chaque espèce de peinture.

PENDULE. Kircher est le premier qui, en 1672, découvrit que le pendule qui battoit les secondes à Paris, devoit être raccourci pour les battre à Cayenne, et qu'une livre de Paris pesoit moins d'une livre à Cayenne.

Pendule pour trouver la longitude en mer. Ce pendule est dû à Jean Harrison, habile mécanicien anglais; il lui valut, en 1749, le prix que le parlement avoit promis à l'inventeur de cette découverte (20,000 liv. st.). On en fit l'épreuve sur le vaisseau de guerre *le Tartare*, qui alla de Portsmouth à l'île de Barbade, sans perdre la longitude pendant la traversée, du moins sans s'écarter des limites prescrites, qui étoient, je crois, d'un demi-degré de déviation. Le *Dictionnaire historique* dit que « Harrison se rendit célèbre par l'invention et la fabrication du pendule à gril, et par son *time-reeper* (*garde-temps*), montre marine, dont l'objet est de fixer la longitude en mer; que Kendal copia cette machine intéressante, et que cette copie servit au capitaine Cook, dans ses courses maritimes. »

PHANTASMAGORIE ou *fantasmagorie*. Spectacle très ingénieux et très surprenant, dont est inventeur M. Robertson. Le mot phantasmagorie désigne l'action de produire des fantômes. Voici en quoi consiste ce spectacle, aussi frappant dans sa singularité, que surprenant dans ses effets. On entre dans une salle tendue de noir, où règne la plus profonde obscurité. Une lampe sépulcrale jette une foible lumière, en attendant le commencement du spectacle. Elle s'éteint; alors on entend tomber une pluie mêlée de grêle; on aperçoit dans le fond un point lumineux qui, à mesure qu'il s'approche des spectateurs, prend la forme de différens fantômes, puis disparoît quand il est près de vous. Il s'y passe des scènes lugubres, telles que celles d'un squelette couché qui se dresse sur ses pieds et qui danse avec d'autres squelettes; celle d'un tombeau qui s'ouvre et qui est foudroyé par le feu du ciel; celle de la None sanglante, qui, la lanterne à la main, arrive du bout d'une longue galerie jusques contre les spectateurs, puis s'évanouit comme une ombre, etc. Pendant le spectacle, la lune pâle brille dans un des côtés de la scène; et une musique exécutée avec l'harmonica, fait éprouver à l'ame quelque chose de lugubre et de mélancolique, difficile à exprimer. Ce spectacle, effrayant pour certaines personnes, est amusant pour l'homme instruit qui reconnoît dans ces tableaux magiques les lois de la catoptrique.

PHELLOPLASTIQUE. Art de faire des ouvrages en liège, et surtout d'imiter les monumens anciens. Cet art a été inventé par Auguste Rose à Rome, et imité ensuite par Chichi, puis ensuite par M. Stamaty, de Marseille. Ce dernier vient d'exposer à Paris (1808), plus de 40 pièces ou ruines importantes, telles que le panthéon d'Agrippa, la fontaine d'Égérie, la pyramide de Caius-Sextius, le temple de Pœstum, etc. Ces superbes ruines sont exécutées avec une vérité surprenante. Le liège, par sa couleur et ses pores inégaux, et même ses défectuosités, prête singulièrement à ce genre d'ouvrages. Les édifices représentés semblent avoir essuyé les outrages de dix siècles.

PHOSPHORE *artificiel brûlant*. Il est, dit-on, de l'invention d'un nommé Brandt, chimiste, de Hambourg, qui le trouva en 1669. Il cherchoit la pierre philosophale; et en travaillant sur l'urine, il rencontra le phosphore, espèce de soufre qui s'enflamme par le simple contact de l'air. Le phosphore liquide, ou l'onguent lumineux, (c'est à-peu-près la même chose), a été inventé par Kunckel, chimiste de l'électeur de Saxe, et apporté en France par Krafs, médecin de Dresde. Elzholz en a fait un traité en 1676. Homberg en a composé le premier, à Paris, en 1679.

Le phosphore artificiel, non brûlant, est une pierre préparée dans le feu, d'une manière particulière; on l'appelle pierre de Bologne. Le premier qui s'avisa de rendre ces pierres lumineuses, est un chimiste de Bologne, nommé Vincent Casciarolo.

Le second phosphore, non brûlant, est une préparation de la craie d'Angleterre avec l'eau-forte ou avec l'esprit de nitre dans le feu. Baudouin, chimiste allemand, en est l'inventeur.

PISTOLET. Arme ainsi nommée, parce qu'elle a été inventée à Pistoie, ville d'Italie, en 1545.

PLANÈTES. La découverte des anciennes planètes se perd dans la nuit des temps; mais il en est quatre nouvelles, ainsi que les satellites de Jupiter, de Saturne et d'Uranus, et d'autres phénomènes appartenant à différentes planètes, dont la découverte appartient aux temps modernes. Nous allons exposer ces différens objets dans un petit tableau où toutes les planètes seront placées les unes après les autres dans l'ordre de leur distance au soleil; et nous commencerons par cet astre qui est au centre du système :

Le SOLEIL, dont le diamètre est de 111 fois 0,45 celui de la terre, c'est-à-dire, de 319,314 lieues, fait sa révolution sur lui-même en 25 jours et 10 heures à-peu-près. C'est Galilée qui, le premier, a observé, en 1610, la rotation du soleil, ainsi que ses taches.

Mercure. Sa distance moyenne au soleil, 13,299,742 lieues.

Sa révolution périodique, 87 j. 23 h. 14 m. 33 sec.

Schroëter a reconnu en 1800 la rotation de cette planète.

Vénus. Sa distance moyenne au soleil, 24,851,885 lieues.

Sa révolution périodique, 224 j. 16 h. 14 m. 24 sec.

Galilée a découvert les phases de cette planète en 1611; sa rotation a été observée par Cassini en 1666.

La *Terre.* Sa distance moyenne au soleil, 34,357,480 lieues.

Sa révolution périodique, 365 j. 5 h. 43 m. 48 sec.

Bradley a, le premier, observé la nutation de l'axe de la terre en 1747. Son aplatissement aux pôles a été reconnu en 1744. La terre a un satellite, la lune, dont le diamètre est de 782 lieues, et sa révolution périodique est de 27 j. 7 h. 43 m. 4 sec. 55 ti. Sa moyenne distance de la terre est de 86,324 lieues.

Mars. Sa distance moyenne au soleil, 52,350,240 lieues.

Sa révolution périodique, 1 an 321 j. 23 h. 59 m.

La rotation de cette planète a été reconnue par Cassini en 1666; et Herschell en a reconnu l'aplatissement en 1784.

Vesta. Nouvelle planète, découverte par M. Olbers, à Brême, le 29 mars 1807.

Sa distance moyenne au soleil, 91,597,800 lieues.

Sa révolution périodique, 3 ans 240 j. 4 h. 55 m.

Junon. Nouvelle planète, découverte par M. Harding le 5 septembre 1804.

Sa distance moyenne au soleil, 92,283,840 lieues.

Sa révolution périodique, 4 ans 10 j. 23 m. 57 sec.

Cérès. Nouvelle planète, découverte par M. Piazzi le 1er janvier 1801.

Sa distance moyenne au soleil, 95,028,000 lieues.

Sa révolution périodique, 4 ans 221 j. 12 h. 56 m.

Pallas. Nouvelle planète, découverte par M. Olbers le 28 mars 1802.

Sa distance moyenne au soleil, 95,890,000 lieues.

Sa révolution périodique, 4 ans 221 j. 17 h. 1 m.

Jupiter. Sa distance moyenne au soleil, 178,692,550 lieues.

Sa révolution périodique, 11 ans 307 j. 14 h. 18 m.

La rotation de cette planète a été reconnue par Cassini en 1665, et son aplatissement, également par Cassini en 1691 ; Galilée avoit découvert, dès 1610, ses quatre lunes ou satellites.

Saturne. Sa distance moyenne au soleil, 327,748,720 lieues.

Sa révolution périodique, 29 ans 173 j. 23 h. 16 m.

Cette planète est environnée d'un cercle de lumière nommé anneau, dont Huyghens a expliqué les phénomènes en 1659.

Herschell a reconnu, en 1789, la rotation et l'aplatissement de Saturne. Quant à ses satellites, ils ont été découverts, savoir : le 1er et le 2e, par Cassini en 1684 ; le 3e, par Cassini en 1672 ; le 4e, par Huyghens en 1655 ; le 5e, par Cassini en 1671 ; et enfin les 6e et 7e, par Herschell en 1789.

Uranus. Nouvelle planète, découverte par M. Herschell le 13 mars 1781.

Sa distance moyenne au soleil, 659,100,560 lieues.

Sa révolution périodique, 84 ans 28 j. 0 h. 17 m.

Cette planète a 8 satellites.

Fernel, le premier, a mesuré un arc du méridien en 1528.

Morin a, le premier, observé les étoiles et les planètes en plein jour en 1635.

Richer montre par l'expérience, en 1672, que la pesanteur des corps diminue quand on s'approche de l'équateur.

Roëmer est le premier qui, en 1675, a observé la vîtesse de la lumière.

Bradley a, le premier, observé l'aberration de la lumière en 1728.

PLUMES A ÉCRIRE. Mabillon a observé sur un

manuscrit en lettres d'or (ce sont, je pense, les évangiles écrits par le moine Placide, sous l'empire de Louis le Pieux), conservé avant la Révolution dans l'abbaye de Hautvilliers, diocèse de Reims, les images empreintes des quatre évangélistes tenant des plumes ; il en conclut que l'usage de s'en servir étoit sûrement reçu vers le commencement du ixe siècle ; mais Isidore parle des plumes comme d'un instrument pour écrire, *instrumenta scribæ calamus et penna* ; et il écrivoit cela au viie siècle, ce qui pourroit donner à penser que dès le ve siècle les plumes étoient en usage. On se servoit de roseaux avant d'employer les plumes d'oie ; l'Egypte et la Carie en fournissoient les Romains ; le mot *calamus* vient de *callam*, nom que l'on donne encore aux roseaux en Asie. Ils sont plus propres à écrire l'arabe et le sanskrit qu'à tracer les caractères romains. Il y a apparence que les roseaux et les plumes ont eu cours en même temps pendant cinq siècles ; mais enfin, au xe siècle, l'usage de la plume a été généralement et exclusivement adopté en Europe. Si les anciens avoient connu l'usage des plumes d'oie, ils auroient consacré cet oiseau à Minerve, au lieu de lui consacrer la chouette.

M. J.-N. Farthing a inventé, il y a plusieurs années, une machine appelée *penna duplex*, au moyen de laquelle on peut faire en même temps deux copies d'une lettre ou pièce quelconque de dessin.

M. Wise, Anglais, est inventeur de plumes d'acier, propres à l'écriture et au dessin ; elles surpas-

sent, pour les traits fins et forts, les plumes d'oie
et de corbeau.

PNEUMATIQUE (*machine*). On en doit la découverte à Othon Guéricke ; elle fut perfectionnée
par Robert Boyle, qui lui-même en avoit conçu
l'idée en Angleterre. Cette machine fit changer de
face à la physique expérimentale, et donna les connoissances les plus certaines sur les effets de l'air.
Les animaux qui en sont privés, lorsqu'ils sont placés sous le récipient, périssent ; les plantes ne croissent plus ; la lumière et les phosphores naturels s'y
éteignent ; la fumée quelque temps suspendue
tombe à la fin ; le fusil qui frappe la pierre n'y
donne point d'étincelles ; la poudre à canon, qu'on
laisse tomber sur un feu ardent, s'y fond et ne s'enflamme point, tandis qu'une demi-drachme de sel
de nitre de Glauber, mêlée avec autant d'huile de
carvi, fait explosion et met en pièce la fiole qui contient le mélange ; la pomme ridée y devient unie ;
l'œuf percé laisse échapper ce qu'il contient ; enfin
les corps pesans ou légers tombent sans différence
de gravité au fond du récipient. On a singulièrement
perfectionné la machine pneumatique.

POLES. C'est en 1737 qu'on a démontré l'aplatissement des pôles. Huyghens et ensuite Newton
l'avoient soupçonné long-temps auparavant. Suivant
Huyghens, le diamètre de l'équateur étoit à l'axe
de la terre comme 578 est à 577 ; et suivant Newton, comme 230 est à 229. Cette théorie a été con-

firmée par les travaux des académiciens qui, en 1744, sont allés les uns au Pérou, et les autres dans le Nord, pour prendre la mesure d'un degré du méridien dans ces différens climats, afin de connoître par cette opération si la terre est sphérique ou non. On a en même temps mesuré un degré en France. Il est résulté de ce travail, qu'un degré mesuré à Quito, sous l'équateur,

a été de . . . . 56,757 toises.

en France, a été de 57,050

et à Torneo, dans la Laponie, a été

de 57,405

Il a donc été reconnu que le rayon de l'équateur est de 3,281,013 toises, et que la moitié de son axe est de 3,265,752 1/2 toises. La différence, qui est de 15,260 1/2 toises, donne l'aplatissement de la terre vers les pôles. Cette différence sur l'axe entier est égale à 13 lieues communes de France, de 2,283 toises chacune, plus 842 toises; d'où il suit que le diamètre de l'équateur est plus grand que l'axe de la terre, de 13 lieues et environ un tiers de lieue, ce qui donne le rapport du diamètre de l'équateur à l'axe, comme 215 à 214, rapport dont celui de Newton approche beaucoup. Ces calculs-ci offrent un résultat différent de celui que nous avons donné ci-devant page 244, où nous ne présentons que 9 lieues de différence entre les deux diamètres. Mais comme de très grands géomètres sont de cette dernière opinion, nous avons cru pouvoir exposer l'une et l'autre.

PORCELAINE. La porcelaine est connue de temps immémorial à la Chine et au Japon. Celle de Saxe a été découverte en 1762, par le baron de Boetticher, chimiste de la cour d'Auguste, électeur de Saxe. Il trouva ce précieux secret en cherchant une composition pour faire des creusets.

PORTE-VOIX. Deux savans se disputent l'invention du porte-voix ; ce sont sir Samuel Morland, baronnet Anglais, et le père Kircher, Jésuite. Cet instrument fut connu dès 1671. Cependant il faut se rappeler que des voyageurs Arabes qui visitèrent la Chine dès le neuvième siècle, disent qu'on s'y servoit de trompettes qui portoient la voix à une grande distance. L'histoire fait mention de la fameuse trompette d'Alexandre-le-Grand, avec laquelle il se faisoit entendre de très loin, rassembloit son armée dispersée, et lui donnoit ses ordres.

POSTES. Selon Hérodote, Cyrus ou Xerxès est le premier qui a établi des courriers et des chevaux de poste. Les Perses ne plaçoient des postes qu'au bout de l'espace de chemin qu'un cheval pouvoit faire dans un jour. Chez les Romains, les courriers étoient réduits à contraindre les villes et les particuliers à leur fournir des chevaux. Ce fut l'empereur Adrien qui déchargea le peuple de ce fardeau. En 807, Charlemagne établit trois postes, l'une pour l'Italie, l'autre pour l'Allemagne, et la troisième pour l'Espagne. Mais il y a apparence que cette institution dégénéra jusqu'à Louis XI ; cependant on

voit un Baudoin qui, sous Louis VI, eut la qualité
de grand-maître des postes. Le premier édit qui établit les postes de quatre lieues en quatre lieues, est
rendu par Louis XI, le 19 juin 1464.

La poste aux lettres doit, dit-on, son origine à
l'université de Paris, en 1470.

Les messageries de ville en ville n'eurent lieu
qu'en 1571; on en doit aussi l'institution à l'université.

Les postes ne furent établies, ou plutôt renouvelées
en Allemagne, qu'en 1641, par le comte de Taxis.

POUDRE A CANON. Une tradition constante
attribue l'invention de la poudre à canon à Berthold
Schwartz, cordelier, autrement dit Constantin An-
klitzen, originaire de Fribourg, qui trouva cette
composition par hasard en travaillant à des opérations de chimie à Cologne, vers 1300; d'autres disent
en 1330. On ne commença à s'en servir qu'en 1338,
pour attaquer les châteaux et non les hommes. Cependant un passage d'un auteur arabe, nommé Abu
Abdalla Ebn a Alkhatif, sembleroit annoncer que
l'usage en est antérieur à 1338. Dans son histoire
d'Espagne, cet auteur dit, sous la date de notre année
1312, en parlant du roi de Grenade : « *Ille castra
movens, multo milite hostium urbem Baza obsedit,
ubi machinam illam maximam, NAPHTHA ET GLO-
BO INSTRUCTAM, admoto igne, in munitam arcem
cum strepitu explosit.* » L'histoire du Languedoc
présente, sous la date de 1345, une quittance donnée

à la trésorerie de la sénéchaussée de Toulouse *pour fourniture de canons de fer, et de poudre pour le service des canons.*

SIFFLET. La coutume de siffler les auteurs dont on est mécontent, n'est pas moderne. Cœlius, dans une lettre à Cicéron (*ép. fam.* l. 8. *lettre* 2e), dit de l'orateur Hortensius, qu'il étoit parvenu jusqu'à la vieillesse sans avoir jamais eu sujet de se plaindre du sifflet. *Hoc magis animadversum est, quod intactus à sibilo pervenerat Hortensius ad senectutem.* Cette manière de parler, *intactus à sibilo,* signifie bien, sans avoir été maltraité du sifflet, sans avoir été sifflé. M. Boettiger, savant allemand, qui, entre beaucoup de mémoires sur les usages particuliers des Romains, en a publié dernièrement un sur les *applaudissemens au théâtre ou claquemens de mains* chez les anciens, *Leipsick,* 1822, *in-8o,* devroit en donner un sur le sifflet (*fistula pastoritia*) dont le son aigu retentissoit quelquefois au barreau comme au spectacle. Il semble l'annoncer en promettant encore deux mémoires sur les différentes manières d'applaudir ou de punir les auteurs et les acteurs anciens.

SOIE. On croit que la première soie a été apportée de la Chine dans l'empire Grec, sous le règne de Justinien, au 6e siècle. Les Romains la payoient au poids de l'or. Rien de plus incertain que l'origine des manufactures de soierie; on dit, et cela n'est pas prouvé, que quelques moines en ont établi une en 551. Mais ce n'est que vers la fin du treizième siècle, que les vers à soie, les mûriers et successivement la fabrication de quelques étoffes de soie, s'introduisirent dans le comtat Venaissin; la domination récente des papes lui valut ce surcroît de culture, d'industrie et de commerce, et leur résidence à Avignon y multiplia, diversifia et enrichit les objets de ce genre. Cependant les manufactures de soierie n'ont guère été multipliées en France que vers la fin du 15ᵉ siècle. Louis XI, et Charles VIII, son fils, appelèrent des Grecs et des Italiens, Génois, Vénitiens et Florentins, qu'ils établirent à Tours avec des privilèges; ce qui fait que les Tourangeaux se targuent de la primauté sur Lyon.

STATISTIQUE. Le premier qui a travaillé sur la statistique, ou plutôt qui a créé ce mot, est un professeur de Gottingue, nommé Achenwal; c'est en novembre 1768 qu'il a publié un ouvrage dit de statistique, et il fait dériver ce terme de l'allemand *stat,* qui signifie état, empire, république. La statistique n'est autre chose que la géométrie politique, c'est-à-dire, la description d'un état, d'un empire sous les rapports de ses divisions, villes, habitans, forces, revenus, productions, etc.

STENOGRAPHIE. C'est l'art d'écrire en signes ou caractères abréviateurs. Les Grecs et les Romains ont pratiqué la sténographie. Plutarque parle des signes dont Xénophon faisoit usage pour suivre la parole de Socrate. Tiron, affranchi de Cicéron,

excelloit dans cet art; de là vient la dénomination
de notes tironiennes. Jules-César, Varron, Didy-
mus le grammairien, l'empereur Titus, Cassien,
étoient sténographes. Chez les modernes, Samuel
Taylor, professeur Anglais, s'est distingué dans cet
art. Théodore Bertin a adapté la méthode de Taylor
à la langue française avec quelques changemens.

STÉRÉOTYPAGE. Il est présumable que les
premiers essais d'imprimerie ont été de vrais stéréo-
types, c'est-à-dire, produits avec des planches solides, sur lesquelles se trouvoient gravés en relief
tous les caractères compris dans la page. Mais on ne
donne maintenant le nom de stéréotype qu'aux im-
pressions faites avec des planches coulées sur des
pages composées avec des caractères ordinaires ou
avec des caractères en cuivre, gravés en creux au
lieu de l'être en relief.

On regarde l'Anglais William Ged, comme le véritable inventeur du stéréotypage; il a travaillé depuis 1725 jusqu'en 1739. Van der Mey, Valleyre,
Foulis, Hoffmann, Carez et sur-tout MM. Didot et
Herhan ont travaillé dans ce genre; à l'exception des
deux derniers, tous n'avoient fait que des essais, et
encore par des procédés différens. (Voyez à ce sujet
l'ouvrage de M. Camus, sur le stéréotypage.)

SUCRE. C'est un sel essentiel, cristallisable, d'une
saveur douce et agréable, contenu dans beaucoup
de végétaux, mais particulièrement dans la plante
que l'on nomme *canne à sucre*, et qui a été cultivée

pour la première fois dans le Bresil, par les Portugais.

Le sucre a-t-il été connu des anciens? On n'en doute point d'après ce que dit Pline, *saccharum et Arabia fert, sed laudatius India*; l'Arabie porte de bon sucre, mais celui de l'Inde est meilleur. Il ajoute que c'est un miel gommeux, fragile sous la dent, qu'on recueille sur des roseaux. Il paroît par ce passage, que le sucre des anciens n'étoit qu'un sel essentiel, cristallisé par la force du soleil. Ce qu'en disent Dioscoride et Galien confirme ce rapport de Pline. Ce sucre qu'on recueilloit en petite quantité étoit réservé aux usages de la médecine (*Pline*, liv. VI). D'après ce témoignage de Pline, il y a apparence que la canne à sucre a été connue de toute antiquité dans les Indes et dans l'Afrique. Paul d'Egine, médecin grec, fait mention du sucre en 625.

Saumaise prétend que les Arabes connoissoient l'art d'extraire le sucre, il y a plus de 800 ans. Il paroît en effet qu'il y a eu des raffineries de sucre, établies en Egypte et en Sicile avant la fin du 15e siècle. C'est sans doute ce sucre grossièrement raffiné, qu'Avicenne nomme *tabaxir,* et qu'il dit être la cendre de quelques roseaux brûlés, non provenant de combustion, mais plutôt de l'ébullition, par laquelle ce sucre différoit du sucre naturel auquel on étoit accoutumé depuis long-temps.

La canne à sucre a été cultivée en Sicile en 1148 ; elle a été plantée (ainsi que la vigne) à Madère en 1419 ; et même cette île fournissoit déjà une grande quantité de sucre au Portugal en 1484. On la cultive aux îles Canaries en 1503. Elle est portée en Amérique en 1610 par les Espagnols et les Portugais; à Saint-Domingue en 1545 par Ovando, gouverneur de l'île; en Provence en 1549; aux Barbades en 1641; à la Guadeloupe en 1648, par des Hollandais que les Portugais chassèrent du pays; etc. etc. Le procédé du raffinage du sucre fut inventé en 1503 par un Vénitien.

M. de Paw prétend que le sucre qu'on fait aux Canaries, celui qui se fabrique à Tcheou (à la Chine), et celui enfin qu'on tire d'Egypte par la voie du Caire, sont supérieurs en qualité au sucre du Bresil qui passe pour le meilleur de l'Amérique.

On consomme annuellement en Europe 450 millions de liv. de sucre, dont la France use pour sa part 56,000,000.

TABAC. C'est vers 1520 que les Espagnols firent la découverte du tabac, à Tabago, province du royaume de Yucatan. On prétend qu'ils l'avoient remarqué à Saint-Domingue dès 1496. Hermandez de Tolède, qui le premier envoya cette plante en Espagne et en Portugal, lui donna le nom de tabac, du lieu de son origine. Jean Nicot, ambassadeur de François II, à la cour de Portugal, présenta cette plante au grand-prieur à son arrivée de Lisbonne, et à la reine Catherine de Médicis en 1560. Ils la firent appeler chacun de leur nom: nicotiane, l'herbe au grand-prieur, l'herbe à la reine. François

Drak l'introduisit en Angleterre, en 1583, et Walter Rawlegh, ministre de Jacques Ier, l'y mit à la mode (1). Amurat IV, empereur des Turcs, le grand duc de Moscovie, et le roi de Perse, en défendirent l'usage à leurs sujets, sous peine d'avoir le nez coupé ou même de perdre la vie. Urbain VIII excommunia par une bulle ceux qui prendroient du tabac dans les églises.

TACHYGRAPHIE, c'est-à-dire, l'art d'écrire vîte. La tachygraphie a été en usage chez les Romains; mais elle a été renouvelée de nos jours, et on peut en regarder comme l'inventeur Pierre Bales, maître d'écriture anglaise, mort en 1610.

TELEGRAPHE. C'est une machine au moyen de laquelle on peut correspondre rapidement à une très grande distance. Il est reconnu que par cette voie, une dépêche parcourt 48 lieues dans l'espace de 13 minutes 40 secondes. M. Chappe fit la découverte de cet utile instrument en 1793; le gouvernement l'adopta, et en fit placer sur plusieurs rayons qui correspondent de celui de Paris à divers points de nos frontières; et dès-lors on s'en est toujours servi pour annoncer les événemens les plus

---

(1) Jacques Ier fit un ouvrage contre l'usage du tabac, sur-tout du tabac à fumer; il est intitulé : *A counter-blast to tabacco*, Contre-bouffée pour le tabac. Il est terminé par cette tirade : « C'est une coutume dégoûtante pour l'œil, détestable pour le nez, nuisible pour le cerveau, dangereuse pour les poumons, et qui par la fumée noire et infecte qui en résulte, ressemble à l'horrible et infernale fumée de l'abyme qui est sans fond. »

intéressans. Nous avons donné la description succincte du télégraphe, dans notre *Dictionnaire raisonné de bibliologie*, tom. II, p. 288. Nous y parlons des signaux des anciens, et des différentes espèces de télégraphes que la découverte de M. Chappe a fait imaginer tant en France qu'à l'étranger. Nous ajouterons ici, que M. Chappe, né au Mans en 1763, s'est dégoûté de la vie, pour des motifs qu'on ignore, et qu'il a terminé volontairement ses jours en 1806.

TELESCOPE. Selon M² G. B. Clément de Nelli, auteur d'une *Vie et commerce littéraire de Galileo Galilée, noble florentin, mathématicien et philosophe plus qu'ordinaire des grands-ducs de Toscane, Cosme et Ferdinand II,* Florence, 1820, 2 vol. *in-4°,* les anciens n'ont point connu les verres lenticulaires; les besicles ont été découvertes vers l'an 1285, par un noble florentin, nommé *Salvino degli Armati,* mort en 1317. Trois siècles et un quart s'écoulèrent avant que Galilée trouvât, dans la simple combinaison de deux de ces lentilles, l'instrument auquel l'astronomie a dû tant de belles découvertes, à commencer par celles qui lui procurèrent à lui-même beaucoup d'illustration.

Il passoit selon son usage les vacances à Venise, en juin 1609, lorsqu'il y apprit qu'un artiste de Flandre (Zacharie Jansen ou Joanidès) avoit présenté au comte Maurice de Nassau un appareil qui faisoit voir les objets éloignés comme s'ils étoient voisins. On ne lui en dit pas davantage. Il revient de suite à Padoue; il médite, et au bout de 24 heures une lunette d'approche est construite, médiocre d'abord, mais bientôt infiniment supérieure à l'appareil grossier de deux verres, que le hasard, sans aucune théorie préalable, avoit fait découvrir à l'artiste hollandais. Le bruit du succès de Galilée parvint bientôt à Venise où il fut appelé le 23 août de la même année 1609, et où il présenta et dédia au Doge cette lunette qu'il venoit de fabriquer, en l'accompagnant d'un mémoire sur la théorie et les applications de cet admirable instrument. La surprise fut générale et extrême. Les plus vieux sénateurs montèrent sur les tours les plus élevées, et là, voyant se rapprocher d'eux dans la lunette, comme s'ils fussent à un seul mille (tiers de lieue) des navires encore éloignés de dix milles au moins, ils furent tous pénétrés d'admiration, et le surlendemain, il sortit du sénat un décret qui nommoit dans les termes les plus honorables, Galilée professeur à vie avec un traitement annuel de quatre cents ducats. On le retint à Venise pendant plus d'un mois à montrer sa lunette à toute la république, métier qu'il déclare avoir été fort fatigant.

Mais Galilée est-il littéralement l'inventeur d'un appareil dont l'idée lui a été révélée par un tiers? Il déclare lui-même que le Hollandais fabricant de besicles a trouvé que présentant par hasard l'une à l'autre deux lentilles de verre, l'une convexe et l'autre concave, à diverses distances de l'œil, il s'aperçut de l'effet et le rendit permanent en fixant les verres dans un tube ; mais que lui, à l'ouïe du fait, il découvrit par le raisonnement le procédé et sa cause.

M. De Nelli discute à fond les prétentions de Porta, de Gualterotti, de Bacon, de Sargi et d'autres à la priorité de l'invention, et il persiste à l'attribuer à Galilée dans le sens et dans les termes de l'illustre géomètre ; il donne ensuite le nom de tous les souverains et grands personnages qui reçurent des lunettes d'approche travaillées de sa main, et qui le comblèrent de présens. Sa pratique dirigée par la théorie étoit tellement supérieure dans ses résultats à ce que pouvoit produire une routine aveugle, qu'en 1637, 28 ans après la découverte du Hollandais, le célèbre Huyghens écrivoit à son ami Elie Diodati, « qu'en Hollande on n'avoit pas encore pu fabriquer des lunettes avec lesquelles il fût possible d'apercevoir les satellites de Jupiter. » L'auteur passant de l'histoire de Galilée à celle de la lunette d'approche, suit pied à pied les progrès de cet instrument : Torricelli, disciple de Galilée, fit des lunettes de 30 pieds ; puis Viviani, de 20 à 24 palmes ; mais le célèbre Campana de Rome, en fabriqua de 90, 100, 150, et jusqu'à 210 palmes romaines.

De tous les télescopes, le plus célèbre est celui qu'a fabriqué l'illustre Herschell ; il n'a pas moins de 40 pieds. L'auteur assure avoir fondu et travaillé lui-même plus de 140 miroirs avant d'avoir pu réussir à terminer celui qui tient à ce télescope. Ce miroir a quatre pieds de diamètre et pèse deux milliers.

Le télescope et son équipage pèsent plus de quarante milliers.

THÉ, feuille d'un arbuste de 5 à 6 pieds de haut, qui est cultivé de temps immémorial à la Chine et au Japon. On dit que le thé fut introduit en Europe par les Hollandais en 1610, apporté en France en 1636, et de Hollande en Angleterre par lord Arlington en 1666. On consomme annuellement en Europe la quantité de 36,000,000 de livres de thé.

TRANSFUSION DU SANG. On a fait cette découverte sur la fin du règne de Louis XIII ; elle consiste à tirer du corps humain le sang vicié qui peut s'y trouver, et à le remplacer par le sang pur tiré d'un animal. On fit d'abord cette expérience sur des animaux ; elle réussit, dit-on ; ensuite on la fit sur des hommes. Les docteurs Denys et Riva guérirent à Paris un homme enseveli dans une léthargie incurable, en remplissant de sang d'agneau ses veines d'où l'on avoit tiré son sang. Ils guérirent aussi un fou, en faisant couler dans ses veines du sang de veau. Quelques inconvéniens firent cependant abandonner cette méthode. Durosoy, condamné au dernier supplice, en 1792, demanda que son trépas fût utile au genre humain, et qu'on fît sur lui l'expérience de la transfusion de son sang dans les veines d'un vieillard. Sa demande fut rejetée.

TRANSPIRATION. On ne sait pas au juste à

quelle époque remontent les expériences sur la transpiration insensible; mais les plus nombreuses et les plus certaines sont celles qu'a faites Sanctorius, célèbre médecin italien, qui a vécu de 1561 à 1636. Il se mettoit dans une balance après avoir pesé les alimens qu'il prenoit, et par ce moyen répété tous les jours, il tâchoit de parvenir à déterminer le poids et la quantité de la transpiration insensible. Il a reconnu que l'on perd plus dans un jour par la transpiration, que l'on ne fait en quinze par les autres évacuations; et que si les alimens et la boisson d'un jour pèsent 8 livres, la transpiration montera jusqu'à 5, et on ne rendra que 3 livres par les voies ordinaires.

Si nous perdons beaucoup par la transpiration, il arrive aussi que l'air et les vapeurs entrent dans notre corps par les pores de la peau. Cardan parle d'une femme dont les urines journalières pesoient 27 livres, quoique tous ses alimens secs et liquides n'en pesassent que 4.

Denis Dodart, médecin de Louis XIV, a fait en 1677 une expérience à la manière de Sanctorius. Il se pesa le premier jour du carême, et se trouva du poids de 116 livres et une once. Il fit ensuite le carême, comme il a été observé dans l'Eglise jusqu'au XIIe siècle, ne buvant et ne mangeant que sur les 6 heures du soir; le samedi de Pâques, il ne pesoit plus que 107 livres 11 onces; c'est-à-dire, que, par une vie si austère, il avoit perdu en 46 jours huit livres cinq onces, qui faisoient la 14e partie de sa substance. Il reprit sa vie ordinaire , et au bout de quatre jours il regagna quatre livres.

Ce docteur a observé que seize onces de sang tiré se réparoient en moins de cinq jours dans un homme bien constitué.

D'après les expériences les plus modernes sur la transpiration insensible , il est reconnu qu'elle est de 18 grains par minute, ou de 25,920 grains (2 liv. 13 onces) par jour. La transpiration cutanée est de 1 liv. 11 onces 4 gros, et la transpiration pulmonaire est de 1 liv. 1 once 4 gros.

VACCINE. C'est vers 1776 , que le docteur Edward Jenner , médecin anglais , commença ses recherches sur la nature de la vaccine; mais ce n'est que vers 1794 , ou même 98 , qu'il publia le résultat de ses recherches sous ce titre : *Recherches sur les causes et les effets de la variole-vaccine , maladie découverte dans quelques contrées occidentales de l'Angleterre , et particulièrement à Glocester-Shire où elle est connue sous le nom de Cow-pox.* Rien de plus surprenant que les nombreuses expériences qu'il fit pour assurer les avantages de cette nouvelle inoculation, et que les difficultés sans nombre qu'il eut à surmonter pour les faire connoître. La vaccine fut bientôt substituée en Angleterre à l'inoculation, et de là fut répandue en Europe avec une espèce d'enthousiasme. Tous les gouvernemens se sont empressés de l'accueillir et d'en favoriser la pratique ; jamais découverte n'a parcouru le globe avec une telle rapidité.

VARIOLE ou PETITE VÉROLE. Ce fléau, si l'on en croit un ancien manuscrit arabe, a paru pour la première fois en Arabie, en 572. On conjecture que c'est là que la prirent les Sarrasins, qui ensuite la portèrent chez les Orientaux, d'où elle se propagea en Chine et jusques sur les confins de l'Asie. Quant à nous, c'est vers le xe siècle, dit-on, que nos pères allèrent en Asie chercher cette active contagion. D'autres auteurs font remonter son introduction en Europe, avant les Croisades ; ils pensent que la petite vérole traversa la Méditerranée, et nous fut apportée dès le viiie siècle au temps de la conquête des Espagnes par les Maures. Les Hollandais la portèrent aux Indes et chez les Hottentots, lorsqu'ils conquirent le Cap de Bonne-Espérance en 1648. Des Missionnaires Danois firent ce triste présent aux Groenlandais en 1733. Les Russes l'ont portée jusqu'aux extrémités de leurs vastes possessions, où elle exerce de terribles ravages. Christophe Colomb l'a transportée au Nouveau-Monde ; mais ce qu'il en a rapporté en échange est mille fois plus affreux. L'inoculation, puis la vaccine, ont arrêté les ravages de la petite vérole.

Quant au mal vénérien, on a toujours fixé l'introduction de cette funeste contagion en Europe, à l'époque de la découverte du Nouveau-Monde en 1492. Cependant *Pacificus-Maximus*, poëte Latin, né à Ascoli en 1400, a publié ses poésies latines en 1489 à Florence, *in-4°*, et on y trouve une description frappante de la maladie vénérienne. Donc elle existoit en Europe avant 1492. Quelques-uns regardent l'introduction de cette maladie en Europe, comme une épidémie qui régna dans ce temps-là. Pintor, médecin d'Alexandre VI, a publié un ouvrage *de Morbo fœdo et occulto his temporibus affligenti* etc. *Romæ*, 1500. *Goth.* Dans ce livre très rare et peu connu, on fait remonter la maladie vénérienne à l'année 1496. Le célèbre médecin Allemand, Philippe-Gabriel Hensler, est aussi d'avis que la maladie syphillitique a commencé à paroître en Europe avant le retour de Colomb de son premier voyage en Amérique.

VERRE. Le verre date de la plus haute antiquité. Quelques-uns en placent l'invention 900 ans avant J.-C ; mais les vitres sont bien postérieures. Le premier qui en parle est Saint Jérôme, qui vivoit sur la fin du IVe siècle.

On prétend qu'un architecte du temps de Tibère, trouva le secret de rendre le verre malléable, c'est-à-dire, ductile sous le marteau, comme le fer ; mais que cet empereur, jaloux de la gloire que cette découverte alloit acquérir à son auteur, non-seulement le fit mourir, mais empêcha que son nom et son secret ne passassent à la postérité. Quoique plusieurs histoires anciennes rapportent ce fait, on doit le mettre au rang des fables. Il est certain que la dia-

phanéité du verre vient de ce qu'il a ses pores tout
droits et vis-à-vis les uns des autres, et son poli, de
ce qu'ils sont extrêmement petits; or, s'il étoit ductile, il perdroit sa principale qualité qui est la trans-
parence, laquelle ne peut subsister qu'autant que
ses pores sont droits et vis-à-vis les uns des autres.
Mais si l'on est obligé de refuser la malléabilité au
verre, il n'en est pas de même de la flexibilité où
élasticité; on en trouve la preuve dans ces petites
bouteilles dont le fond est si délié, qu'on le rend
concave ou convexe en soufflant dedans, ou en tirant l'air doucement.

VOYAGES. C'est aux voyages lointains, que sont
dues les découvertes les plus importantes, celles qui
reculant, pour ainsi dire, les limites du domaine
de l'homme civilisé, en mettant à sa disposition de
nouvelles et immenses contrées, ont donné une forte
commotion à l'ordre social, créé le véritable commerce et enrichi l'Ancien-Monde des trésors en
tous genres dont les peuples nouveaux étoient pour
la plupart les aveugles dépositaires.

Parmi les voyages de long cours, on distingue les
voyages autour du Monde, et ceux qui, sans avoir
complété cette course orbiculaire, sont, comme eux,
remarquables par les îles, les régions et même les
nouveaux continens que l'on a explorés. Comme il
seroit trop long de donner une notice de tous ces
voyages (1), nous nous contenterons de signaler ici

_____

(1) Les voyages autour du Monde, seuls, sont au nombre de

les principales découvertes que l'on doit à ces grandes
et audacieuses entreprises dont les progrès et les
succès ont eu et ont encore une si grande influence
sur l'état actuel de la société. Nous ne pouvons rap-

---

vingt-six. En voici la liste : 1º Celui de Ferd. Magellan, de 1519
à 1522 ; — ii.º celui de Drake, de 1577 à 1580 ; — iii.º celui de
Th. Cavendish ou Candish, de 1586 à 1588 ; — iv.º celui d'Olivier
Van Noort, de 1598 à 1601 ; — v.º celui de Georges Spilberg, de
1614 à 1617 ; — vi.º celui de Jacq. Le Maire et Schouten, de 1615
à 1617 ; — vii.º celui de Jacq. l'Hermite et Jean Huppon, de
1623 à 1626 ; — viii.º celui de Cowley, de 1683 à 1686 ; —
ix.º celui de Wood Roger, de 1708 à 1711 ; — x.º celui de Rog-
gewin, de 1721 à 1723 ; — xi.º celui de l'amiral Anson, de 1741
à 1744 ; — xii.º celui du commodore Byron, de 1764 à 1766 ; —
xiii.º celui des capitaines Wallis et Carteret, de 1766 à 1768 pour
Wallis, et 1769 pour Carteret ; — xiv.º celui de Bougainville, de
1766 à 1769 ; — xv.º premier voyage du capitaine Cook avec Banks
et Solander, de 1768 à 1771 ; — xvi.º second voyage de Cook avec
le capitaine Furneaux, de 1772 à 1775 ; — xvii.º troisième voyage
de Cook avec Clarke, de 1776 à 1780 ; — xviii.º celui de Lapey-
rouse, (quoique non terminé) de 1785 à 1788 ; — xix.º de Ma-
laspina et Bastiamente, de 1789 à 1793 ; — xx.º celui d'Etienne
Marchand, de 1790 à 1792 ; — xxi.º celui de G. Vancouver, de
1790 à 1794 ; — xxii.º celui de Turnbull, de 1800 à 1804 ; —
xxiii.º celui de Krusenstern, de 1803 à 1806 ; — xxiv.º celui de
Kotzebue, de 1814 à 1816 ; — xxv.º celui du capitaine Freycinet,
de 1817 à 1820 ; — xxvi.º un second voyage de Kotzebue, de 1823
à.....

Parmi les autres voyages intéressans par l'importance des découvertes, on distingue ceux de Salazar, en 1525 ; de Saavedra,
en 1526 ; de Jean Gaetan, en 1542 ; de Mendoce et de Mendana,
en 1567 ; de Sarmiento, en 1579 ; de Mendana, en 1595 ; de Fernand de Quiros, en 1605 ; de Carpenter, en 1628 ; d'Abel Tasman, en 1642 ; de Dampier, en 1687 ; de Gemelli, en 1693 ; de
Pagès, en 1767 ; de Dixon, en 1785 ; de La Billardière, en 1791 ;
etc., etc., etc.

porter que le nom des régions et la date de leur découverte.

Les *Açores* sont découvertes par Gonzallo Vello,
Portugais, en 1448.

La rivière des *Amazones*, par Vincent Pinçon,
en 1500.

En *Amérique*, l'île *San-Salvador*, découverte
par Christ. Colomb dans la nuit du 11 au 12 octobre
1492; il étoit sorti de Cadix le 3 août 1492. Le
même Colomb a encore découvert l'île de *Cuba* le
27 octobre 1492; *S.-Domingue*, la même année;
les *Antilles*, la *Jamaïque*, l'île *S.-Christophe* et la
Dominique, en 1493; et la *Trinité*, en 1498.
Quant aux côtes orientales de l'Amérique, c'est
Améric Vespuce, avec Ojeda, qui les ont découvertes en 1497 selon les uns, et 1499 selon les
autres.

Ile de l'*Ascension*, entre l'Afrique et le Bresil,
découverte par Tristan da Cunha, en 1508.

Baie de Baffin, au nord du Détroit de Davis,
découverte par Will. Baffin en 1616.

Le *Bengale*, découvert par quelques Portugais
jetés par la tempête sur ses côtes, en 1517.

Détroit de Bering, entre les côtes d'Asie et de
l'Amérique, découvert par le Danois Vitus Bering
en 1728.

Ile *Bourbon*, du côté de l'Afrique, occupée par
les Français en 1654.

Le *Bresil*, découvert le 24 avril 1500 par Alva-
rez de Cabral.

Nouvelle Calédonie, découverte par Cook en 1774.

La *Californie*, par Cortez, en 1535.

Le *Canada*, par des pêcheurs Bretons, vers 1498; reconnu par Thom. Aubert en 1508; possédé, au nom de François I, en 1523, et visité par Jacques Cartier en 1534.

Iles *Canaries*, découvertes en 1345, par des navigateurs Catalans et Génois. Elles étoient connues des anciens.

Cap de Bonne-Espérance, découvert en 1486 par Barthelemi Diaz.

Cap-Verd, entre les fleuves de la Gambie et du Sénégal, découvert en 1446 par Denis Fernandez.

Ile de *Ceylan*, dans la mer des Indes, découverte par Laurent Almeyda en 1506.

Iles de *la Reine-Charlotte*, découvertes par Carteret en 1766.

Le *Chili*, découvert par Diego de Almagro en 1536-37.

La *Chine*, découverte par mer, en 1517, par Fernand Perez d'Andrada.

Le *Congo*, par Diego Cam, en 1484.

Le *Détroit de Davis*, entre l'île de Jacques et la côte occidentale du Groënland, découvert par Jean Davis en 1587.

La *Terre de Feu*, par Magellan, en 1520.

La *Floride*, dans l'Amérique septentrionale, découverte le 2 avril 1512 par Ponce de Léon.

La *Guinée*, côte d'Afrique, découverte par Jean de Santaren et Pierre Escovar en 1471.

La *Nouvelle Guinée*, par Alvaro de Saavedra, en 1527; elle est diamétralement opposée à la Guinée d'Afrique.

Nouvelle Hollande, découverte en 1525 par les Portugais; oubliée, puis visitée par les Hollandais depuis 1619 à 1644; enfin entièrement reconnue récemment par les Anglais et les Français.

Cap Horn, découvert par Jacques Le Maire et Guillaume Schouten, en 1616.

Baie et *détroit d'Hudson*, dans l'Amérique septentrionale, près des terres arctiques, découverts par Henri Hudson en 1610.

Rio-Janeiro, découvert par Diaz de Solis en 1516, ainsi que *Rio-de-la-Plata*.

Japon, découvert en 1542 par Ant. de Meta et Antoine de Peyxoto.

Le *Kamtschatka*, qui termine la Sibérie à l'orient, découvert par le chef cosaque Morosko en 1690.

Labrador; cette terre est découverte par l'ingénieur Français Alphonse en 1541.

La *Louisiane*, à l'est du Canada, découverte par les Français en 1673.

Ile de *Madagascar*, découverte par Tristan da Cunha en 1506.

Ile *Madère*, découverte par Tristan Vaz et Zarco en 1419.

Détroit de Magellan, découvert par ce navigateur en 1519.

Côte de *Malabar*, découverte par Vasco de Gama en 1498.

Malaca, par Siqueyra, Portugais, en 1508.

Iles *Malouines*, découvertes par Hawkins en 1594.

Iles *Marianes* (d'abord des *Larrons*), découvertes par Magellan en 1520.

Iles *Marquises*, découvertes par Mendana en 1595.

Mer du Sud, entre l'Amérique et l'Asie, découverte par Nugnez Balboa en 1513.

Le *Mexique*, découvert par Jean Grijalva en 1518. Fernand Cortez entre dans ce pays, comme allié et ami de Montezuma, le 8 novembre 1519.

Iles *Moluques*, au midi des Philippiques, découvertes par les Portugais en 1511.

Ile de *Mozambique*, découverte par Vasco de Gama en 1498.

Le *Mississipi*, par Moscoso Alvarado, en 1543.

Le *Pérou*, découvert par Perez de la Rua en 1515 ; François Pizarre s'y présente comme ami de l'inca Athahnalipa en 1531.

Iles *Philippines*, découvertes par Magellan en 1520.

Ile *Sainte-Hélène*, découverte par Jean de Nova en 1502.

Iles *Sandwich*, découvertes par Cook en 1778.

Le *Sénégal*, fleuve d'Afrique, découvert par les Portugais, de 1440 à 1445.

Sibérie, grand pays depuis le Mont-Oural à l'ouest

jusqu'à l'Océan oriental à l'est, découvert par Yermak Timophéiévitch en 1580.

Iles de *la Sonde*, découvertes par le Portugais Abreu en 1511.

Spitzberg, découvert par les Anglais dès 1552 ; mais ils croyoient que ce pays faisoit partie du Groënland ; il a depuis été découvert par Barentz en 1596.

Ile de *Sumatra*, découverte par Siqueyra en 1508.

Ile *Taïti*, découverte par Wallis en 1767.

Ile de *Terre-Neuve*, découverte par les Vénitiens en 1497, et selon d'autres, par Cortereal, Portugais, en 1500.

Le *détroit de Waigats*, découvert par Stevens Borrough en 1556.

La *Nouvelle Zélande*, par Abel Tasman, en 1642 ; on lui doit également la terre de *Diemen*, découverte la même année.

Nous terminons ici notre notice sur les découvertes, regrettant de n'avoir pu donner à ce chapitre toute l'étendue que nous aurions désiré ; mais plusieurs volumes suffiroient à peine pour ébaucher cette matière ; il a donc fallu nous borner à un petit nombre d'articles très succincts, choisis dans un recueil assez volumineux que nous avons formé.

~~~~~~

PETITE CHRONOLOGIE

DES ÉCRIVAINS LES PLUS CÉLÈBRES,

CLASSÉS PAR ORDRE DE MATIÈRES.

———

UNE nomenclature des principaux auteurs, classés par ordre de matières, et, sous chaque matière, par ordre chronologique, a toujours, quoiqu'aride en apparence, quelque chose d'attrayant pour tout amateur de la saine littérature. On aime à trouver sous sa main un bon choix des meilleurs écrivains, sur-tout quand ce choix, disposé méthodiquement et présentant la série chronologique des auteurs qui se sont distingués dans chaque genre, met dans le cas de suivre les progrès qui ont été faits dans chaque partie, et peut encore être utile pour l'arrangement d'une bibliothèque.

On ne rencontrera dans cette liste que des auteurs d'une réputation justement méritée. On n'y a omis aucun des immortels génies qui ont illustré les quatre grands siècles littéraires ; les écrivains sacrés et ecclésiastiques sont en tête de la nomenclature, soit à raison de leur importance, soit conformément aux meilleurs systèmes bibliographiques.

Quant aux dates de naissance et de mort, nous avons apporté tous nos soins à les donner avec exactitude ; nous prévenons cependant que pour ce qui regarde les temps antérieurs à Jésus-Christ, nous n'avons guères pu indiquer que des dates approximatives ; mais elles n'ont point été mises au hasard. Nous avons consulté sur chacune d'elles, cinq à six des meilleures chronologies, et nous avons tâché de concilier les diverses opinions en rapprochant les événemens contemporains, et en les scrutant de manière à en faire jaillir une lumière à-peu-près certaine sur les dates dont nous avions besoin. Ce travail a été beaucoup plus épineux qu'on ne pourroit le croire, parce que nous ne nous sommes décidé qu'après un long et mûr examen.

On a adopté dans le tableau suivant l'ordre bibliographique ordinaire, c'est-à-dire, les cinq grandes divisions qui comprennent, 1.º la Religion, 2.º la Jurisprudence, 3.º les Sciences et Arts, 4.º les Belles-Lettres, et 5.º l'Histoire. Les sous-divisions sont peu multipliées, parce qu'il a fallu proportionner ce tableau à l'étendue du volume qui renferme tant d'autres objets. Le chiffre qui précède les noms propres, indique l'année de la naissance des auteurs, et celui qui les suit, indique la date de la mort ; c'est ce dernier que l'on a pris pour la classification chronologique.

I°. RELIGION.

ÉCRIVAINS SACRÉS. (*Anc. Test.*)

Naiss. Av. J.-C.	Mort. Av. J.C.	Naiss. Av. J.-C.	Mort. Av. J.-C.
1719 Job	1509	765 Tobie, père	663
1590 Moïse.	1471	743 Tobie, fils.	644
1560 Josué	1461	704 Judith	634
1153 Samuel	1077	660 Sophonie, P. P. . .	590
1104 David.	1034	. . . Jérémie, G. P. . . .	580
1155 Salomon	995	. . . Ezéchiel, G. P. . .	578
. . . Osée, Pet. Proph. .	800	630 Baruch, P. P. . . .	573
. . . Joel, P. P.	789	629 Daniel, G. P. . . .	550
. . . Amos, P. P.	785	. . . Aggée, P. P.	519
. . . Abdias, P. P.	776	528 Esther.	468
856 Jonas, P. P.	775	. . . Malachie, P. P. . .	440
804 Michée, P. P.	724	515 Néhémie.	424
. . . Nahum, P. P.	700	498 Esdras.	414
765 Habacuc, P. P. . . .	698	. . . Trad. de LXX . . .	277
765 Isaïe, Gr. Proph. .	681	275 Jesus F. de Sirac. .	224

ÉCRIVAINS SACRÉS. (*Nouv. Test.*)

	Dep. J.-C.		Dep. J.-C.
. . . S. Jacques, min. .	61	. . . S. Pierre	67
. . . S. Marc, év.	63	. . . S. Paul	67
. . . S. Luc, év.	65	. . . S. Mathieu, év. . .	90
. . . S. Jude	69	. . . S. Jean, év.	100

PRINCIPAUX SS. PÈRES ET AUTRES ÉCRIVAINS.

Dep. J.-C.		Dep. J.-C.	Dep. J.-C.		Dep. J.-C.
6	Philon le Juif, Grec.	52	267 Eusèbe, G.		342
100	S. Justin, G. . . .	167	. . . S. Hilaire, L. . . .		368
140	S. Irénée, G. . . .	202	296 S. Athanase, G. . .		373
148	S. Clément d'Al., G.	216	316 S. Basile, G.		379
154	Tertullien, Latin. .	216	330 S. Grég. de Naz., G.		391
185	Origène, G.	254	340 S. Ambroise, L. . .		397
251	S. Cyprien, L. . .	258	354 S. Chrysostôme, G.		407
275	Lactance, L.	325	331 S. Jérôme, L. . . .		420

354 S. Augustin, L.	430	S. Léon, L.	461
372 S. Cyrille, G.	444	540 S. Grégoire, L.	604
386 Théodoret, G.	458	1091 S. Bernard, L.	1159

ÉCRIVAINS ECCLÉSIASTIQUES ET THÉOLOGIENS.

Dep. J.-C.	Dep. J.-C.	Dep. J.-C.	Dep. J.-C.
1227 S. Thomas d'Aq.	1274	1651 Fénélon.	1715
1380 Th. à Kempis.	1471	1649 Duguet.	1733
1583 Den. Pétau	1652	1672 D. Calmet.	1757
1603 J. de Launoy.	1678	1693 Collet	1770
1613 Le Maistre de Sacy.	1684	1710 Bergier	1790
1612 A. Arnauld.	1694	1711 Richard.	1794
1619 L. Thomassin.	1695	1729 Bailly	1808
1627 Bossuet.	1704	1738 Le C. de la Luzerne.	1821

SERMONNAIRES.

Dep. J.-C.	Dep. J.-C.	Dep. J.-C.	Dep. J.-C.
1592 Le Jeune	1672	1706 Clément.	1771
1634 Mascaron	1703	1693 Neuville.	1774
1627 Bossuet	1704	1711 Poule	1781
1632 Bourdaloue	1704	1728 Élisée	1783
1632 Fléchier	1710	1727 Gery.	1786
1651 Fénélon.	1715	1715 De Boismont	1786
1643 La Rue	1725	1733 De Beauvais.	1789
1699 La Boissière.	1732	1722 Lenfant.	1792
1675 Bretonneau	1741	1722 Cambacérès.	1802
1663 Massillon	1742	1724 De Noé.	1802
1674 Segaud.	1748	1732 Beauregard	1804
.... Bridaine.	1767	1746 Le C. Maury	1817

PRINCIPAUX SECTAIRES.

Dep. J.-C.	Dep. J.-C.	Dep. J.-C.	Dep. J.-C.
240 Manès.	295	1366 J. Huss	1415
286 Arius	325	1484 Zuingle	1531
377 Pelage.	430	1483 Luther	1546
378 Nestorius.	435	1509 Calvin	1564
388 Eutichès.	460	1539 Socin..	1604
.... Valdo	vers 1200	.... G. Fox	1681
1324 Wiclef	1384	1644 Will. Penn	1718

II°. JURISPRUDENCE.

JURISCONSULTES.

Dep. J.-C.		Dep. J.-C.	Dep. J.-C.		Dep. J.-C.
1500	Ch. Dumoulin. . .	1566	1673	Le Prés. Bouhier. .	1746
1520	Cujas.	1590	1687	Cochin.	1747
1585	Om. Talon.	1652	1668	D'Aguesseau.	1749
1595	Henrys.	1662	1690	Furgole.	1761
1617	Lamoignon.	1677	1701	Pothier.	1773
1625	Domat.	1695	1737	Servan.	1807
1669	Terrasson.	1734			

III°. SCIENCES ET ARTS.

PHILOSOPHES, MORALISTES, POLITIQUES, etc.

Av. J.-C.		Av. J.-C.	Dep. J.-C.		Dep. J.C.
469	Socrate	400	1623	Pascal.	1662
429	Platon.	348	1613	La Rochefoucauld. .	1680
385	Aristote	322	1625	Nicole.	1695
392	Théophraste. . . .	288	1639	La Bruyère. . . .	1696
342	Épicure.	271	1634	Locke.	1704
106	Cicéron.	43	1638	Mallebranche. . . .	1715
Dep. J.-C.		Dep. J.-C.	1675	S. Clarke.	1729
3	L. A. Sénèque. . . .	65	1712	Vauvenargues. . . .	1747
48	Plutarque.	119	1689	Montesquieu.	1755
64	Épictète.	162	1690	Deslandes.	1757
121	Marc-Aurèle. . . .	180	1713	Sterne	1767
1107	P. Lombard. . . .	1164	1705	Duclos.	1772
1533	Montaigne.	1592	1709	Mably.	1785
1541	Charron.	1602	1706	Franklin.	1790
1560	Le ch. Bacon. . . .	1626	1735	Bernard. de S.-Pierre.	1814
1583	Grotius.	1645	1753	De Maistre.	1821
1596	Descartes.	1650			

NATURALISTES, PHYSICIENS, CHIMISTES, etc.

Av. J.-C.		Av. J.-C.	Av. J.-C.		Av. J.-C.
385	Aristote.	322	234	Caton l'ancien. . . .	149
392	Théophraste. . . .	286	116	T. Varron.	28

Av. J.-C.	Dep. J.-C.	Dep. J.-C.	Dep. J.-C.
14 Columelle 50		1707 Buffon 1788	
Dep. J.-C.		1706 Franklin 1790	
23 Pline l'ancien 78		1720 Bonnet 1793	
1516 Gessner de Zurich . 1565		1743 Lavoisier 1794	
1656 Tournefort 1708		1716 Daubenton 1799	
1686 De Jussieu 1758		1750 Dolomieu 1801	
1692 Musschenbroeck . . 1761		1723 Brisson 1806	
1688 Pluche 1761		1731 Valmont de Bomare . 1807	
1700 Nollet 1770		1757 Ventenat 1808	
1707 Linnée 1778		1755 Fourcroy 1808	
1700 Duhamel 1782		1740 Montgolfier 1810	
1718 P. J. Macquer . . . 1784		17 . . Haüy 1822	
1720 G. de Montbelliard . 1785		1740 Banks 1822	

MÉDECINS.

Av. J.-C.	Av. J.-C.	Dep. J.-C.	Dep. J.-C.
460 Hippocrate 356		1700 Lecat 1768	
	Dep. J.-C.	. . . Senac 1770	
34 Celse 27		1703 Lieutaud 1780	
Dep. J.-C.		1728 Bordenave 1782	
123 Galien 193		1708 Alb. Haller 1786	
1578 Harvey 1657		1723 Ant. Louis 1792	
1624 Sydenham 1689		1744 Desault 1795	
1668 Boerhaave 1738		1727 Tissot 1797	
1626 Halley 1742		1771 Bichat 1802	
1669 Winslow 1760		1756 Cabanis 1808	
1684 Astruc 1766		1746 Baudeloque 1810	

MATHÉMATICIENS, ASTRONOMES, etc.

Av. J.-C.	Av. J.-C.	Dep. J.-C.	Dep. J.-C.
323 Euclide 262		1564 Galilée 1642	
262 Archimède 212		1623 Pascal 1662	
106 Ptolomée 166		1590 Fermat 1664	
Dep. J.-C.	Dep. J.-C.	1629 Huyghens 1695	
1483 Copernic 1543		16 . . De l'Hospital . . . 1704	
1546 Ticho-Brahé 1601		1646 Leibnitz 1716	
1540 Viète 1603		1640 De la Hire 1718	
1571 Kepler 1630		1642 Newton 1727	

1682 Sannderson 1739	1736 J. S. Bailly. 1793
1656 Halley. 1742	1715 Le Monnier 1799
1698 Maupertuis 1759	1733 Borda 1799
1674 La Caille 1762	1739 Cousin. 1800
1712 Clairault. 1765	1725 Montucla 1800
1701 LaCondamine. . . . 1774	1732 La Lande. 1807
1717 D'Alembert. . . . 1783	1736 La Grange. 1813
1730 Bezout. 1783	1730 Messier 1817
1707 Euler 1783	1738 Herschell 1822

BEAUX-ARTS.

Av. J.-C.	Av. J.-C.	Dep. J.-C.	Dep. J.-C.
104 Vitruve 14	1729 Lessing. 1781
Dep. J.-C.	Dep. J.-C.	1718 Watelet 1786
23 Pline l'Ancien . . . 78	1722 P. Camper. 1788
50 Frontin 110	1716 Et. Falconet 1791
86 Pausanias 173	1723 Reynolds 1792
340 Végèce. 390	17 . . De la Chau.. 1793
1680 De Boze. 1753	1741 Lavater 1801
1696 Hogarth 1763	1724 Gilpin. 1804
1692 De Caylus. 1765	1752 Choiseul-Gouffier. . 1817
1718 Winckelmann. . . . 1768	1759 Millin. 1818
17 . . Jaubert. 1780	1745 Paris. 1819

IV°. BELLES-LETTRES.

RHÉTEURS, GRAMMAIRIENS, ÉTYMOLOGISTES, etc.

Av. J.-C.	Av. J.-C.	Dep. J.-C.	Dep. J.-C.
385 Aristote 322	1661 Rollin 1741
106 Cicéron 43	1678 Dumarsais. 1756
	Dep. J.-C.	1686 D'Olivet. 1768
58 M. A. Sénèque . . . 32	17 . . Batteux 1780
Dep. J.-C.		1710 Condillac 1780
37 Quintilien. 112	1686 Houbigant. 1783
222 Longin 273	1725 Court de Gebelin. . 1784
1585 Vaugelas. 1650	1710 Lowth. 1787
1613 Ménage 1692	1717 Beauzée. 1789
1616 Lancelot 1695	1736 Papon 1800
1643 Jouvency 1719	1718 Blair. 1800

31

1724 Wailly. 1801   1745 Domairon 1807
1739 La Harpe. 1803   1746 Le C. Maury 1817
1737 Caillard. 1807   .. . J. Audran. 1818

LEXICOGRAPHES.

Dep. J.-C.	Dep. J.-C.	Dep. J.-C.	Dep. J.-C.
Vers 950 Suidas	. . vers 1000	17.. J.-G. Wachter	. . 1758
1503 R. Estienne.	 1559	1799 Bullet	. . 1775
1528 H. Estienne	 1598	1717 D'Alembert . .	. 1783
1643 Moréri.	 1680	1713 Diderot	. 1784
1610 Ducange.	 1688	1709 S. Johnson . .	. . 1784
1620 Furetière	 1688	17.. Roubaud. . .	. . . 1797
1621 Richelet.	 1698	1724 Wailly . . .	. . . 1801
16.. Boudot	 1796	1732 J.-C. Adelung.	. . 1806
16.. Danet	 1709	1749 Lunier. . .	. . . 1807
16.. Joubert	 1724	17.. Lallemand. .	. . 1810
1664 Boyer	 1729	1743 Gattel. . .	. . . 1812
1666 Br. de la Martinière.	1746	1737 Chaudon. . .	. . 1817
1678 Girard.	 1748	1759 Millin	. . 1818

TRADUCTEURS.

Dep. J.-C.	Dep. J.-C.	Dep. J.-C.	Dep. J.-C.
1513 J. Amyot	 1593	1736 Le Tourneur	. . . 1788
1585 Vaugelas	 1650	1731 Rochefort	 1788
1605 Duryer.	 1658	1717 Beauzée	 1789
1606 P. d'Ablancourt.	. . 1664	1728 Barrett.	 1792
1589 Arnauld d'Andilly.	1674	1724 Ath. Auger.	. . . 1792
1641 Dacier.	 1712	1728 Dusaulx	 1799
1556 Tourreil.	 1714	1724 Wailly	 1801
1651 Mme Dacier.	. . . 1720	1728 Godescard.	. . . 1801
1654 Sacy.	 1727	1737 Sélis.	 1802
1676 Sanadon.	 1733	1741 Dom Ricard.	. . 1803
1652 De Villefort.	. . . 1737	17.. Guiraudet.	. . . 1804
1673 Banier.	 1741	1746 D'Ussieux .	. . . 1805
1688 Brumoy	 1742	1716 Dotteville .	. . . 1807
1667 Gedoyn	 1744	1742 Dureau de la Malle	1807
1685 L'ab. Desfontaines.	1745	1730 Bitaubé	 1808
1696 La Bletterie.	. . . 1772	1732 Réné Binet	. . . 1812
17.. Batteux	 1780	1726 Larcher	 1812

1738 Delille 1813   1765 Clavier 1817
1742 Dutheil 1815   1717 Morellet 1819
1732 Suard 1817   1744 Gueroult 1821

ORATEURS.

Av. J.-C.		Av. J.-C.	Dep. J.-C.		Dep. J.-C.
468 Andocide	400		1687 Cochin		1747
459 Lysias	380		1689 Montesquieu		1755
430 Ctesias	376		1694 Voltaire		1778
436 Isocrate	338		1712 J. J. Rousseau . . .		1778
400 Isée	336		1732 Thomas		1785
397 Eschine	322		1707 Buffon		1788
382 Démosthène	322		1725 Gerbier		1788
361 Dinarque	293		1749 Mirabeau		1791
106 Cicéron	43		1736 Linguet		1794
Dep. J.-C.		Dep. J.-C.	1723 Beaumarchais		1799
61 Pline le Jeune . . .		112	1739 La Harpe		1803
1624 Pelisson		1693	1735 Bern. de S. Pierre.		1814
1627 Bossuet		1704	1746 Le cardinal Maury .		1817
1651 Fénélon		1715	1762 Fontanes		1821
1661 Rollin		1741	1738 Le C. de la Luzerne.		1821

POETES.

Av. J.-C.		Av. J.-C.	Av. J.-C.		Av. J.-C
. . . Homère	980		104 P. Syrus		43
. . . Hésiode	860		43 Tibulle		19
. . . Tyrtée	680		70 Virgile		19
625 Sapho	582		64 Properce		12
625 Esope	561		65 Horace		8
555 Anacréon	470			Dep. J.-C.	
521 Pindare	435		43 Ovide		18
340 Aratus	280		39 Phèdre		39
295 Théocrite	240		15 Manilius		35
290 Apollonius de Rh. .	230	Dep. J.-C.			
260 Callimaque	200		34 Perse		62
180 Bion	120		38 Lucain		65
170 Moschus	110		45 Val. Flaccus		92
95 Lucrèce	51		43 Stace		95
86 Catulle	49		29 Silius Italicus		99

THÉATRE.

Dep. J.-C.		Dep. J.-C.	
3 L. A. Sénèque.	65	1680 Destouches.	1754
1532 Jodelle	1573	1675 S. Maffei.	1755
1564 Shakespeare.	1616	1674 Crébillon	1762
1562 Lopez de Vega	1635	1689 Piron	1773
1609 Rotrou.	1650	1728 De Belloi.	1775
1622 Molière	1673	1709 Gresset.	1777
1606 P. Corneille	1684	1694 Voltaire	1778
1634 Mairet	1686	1698 Métastase	1782
1636 Quinault	1688	1707 Goldoni	1792
1639 J. Racine.	1699	1749 Alfieri	1803
1658 La Fosse.	1708	1759 Schiller.	1805
1625 Th. Corneille	1709	1755 Collin d'Harleville.	1806
1656 Regnard	1710	1717 Carmontelle.	1806
1656 Campistron	1723	1733 Ducis	1816
1661 Dancourt.	1726	1761 Kotzebue.	1819

ROMANCIERS.

Dep. J.-C.		Dep. J.-C.	
1314 Boccace.	1376	1697 L'abbé Prévot.	1763
1483 Rabelais.	1553	1685 M. de Lussan.	1768
1547 Cervantes.	1616	1705 De Tressan.	1782
1609 Scarron.	1660	1714 Mme. Riccoboni.	1792
1646 Galland.	1715	1707 P. A. de Laplace.	1793
1645 Hamilton.	1719	1756 Florian.	1794
1663 De Foë.	1731	1723 Marmontel.	1799
1677 Le Sage.	1747	1718 Arnaud-Baculard.	1805
1707 Fielding.	1754	1773 Mme. Cottin.	1807
1689 Richardson.	1761	1731 L'abbé Gérard.	1811
1688 Marivaux.	1763	1735 Bern. de S.-Pierre.	1814

POLYGRAPHES, PHILOLOGUES ET MÉLANGES.

Av. J.-C.		Dep. J.-C.	
116 T. Varro.	28	144 Athénée.	194
		350 Macrobe.	410
44 Valère-Maxime.	23 (Dep. J.-C.)	1476 Erasme.	1546
		1641 La Monnoie.	1727
105 Aulu-Gelle.	165 (Dep. J.-C.)	1684 Saint-Hyacinthe.	1746
95 Lucien.	185	1688 Pope.	1744

1672 Muratori	1750	1718 L'abbé Guenée	1803
1689 Montesquieu	1755	1732 De Boisgelin	1804
1657 Fontenelle	1757	1731 Anquetil du Perron	1805
1682 Passionei	1761	1750 Danse de Villoison	1805
1705 Duclos	1772	1735 Oberlin	1806
1709 De Brosses	1777	1756 Grouvelle	1806
1694 Voltaire	1778	1746 Sainte-Croix	1809
1712 J. J. Rousseau	1778	1730 Ameilhon	1811
1728 Dreux du Radier	1780	1730 Dutens	1812
1716 Condillac	1780	1736 Palissot	1814
1717 D'Alembert	1783	1752 Ch. de La Rochette	1814
1736 Linguet	1794	1748 Ginguené	1816
1723 Marmontel	1799	1742 Sabatier de Castres	1817
1724 M. De Noé	1802	1733 Coupé de l'Oise	1818
1739 La Harpe	1803	1761 Kotzebue	1819
1729 Brunck	1803	1741 Barruel	1820

ÉPISTOLOGRAPHES.

Av. J.-C.	Av. J.-C.	Dep. J.-C.	Dep. J.-C.
106 Cicéron	43	1639 Racine	1799
Dep. J.-C.	Dep. J.-C.	1638 Boursault	1701
3 L. A. Sénèque	65	1636 Boileau	1711
61 Pline le Jeune	112	1635 Mme. de Maintenon	1719
330 Symmaque	406	1671 J. B. Rousseau	1741
1080 Abeilard	1143	1694 Voltaire	1778
1101 Héloïse	1164	1712 J. J. Rousseau	1778
1598 Voiture	1648	1728 Galiani	1787
1594 Balzac	1654	1739 La Harpe	1803
1625 Sévigné	1696	1723 Grimm	1807

Vᵒ. HISTOIRE.

GÉOGRAPHES, VOYAGEURS ET ITINÉROGRAPHES.

Av. J.-C.	Dep. J.-C.	Dep. J.-C.	Dep. J.-C.
26 Strabon	25	1621 Thevenot	1692
Dep. J.-C.		1643 Chardin	1713
5 Pompon. Mela	60	1675 De Lisle	1726
1600 N. Sanson	1667	1664 Paul Lucas	1737
1605 Tavernier	1689	1663 Br. de la Martinière	1746

1685 D. Vaissette 1756	17.. Buy de Mornas ... 1783
1704 Nic. de La Croix . 1760	1741 La Peyrouse 1788
1688 Pluche 1761	1724 Busching 1793
1695 L'abbé Prévost .. 1763	1739 La Harpe 1803
1688 Rob. Vaugondi .. 1766	1729 Bougainville 1811
1728 Cook 1779	1729 Mentelle 1815
1718 De la Porte 1779	1752 Choiseul-Gouffier. 1817
1697 Danville 1782	1757 Volney 1820

CHRONOLOGISTES.

Dep. J.-C.	Dep. J.-C.	Dep. J.-C.	Dep. J.-C.
267 Eusèbe 342	1698 Lefevre de S.-Marc. 1769
1540 J. Scaliger 1609	1685 Le Pr. Hénault ... 1770
1583 D. Petau 1652	1720 P. Macquer 1770
1580 Usserius 1655	1704 D. Clémencet ... 1778
1639 Pezron 1706	1710 Barbeau-Labruyère. 1781
1649 De Vignole 1744	1714 D. Clément 1793
1668 Freret 1749	1720 Ad. Richer 1798
1674 Lenglet du Fresnoy. 1755	1718 Blair 1800

HISTORIENS ET BIOGRAPHES.

Av. J.-C.	Av. J.-C.	Dep. J.-C.	Dep. J.-C.
484 Hérodote 413	42 Tacite 109
471 Thucydide 391	60 Florus 110
449 Xénophon 360	48 Plutarque 119
321 Manethon 258	70 Suétone 130
206 Polybe 125	78 Philon de Byblos... 133
100 J. César 44	100 Justin 150
86 Salluste 31	88 Appien 156
84 Cornelius-Nepos... 30	103 Arrien 173
73 Vell. Paterculus... 23	173 Diogène-Laërce... 222
80 Denys d'Halic.... 11	180 Hérodien 238
70 Diodore de Sic.... 10	155 Dion Cassius 239
Dep. J.-C.	220 Jules Africain.... 260
59 Tite-Live 17	310 Aurelius Victor... 368
Dep. J.-C.	330 Sextus Rufus..... 380
4 Apion 70	320 Eutrope 390
27 Quinte-Curce.... 80	340 Amm. Marcellin... 398
37 Josèphe 93	360 Sulpice Sévère ... 420

470 Cassiodore. 562	1661 Rapin Thoyras. . . . 1725
544 Grégoire de Tours . 595	1649 Daniel 1728
735 Alcuin. 804	1649 Legendre 1733
764 Eginhart. 842	1655 Vertot 1735
1170 Matthieu Paris. . . 1229	1661 Rollin 1741
1229 Sire de Joinville . . 1318	1694 Pelloutier 1757
1337 Froissart. 1400	1672 D. Calmet. 1757
1395 Monstrelet. 1453	1709 Velly 1759
1445 Ph. de Commines. . 1509	1715 Villaret 1766
1469 Machiavel 1529	1705 Duclos. 1772
1482 Guichardin 1540	1711 Hume 1776
1530 Belleforest. 1583	1701 Lebeau. 1778
1527 Brantôme 1614	1737 Gibbon 1784
1553 Le Pr. de Thou. . . 1617	1726 L'abbé Millot. . . . 1785
1554 Mariana. 1620	1723 Desormeaux. 1792
1584 And. Duchesne . . . 1640	1729 L'abbé Garnier . . . 1805
1603 H. de Valois 1676	1723 Anquetil. 1806
1643 Moréri. 1680	1737 Caillard 1807
1610 Mezerai 1683	17.. Muller. 1809
1612 A. de Valois. . . . 1692	1730 Ameilhon 1811
1627 Bossuet 1704	1631 Denina 1813
1640 L'abbé Fleury. . . . 1723	1744 Bertr. de Moleville . 1818

ANTIQUAIRES.

Dep. J.-C.		Dep. J.-C.	
1518 Boissard. 1602	1680 Gros de Boze 1753
1647 J. Spon. 1685	1693 Lebeuf. 1760
1632 Grævius. 1703	1692 De Caylus. 1765
1632 J.-F. Vaillant. . . . 1706	1718 Winkelmann. . . . 1768
1656 Mabillon. 1707	1697 Lacurne Ste Palaye . 1781
1645 J. Gronovius 1716	1684 Pellerin 1782
1637 S. Pitiscus. 1717	1725 Court de Gebelin . . 1784
1647 Jobert. 1719	1716 Barthelemi 1794
1694 Sallengre. 1723	1752 Visconti. 1818
1655 Montfaucon. 1741	1759 Millin 1818
1673 Muratori 1750	1762 Grivaud de la Vincelle 1819

BIBLIOGRAPHES.

Dep. J.-C.		Dep. J.-C.	Dep. J.-C.		Dep. J.-C.
820	Photius	891	1697	L'abbé Goujet	1767
1559	Lacroix du Maine. .	1592	. . .	Osmont	1773
1544	Duverdier	1600	1732	G.-F. De Bure . . .	1782
1628	Lambecius.	1680	1730	L'abbé Rive	1792
1649	Baillet	1706	17..	Crevenna.	1792
1666	Lelong	1721	1734	Mercier de S.-Léger.	1799
1667	J.-A. Fabricius . . .	1736	1738	Le P. Laire.	1800
1685	Niceron	1738	1729	Panzer	1805
1668	Maittaire	1747	1714	Chr. Saxius	1806
1684	P. Marchand.	1756	1745	J. Morelli	1819
17..	D. Clément	1760	1734	G. De Bure	1820

JOURNALISTES.

Dep. J.-C.		Dep. J.-C.	Dep. J.-C.		Dep. J.-C.
1626	De Sallo	1669	17..	Royou	1792
1658	J. Bernard	1718	1736	Linguet	1794
1657	J. Leclerc	1737	1750	Mallet du Pan. . . .	1800
1661	Le P. Tournemine .	1739	1739	La Harpe	1803
1685	L'abbé Desfontaines.	1745	1743	Geoffroy.	1814
1719	Fréron.	1776	1759	Millin	1818

FIN.

TABLE
DES DIVISIONS DE L'OUVRAGE
ET DES PRINCIPAUX OBJETS QU'IL RENFERME,

Avec quelques observations, additions et corrections.

Nota. Nous avons omis de citer le singulier rapprochement de la mort de deux célèbres généraux français,
Desaix et Kléber, qui, séparés l'un de l'autre par la
mer, tous deux rivaux de gloire, périrent le même jour
(14 juin 1800), l'un, en Italie, frappé d'une balle sur le
champ de bataille, à Marengo, et l'autre, en Egypte,
frappé d'un fer assassin.

La vie de Napoléon offre aussi quelques rapprochemens
assez remarquables. Le 11 avril 1796, il remporte sa première victoire à Montenotte; le 11 avril 1814, il abdique
l'empire. — le 2 août 1802, il est nommé consul à vie; le 2
août 1815, il est relégué à l'île Sainte-Hélène. — Le 3 mai
1804, il est nommé empereur; le 3 mai 1814, il arrive à
l'île d'Elbe. — Le 15 mars 1805, il est couronné roi
d'Italie; le 15 mars 1821, il est attaqué de la maladie dont
il meurt deux mois après. — Le 20 mars 1811, le fils
de Napoléon voit le jour; le 20 mars 1815, Napoléon arrive

32

Nota. La population de la France a été en 1821, de 30,465,291 habitans.

Le mouvement général de la population en 1819 a été ainsi qu'il suit :

Naissances 990,023; — mariages 215,889; — Décès 785,338.

Le revenu territorial en 1820 a été de 1,580,597,000 fr.

Nota. Les détails que nous avons donnés sur les troupes de terre dans cet article, ne présentant pas le total de notre armée, et nos forces navales y ayant été omises, nous allons donner ici ce qui doit compléter cet article :

D'après un rapport fait au Roi par S. Exc. le Ministre de la guerre, l'armée de terre en 1821 a dû être ainsi établie :

INFANTERIE	Garde royale	10,800 hom.
	Ligne	92,000
CAVALERIE	Garde royale	5,784
	Ligne	20,500
ARTILLERIE	Garde royale	1,197
	Ligne	8,136
	Génie	2,049
	Equipages militaires	195
		140,661

Etat de la marine au 1er janvier 1821, (les bâtimens hors de service, quoiqu'existant, n'y sont pas compris).

BATIMENS A FLOTS.		EN CONSTRUCTION.	
Vaisseaux	49	Vaisseaux de 118	4
Frégates	31	Vaisseaux de 80	2
Corvettes	10	Vaisseaux de 74	3
Bricks	26	Frégates	8
Goëlettes et avisos	18	Corvettes	2
Canonnières, peniches,		Goëlettes	2
bâtimens de flotille,	42	Flûtes	2
Flûtes	15	Gabares	2
Gabares	32		
Transports	23		25 bât.
Yachts royaux	2		

248 bâtimens.

Nota. En 1822, il existoit 35,286 prêtres en activité de service, dont 14,870 étoient plus que sexagénaires; parmi 4,156 sujets ordonnés en 1821, il y en a eu 1,435 ordonnés pour la prêtrise; mais 1447 prêtres anciens étoient morts dans le cours de la même année. On comptoit 25,537 élèves répartis tant chez les curés que dans les colléges et les séminaires.

Nota. Le 25 février 1813, le Ministre de l'intérieur (M. de Montalivet), dans l'exposé de la situation de l'Empire, qu'il présenta au Corps législatif, donna sur l'instruction publique les détails suivans, que l'on peut comparer à ceux que nous avons rapportés, pag. 345.

« Nombre d'Académies (dans toute l'étendue de l'Empire) 35
Nombre d'Auditeurs aux Académies. 9,000
Nombre de Lycées 35
Nombre des Élèves externes aux Lycées . . . 10,000
Nombre des Pensionnaires. 8,000
Nombre des Colléges. 510
Nombre des Externes aux Colléges 38,000
Nombre des Pensionnaires 12,000
Nombre des Pensions ou Institutions particulières 1,877
Nombre d'Elèves dans ces établissemens . . . 47,000
Nombre d'Ecoles primaires 31,000
Nombre de jeunes garçons les fréquentant . . 920,000
« Ainsi, dit le Ministre, un million de jeunes Français reçoivent le bienfait de l'instruction publique.
« Les Ecoles de Saint-Cyr, de Saint-Germain et de La Flèche fournissent tous les ans à la carrière militaire 1500 jeunes gens. L'Ecole polytechnique en fournit tous les ans aux Ecoles spéciales du Génie, de l'Artillerie, des Ponts et Chaussées et des Mines, 150. »
Nous ignorons jusqu'à quel point ce tableau est fidelle; mais il est certain que si l'on compare l'étendue actuelle de la France à l'étendue de l'Empire en 1813, et le tableau du Ministre au tableau que nous avons donné, on conviendra que l'instruction publique est, sous tous les rapports, plus florissante qu'elle ne l'étoit alors.

Nota. Il s'est glissé une faute grave (pag. 347, lig. 23), dans l'énonciation de la superficie du sol de Paris en hectares; on la porte à 343,958 hectares; il falloit ainsi disposer ce nombre 3,439—58; ce sont bien les mêmes chiffres, mais la position de la virgule en change entièrement la valeur.

Nota. Voici un petit tableau des jugemens criminels rendus en France depuis 1816 à 1820, plus détaillé que celui que nous avons donné précédemment.

Individus mis en jugement,	condamnés à mort,	aux travaux forc. ou à la récl.,	acquittés.
1816— 9,890	414	6,393	3,083
1817—14,146	558	8,873	4,715
1818— 9,722	324	6,388	3,010
1819— 8,202	311	5,165	2,726
1820— 8,011	304	4,898	2,809

FIN DE LA TABLE.

TABLE
DES MATIÈRES.

———

Quoique la Table des divisions de l'ouvrage, qui précède, soit très détaillée, on a cru devoir y ajouter une Table des matières. Un recueil de la nature de celui-ci, renferme une si grande quantité d'objets différens et minutieux, auxquels une Table des divisions est inaccessible, qu'il est absolument nécessaire, si l'on veut faciliter les recherches, de classer tous ces objets par ordre alphabétique ; alors le lecteur trouvera aisément et sur le champ les moindres articles qu'il pourra désirer.

A

33

B

D

E

M

S

U

V

W

X

Z

FIN DE LA TABLE DES MATIÈRES.

ERRATUM.

Page 79, ligne 4.
Dans ce quatrain, *lisez :* Dans ce morceau.

LIVRES DE FONDS

Qui se vendent chez LAGIER, libraire, à Dijon.

CATÉCHISME dogmatique et moral, ouvrage utile aux peuples, aux enfans, et à ceux qui sont chargés de les instruire; par M. J. COUTURIER, ancien jésuite, professeur d'éloquence et curé de Léry. Seconde édition, augmentée d'une prière à chaque leçon du Catéchisme; imprimée avec soin; couvert. imp., 4 v. *in*-12, 1823. 10 fr.

MANUEL DU BIBLIOPHILE, *ou* TRAITÉ DU CHOIX DES LIVRES sous le rapport religieux, moral, littéraire et bibliographique, indiquant les meilleurs ouvrages dans la littérature hébraïque, grecque, latine, française et étrangère; les jugemens qu'en ont portés les plus célèbres critiques; les éditions tant anciennes que modernes les plus estimées, avec les prix; la manière de disposer une bibliothèque, d'y classer les livres et de les préserver de toute avarie; avec des détails sur les formats, sur les différens genres de reliûres, etc.; par M. Gabriël PEIGNOT; 2 forts vol. *in*-8o, 1823. Prix : pap. ordinaire, . . 12 fr.

Papier fin d'Angoulême, ... 14 fr.

LYCÉE, *ou* COURS DE LITTÉRATURE ANCIENNE ET MODERNE, par M. DE LA HARPE; nouvelle édition très complète, en 18 vol. *in*-12, 1821. Prix : . . . 49 fr. 50 c.

MANUEL DES PROPRIÉTAIRES ET RÉGISSEURS DE BOIS ET FORÊTS.

Cet ouvrage contient les lois et réglemens relatifs aux bois des particuliers, à la chasse, à la pêche, aux mines et carrières, plantations et défrichemens, à la poursuite des actions forestières, aux réclamations en matière d'impôt foncier assis sur les bois, etc.; avec des instructions et modèles pour les actes de ventes de coupes, pour les déclarations de volonté d'abattre des arbres, pour les échanges, bornages, partages et cantonnemens dans les forêts, pour les commissions de gardes, procès-verbaux et modèles d'actes divers; et une instruction pour les gardes des propriétés privées. Par M. NOIROT, géomètre des Eaux et Forêts. Dijon, 1823, 1 *fort vol. in*-12. . . . . 3 f. 50. c.

DE L'AMÉNAGEMENT DES FORÊTS QUI APPARTIENNENT AUX PARTICULIERS, 1 vol. *in*-12, 1822. Prix : . . . . 2 fr.

www.ingramcontent.com/pod-product-compliance
Lightning Source LLC
Chambersburg PA
CBHW061023030726

47504CB00002B/233

* 9 7 8 2 3 2 9 1 0 8 3 0 8 *